BELGIQUE
AMSTEL
BIER
Diebels
A.D.1478
UZNANY SMAK
GRAND PRESTIGE
DUPONT
TOURPES
MAREDSOUS
8°
Kitzmann
Great Minds Drink Alike
DENVER, COLORADO
HONEY
SLEEMAN
Hasseröder
Premium Pils
Bit
SUN
TRADE MARK
MASTER BREW
KENTISH ALE
Gösser
OPEN
Pater Lieven

DAS **BIER** BUCH

MIT BEITRÄGEN VON

TIM HAMPSON • STAN HIERONYMUS • WERNER OBALSKI • ALASTAIR GILMOUR • JORIS PATTYN
LORENZO DABOVE • GILBERT DELOS • CONRAD SEIDL • RON PATTINSON • LAURA STADLER-JENSEN
BRYAN HARRELL • WILLIE SIMPSON • GEOFF GRIGGS • ADRIAN TIERNEY-JONES

DK

DORLING KINDERSLEY
LONDON, NEW YORK, MELBOURNE, MÜNCHEN UND DELHI

Für Dorling Kindersley produziert von
Blue Island Publishing
www.blueisland.co.uk

Programmleitung Rosalyn Ellis
Redaktionsleitung Michael Ellis
Art Director Stephen Bere
Redaktion Fay Franklin
Gestaltung Marisa Renzullo, Ian Midson
Recherche Rebecca Carman,
Jürgen Scheunemann, Katerina Cerna

Für Dorling Kindersley:
Projektbetreuung Laura Nickoll
Cheflektorat Dawn Henderson
Bildredaktion Isabel de Cordova, Christine Keilty
Herstellung Jenny Woodcock, Wendy Penn

Für die deutsche Ausgabe:
Programmleitung Monika Schlitzer
Projektbetreuung Andrea Göppner
Herstellungsleitung Dorothee Whittaker
Herstellung und Covergestaltung Petra Kühner

Bibliografische Information Der Deutschen Bibliothek
Die Deutsche Bibliothek verzeichnet diese Publikation in der Deutschen Nationalbibliografie; detaillierte bibliografische Daten sind im Internet über http://dnb.ddb.de abrufbar.

Titel der englischen Originalausgabe:
The Beer Book

Übersetzung Cordula Wehrmeyer
Redaktion Dr. Ulrike Brandt-Schwarze
Satz Fabian Sulzer, Witten

ISBN 978-3-8310-1320-3

Colour reproduction by Colourscan, Singapore
Printed and bound in China by Hung Hing

Besuchen Sie uns im Internet
www.dk.com

INHALT

EINLEITUNG

In diesem Buch geht es um Bier – den besten Longdrink, den es gibt. Dieses Getränk hat uns und unsere Kultur geprägt, und doch ist für viele ein Bier einfach ein Bier, ein Standardprodukt der Industriegesellschaft. Dabei wird es aus wunderbaren natürlichen Zutaten hergestellt, aus denen durch die Kunstfertigkeit, das handwerkliche Geschick und die Erfahrung der Brauer ein Bier wird.

Dieses Buch ist ein Abenteuer – eine Expedition in eine faszinierende Welt aus Düften, Farben und Aromen. Wir machen halt bei der jungen Brauereiszene in den USA und gehen dann weiter zu den großen europäischen Braunationen – Deutschland, die Britischen Inseln, Belgien und die Tschechische Republik.

Wir bereisen auch Länder, die eher für ihre Weine bekannt sind: In Frankreich z. B. gibt es auf dem Land eine lebendige Braukultur, und auch Italien macht sich im Brauereiwesen mehr und mehr einen Namen.

Ein Bierliebhaber kann sich eine Welt ohne Bier nicht vorstellen. Für viele Leute gehört es zum normalen Leben und wird häufig als selbstverständlich hingenommen. Dabei ist es eines der ältesten und beliebtesten Getränke in der Menschheitsgeschichte. Man geht davon aus, dass sich schon vor 10 000 Jahren im Vorderen Orient Nomaden niederließen und Getreide anbauten. Nach Meinung mancher Archäologen geschah dies auch, um Bier brauen zu können.

Das Gilgameschepos aus Babylonien, eine der ältesten Dichtungen der Menschheit, berichtet vom zivilisatorischen Einfluss des Bierbrauens: Schon vor etwa 4000 Jahren erzählte man die Geschichte von Enkidu, einem wilden, unzivilisierten Wesen, das lernte, Brot zu essen und Bier zu trinken. Enkidu trank sieben Becher Bier, bis »sein Herz frohlockte«. Angeblich wusch er sich daraufhin seinen zottigen Leib – und wurde ein Mensch.

DIE ANFÄNGE

Die ersten Belege dafür, dass Menschen Bier brauten, stammen aus Mesopotamien und sind etwa 6000 Jahre alt. Mindestens 3000 Jahre vor unserer Zeitrechnung stellten die Ägypter bereits ein nahrhaftes, berauschendes Getränk aus Getreide her. Auch der römische Historiker Plinius schreibt von einem vergorenen Getränk aus Getreide und Wasser, das in weiten Teilen Nordeuropas verbreitet war.

Diese »Biere« wurden nicht nur getrunken, weil sie gut schmeckten, sondern sie hatten auch religiöse Bedeutung. In einigen Stammeskulturen wird bei Zeremonien bis heute eine ähnliche Art von Bier getrunken. Und immer ist damit auch ein Dank an die Götter verbunden. Im Altertum galt Bier als ebenso lebensnotwendig wie Brot. Es war nahrhaft und, da es abgekocht wurde, unbedenklich zu trinken. Wo immer Menschen Getreide anbauten, wurde in der Folge auch Bier gebraut.

BIER HEUTE

Die heutige Bierindustrie repräsentiert zwei Richtungen: eine alte, traditionelle und eine sehr junge, dynamische. Beide stellen wir Ihnen in diesem Buch vor.

Der traditionellen Bierindustrie verdanken wir Kühlsysteme, wissenschaftliche Analysen und das Marketing, und sie hat Brauereien wie Carlsberg, Anheuser-Busch InBev und Heineken hervorgebracht. Seither ist das Brauen nicht mehr vom Zufall abhängig, sondern hat sich zu einer Kunst und Wissenschaft entwickelt. Konventionelle Biere beanspruchen hier also mit vollem Recht ihren Platz. Doch dieses Buch bietet auch die Gelegenheit, die junge und dynamische Braukultur zu entdecken.

USA

Die »neue Welt« des Biers ist Amerika. Von Alaska bis zur mexikanischen Grenze stoßen amerikanische Brauer in bisher ungeahnte Bereiche vor. Ihre Biere sind dunkler, bitterer und hopfenbetonter als anderswo. Die europäischen Bierarten werden auseinandergenommen und ohne enge Bindung an die Tradition wieder neu zusammengesetzt.

In den vergangenen 40 Jahren bzw. seit Fritz Maytag, der Vater der amerikanischen Bier-Renaissance, die Anchor Brewery vor der Schließung bewahrte, hat eine regelrechte Revolution stattgefunden. Es gibt heute mehr als 1400 neue Brauereien, und nur wenige sind auf ein bestimmtes Sortiment festgelegt, sonderen bieten gleichermaßen klassische wie innovative Biere an.

In der Dogfish Head Brewery in Milton (Delaware) braut Gründer Sam Calagione »exzentrische Biere für exzentrische Leute«, die solch ungewöhnliche Zutaten wie weiße Muscat-Trauben, Honig, Safran, Lakritz, Zichorie und Kaffee verwenden.

Garrett Oliver von der Brooklyn Brewery legt nicht nur Wert auf umweltverträgliches Brauen – die Brauerei arbeitet zu 100 % mit Windenergie –, sondern er verhilft auch der Verbindung von Bier und gutem Essen zu einer neuen Blüte. Er arbeitet darauf hin, dass Restaurants neben einer Weinkarte auch eine Bierkarte präsentieren. Gutes Bier, so sagt er, ist ein erschwinglicher Luxus und, zu gutem Essen getrunken, eine Bereicherung.

Die von der Alaskan Brewery in Juneau hergestellten Biere betonen alle ihre jeweiligen regionalen Wurzeln. Für das Smoked Porter wird Malz verwendet, das in einem Fischereibetrieb in der Nähe über Erlenholz geräuchert wird – eine Variante der Rauchbiere aus Bamberg, wo Buchenholz benutzt wird. Samuel Adams aus Boston (Massachusetts) braut ungewöhnliche Starkbiere wie das Utopias mit einem Alkoholgehalt von 26,5 Vol.-%.

Bei Goose Island in Chicago (Illinois) experimentiert man mit Hopfen. Greg Hall braut sein Imperial IPA mit extrem viel Hopfen, und zwar mit Tettnanger, Simcoe und Cascade. Der IBU-Wert liegt bei 90 – Lichtjahre entfernt von den 5 IBU, die ein leichtes amerikanisches Lager aufweist.

DEUTSCHLAND

Die großen Braunationen in Europa nehmen nach wie vor einen prominenten Platz ein und blicken auf eine lange Tradition mit bedeutenden Innovationen zurück. In Deutschland herrschen geradezu paradiesische Zustände: Überall gibt es Biergärten, wo das Bier in großen Krügen schäumt, und mancherorts gibt es dazu auch Blaskapellen und ausgelassene Bierfeste. Im Großen und Ganzen ist der deutsche Biergeschmack recht traditionell, selbst bei neuen Kleinbrauereien.

In Deutschland gibt es mehr als 15 klassische Bierarten, angefangen beim Rauchbier aus dem Nürnberger und Bamberger Raum über das milde Kölsch, das in Köln vom blauschürzten Köbes serviert wird, bis hin zur leicht säuerlichen Berliner Weiße.

Bei Schlenkerla in Bamberg stellt Matthias Trum Rauchbiere her, die weltweit einzigartig sind. Anton Miller, Braumeister der Klosterbrauerei Weltenburger und mit 23 Jahren wohl Deutschlands jüngster Braumeister, produziert mit seinem Barock Dunkel ein Bier, das sowohl in der Region selbst, aber auch im Ausland viele Anhänger findet. Beim World Beer Cup 2008 in San Diego (Kalifornien) gewann er damit in der Kategorie der dunklen Lagerbiere Gold.

BRITISCHE INSELN

Die Hook Norton Brewery ist zwar über 100 Jahre alt und arbeitet nach wie vor mit Dampfkraft, doch ihre Biere sind keineswegs von gestern. James Clark arbeitet verstärkt mit regional angebauten Zutaten, um seinen Bieren neue Aromen zu verleihen.

Thornbridge ist eine der jüngsten Brauereien in Großbritannien. Sie wurde 2005 eröffnet und hat sich mit ihren ungewöhnlichen, hocharomatischen Bieren schnell einen Namen gemacht. Und Richard Keene von Cotswold Brewing beweist, dass auch ein kleiner Craft Brewer Lagerbiere und nicht nur Ales brauen kann.

Braumeister Alastair Hook von der Meantime Brewery in London hat es sich zur Aufgabe gemacht, das komplette Geschmacksspektrum, das Biere aufweisen können, auszuloten. Sein Coffee Porter, das deutlich geröstete Cappuccino-Noten aufweist, wird mit fair gehandelten Kaffeebohnen aus Ruanda gebraut.

Diese Brauereien, jede auf ihre Art, leisten ihren Beitrag zur Neubelebung der britischen Brauereiszene – und die geschieht vor allem durch Kleinbrauereien.

Das Besucherzentrum von Heineken in Amsterdam

BELGIEN

In keinem Land ist die Auswahl für Biertrinker so groß wie in Belgien. In Flandern werden Pale Ale und säuerlich schmeckendes Rotbier hergestellt. Dazu kommen Gueuze, Lambic und Kriek aus dem Raum Brüssel, dann Abteibier, Saisonbier und natürlich Witbier – Biertrinker haben die Qual der Wahl.

Die Cantillon Brouwerij in Brüssel stellt kompromisslose, kräftig saure Biere her. Seit mehr als 100 Jahren ist die Familie Van Roy auf Gueuze (ein Verschnitt verschiedener Lambics) spezialisiert – schon lange bevor der Begriff »Extrembier« aufkam. Vor fast 10 Jahren stellte Jean-Pierre Van Roy auf Bio-Biere um. Er ist als experimentierfreudig bekannt und hat unkonventionelle spontangärige Lambics, Gueuzes und Fruchtbiere im Sortiment.

Wie viele Craft Brewers hat er die Notwendigkeit erkannt, seine Biere über das Internet zu vertreiben. Deshalb geht inzwischen ungefähr die Hälfte seiner Produktion ins Ausland.

Portland Brewing: Hier werden die MacTarnahan's-Biere gebraut.

TSCHECHIEN

Die tschechische Stadt Pilsen spielt in der Geschichte des Biers eine herausragende Rolle. Hier gelang es Josef Groll 1842, ein goldgelbes, untergäriges Bier zu brauen – das Pilsner. Der Rest ist Geschichte, denn das Pilsner wurde bald weltweit zur vorherrschenden Bierart.

Die Prager Kneipen und Bierhallen sind bekanntermaßen für jeden Bierliebhaber ein Muss. Aber auch außerhalb von Prag kommen Biertouristen auf ihre Kosten, denn viele Brauer haben hervorragende Besucherzentren eingerichtet, so auch bei Pilsner Urquell in Pilsen und bei Budweiser Budvar in Česke Budějovice.

ITALIEN

Heute kann überall auf der Welt Bier produziert werden. Auch in Italien, wo traditionell Wein gekeltert wird, ist die Braukunst längst über die Anfänge hinaus. Gelegentlich trifft man dort sogar amerikanische Brauer, die auf der Suche nach Inspiration innovative Brauereien besuchen.

Teo Musso lebt in dem Teil Italiens, der besonders für seine Barolo- und Barbera-Weine bekannt ist. In seiner Brauerei Le Baladin stellt er »his raptures« mithilfe von Wein- und Whiskyhefen her. Bei Xyauyu dauert der Oxidationsprozess ein Jahr – das Ergebnis sind prickelnde, sherryähnliche Aromen. Musso ist davon überzeugt, dass Musik während des Gärprozesses Qualität und Charakter des Biers beeinflussen.

Bei Bi-Du in Rodero, ganz in der Nähe der Schweizer Grenze, serviert Brauer Beppe Vento Biere, die den Rahmen alles Gewohnten sprengen. Rodersch z. B. ist ein trüber, frischer Digestif, macht sich aber auch gut als Vorbereitung auf ein reichhaltiges Menü.

Für den ehemaligen Heimbrauer Agostino Arioli war der Besuch der Grenville Island Brewery in Vancouver ein Schlüsselerlebnis. Zum Sortiment von Birrificio Italiano in Marione gehört auch Fleurette, das mit Gerste, Weizen und Roggen gebraut und mit Rosenblättern aromatisiert wird. Sein Tipopils, das mit vier verschiedenen Hopfensorten (Hallertauer Magnum, Perle, Hersbrucker und Saazer) gebraut wird, wurde kürzlich bei Ratebeer.com zum weltweit besten Pilsner gekürt.

PAZIFISCHER RAUM

Die Brauerei Isekadoya in Japan arbeitet mit Sojabohnen-Paste und dem Saft einer Zitrusfrucht namens Yuzu. Auch Cabernet-Trauben finden sich bei einigen japanischen Brauern in der Maische.

Bei Hakuseikikan dagegen arbeitet man mit wilden Hefen, um ein charaktervolles Lambic im japanischen Stil zu brauen.

Es ist nicht richtig, dass Australier nur hellgelbe Lagerbiere trinken. In Australien steigt vielmehr die Nachfrage nach charaktervollen, innovativen Bieren, und sie wird nicht nur von Großbrauereien, sondern zunehmend auch von Craft Brewers befriedigt. Gegenwärtig arbeiten gut 100 Brauereien an einem hochinteressanten Sortiment verschiedener Bierarten. Die Winzer im Land müssen sich vorsehen!

Die Coopers Brewery wurde 1862 gegründet und ist nach wie vor in Familienbesitz. Sie produziert exquisite flaschenvergorene Biere. Little Creatures dagegen ist ein Newcomer aus Fremantle. Die Brauerei hat hopfenbetonte Pale Ales auf dem regionalen Markt eingeführt.

BIER VERSUS WEIN

Im Pantheon alkoholischer Getränke sollten Bier und Wein eigentlich auf gleicher Stufe stehen. Viele halten Wein für ein kultiviertes Getränk – anders als Bier. Weinexperten lassen sich über Traubensorten und die damit verbundenen Nuancen in Farbe, Duft und Geschmack aus. Doch dies ist bei Bier und seinen Zutaten ebenso möglich.

Zur Weinherstellung werden Trauben gepresst, damit sie ihren Saft abgeben, und dieser wird anschließend vergoren. Der Brauer arbeitet ganz ähnlich – es ist nur schwieriger und verlangt mehr Geschick, den vergärbaren Zucker aus dem Getreide zu lösen. Dann muss der Brauer die Arbeit der Hefekulturen kontrollieren, die den Zucker zu Alkohol machen. Schließlich muss er noch die Qualität des Wassers prüfen und den Hopfen zugeben, der für ein Bouquet von Düften und Aromen sorgt und zugleich antiseptisch wirkt.

Ein Frucht-Lambic von Cantillon in Brüssel

Heute sind mehr als 100 verschiedene Bierarten auf dem Markt, die in Geschmack und Farbe sehr differieren können. Aus einfachen Zutaten wie Getreide, Hefe, Hopfen und Wasser lassen die Brauer eine ganze Symphonie von Aromen, Farben und Düften entstehen.

Bevor Sie das Glas an den Mund setzen, sollten Sie das Bier mit Augen und Nase »trinken«, um Farbe und Duft zu genießen. Nehmen Sie dann einen ersten Schluck, damit das Bier auf der Zunge seine Aromen entfalten kann. Wenn Sie beim zweiten Schluck den langen Nachklang eines guten Biers genießen, lassen Sie die Brauer und ihre Kunst im Stillen hochleben – sie sind die wahren Helden. Sie produzieren ein Getränk, das ebenso vielfältig und komplex ist wie die teuersten Weine.

WISSEN IST MACHT

In den ausführlichen Verkostungsnotizen und Erläuterungen zu den unterschiedlichen Bierarten und ihren Zutaten erfahren Sie alles über die Biere und können verstehen, wie die unterschiedlichen Farben, Düfte und Aromen entstehen. Sie lernen in diesem Buch innovative Brauer kennen, die einige der besten Biere der Welt geschaffen haben.

Wir stellen Ihnen Biere aus verschiedenen Ländern vor, mit Angaben zu Alkoholgehalt und besonderen Eigenschaften. Das Buch

Boulevard Brewing in Kansas City (Missouri)

begleitet Sie in eine faszinierende Welt, und Sie werden entdecken, dass ein Bier viel mehr ist als eben nur ein Bier.

Niemand bestellt ein Glas Wein, ohne genau zu sagen, was er möchte: Rotwein, Weißwein, trocken oder lieblich oder vielleicht einen Schaumwein. Meist wird noch das Herkunftsland ausgewählt, manchmal sogar die Traubensorte – Chardonnay, Pinot Noir, Cabernet Sauvignon oder Muscat.

Dieses Buch ist für Menschen, die mehr über Bier wissen möchten und neugierig auf interessante Sorten aus verschiedenen Ländern sind. Es soll Sie dazu ermuntern, nie wieder einfach nur ein Bier zu bestellen, ohne zu sagen, ob es ein Pilsener, ein Weizen, ein Fruchtbier, ein amerikanisches IPA, ein belgisches Ale oder eine Gueuze sein soll.

Die großen Biere der Welt verdienen es, auf dieselbe Stufe wie gute Weine gestellt zu werden. Bier ist immer noch das Getränk der breiten Masse, aber es findet immer häufiger die gleiche Anerkennung wie gute Weine oder Malt Whiskys.

In den vergangenen 10 000 Jahren haben wir uns von Jägern und Sammlern zu kultivierten Menschen entwickelt. Das Bier hat diese Entwicklung gewissermaßen mitgemacht: vom flüssigen Brot zu einem raffinierten Getränk. Was auch immer die nächsten 10 000 Jahre bringen werden – Bier wird den Menschen in seiner Entwicklung begleiten. Was gibt es Besseres als ein großes Bier, wenn man nach einem langen Tag nach Hause kommt oder wenn man in seiner Lieblingskneipe sitzt? Aber was für ein Bier? Sie haben die Wahl. Viel Spaß beim Probieren!

Tim Hampson

BIERE, DIE EINE REISE WERT SIND

DIE WICHTIGSTEN BRAUNATIONEN

USA • DEUTSCHLAND • BRITISCHE INSELN • BELGIEN • TSCHECHIEN

WASHINGTON STATE
Boundary Bay
Diamond Knot
Redhook
Seattle
Mac & Jack's
Fish
WASHINGTON
Pelican
Portland
Full Sail
Rogue Ales
Terminal Gravity
Deschutes
OREGON
Caldera
Seattle
Elysian
Georgetown
Hale's
Pike
Pyramid
Portland, Oregon
Bridgeport
Hair of the Dog
Hopworks
MacTarnahan's
Widmer Brothers
ALASKA
ALASKA
Midnight Sun
Alaskan
MINNESOTA, IOW
Surly
Summit
Leinenkug
August Schell
MINNESOTA
IOWA
Millstream
NORDKALIFORNIEN
Lost Coast
Mad River
Eel River
North Coast
Butte Creek/
Sierra Nevada
Anderson Valley
Mendocino
Bear Republic
Moonlight
Russian River
Lagunitas
Sacramento
Sudwerk
Marin
Trumer Brauerei
San Francisco
Drake's
San Francisco
Anchor
Shmaltz
Speakeasy
Seattle
WASHINGTON
Portland
OREGON
Bayern/
Big Sky
MONTANA
NORTH DAKOTA
MINNESOT
IDAHO
Grand Teton
Snake River
SOUTH DAKOTA
WYOMING
San Francisco
Uinta/
Utah Brewers
NEVADA
NEBRASKA
Upstream
IOV
Denver
UTAH
COLORADO
Boulevard
KANSAS
Firestone Walker
KALIFORNIEN
Ska/
Steamworks
ARIZONA
Marble
OKLAHOMA
Choc
Four Peaks
NEW MEXICO
Nimbus
TEXAS
SÜDKALIFORNIEN
Green Flash
Lost Abbey
Stone
AleSmith/
Ballast Point
Alpine
HAWAII
HAWAII
Kona
COLORADO
New Belgium/
Odell
Oskar Blues
Left Hand
Avery/
Boulder Beer
Coors
Tommyknocker
Denver
COLORADO
Bristol
Denver
Breckenridge
Flying Dog
Great Divide
Wynkoop

USA

Mit den USA verband man früher langweilige helle Lagerbiere, doch das ist lange her. In Sachen Bier ist Amerika heute die spannendste und dynamischste Nation überhaupt, und es gibt dort mehr Craft Brewers (Kleinbrauereien) als sonst irgendwo auf der Welt. Das führt zur Entwicklung einer Bierkultur, die von Vielfältigkeit, Originalität und Experimentierfreudigkeit geprägt ist, nicht von Regeln und Traditionen. Was will ein Bierliebhaber mehr? Die Kästen verweisen auf Orte mit mehr als einer Brauerei.

Portland, Maine

- Allagash
- Geary
- Gritty McDuff's
- Shipyard

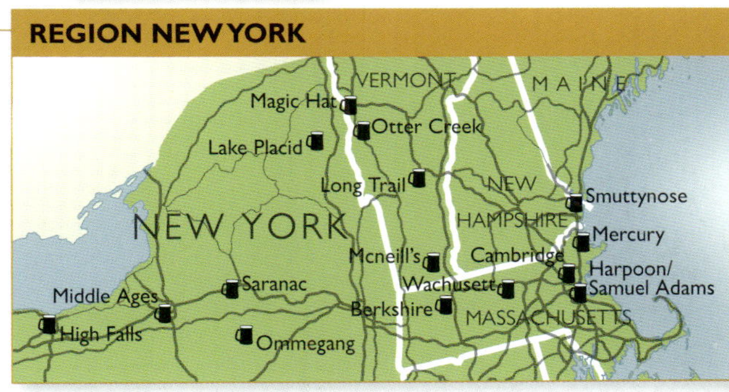

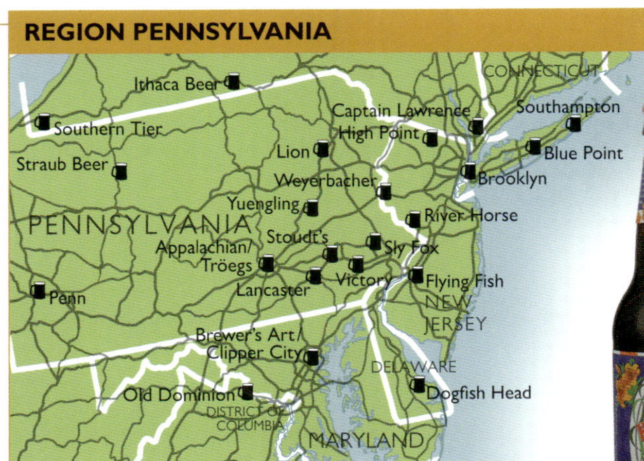

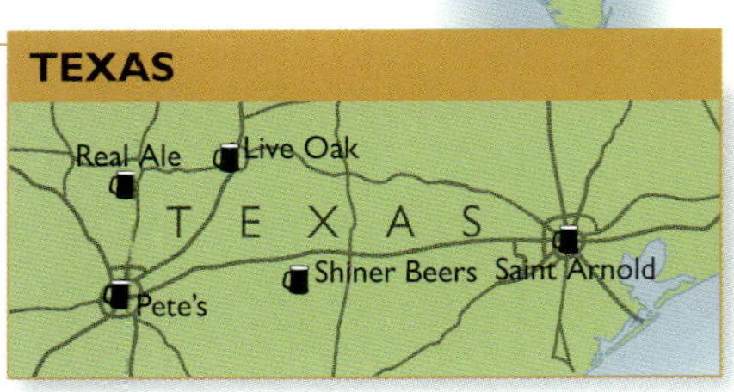

Carolina

BRAUEREI

ABITA

PO Box 1510, Abita Springs,
Louisiana 70420
www.abita.com

Abita Springs, ein verschlafenes Städtchen nördlich des Lake Pontchartrain, war vor allem für die Heilkräfte seines Mineralwassers bekannt, bevor 1986 der Brewpub Abita Brewing eröffnet wurde. Heute ist Abita eine rasch expandierende, moderne Brauerei – der größte Hersteller von Spezialbieren südlich der Mason-Dixon-Linie.

ALASKAN

5429 Shaune Drive, Juneau,
Alaska 99801
www.alaskanbeer.com

Trotz seiner Küstenlage und schlechter Verkehrsanbindungen hat sich Alaskan Brewing rasch zu einem bedeutenden Wirtschaftsfaktor in der Region entwickelt. Die Absatzmärkte befinden sich vor allem westlich der Rocky Mountains. Die Gründer Geoff und Marcy Larson arbeiten mit regional angebauten Zutaten und traditionellen Rezepturen. Ihr wichtigstes Produkt, das Amber Ale, geht auf ein Bier zurück, das um die Wende zum 20. Jh. auf der anderen Seite des Gastineau Channel gebraut wurde.

BRAUGEHEIMNIS: Das Smoked Porter von Alaskan ist ein typisches Beispiel für die neueren Entwicklungen in den USA. Es wird mit Malz gebraut, das in einem Fischereibetrieb in der Nähe geräuchert wird.

ALESMITH

9368 Cabot Drive, San Diego,
California 92126
www.alesmith.com

Eine der Brauereien in San Diego, die Südkalifornien einen Spitzenplatz in der Brauszene sichern. Ihre meist starken, manchmal esoterischen Biere finden viele Anhänger. Viele der Produkte sind fassgereifte Jahrgangsbiere.

BRAUGEHEIMNIS: Alle Angestellten von AleSmith sind mit Preisen ausgezeichnete Heimbrauer.

BIER

PURPLE HAZE
FRUCHTBIER 4,75 VOL.-%
Ein mit Himbeerpüree gebrautes Weizenbier. Mild-süßlich, erfrischend bei schwülem Wetter.

TURBODOG
BROWN ALE 6,1 VOL.-%
Dunkel, viel Schokolade in der Nase, Toffee am Gaumen; bitterer, kaffeeartiger Nachklang.

AMBER
ALTBIER 5 VOL.-%
Reiner Karamell in der Nase, durch würzigen Hopfen aufgehellt. Weich und malzig, ausgewogene Bitterkeit.

BARLEY WINE ALE
BARLEY WINE 10,4 VOL.-%
Lagert in einer ehemaligen Goldmine. Üppig weich mit dunklem Karamell, Kirschen und Pflaumen. Gut ausgewogen.

SMOKED PORTER
RAUCHBIER 6,5 VOL.-%
Mit über Erlenholz geröstetem Malz. Aromen von Schokolade und angebrannten Früchten; am Gaumen üppig-ölig. Von Anfang bis zum befriedigenden Nachklang Raucharomen.

WINTER ALE
WINTERBIER 6,4 VOL.-%
Fichtenaromen mit Früchten im Antrunk. Im Nachklang Holz.

SPEEDWAY STOUT
IMPERIAL STOUT 12 VOL.-%
Voller Kaffee, der die für ein Imperial Stout typischen Aromen von Schokolade, Toffee, Johannisbeeren und öligen Nüssen ergänzt.

IPA
INDIA PALE ALE 7,3 VOL.-%
Viele Hopfen- und Obstsalataromen, darunter reife Mango und Ananas.

ALLAGASH

100 Industrial Way, Portland,
Maine 04103
www.allagash.com

Der Schwerpunkt von Allagash liegt auf Bieren nach belgischem Vorbild.

Seit 2007 arbeitet Allagash als erste Brauerei mit einem Kühlschiff, einem flachen, offenen Gefäß, das die Gärung durch wilde Hefen unterstützt.

Braugeheimnis: Einige Spezialbiere reifen in Bourbonfässern aus Eiche.

ALLAGASH WHITE
Witbier 6,2 Vol.-%
Angemessen trüb, fruchtig und erfrischend. Aufgehellt durch feinen Koriander und Bitterorangenschale.

CURIEUX
Triple 10 Vol.-%
Das Allagash Triple Ale reift in Jim-Beam-Fässern. Aromen von Gartenfrüchten und Honig treffen auf Bourbon, Vanille und Holz.

ALPINE

2351 Alpine Boulevard, Alpine,
California 91901
www.alpinebeerco.com

Die Brauerei ist vor allem für Biere bekannt, deren Namen ihren hopfigen Charakter beschreiben, z. B. Pure Hoppiness oder Exponential Hoppiness (nicht immer erhältlich). Alpine stellt auch Biere mit ungewöhnlichen Zutaten her, z. B. ein Honey Ale mit Orangenschalen und Koriander und ein Weizenbier mit Vanilleschoten.

PURE HOPPINESS
India Pale Ale 8 Vol.-%
Gute Balance zwischen deutschem (würzig) und amerikanischem (Kiefern- und Zitrusnoten) Hopfen.

MCILHENNEY'S IRISH RED
Irish Red 6 Vol.-%
Mit elf Malzsorten gebraut, darunter Roggenmalz. Komplexe Aromen, Karamell und Toffee am Gaumen. Würziger, mitteltrockener Nachklang.

ANCHOR

705 Mariposa St., San Francisco,
California 94107
www.anchorbrewing.com

1965 bewahrte Fritz Maytag Anchor Brewing vor der Schließung. Er machte die USA mit vielen klassischen Bierarten bekannt – und löste damit die Revolution der Mikrobrauereien aus.

Braugeheimnis: Maytag ist für sein Dampfbier bekannt, das mit untergäriger Hefe bei hohen Temperaturen in flachen Sudpfannen hergestellt wird.

LIBERTY ALE
Pale Ale 6 Vol.-%
Dieses Ale hat Maßstäbe für amerikanische Pale Ales gesetzt. In der Nase fruchtig-blütenduftig; spröde Bitterkeit am Gaumen.

ANCHOR STEAM
Dampfbier 4,9 Vol.-%
Eindeutig holzig-minzige Nase. Schön gerundete Karamellaromen; stabiler, spröder Nachklang.

DIE BEKANNTESTEN AMERIKANISCHEN BIERE

In den letzten 30 Jahren hat der amerikanische Biermarkt eine tief greifende Wandlung durchgemacht.

Noch vor wenigen Jahren wurde der Markt in den USA von einer Bierart dominiert, nämlich von einem hellen, leichten Lagerbier mit wenig Hopfenaromen. Heute gibt es in den USA mehr als 1400 Brauereien, und nirgendwo ist die Auswahl an Bieren größer. Trotzdem wird der Markt, der vor allem nach leichten Bieren verlangt, nach wie vor von Anheuser-Busch InBev, Coors und Miller beherrscht. Der Renner sind kalorienarme Lagerbiere.

Anhand verblichener Werbeplakate an kleineren Straßen kann man die amerikanische Braugeschichte gut nachvollziehen. Geworben wird dort für Marken, die heute nur noch unter Lizenz hergestellt werden, z. B. für Pabst, Schlitz und Lone Star, die aber bis heute eine treue Anhängerschaft haben. Es handelt sich ausnahmslos um helle Lagerbiere.

- Bud Lite (Lager, 4,2 Vol.-%)
- Budweiser (Lager, 5 Vol.-%) *links*
- Coors Light (Lager, 4,2 Vol.-%) *Mitte*
- Miller Lite (Lager 4,2 Vol.-%)
- Busch Light (Lager, 4,2 Vol.-%)
- Michelob Light (Lager, 4,2 Vol.-%) *rechts*
- Pabst (Lager, 5 Vol.-%)
- Schlitz (Lager, 4,7 Vol.-%)
- Lone Star (Lager, 4,7 Vol.-%)

BRAUEREI

ANDERSON VALLEY

17700 Highway 253, Boonville, California 95415
www.avbc.com

Die Brauerei liegt mitten im malerischen Anderson Valley im County Mendocino und arbeitet mit Sonnenenergie. Das Sortiment besteht aus regionalen und internationalen Bierarten, ebenso gemischt sind die Arbeitstechniken.

BRAUGEHEIMNIS: Die kupfernen Sudkessel stammen aus einer deutschen Brauerei.

ANHEUSER-BUSCH INBEV

One Busch Place, St. Louis, Missouri 63118
www.anheuser-busch.com

Anheuser-Busch InBev produziert die Hälfte der in den USA verkauften Biere, darunter auch das berühmte Budweiser und Bud Light. Mit den Michelob-Bieren, Saisonbieren und regional begrenzt verkauften Bieren hat das Unternehmen sein Sortiment deutlich erweitert.

APPALACHIAN

50 N. Cameron Street, Harrisburg, PA 17101
www.abcbrew.com

Das weitläufige Gebäude aus Backstein und Holz bietet Platz für die Brauerei, ein Restaurant und eine Bar für Spezialbiere. Die Renovierung der 100 Jahre alten Anlage dauerte zwei Jahre. Die Appalachian Brewing Company wurde 1997 in Harrisburg gegründet. Weitere Brewpubs gibt es in Camp Hill und Gettysberg.

ARCADIA

103 West Michigan Avenue, Battle Creek, MI 49017
www.arcadiabrewingcompany.com

Nach dem Vorbild von Peter Austin braut Arcadia Ales im britischen Stil und mit britischen Malzsorten, allerdings werden Hopfensorten aus dem Pazifischen Nordwesten mit kiefern- und zitrusartigen Aromen verwandt. Ringwood-Hefe verleiht einen frischen Charakter. Vor allem die Fassbiere sind zu empfehlen.

BIER

BOONT ESB

EXTRA SPECIAL BITTER 6,8 VOL.-%
Zitrusartiger Hopfen überlagert brotiges Malz. Im Mittelteil würzig; langer, mäßig bitterer Nachklang.

BARNEY FLATS OATMEAL STOUT

OATMEAL STOUT 5,7 VOL.-%
Eindruck von Kaffee mit Sahne; die Süße wird durch geröstetes Getreide ausbalanciert, mehr Komplexität durch erdige Untertöne.

MICHELOB

MALT LAGER 5 VOL.-%
Kehrte 2007 zu seinen »Malzwurzeln« zurück. Schmackhaft, würzige Nase, malzig-reiner Mittelteil und trocken-spröder Abgang.

STONE MILL ORGANIC PALE ALE

PALE ALE 5,5 VOL-%
Das biologisch hergestellte Ale schmeckt leicht brotartig und hat einen erdig-hopfigen Charakter.

HINTERLAND HEFE WEIZEN

HEFEWEIZEN 5,2 VOL.-%
Aromen von Banane, Gartenobst und Kaugummi. Auf der Zunge herber Weizen, im Nachklang Nelken.

JOLLY SCOT SCOTTISH ALE

SCOTTISH ALE 5,2 VOL.-%
Ein sehr geradliniges Saisonbier. Anklänge an Karamell, leicht rauchig, süßlicher Nachklang.

LONDON PORTER

PORTER 7,2 VOL.-%
Üppige Nase mit Noten von Kaffeebohnen, Schokolade und dunklen Früchten; dessertartiger Nachklang.

SCOTCH ALE

SCOTTISH ALE 7,5 VOL.-%
Nuss- und kiefernähnliche Aromen sind hier nicht völlig ausbalanciert. Der letzte Eindruck ist der von süßem Karamell.

ATLANTA

2323 Defoor Hills Road, NW, Atlanta, Georgia 303 8
www.atlantabrewing.com

Atlanta Brewing wurde 1993 gegründet, musste aber kürzlich das rote Backsteingebäude, nach dem die Biere benannt sind, aufgeben, um einem Highway Platz zu machen. Seither sind Produktionskapazität und Absatz gestiegen. Atlanta profitiert von dem guten Ruf, den der Südosten bei Spezialbieren genießt.

RED BRICK ALE
Brown Ale 6,5 Vol.-%
Stark. Durchgehend Karamell und Toffee, darunterliegende Noten von Schokolade und Kaffee.

RED BRICK WINTER BREW
Winterbier 7,5 Vol.-%
Ein »Double Chocolate Oatmeal Porter« auf der Basis von Gerstenmalz, das für vielfältige herbe Schokoladenaromen sorgt.

AUGUST SCHELL

1860 Schell Road, New Ulm, Minnesota 56073
www.schellsbrewery.com

Die Brauerei ist seit ihrer Gründung durch August Schell 1860 in Familienbesitz. Mit ihren Ziergärten ist sie vielleicht die am schönsten gelegene Brauerei in den USA. Seit 2002 produziert die Brauerei das legendäre Grain Belt Premium und rettete damit eines der Wahrzeichen von Minnesota vor dem Untergang.

CARAMEL BOCK
Bock 5,6 Vol.-%
In der Nase üppiger Karamell, am Gaumen Rum. Nach dem Abgang bleibt ein Eindruck von Süße.

SCHMALTZ ALT
Altbier 5 Vol.-%
Raffinierte Kombination von Keks und Schokolade, ausbalanciert durch milde, leicht würzige Hopfennoten und Bitterkeit.

AVERY

5763 Arapahoe Avenue, Boulder, Colorado 80803
www.averybrewing.com

Avery Brewing liegt in einem Gewerbegebiet in der Nähe der Rocky Mountains und ist bekannt für seine hopfenbetonten und seine erstaunlich starken Biere (manche sind auch beides). Darunter ist ein Trio, das den Spitznamen »Demons of Ale« trägt und einen durchschnittlichen Alkoholgehalt von 15 Vol.-% aufweist.

INDIA PALE ALE
India Pale Ale 6,3 Vol.-%
Ölige Nase; Kiefer, Grapefruit und Orange in Duft und Geschmack. Unverhältnismäßig bitter.

SALVATION
Belgisches Strong Golden Ale 9 Vol.-%
Fleischige Früchte (Aprikosen) mischen sich mit süß-würzigen Düften und Aromen. Anklang an Honig.

BALLAST POINT

5401 Linda Vista Road, San Diego, California 92110
www.ballastpoint.com

Die Anfänge von Ballast Point liegen in der Heimbrauerszene. Heute produziert die Brauerei ein verwirrend vielfältiges Sortiment, darunter stark hopfenbetonte Biere.

Braugeheimnis: Das Kölsch von Ballast Point ist so erfolgreich, dass eigens ein neuer Produktionsstandort gegründet wurde, um die Nachfrage zu befriedigen.

YELLOWTAIL PALE ALE
Kölsch 4,6 Vol.-%
Mild und süß in der Nase, mit Anklängen an Gewürze. Crackergeschmack; blumiger Nachklang.

DORADO DOUBLE IPA
Imperial India Pale Ale 9,6 Vol.-%
Schmeckt durchgehend nach Kiefer und Grapefruit. Am Gaumen öliger Hopfen und kräftige Malzstruktur. Langer, bitterer Nachklang.

IM PORTRÄT

Anheuser-Busch InBev

One Busch Place,
St. Louis, Missouri 63118 USA

In den 50er-Jahren des 19. Jh. wanderten infolge der Märzrevolution im eigenen Land viele Deutsche nach St. Louis bzw. in den Mittleren Westen der USA aus – und brachten natürlich ihre Sprache, ihre Kultur und ihre Vorliebe für Bier mit. In den 1870er-Jahren gab es schon 20 Brauereien in St. Louis. Die Stadt erhebt sich über Kalksteinhöhlen, die heute kaum noch genutzt werden. Früher dienten sie dazu, das Bier kühl zu lagern und reifen zu lassen. 1852 eröffnete George Schneider die Bavarian Brewery. Obwohl er kein guter Geschäftsmann war und schnell bankrottging, war dies der Beginn einer Firma, die heute das bekannteste Bier in den USA braut, nämlich das Budweiser.

Das Unternehmen hatte schon mehrfach den Besitzer gewechselt, als es 1860 von Eberhard Anheuser aufgekauft wurde. Anheuser hatte 1843 seine Heimat Deutschland verlassen und in den USA sein Glück mit der Herstellung von Seife gemacht. Nun wollte er auch mit dem Biersud Geld verdienen. Doch es war sein Schwiegersohn Adolphus Busch, der das Unternehmen 1864 weit über die Region hinaus bekannt machte. 1879 erhielt die Firma den Namen Anheuser-Busch Brewing Association. Ein Jahr später starb Eberhard Anheuser, und sein Schwiegersohn übernahm den Vorsitz. Dessen Ururenkel August Busch sitzt heute im Vorstand des 2008 fusionierten Konzerns Anheuser-Busch InBev.

◄ **DER GEBORENE VERKÄUFER** Das größte Kapital, das Adolphus Busch in das Unternehmen einbrachte, war sein außergewöhnliches Verkaufstalent. Er hätte sogar den Eskimos Eis verkaufen können – stattdessen verkaufte er Bier in den USA. Er war der unbestrittene Marketing-König des »Königs der Biere«.

▼ **BRAUEREIPFERDE** Anfangs lieferte Anheuser-Busch seine Biere in St. Louis mit Pferdekutschen aus. Zu besonderen Gelegenheiten werden auch heute noch Pferde angespannt.

▲ **KALTES BIER UND SCHNELLE ZÜGE** Der Transport per Eisenbahn und die neuen Möglichkeiten, Bier zu pasteurisieren und zu kühlen, brachten das Bier aus St. Louis bald in alle Gegenden der USA. In Kühlwaggons durchquerte es das ganze Land – von den Rocky Mountains bis an die Westküste, in die raue Gegend der Great Lakes bis in die feucht-heißen Städte an der Ostküste. Dank der Pasteurisierung blieb das in Flaschen abgefüllte Bier garantiert frisch – unabhängig vom Klima.

▼ DIE KUNST DER WERBUNG Dank der Kombination aus technischem Fortschritt beim Brauen und der neuen Werbebranche konnte Anheuser-Busch rasch große Marktanteile erobern. Seine Werbekampagnen bedienten sich sowohl des Amerikanischen Adlers als auch schöner Frauen – Adolphus Busch hatte immer die richtige Idee. Unter ihm stieg die Produktion der Brauerei von knapp 500.000 l pro Jahr auf etwa 120 Mio. l an.

▼ MEGA-FUSION Im Juli 2008 wurde das Unternehmen von der belgisch-brasilianischen InBev-Gruppe aufgekauft. Mit einem jährlichen Ausstoß von 460 Mio. hl Bier ist Anheuser-Busch InBev die unbestrittene Nummer eins auf dem Weltmarkt. Der Stammsitz von Anheuser-Busch in St. Louis wurde zur US-Zentrale des neu entstandenen Mega-Konzerns.

▲ BUDWEISER Das erste Bier mit dem Namen Budweiser verkaufte Anheuser-Busch 1876. Der Erfolg ließ auf sich warten, da die Leute noch eine Zeit lang treu am St. Louis Lager Beer der Firma hingen, das schon lange nicht mehr gebraut wird.

▶ MICHELOB Eine weitere bekannte Marke von Anheuser-Busch ist Michelob. Das Bier kam 1896 zunächst in geringen Mengen auf den Markt und war vor allem für »Kenner« gedacht.

BRAUEREI

BAYERN

1507 Montana Street, Missoula,
Montana 59801
www.bayernbrewery.com

Bayern Brewing ist ausschließlich auf bayerische Biere spezialisiert. Der Inhaber Jürgen Knöller, ein diplomierter Braumeister, stammt aus Bayern und braut, seit er 16 ist. Schon zur Eröffnung 1987 arbeitete er bei Bayern Brewing, bevor er die Brauerei vier Jahre später aufkaufte.

BEAR REPUBLIC

345 Healdsburg Avenue, Healdsburg,
California 95448
www.bearrepublic.com

Der Brewpub von Bear Republic liegt mitten im Weinanbaugebiet Sonoma County und bietet Weintouristen eine Abwechslung der besonderen Art. Braumeister und Gründer (und Feuerwehrmann und Rennfahrer) Richard Norgrove geht beim Einsatz von Hopfen ebenso geschickt vor wie die Winzer beim Verschneiden.

BELL'S

8938 Krum Avenue, Galesburg,
Michigan 49053, USA
www.bellsbeer.com

Die einzige überlebende Mikrobrauerei westlich von Colorado. Bell's (früher Kalamazoo Brewing) ist seit der Gründung 1985 um das 700-Fache gewachsen. Der Gründer Larry Bell ist dafür bekannt, dass er sich und seiner Linie treu bleibt. So nahm er 2006 aufgrund von Streitigkeiten seine Biere in Illinois vom Markt, obwohl der Bundesstaat zu seinen größten Abnehmern zählte. Seit 2007 allerdings liefert Bell einige Biere unter dem Namen Kalamazoo (nicht Bell's) in die Gegend von Chicago. Er ließ eine neue Brauanlage bauen, wobei die ursprüngliche Kalamazoo-Brauerei sowie das Eccentric Café (das seinen Namen zu Recht trägt) erhalten blieben. Bell's Biere sind berühmt für ihren intensiven Geschmack, obwohl das führende Produkt der Brauerei ein Weizenbier ist.

BIER

BAYERN PILSENER
Pilsener 5 Vol.-%
Im Antrunk blumig mit leicht süßlichen Malzaromen, denen schon bald bitterer Hopfen folgt.

BAYERN AMBER
Wiener Lager 5,3 Vol.-%
Verbindung zwischen dem üppigen Malzcharakter der Okoberfestbiere und dem Hopfencharakter von tschechischem Pilsener.

RACER 5
India Pale Ale 7 Vol.-%
Schön frisches Aroma von Grapefruit und Ananas auf Basis eines harzigen, malzig-süßen Mittelteils.

HOP ROD RYE
Imperial India Pale Ale 8 Vol.-%
Klarer Zitrusduft in der Nase mit scharfem Alkohol. Raffinierte Mischung von Keks und reinem Roggen. Durchgehend hopfig.

EXPEDITION STOUT
Imperial Stout 11,5 Vol.-%
Zunächst intensive Aromen Feigen und Pflaumen, übergehend in Schokolade, gerösteten Kaffee und Port.

TWO HEARTED ALE
India Pale Ale 7 Vol.-%
Deutliche Hopfenaromen, zunächst Grapefruit und Orange, die sich mit frischen Blütennoten mischen. Gut ausgewogen, beständige Bitterkeit.

OBERON ALE
Weizenbier 5,8 Vol.-%
Gute Erfrischung im Sommer. Herb, Duft nach Orangenschale bei delikater Würze. Spröder, herber Nachklang.

BEST BROWN ALE
Brown Ale 5,8 Vol.-%
Hocharomatisch, Nuancen von Karamell und Schokolade, gut ausbalanciert durch robusten Hopfen.

BERKSHIRE

12 Rail Road Street South, Deerfield, Massachusetts 01373
www.berkshirebrewingcompany.com

Die lokale Brauerei im westlichen Massachusetts, deren Biere inzwischen auch in Boston immer häufiger zu finden sind. Sie vertreibt nahezu alle Biere selbst und verbürgt sich für die Frische und fein ausgewogene Komplexität ihrer Produkte.

Braugeheimnis: Dieses Bier ist nicht gefiltert. Es muss kühl gelagert werden.

DRAYMAN'S PORTER
Porter 6,2 Vol.-%
Kaffeeähnliche Aromen, komplexer Mittelteil (Schokolade und Toffee), angenehm bitterer Nachklang.

RASPBERRY STRONG ALE
Fruchtbier 9 Vol.-%
Mit frischen Beeren gebraut, kommt zum Valentinstag in den Handel. Gelegentlich wird es auch »Wahrhaftigkeitsserum« genannt.

BIG SKY

5417 Trumpeter Way, Missoula, Montana 59808
www.bigskybrew.com

Die Produkte der Brauerei sind ausgezeichnete Ales mit pfiffigen Namen (einer musste vor Gericht gegen die kanadische Brauerei Moosehead durchgesetzt werden) und ansprechenden Etiketten. Big Sky wuchs schnell und verkauft seine Biere von Alaska bis hin nach Minnesota – v. a. das Brown Ale.

MOOSE DROOL
Brown Ale 5,3 Vol.-%
Dunkle Früchte und Nüsse, gemischt mit Schokolade; die Süße wird durch erdige Hopfennoten abgeschwächt. Schokoladig, mit mittlerem Körper.

SCAPE GOAT PALE ALE
Pale Ale 4,7 Vol.-%
Im Mund Keks, Früchte und Gewürz; mäßige Bitterkeit. Kurzer, trockener Nachklang.

BJ'S

Verschiedene Standorte
www.bjsbrewhouse.com

BJ's betreibt in mehr als einem Dutzend der US-Bundesstaaten Restaurants, die alle sieben BJ's-Biere verkaufen. Diese werden entweder vor Ort oder von der BJ's-Brauerei in Reno (Nevada) gebraut. Die meisten Lokale bieten zudem Saison- oder Spezialbiere an, z. B. das Nit Wit, ein Witbier im belgischen Stil. Viele der BJ's-Biere wurden mit Preisen ausgezeichnet.

JEREMIAH'S RED ALE
Strong Ale 7,3 Vol.-%
Eine Kreuzung aus irischem Red Ale und englischem Strong Ale. Üppiges, reines Karamell-Toffee-Malz. Trockener Nachklang.

HARVEST HEFEWEIZEN
Hefeweizen 4,9 Vol.-%
Echt bayerisch, trüb, mit Bananennoten in der Nase. Am Gaumen fruchtig.

BLUE POINT

161 River Avenue, Patchogue, New York 11772
www.bluepointbrewing.com

Diese Mikrobrauerei eröffnete 1998 in einer ehemaligen Eisfabrik. In Patchogue wird das Fassbier hergestellt, das in Kneipen auf Long Island und Manhattan ausgeschenkt wird.

Braugeheimnis: Das Fassbier von Blue Point wird in einem direkt befeuerten Kessel gebraut, der aus der Wild Goose Brewery in Maryland stammt.

TOASTED LAGER
Wiener Lager 5,2 Vol.-%
Der Sudkessel über offener Flamme sorgt für Aromen von Röstnüssen. Stabiler, mitteltrockener Nachklang.

EXTRA SPECIAL BITTER
Extra Special Bitter 5 Vol.-%
Körperreich, Geschmack nach üppigem Karamell, ausbalanciert durch erdigen britischen Hopfen. Am besten frisch vom Fass.

BRAUEREI

BOSCOS

Verschiedene Standorte
www.boscosbeer.com

Seit 1992 hat die Brewpub-Kette Boscos maßgeblich zur Verbreitung von Kenntnissen zum Thema Bier beigetragen. In den Pubs werden fassgereifte Biere nach englischem Vorbild ausgeschenkt.

BRAUGEHEIMNIS: Bei Boscos werden rot glühende Granitblöcke in die Würze gegeben. Auf diese Weise karamellisiert der darin enthaltene Zucker.

BOULDER

2880 Wilderness Place, Boulder, Colorado 80301
www.boulderbeer.com

Bolder Beer ist die erste amerikanische Mikrobrauerei außerhalb von Kalifornien. Die ersten Biere wurden in einem Ziegenstall gebraut. Um an die nötigen Zutaten zu kommen, war die Brauerei auf die Freigebigkeit der in der Nähe ansässigen Großbrauerei Coors angewiesen. Boulder-Biere werden heute fast überall in den USA verkauft.

BOULEVARD

2501 Southwest Boulevard, Kansas City, Missouri 64108
www.blvdbeer.com

Boulevard Brewing lehrt die Besucher viel über Gastfreundschaft, wie sie im Mittleren Westen üblich ist: durch Brauereiführungen und durch die Biere, die zu einem der berühmten Kansas-City-Barbecues passen.

BRAUGEHEIMNIS: Die Smokestack-Serie fasst in Champagnerflaschen vergorene Biere zusammen.

BOUNDARY BAY

1107 Railroad Avenue, Bellingham, Washington 98225
www.bbaybrewery.com

Während des Bierbooms in den 90er-Jahren eröffneten in Bellingham drei Brewpubs. Davon existiert nur noch der Boundary Bay, und der hat sich zu einem der profitabelsten Brewpubs überhaupt entwickelt. Weitere Expansionen sind geplant. In der Brauerei wird jeden Donnerstag um 16 Uhr ein Fass angestochen.

BIER

FLAMING STONE BEER
STEINBIER 4,8 VOL.-%
Gebraut wie deutsche Steinbiere. Karamell, Toffee und Nüsse. Rauchiger, trockener Nachklang.

HEFEWEIZEN
HEFEWEIZEN 4,8 VOL.-%
Typische Aromen von Kaugummi und Banane in der Nase. Am Gaumen weicher, fruchtiger (Banane) und cremiger, dabei Gewürze.

PLANET PORTER
PORTER 5,1 VOL.-%
Das erste Bier der Brauerei. Anklänge an dunkle Früchte, die Röstmalz und Bitterkeit überlagern.

HAZED & INFUSED
PALE ALE 4,85 VOL.-%
Genauso trüb wie versprochen – getragen von einem Bouquet von Zitrusfrucht, Blüten und Gewürzen.

UNFILTERED WHEAT
AMERIK. WEIZENBIER 4,5 VOL.-%
Trüb und leicht getreidig, durchgängig frische Zitrusnoten.

BULLY PORTER
PORTER 5,4 VOL.-%
In der Nase Röstkaffee, mit Schokolade am Gaumen. Leicht süßlich, üppig; feine, ausgleichende Hopfenaromen, auch im Nachklang.

IPA
INDIA PALE ALE 6,4 VOL.-%
Viel Hopfen aus dem Nordwesten, dabei Orange und Grapefruit. Die malzige Süße geht über in einen harzig-bitteren Nachklang.

IMPERIAL IPA
IMPERIAL INDIA PALE ALE 9 VOL.-%
Üppige Malz- und Hopfenaromen. Viel Orange, Grapefruit und Ananas; langer, bitterer Nachklang.

BRECKENRIDGE

471 Kalamath Street, Denver,
Colorado 80204
www.breckbrew.com

Breckenridge war ursprünglich ein Brewpub in dem gleichnamigen Skiort, der dann mit der zugehörigen Brauerei in Denver (wo es noch einen weiteren Pub gibt) wuchs. Zwischenzeitlich hatte Breckenridge mehrere Pubs in verschiedenen Bundesstaaten betrieben, von denen heute nur die in Colorado geblieben sind.

AVALANCHE ALE

Amber Ale 5,4 Vol.-%

Das Flaggschiff. Fruchtig-herb, ausbalanciert mit süßen Aromen, darunter Karamell und Honig am Gaumen.

OATMEAL STOUT

Oatmeal Stout 4,95 Vol.-%

Üppig mit schokoladigen Röstnoten und sehr cremiger Textur. Komplex, Anklänge an Rauch, am Schluss angenehm bitter.

BREWER'S ART

1106 N. Charles Street, Baltimore,
Maryland 21201
www.thebrewersart.com

Untergebracht in einem Gebäude aus dem Jahr 1902 in der Nähe des Mount Vernon. Man kann sich dort belgisch inspirierte Hausbiere und eine hervorragende Auswahl an mitteleuropäischen Bieren (besonders aus Belgien) servieren lassen. Seit Kurzem lässt Brewer's Art auch in Pennsylvania unter Vertrag brauen.

GREEN PEPPERCORN TRIPEL

Triple 10 Vol.-%

Sprudelnd; mit Früchten, Gewürz und etwas Bonbon-Süße, dabei milder Pfeffer. Trockener Nachklang.

RESURRECTION

Double 7 Vol.-%

Karamell und dunkle Früchte, dazu Zitrusnoten. Die Hefe der ersten Gärung ist für die zweite »wiederauferstanden« – daher der Name.

BRIDGEPORT

1313 Northwest Marshall Street,
Portland, Oregon 97209
www.bridgeportbrew.com

BridgePort Brewing ist Eigentümer der Marke Oregon's Oldest Craft Brewery. Das India Pale Ale der Brauerei setzte Maßstäbe dafür, was ein Bier aus dem Nordwesten der USA ausmacht. Jeder Old Knucklehead, ein saisonal hergestellter Barley Wine, ist einer Persönlichkeit vor Ort gewidmet.

INDIA PALE ALE

India Pale Ale 5,5 Vol.-%

Schon im Antrunk Zitrusnoten. Kräftiges Malzrückgrad, Pfirsiche und Äpfel. Hopfenbetonter Nachklang.

BLACK STRAP STOUT

Stout 6 Vol.-%

Üppige Mischung von unraffinierter Melasse, Schokolade und Kaffee, die in bittere Röstnoten übergeht.

BRISTOL

1647 South Tejon, Colorado Springs,
Colorado 80906
www.bristolbrewing.com

Seit der Eröffnung 1994 ist Bristol Brewing das Bierzentrum in Colorado Springs. Früher als andere Unternehmen in den USA experimentierte Bristol Brewing mit Fässern.

Braugeheimnis: Die Brauerei gewann mehrere Preise für ein Bier, das mit wilden Hefen und Milchsäurebakterien von Himbeeren gebraut wurde.

WINTER WARLOCK

Oatmeal Stout 6,5 Vol.-%

Im Antrunk geröstete Marshmallows und Schokolade, am Gaumen sahnige Schokolade und Röstnoten.

LAUGHING LAB

Scottish Ale 5,3 Vol.-%

Mittlerer Körper, süßliche Karamell- und Toffeenoten und ein anhaltender Eindruck von Rauch. Am besten frisch vom Fass.

BRAUEREI

BROOKLYN

1 Brewers Row, 79 North 11th Street,
Brooklyn, New York 11211
www.brooklynbrewery.com

Die Brooklyn Brewery erweist der bewegten Braugeschichte der Stadt New York alle Ehre, ist aber zugleich ein erfolgreiches Unternehmen des 21. Jh. Sie besitzt das erste ausschließlich mit Windenergie bewirtschaftete Firmengebäude der Stadt. Die Flaschenbiere werden unter Vertrag in der Provinz produziert. In Brooklyn selbst stellt Braumeister Garrett Oliver – zugleich ein erfolgreicher Geschäftsmann – regelmäßig Saisonbiere und eine Serie von Reserve-Bieren her, die als Fassbiere regional Absatz finden.

Braugeheimnis: Die Brauerei hat eine Abfüllanlage für 750-ml-Champagnerflaschen (mit Korken) installiert, und zwar speziell für belgisch inspirierte Biere.

BUTTE CREEK

945 West 2nd Street, Chico,
California 95928
www.buttecreek.com

Durch einen benachbarten Winzer kam die 1996 gegründete Brauerei dazu, auf die Produktion von Bio-Bieren umzustellen. Butte-Creek-Biere werden heute in 24 Bundesstaaten verkauft. Seit Kurzem gibt es eine neue Marke, nämlich Marble Organic. Diese leichten Biere sollen einen noch größeren Abnehmerkreis finden.

CALDERA

540 Clover Lane, Ashland,
Oregon 97520
www.calderabrewing.com

Obwohl 1997 gegründet, steht die Brauerei erst seit 2005 im Rampenlicht: Sie ist die erste Mikrobrauerei in Oregon, die Bier in auffällig gestaltete Flaschen und Dosen abfüllt.

Braugeheimnis: Caldera nimmt eine Sonderstellung ein, da die Brauerei mit ganzen Hopfendolden arbeitet.

BIER

BROOKLYNER WEISSE
Hefeweizen 5,1 Vol.-%
Im Antrunk schäumend und bananenfruchtig, dabei Gewürze, Hopfen und milde Nelkennoten.

BROWN
Brown Ale 5,6 Vol.-%
Durchgehend Karamell, Schokolade und reife Pflaumen, mineralische Untertöne und Anklänge an Rauch. Kaffeeartiger, trockener Abgang.

LOCAL 1
Belg. Strong Golden Ale 9 Vol.-%
Ein Feuerwerk von Düften und Aromen: Früchte und Gewürze bei komplexer Textur, sogar im staubtrockenen Nachklang.

BLACK CHOCOLATE STOUT
Imperial Stout 10,6 Vol.-%
Pechschwarz, viskose Mischung aus dunklen Früchten, Port und natürlich Bitterschokolade.

ORGANIC PORTER
Porter 5,5 Vol.-%
Sehr üppig. Noten von Röstmalz balancieren Aromen von Schokolade und Lakritz aus.

MATEVEZA YERBA MATE ALE
Pale Ale 5 Vol.-%
Mit Blättern des südamerikanischen Matestrauchs gebraut. Zitrusartige Hopfennoten, Kräuter, etwas erdig.

IPA
India Pale Ale 6,7 Vol.-%
Deutlicher Hopfen-Eindruck, ohne dabei aufdringlich zu sein. Durchgehend Zitrusfrucht, Kiefer und Grapefruit.

PILSENER
Pilsener 5 Vol.-%
Lagert ganze acht Wochen. Blütenaromen mit schwachem Anklang an Schwefel; spröde-hopfiger Geschmack, auch im Nachklang.

CAMBRIDGE

One Kendall Square, Cambridge,
Massachusetts 02139
www.cambrew.com

Im Restaurant von Cambridge gehen die Gerichte und die ausgeschenkten Biere eine perfekte Kombination ein. Seit der Eröffnung 1989 produziert Cambridge Fassbiere, die den Rahmen alles Gewohnten sprengen: Einige Biere reifen in Holzfässern oder werden mit Blüten aus dem Garten oder selbst gezogenen Kürbissen versetzt.

TALL PALE ALE
Pale Ale 5,9 Vol.-%
Viel aromatischer Hopfen aus dem Nordwesten. Kiefer- und Grapefruitaromen auf solider Malzbasis.

CERISE CASSÉE
Sour Ale 8,5 Vol.-%
Die »zerkleinerte Kirsche« entsteht aus einer Sauermaische und reift in Holz. Komplexe Kombination aus süß und sauer, Kirschen und Holz.

CAPITAL

7734 Terrace Avenue, Middleton,
Wisconsin 53562
www.capital-brewery.com

Die Capital Brewery ist bekannt für ihre Biere, die nach deutschem Vorbild gebraut werden. Einige Biere sind »Kreuzungen«: Autumnal Fire z. B. bewegt sich zwischen einem Doppelbock und einem Oktoberfestbier.

Braugeheimnis: Das verwendete Island-Wheat's-Getreide wird auf einer Insel im Lake Michigan angebaut.

MUNICH DARK
Münchner Dunkles 5,4 Vol.-%
Malzbetont mit erdigen Anklängen an Karamell und Nüsse. Schokoladen- und Toffeenoten.

SPECIAL PILSNER
Pilsener 4,8 Vol.-%
Am Gaumen leicht, mit Honignoten. Wunderbar duftige Hopfenaromen; derber, hopfenbetonter Nachklang.

CAPTAIN LAWRENCE

99 Castleton Street, Pleasantville,
New York 10570
www.captainlawrencebrewing.com

Inhaber und Braumeister Scott Vaccaro steht exemplarisch für die neue Brauergeneration in den USA. Er hat sein Handwerk sowohl an der Hochschule als auch in der Praxis in den USA und in England gelernt. Nach der Rückkehr in seine Heimat gründete er Captain Lawrence. Vaccaro ist bekannt dafür, dass er gern mit der Fassreifung experimentiert.

XTRA GOLD
Triple 9 Vol.-%
Zitrusnoten von Hopfen verschmelzen harmonisch mit saftigen Gartenfrüchten und etwas Bonbonsüße.

SMOKED PORTER
Porter 6,4 Vol.-%
Im Antrunk rauchig, dann aber schnell üppige dunkle Früchte, Schokolade und Lakritz. Am Gaumen köstlich-üppig.

CAROLINA

110 Barley Park Lane, Mooresville,
North Carolina 28115
www.carolinabeer.com

Früher beruhte der Erfolg des Unternehmens auf leichten Bieren. Dann expandierte Carolina Beer & Beverage durch den Kauf der erfolgreichen Marke Cottonwood.

Braugeheimnis: Nikki Koontz ist eine der wenigen Frauen, die als Braumeisterin in einer Craft Brewery arbeiten.

COTTONWOOD LOW DOWN BROWN
Brown Ale 5,7 Vol.-%
Gleich zu Beginn Nüsse, die sich am Gaumen mit Schokolade und erdigem Hopfen mischen.

CAROLINA BLONDE
Golden Ale 5 Vol.-%
Süß, getreidig und erfrischend. Die Light-Version (Lighthouse, 4 Vol.-%) enthält nur 81 Kalorien pro Flasche.

Brooklyn Brewery

79 North 11th Street
Brooklyn, New York 11211

New York war einmal eine Stadt mit reger Brautätigkeit: Vor der Prohibition gab es dort fast 80 Brauereien, knapp 50 davon im Stadtteil Brooklyn, wo viele Deutsche lebten. Ein Teil von Brooklyn war damals als »Brewers' Row« bekannt.

All dies schien endgültig vorbei zu sein, als 1976 die Familien Schaefer und Liebmann mit ihren Brauereien in Brooklyn die letzten der Stadt schlossen. Sie konnten sich nicht länger gegen die leichten Lagerbiere behaupten, die im Mittleren Westen hergestellt wurden. Deren landesweiter Erfolg beendete schließlich das Brauen im Big Apple.

1984 kehrte der Journalist Steve Hindy nach sechs Jahren im Ausland in den Mittleren Westen zurück. Er hatte in dieser Zeit zahlreiche Erfahrungen gesammelt, z. B. hatte er gelernt, wie man als Heimbrauer in islamischen Ländern, wo Alkohol generell verboten ist, Bier herstellt. Aus Leidenschaft für das Bierbrauen gründete Hindy 1987 zusammen mit seinem Nachbarn Tom Potter, einem ehemaligen Banker, die Brooklyn Brewery. Ihre Biere gehören seither zu den bestverkauften Fassbieren in New York City.

▲ **BROOKLYN LAGER** Ursprünglich arbeitete hier Braumeister Bill Moeller. Er entwickelte sein Rezept für das Brooklyn Lager anhand von Notizbüchern, die ihm sein Großvater hinterlassen hatte.

▶ **DIE WILLIAMSBURG-ANLAGE** Die ersten Brooklyn-Biere wurden von der Matt Brewery in Utica hergestellt. Erst seit 1996 besitzt die Brooklyn Brewery eine eigene Brauerei.

▼ **WACHSENDER MARKT** Dank Unternehmen wie der Brooklyn Brewery ist die Brauereiszene nirgendwo lebendiger und spannender als in den USA. Gutes Bier ist hier ein erschwinglicher Luxus. Auch wenn die Firma nicht so viel Geld für das Marketing ausgeben kann wie die größeren Konkurrenten, verkaufen sich Brooklyn-Biere auch außerhalb der Stadt New York sehr gut. Man bekommt sie in South Carolina, Georgia und Michigan – und sogar in Dänemark, Japan und Großbritannien.

◀ **NEUE HORIZONTE** Die Firmenphilosophie der Brooklyn Brewery war zunächst ganz einfach: Hindy arbeitete an einem körperreichen, aromatischen Bier, wie es zur Blütezeit des Biers in New York vermutlich hergestellt wurde. Doch seither hat sich der Horizont erweitert: Heute gehören flaschenvergorene Biere im belgischen Stil ebenso zum Sortiment wie Brooklyns fruchtig-spritzige Weiße.

◀ **STEVE HINDY** Seit 1994 wird Steve Hindy von Garrett Oliver unterstützt, der zuvor als Braumeister bei der Manhattan Brewery gearbeitet hatte. Als Oliver zur Brooklyn Brewery kam, hatte er sich bereits mit seinen traditionell gebrauten Bieren einen Namen gemacht – ebenso mit seinen Publikationen und Vorträgen zum Thema Bier. Zwei Jahre nachdem er zu Brooklyn gestoßen war, eröffnete er die eigene Brauerei des Unternehmens.

▲ **BIER ZUM ESSEN** Braumeister Garrett Oliver sähe es gern, wenn Restaurants ihren Besuchern nicht nur eine Weinkarte, sondern auch eine Bierkarte vorlegten. Dann könnten die Gäste herausfinden, wie Bier mit exzellenter Küche harmoniert

BRAUEREI

CHOC

120 Southwest Eighth, Krebs,
Oklahoma 74554
www.chocbeer.com

Pete's Place ist ein italienisches Restaurant mit Brautradition. Choctaw-Indianer weihten einst den ehemaligen Minenarbeiter Pete Pritchard in ihr Geheimnis der Bierherstellung aus Weizen ein. Sogar während der Prohibition schenkte er das Choc-Bier in seinem Lokal aus. Erst 1995, als schon Enkel Joe die Führung übernommen hatte, wurde das Bier legal.

CLIPPER CITY

4615 Hollins Ferry Road, Suite B,
Baltimore, Maryland 21227
www.ccbeer.com

1995 verkaufte Hugh Sisson den ersten Brewpub von Baltimore, um eine Mikrobrauerei zu gründen. Heute gehören drei ganz unterschiedliche Serien zum Sortiment: Clipper City, Heavy Seas (7,25 Vol.-% oder stärker) und Oxford.

BRAUGEHEIMNIS: Hop^3 wird dreimal gehopft: im Kessel, im Hopfenseiher und durch Hopfenstopfen.

COORS

311 10th Street, Golden,
Colorado 80401
www.coors.com

Obwohl Coors mit Molson fusionierte und Molson wiederum mit SABMiller zusammengeht, produziert Coors nach wie vor Biere, die nicht dem Mainstream entsprechen. Die Blue-Moon-Serie kann es mit Bieren der großen Craft Brewers aufnehmen. Die SanLot Brewery, die im Baseballstadion in Denver liegt, produziert hervorragende traditionelle Lagerbiere.

DESCHUTES

901 Southwest Simpson Avenue, Bend,
Oregon 97702
www.deschutesbrewery.com

Was 1988 in dem Touristenort Bend als Brewpub begann, wurde dank ausgelagerter Produktionsstätte schnell zu einer der größten Craft Breweries des Landes. Deschutes setzt im gesamten Westen der USA sein Sortiment von Bieren mit bemerkenswert hopfigem Charakter ab und betreibt immer noch den ursprünglichen Brewpub in Bend. Kürzlich wurde in

BIER

MINER MISHAP
SCHWARZBIER 5,3 VOL.-%
Mittelschwerer Körper, geröstete Kaffeebohnen in der Nase; süßliche Karamell- und Schokoladenaromen.

1919 CHOC
AMERIK. WEIZENBIER 5 VOL.-%
Ein »Nachkomme« des originalen Choc-Bieres. Beim Eingießen trüb, Zitrus- und Hefearomen. Am Gaumen leicht und erfrischend.

LOOSE CANNON HOP^3
INDIA PALE ALE 7,25 VOL.-%
Gut ausgewogener Hopfen-Cocktail mit Aromen von Tangerine, Grapefruit und Kiefer. Bernsteinfarben.

SMALL CRAFT WARNING
STRONG LAGER 7,25 VOL.-%
Ein »Über-Pils«, das einem starken Bock ähnelt. Robuste Bitterkeit wird durch malzige Süße ergänzt.

BLUE MOON BELGIAN WHITE
WITBIER 5,4 VOL.-%
In der Nase zitronige Süße, würzig, mit Noten von Sellerie. Leichte Säure, ins Süße übergehend.

BARMEN PILSNER
PILSENER 5 VOL.-%
Schöne Schaumkrone. Viel Saazer Hopfen, floral-würzig. Angenehm getreidig; langer, bitterer Nachklang.

MIRROR POND
PALE ALE 5,2 VOL.-%
Im Antrunk Grapefruit und frische Blüten. Leicht, am Gaumen eindeutig Keks, großzügiges Hopfenaroma.

BLACK BUTTE PORTER
PORTER 5,2 VOL.-%
Gut ausgewogen und komplex, in Duft und Geschmack geröstete Kaffeebohnen, Schokolade und dunkle Früchte mit säuerlichen Noten.

Portland ein neuer Brewpub eröffnet. Zum Portfolio gehört auch die Bond-Street-Serie mit Spezialbieren.

Braugeheimnis: Bei Deschutes behauptet man, dass der Charakter der Biere mindestens z. T. darauf beruhe, dass ganze Hopfendolden verwendet werden.

THE ABYSS
Imperial Stout 11 Vol.-%
Mit Lakritz und Melasse gebraut, z. T. in Eichenfässern gereift. Ein Füllhorn intensiver Aromen, zusammengehalten durch eine herrliche Textur.

INVERSION IPA
India Pale Ale 6,8 Vol.-%
Viele Hopfenaromen (v. a. Orangenschale). Keksartiges Malz setzt sich gegen die Bitterkeit durch.

DIAMOND KNOT

621 Front Street, Mukilteo, Washington 98275
www.diamondknot.com

Seit die Gründer Bob Maphet und Brian Sollenberger, die beide bei Boeing arbeiteten, zu Hause Getreide mahlten und es zu ihrer Brauerei brachten, die sich auf der Rückseite einer Bar am Ort befand, ist die Brauerei beträchtlich gewachsen. Inzwischen haben sie das Lokal aufgekauft und eine eigene Produktionsstätte eingerichtet.

IPA
India Pale Ale 6,2 Vol.-%
Viel Hopfen im Antrunk, dabei Grapefruit und Kiefer, die noch im nicht zu bitteren Nachklang spürbar sind.

STEAMER GLIDE STOUT
Stout 4,8 Vol.-%
Durchgehend gute Mischung: Kaffee, Kakao und dunkle Schokolade, die durch süße Aromen ausgeglichen werden. Erinnert an irische Biere.

DIXIE

2401 Tulane Avenue, New Orleans, Louisiana 70119
www.distinguished-brands.com/dixie.php

Die 100 Jahre alte Dixie Brewery ist die einzige Überlebende der einst blühenden Brautradition in New Orleans. Einige Biere reifen in historischen Fässern aus Zypressenholz. 2005 wurde die Brauerei durch den Hurrikan Katrina (und anschließend durch Plünderer) verwüstet. Seither werden die Dixie-Biere in der Minhaus Craft Brewery in Wisconsin produziert.

BLACKENED VOODOO
Schwarzbier 5 Vol.-%
1991 war der Verkauf dieses Biers in Texas kurze Zeit verboten – und zwar wegen der Anspielungen auf Voodoo auf dem Etikett. Weich mit leichtem Körper, wie es im Süden üblich ist; durchgehend Schokoladen- und Toffeenoten.

DOGFISH HEAD

6 Cannery Village Center, Milton, Delaware 19968
www.dogfish.com

Hier wird nach dem Leitspruch des Gründers Sam Calagione gebraut: »Exzentrische Biere für exzentrische Leute«. Dogfish Head hat im ganzen Land Abnehmer für seine »Extrembiere« gefunden. Darunter sind Biere, die sich Funde von Archäologen zunutze machen, sowie Biere mit ungewöhnlichen Zutaten – von Zichorie bis hin zu Chilli. *(Fortsetzung nächste Seite)*

MIDAS TOUCH
Historisches Bier 9 Vol.-%
Die Zutaten – Muscat-Trauben, Honig und Saffran – sorgen für vielschichtige Aromen, dabei feine Säure.

WORLD WIDE STOUT
Imperial Stout 18 Vol.-%
Kein klassisches Imperial Stout, sondern viel, viel stärker. Ähnlich wie Port, mit dunklen Früchten, reifen Beeren und jeder Menge Alkohol.

BRAUEREI

(Fortsetzung) Vor Kurzem wurden in der Brauerei die größten hölzernen Sudkessel installiert, die je in den USA hergestellt wurden. Calagione ist ständig aktiv in Sachen Bier. Er hat mehrere Bücher zum Thema geschrieben, darunter eins, in dem er die Vorzüge von Bier gegenüber Wein abwägt. Dogfish betreibt einen Brewpub in Rehoboth Beach, wo 1995 alles anfing.

BRAUGEHEIMNIS: Für Pangaea Ale werden Zutaten aus allen Kontinenten verarbeitet, z. B. Wasser der Antarktis.

DRAKE'S

1933 Davis Street 177, San Leandro, California 94577
www.drinkdrakes.com

Seit die Besitzer von San Francisco Bay Coffee die Brauerei 1999 erwarben, die damals Lind Brewing hieß, haben sie eine Abfüllanlage bauen lassen und die Produktion damit verfünffacht. »Wir haben die Leute so lange Zeit aufgeweckt und nun beschlossen, ihnen wieder beim Einschlafen zu helfen«, sagt Vizepräsident Pete Rogers.

DUCK-RABBIT

4519 W Pine Street, Farmville, North Carolina 27828
www.duckrabbitbrewery.com

Duck-Rabbit ist bekannt für starke, dunkle Biere. Die Brauerei blühte auf, als die Gesetzgebung in North Carolina Biere mit mehr als 6 Vol.-% Alkoholgehalt zuließ. Das unverkennbare Logo basiert auf einer Illustration des Philosophen Ludwig Wittgenstein.

BRAUGEHEIMNIS: Die Brauer scherzen: »Wir singen der Hefe etwas vor.«

EEL RIVER

1777 Alamar Way, Fortuna, California 95540
www.eelriverbrewing.com

Eel River war noch nicht ganz fünf Jahre alt, als das Unternehmen zur ersten zertifizierten Bio-Brauerei in den USA wurde. Der Brewpub wurde 2007 durch eine neue Produktionsstätte im nahe gelegenen Scotia ergänzt. Sie wird vollständig mit Energie aus Biomasse betrieben, darunter Holzspäne und Biertrester.

BIER

60 MINUTE IPA
INDIA PALE ALE 6 VOL.-%
Saisonbier und zugleich das Flaggschiff, mit Warrior, Amarillo und dem »Mystery Hop X« gebraut. Viel Zitrus.

FESTINA PECH
SOUR ALE 4,5 VOL.-%
Als »Neo-Berliner Weisse« etikettiert. Fruchtsüße, die angenehm durch herben Weizen und säuerliche Elemente ausbalanciert wird.

EXPEDITION ALE
AMBER ALE 6,8 VOL.-%
Üppige Schokolade und Karamell, ausbalanciert durch Röstmalz und anhaltende Hopfenbitterkeit.

IPA
INDIA PALE ALE 7,2 VOL.-%
Ein »Hopfensandwich« belegt mit Karamell und fruchtigem Malz. Im Antrunk aromatisch, am Ende bitter.

BALTIC PORTER
BALTISCHES PORTER 9 VOL.-%
Karamell, Toffee, schwarze Johannisbeere und andere dunkle Früchte. Weich, verhaltene Bitterkeit.

MILK STOUT
STOUT 5,7 VOL.-%
Gelungene Kombination von gerösteten Kaffeebohnen und Schokolade, die durch Sahne am Gaumen ergänzt werden. Nicht zu süß.

ORGANIC PORTER
PORTER 6,3 VOL.-%
Malzig-cremig mit Schokoladenaromen, verhaltenere Aromen von gerösteten Kaffeebohnen. Robust.

TRIPLE EXULTATION
OLD ALE 9,7 VOL.-%
Kein Bio-Bier. Komplexe Nase mit Karamell-Toffee und Frucht, dann setzen sich kiefernähnliche Hopfenaromen durch.

Die Brooklyn Brewery hat ein breit gefächertes Sortiment entwickelt, und viele ihrer Biere sind von belgischen, deutschen und britischen Vorbildern inspiriert.

BRAUEREI

ELYSIAN

1221 East Pike Street, Seattle, Washington 98122
www.elysianbrewing.com

Elysian Brewing hat in Seattle drei Standorte. Die Produktionsstätte sowie ein Restaurant befinden sich an der Stelle der Originalbrauerei in der Nähe des Capitol Hill. Der in Deutschland geborene Braumeister Dick Cantwell stellt eine ungewöhnlich große Auswahl an Bieren her, darunter auch ein saisonal produziertes Kürbisbier.

FIRESTONE WALKER

1400 Ramada Drive, Paso Robles, California 93446
www.firestonebeer.com

Mit dem Union Jack IPA Anfang 2008 konzentriert sich die Produktion der Firestone Walker Brewing Company verstärkt auf Pale Ales. Sie enthalten ausnahmslos eine kleine Portion Bier, das im patentierten Firestone-Union-System vergoren wurde. Diese Methode wurde in Anlehnung an das historische Burton-Union-System entwickelt, das aus Burton-upon-Trent in England stammt. Firestone verschneidet auch Biere, die in Holzfässern vergoren wurden, mit solchen aus Edelstahl. Die Brauerei produziert weiterhin unterschiedlich starke Ales, die in Bourbon- und Brandyfässern bzw. in unbehandelten Eichenfässern reifen. Diese werden zu feierlichen Anlässen verschnitten und sind nur kurze Zeit erhältlich. Dabei lassen sich die Brauer von den Winzern der Gegend anregen.

FISH

515 Jefferson Street Southeast, Olympia, Washington 98501
www.fishbrewing.com

Seit Fish Brewing 2000 kurz vor dem Bankrott stand, konzentriert sich die Brauerei vor allem auf die Fish Tale Organic Biere (ein Teil des Gewinns, der mit diesen Bieren erzielt wird, fließt in Projekte zum Schutz von Lebensräumen im Wasser). Unter dem Namen Leavenworth produziert Fish Brewing Biere nach deutschem Vorbild.

BIER

DRAGONSTOOTH STOUT

Stout 7,2 Vol.-%
Aromen von dunklen Früchten, Schokolade, Melasse, Kaffee und Lakritz bei leicht öligem Gaumen.

PERSEUS PORTER

Porter 5,4 Vol.-%
Aromen von Kakao und gerösteten Nüssen, genau richtige Bitterkeit. Wie über einem Lagerfeuer geröstete Marshmallows.

DOUBLE BARREL ALE

Pale Ale 5 Vol.-%
Enthält 15 bis 20 % in Eiche gereiftes Bier. Würzig, abgerundete Frucht, Vanille; holzig-üppige Textur, aber nicht süß.

PALE 31

California Pale Ale 4,6 Vol.-%
Enthält etwa 3 % in Eiche gereiftes Bier. Lebhafte Zitrusaromen, Schichten von Frucht und Malz am Gaumen.

UNION JACK IPA

India Pale Ale 7,5 Vol.-%
Saftige Hopfenaromen in einer Woge von Zitrus, Grapefruit, Kiefer und Mango, die eine solide Malzbasis ergänzen. Eiche und bittere Aromen.

FIRESTONE 11

Strong Ale 11 Vol.-%
Üppig, mit vielfältigen Aromen. Die Textur reicht von seidig am Anfang bis hin zu angenehm grob.

FISH TALE ORGANIC IPA

India Pale Ale 5,5 Vol.-%
Frische Aromen von Hopfen: Kiefer und Zitrusfrucht. Knackig-kräftig, anhaltender Hopfen im Nachklang.

OLD WOODY

Old Ale 10 Vol.-%
Sechs Monate in Eiche gereift, gehört zur »Reel Ale«-Serie, vielfältige Aromen von Karamell und dunklen Früchten. Nur vom Fass.

FLOSSMOOR STATION

1035 Sterling Avenue, Flossmoor, Illinois 60422
www.flossmoorstation.com

Matt Van Wyk und Andrew Mason haben das Werk des Pioniers auf dem Gebiet der Fassreifung, Todd Ashman, bei Flossmoor Station fortgesetzt. Sie verkaufen zahlreiche mit Preisen ausgezeichnete Biere in dem Pub, der in einem ehemaligen Bahnhof untergebracht st. Kürzlich brachte die Brauerei die ersten Flaschenbiere auf den Markt.

PULLMAN BROWN ALE
Brown Ale 7 Vol.-%
Gebraut mit von Hand geröstetem Malz und Melasse. Schokolade, Toffee und dunkle Früchte.

DE WILDE ZUIDENTREIN
Sour Ale 7 Vol.-%
Ein Brown Ale nach flandrischem Vorbild, das in einem Weinfass aus Eiche auf frischen Himbeeren reift. Mit etwas wilder Hefe gebraut.

FLYING DOG

2401 Blake Street, Denver, Colorado 80205
www.flyingdogales.com

Flying Dog ist keine gewöhnliche Brauerei: Die Etiketten stammen von dem britischen Illustrator Ralph Steadman, und man kultiviert in Anlehnung an den Journalisten Hunter S. Thompson das »Gonzo-Image«. Der Original-Brewpub ist in Aston, die Zentrale befindet sich aber in Denver. Gebraut wird seit 2008 in Frederick (Maryland).

GONZO IMPERIAL PORTER
Porter 9 Vol.-%
Aromen von Rum, Schokolade; eher süß, bevor trockene Kakaonoten und hopfige Bitterkeit dominieren.

DOGGIE STYLE PALE ALE
Pale Ale 5,3 Vol.-%
Im Antrunk eine Mischung frischer Früchte. Im Mittelteil zitrusbetonte Frucht, gut ausbalanciert durch keksartiges Malz. Trockener Nachklang.

FLYING FISH

1940 Olney Avenue, Cherry Hill, New Jersey 08003
www.flyingfish.com

Flying Fish Brewing begann global – und zwar als virtuelle Brauerei im Internet – und wurde 1996 dann regional. Heute bedient sie Kunden in einem Umkreis von ca. 160 km um ihren Standort in South Jersey. Vor Kurzem wurde die Produktionskapazität gesteigert, und es gibt Pläne, auch das Sortiment zu vergrößern.

BELGIAN STYLE DUBBEL
Double 7 Vol.-%
Schokolade gemischt mit dunklen Früchten, dabei ein Hauch Alkohol. Trockener, süßlicher Abgang.

ESB ALE
Extra Special Bitter 5,5 Vol.-%
Malzbetont, üppiger Karamell- und Fruchtcharakter, darunter liegende Nussaromen. Amerikanischer Hopfen, aber verhalten.

FOUNDERS

235 Grandville Avenue SW, Grand Rapids, Michigan 49503
www.foundersbrewing.com

Founders war eine von vielen kleinen Brauereien, bis sie einen Großteil ihres Sortiments zugunsten einer Serie von esoterischen Bieren mit Namen wie Devil Dancer und Old Curmudgeon aufgab.

Braugeheimnis: Das Kentucky Breakfast Stout wird mit Kaffee und Vanille gebraut und reift 30 m unter der Erde.

BREAKFAST STOUT
Imperial Stout 8,3 Vol.-%
Espresso dominiert, mit komplexen Noten von dunkler Schokolade und reichhaltiger Textur auf der Zunge.

BLACK RYE
Roggenbier 7 Vol.-%
Nicht ganz schwarz, schmeckt aber so – wie Roggenbrot, das in ein stark gehopftes Porter getunkt wird. Aromen von Schokolade und Kaffee.

ALLES ÜBER …

VERKOSTUNG

Bier trinkt man am besten in Gesellschaft: entweder in einer Kneipe oder auch zu Hause. Stellen Sie einmal die Geselligkeit in den Vordergrund und laden Ihre Freunde zu einer »Bierprobe« ein, bei der Sie die Vielfalt des Gerstensaftes genießen.

Eine Verkostung von Bier spricht alle Sinne an, denn es kann ganz unterschiedliche Farben, Düfte und Aromen haben. Für eine »Bierprobe« gibt es eigentlich keine Regeln, überlegen Sie nur gut, welche Biere Sie auswählen. Sie können entweder ganz verschiedene Sorten anbieten, um die Vielfalt zu betonen, oder unterschiedliche Biere einer Sorte wählen. Beginnen Sie in jedem Fall mit den leichteren Bieren und gehen Sie dann zu den hocharomatischen Sorten über. Sechs bis zehn Biere reichen völlig aus.

Am besten nehmen Sie große Wein- oder Cognacgläser für die Verkostung, denn ihre Form konzentriert die Aromen. Stellen Sie Wasser, Cracker oder Salz-Chips bereit, mit denen man den Geschmack zwischen den einzelnen Bieren neutralisieren kann.

I EINGIESSEN Nehmen Sie für jedes Bier ein sauberes Glas. Halten Sie das Glas erst in einem Winkel von 45° und richten Sie es beim Eingießen dann langsam auf, damit sich eine Schaumkrone bildet.

2 AUSSEHEN Betrachten Sie das Bier. Es sollte sauber aussehen und sprudeln. Welche Farbe hat es? Sieht es frisch und lebendig aus? Ein abgestandenes Bier wirkt leblos und stumpf. Wenn Sie einen Schluck nehmen, sollte ein Schaumrand an der Innenwand des Glases zurückbleiben, der an Spitzenmuster erinnert – auch dies ist ein Hinweis darauf, dass das Bier in Ordnung ist.

3 DUFT Schwenken Sie das Bier etwas im Glas, um den Duft freizusetzen. Ein malziger Duft lässt Getreide, Trockenfrüchte, Kaffeebohnen, Kekse, Ovomaltine, Schokolade, Toffee und Karamell erkennen. Hopfen sorgt für köstliche Noten von Frucht, Gewürzen, Harz, Pfeffer, Zitrusfrüchten, Kräutern und Blüten. Durch die bei der Gärung entstandenen Ester erhalten starke Biere einen ganz eigenen Charakter, und zwar durch üppig-fruchtige Noten, die an tropische Früchte (Bananen) und reife Aprikosen erinnern. Lambics und Gueuzes haben dank der wilden Hefen kräftig erdige und süß-säuerliche Aromen.

4 GESCHMACK Probieren Sie das Bier. An der Zungenspitze nehmen Sie Süßes wahr, Salziges und Saures an den Rändern und Bitterkeit hinten. Einige Biere entfalten gleich zu Beginn fruchtige Aromen, andere Nuancen von geröstetem Kaffee, Karamell und Schokolade. Lassen Sie das Bier von vorne nach hinten über die Zunge fließen und versuchen Sie, die verschiedenen Aromen zu unterscheiden. Wie fühlt sich das Bier an? Ist es weich, dünn, getreidig, säuerlich, ölig, angenehm im Mund? Ein gutes Bier ist ausgewogen und harmonisch. Malz- und Hopfenaromen sollten verschmelzen. Weinverkoster spucken den Wein aus, doch Bier muss man schlucken, um den Nachklang beschreiben zu können. Ist er bitter? Oder trocken? Ist der Nachklang lang anhaltend oder kurz und abrupt?

5 VERKOSTUNGSNOTIZEN Notieren Sie Ihre wichtigsten Beobachtungen zu Aussehen, Duft, Geschmack und Nachklang – eine nach der anderen. Auf den Seiten 340–345 finden Sie eine Tabelle für Ihre Beobachtungen.

BRAUEREI

FOUR PEAKS

1340 East 8th Street, Tempe,
Arizona 85281
www.fourpeaks.com

Kein Wunder, dass viele der zahlreichen preisgekrönten Biere dieser Brauerei britische Vorbilder haben: Als Four Peaks 1996 startete, war es ein pensionierter Brauer von Young's in London, der dem damals noch jungen Braumeister Andy Ingram zur Seite stand. Später diente Paul Farnsworth, ein Ehemaliger aus der Brauerei in Burton-upon-Trent, als Berater.

FULL SAIL

506 Columbia Street, Hood River,
Oregon 97031
www.fullsailbrewing.com

Full Sail verkörpert das, was für die junge Brauszene in den USA typisch ist. 1987 gegründet, ging die Brauerei 1999 in den Besitz der Angestellten über. Ihnen gemeinsam ist die Begeisterung für die Natur am Columbia River. Auf den Werbeplakaten erscheint oft das Bild des kräftigen Braumeisters John Harris mit einem Bierfass auf den Schultern. Die Hauptprodukte von Full Sail (Amber, IPA und Pale Ale) haben in 15 westlichen Bundesstaaten einen großen Kreis von Abnehmern.

Braugeheimnis: Die Brauerei stellt auch Saisonbiere mit dem LTD-Etikett (Living the Dream) her sowie das ganze Jahr über kräftige Biere, die als Brewmaster's Reserve in den Handel kommen.

GEARY

38 Evergreen Drive, Portland,
Maine 04103
www.gearybrewing.com

Seit die Brauerei 1986 das erste Bier auf den Markt brachte, arbeitet David Geary nach einem englischen Modell. Mit einem kleinen Kernsortiment beliefert er die Region New England. Das gesamte Sortiment besteht aus fünf Bieren und drei Saisonbieren.

Braugeheimnis: Geary verwendet Hefe aus der britischen Ringwood Brewery.

BIER

KILTLIFTER
Scottish Ale 6 Vol.-%
Stark malzbetont, am Gaumen Karamell. Komplex mit Anklängen an rauchige Noten.

8TH STREET ALE
Best Bitter 4,5 Vol.-%
Vom Fass besonders weich; Karamell und leichte Fruchtigkeit in Verbindung mit erdigem Hopfen, mittelbitterer Abgang.

AMBER
Amber Ale 5,5 Vol.-%
Zitrusfrucht und Gewürz werden durch süße Aromen ausbalanciert. Sauberer Nachklang.

SESSION LAGER
Amerik. Lager 5,1 Vol.-%
Ein Retro-Bier, das auf die Zeit vor der Prohibition zurückgeht, in entsprechend aufgemachter Abfüllung. Sauber und malzbetont.

TOP SAIL IMPERIAL PORTER BOURBON
Imperial Porter 9,85 Vol.-%
Zweite begrenzte Auflage des gut eingeführten Imperial Porter aus Bourbonfässern. Ziemlich intensiv nach zehn Monaten in Holz: Jack Daniels, Schokolade, geröstete Kaffeebohnen, Eiche u. a. Kann mehrere Jahre gelagert werden.

HAMPSHIRE SPECIAL
Strong Ale 7 Vol.-%
Komplexe Balance von leicht angebranntem Karamell, etwas Frucht und Alkohol. Bitterer Nachklang.

PALE ALE
Pale Ale 4,8 Vol.-%
Hier kommt die Ringwood-Hefe zur Geltung: fruchtig, darunter Noten von Karamell, auf der Zunge etwas glatt.

GEORGETOWN

5840 Airport Way South, Unit 201, Seattle, Washington 98108
www.georgetownbeer.com

Mitbegründer Manny Chao war der erste Angestellte der Mac & Jack's Brewery in Redmond. Georgetown verkauft nur Fassbier und ursprünglich sogar nur eins, nämlich Manny's Pale Ale. Die Brauerei ist einer von mehreren Betrieben auf dem ehemaligen Gelände von Seattle Brewing and Malting, wo einst die Kultmarke Rainier hergestellt wurde.

GOOSE ISLAND

1800 West Fulton Street, Chicago, Illinois 60612
www.gooseisland.com

Das riesige Sortiment der Brauerei entspricht dem MBA-Programm (Master of Beer Appreciation), das 1988 eingeführt wurde – kurz nachdem der Brewpub Goose Island eröffnet hatte. 1995 baute das Unternehmen eine größere Brauerei, und schon innerhalb eines Jahres brachte Braumeister Greg Hall Dutzende verschiedener Bierarten auf den Markt. Den ursprünglichen Brewpub gibt es immer noch, ebenso einen weiteren in der Nähe von Wrigley Field. In beiden kann man durch Verkostungen, die man sich bestätigen lässt, den »MBA« erwerben (eine Art Treuekarte).

BRAUGEHEIMNIS: Das Bourbon County Stout, das anlässlich des 1000. Suds des Brewpubs herauskam, begründete vermutlich den US-Trend, Bier in Bourbonfässern (oder Fässern anderer Spirituosen) reifen zu lassen.

GORDON BIERSCH

Verschiedene Standorte
www.gordonbiersch.com

Gordon Biersch begann als Brewpub, der bald zu einer ganzen Kette wurde. Später kam dann die Aufteilung in eine Brauerei in San Jose (Kalifornien) und mehrere Restaurant-Breweries. Die Brauerei in San Jose stellt auch Biere für Trader Joe's und Costco her.

BRAUGEHEIMNIS: Dan Gordon, der die Brauerei in San Jose betreibt, hat fünf Jahre in Bayern gearbeitet.

MANNY'S PALE ALE

PALE ALE 5,4 VOL.-%

Grapefruitnoten im Antrunk, dann am Gaumen Hopfenaromen mit Fruchtestern.

CHOPPERS RED ALE

EXTRA SPECIAL BITTER 6,5 VOL.-%

Ein robuster Vertreter dieses Stils. Im Antrunk viel würziger Hopfen mit Zitrusnoten; nach verhaltener Bitterkeit am Gaumen üppig.

INDIA PALE ALE

INDIA PALE ALE 5,9 VOL.-%

Ananas und Grapefruit, viel Hopfenaromen. Fruchtig-malziges Rückgrat, das die Bitterkeit ausbalanciert.

312 URBAN WHEAT

AMERIK. WEIZENBIER 4,2 VOL.-%

Ungefiltert und trüb, in der Nase Zitrusfrucht und Hopfen, aber eher süß. Herb-fruchtig mit darunter liegender Bitterkeit.

MATILDA

BELGISCHES STRONG ALE 7 VOL.-%

Unbändiges, vitales Hopfensack-Aroma, erdig, üppige Früchte; trockenderber, charaktervoller Nachklang.

BOURBON COUNTY STOUT

IMPERIAL STOUT ALKOHOLGEHALT VARIIERT

Jedes Jahr anders; das Bourbonaroma tritt unterschiedlich hervor. Immer üppige Schokolade, dunkle Früchte, Vanille und Bourbon.

HEFEWEIZEN

HEFEWEIZEN 5,4 VOL.-%

Im Antrunk Banane und verhaltenes Kaugummiaroma mit einem Hauch Gewürznelken. Herbe Weizennoten.

MÄRZEN

MÄRZEN/OKTOBERFEST 5,7 VOL.-%

Weich und malzig; Noten von knusprigem Brot und Karamell. Würzig und komplex. Sauberer, trockener Nachklang.

BRAUEREI

GRAND TETON

430 Old Jackson Highway, Victor, Idaho 83455
www.grandtetonbrewing.com

Das Unternehmen wurde 1988 als Otto Brothers' Brewing gegründet. Der Brewpub ging in die Biergeschichte ein, weil dort das Bier in früher übliche Behälter, die sogenannten *growlers* (1,92 l), abgefüllt wird. Seit 2000 heißt das Unternehmen Grand Teton, da im selben Jahr die neue Brauerei am Fuß der Teton Mountains fertiggestellt wurde.

GREAT DIVIDE

2201 Arapahoe Street, Denver, Colorado 80205
www.greatdivide.com

Great Divide Brewing, 1994 eröffnet, hat sich schnell durch sorgfältig ausgewogene Biere einen Namen gemacht. Inzwischen sind die Ales kräftiger, und die Brauerei ist noch bekannter geworden. Ihre Biere sind jedoch nach wie vor wunderbar ausgewogen. Der Sitz von Great Divide befindet sich ganz in der Nähe des Coors Field, wo das Rockies Baseball-Team beheimatet ist.

GREAT LAKES

2516 Market Avenue, Cleveland, Ohio 44113
www.greatlakesbrewing.com

Der Kundenkreis von Great Lakes Brewing in Ohio wird immer größer. Die Brauerei hat auch bei ihren Bieren, die für den Einzelhandel bestimmt sind, stets für hohe Qualität gesorgt. Das Gebäude in der Nähe des historischen West Side Market in Cleveland ist unbedingt einen Besuch wert. Der ursprüngliche Brewpub von 1988 befindet sich gegenüber der Brauerei (seit 1998 online). Dort zeigt man Besuchern gern die Einschusslöcher im Holz, die angeblich von Eliot Ness stammen – dem Mann, der Al Capone hinter Gitter brachte. Vom Biergarten aus blickt man auf den Ohio City's Market Square.

BIER

BITCH CREEK ESB

Brown Ale 6,5 Vol.-%

Sowohl Röstmalz als auch Karamell. Kiefern- und Zitrusfrucht durch den Hopfen. Wuchtig, aber ausgewogen.

AU NATURALE

Golden Ale 5,2 Vol.-%

Ein Bio-Bier. Im Antrunk würzig-grasiger Hopfen (Hallertauer) und brotiges Malz. Süße Textur, ausbalanciert durch leichte Bitterkeit.

HIBERNATION ALE

Old Ale 8,1 Vol.-%

Komplexe, erdige Nase voller Schokolade, gerösteter Nüsse und frischgebackener Molasses Cookies – und noch mehr davon im Geschmack.

TITAN IPA

India Pale Ale 6,8 Vol.-%

Wuchtig, ausgewogen, üppiger karamell-süßer Körper, der die Hopfennoten (Kiefer, Grapefruit) austariert.

EDMUND FITZGERALD PORTER

Porter 5,8 Vol.-%

Ausgewogen, durchgehend Schokoladen-Mokka, angenehm frisch; trockener Nachklang mit Kaffeenoten.

DORTMUNDER GOLD

Dortmunder 5,8 Vol.-%

Aromen von frischem Getreide oder frisch gemähtem Gras in Verbindung mit strahlendem, edlem Hopfen. Knackig-robust.

ELIOT NESS

Wiener Lager 6,2 Vol.-%

Kräftig und gut gehopft, ganz im Wiener Stil. Cremig-nussige Malznoten und lebhafte Hopfennoten.

BURNING RIVER PALE ALE

Pale Ale 6 Vol.-%

Schon fast ein India Pale Ale, voller saftiger, kiefernartiger Hopfenaromen, die während des langen, trockenen Nachklangs anhalten.

GREEN FLASH

1430 Vantage Court, Vista,
California 92081
www.greenflashbrew.com

Green Flash bezieht sich auf seltene Lichtphänomene, die gelegentlich bei Sonnenauf- oder -untergang für wenige Sekunden an der Wasseroberfläche erkennbar sind. Grün passt ohnehin gut zu einer Brauerei, die im ganzen Land für ihre hopfenbetonten Biere bekannt ist. Doch Brauer Chuck Silva hat sich auch bei anderen Bieren als ausgesprochen kompetent erwiesen.

WEST COAST IPA
India Pale Ale 7 Vol.-%
Gut ausgewogener Hopfen auf solider Malzbasis. Aromen von Erde, Blüten, Zitrusfrucht, Kiefer, Grapefruit. Bitter.

NUT BROWN ALE
Brown Ale 5,5 Vol.-%
Dunkelbraun, im Antrunk Aromen von Nüssen und Kakao, am Gaumen dazu Schokolade und Karamell. Verhaltene, erdige Hopfennoten.

GRITTY MCDUFF'S

396 Fore Street, Portland,
Maine 04101
www.grittys.com

Der Brewpub Gritty McDuff's eröffnete 1988 im Stadtteil Old Port in Portland. Damit war er einer der Ersten überhaupt im Nordosten der USA und ein Vorreiter beim amerikanischen Fassbier. Jetzt gibt es Niederlassungen in Freeport und Lewiston.

BRAUGEHEIMNIS: Ausstattung und Zutaten entsprechen der englischen Tradition.

BLACK FLY STOUT
Stout 4,1 Vol.-%
Unerwartete Kaffeearomen, die sich mit Schokolade und Toffee mischen; dabei leicht und angenehm trocken.

HALLOWEEN ALE
Extra Special Bitter 6 Vol.-%
Kommt im Herbst auf den Markt; wird stärker gebraut, reift länger und enthält mehr East Kent Golding Hopfen als das Gritty's Best Bitter.

HAIR OF THE DOG

4509 Southeast 23rd Avenue, Portland,
Oregon 97202
www.hairofthedog.com

Brauer Alan Sprints gründete diese Kultbrauerei 1994. Sein erstes Bier, das Adam, wurde im Stil des Dortmunder Adambiers gebraut und basiert auf Recherchen von Fred Eckhardt.

BRAUGEHEIMNIS: Jede Flasche trägt eine Chargen-Nummer. Auf der Homepage können Sie damit die Brau- und Abfülldaten herausfinden.

ADAM
Strong Ale 10 Vol.-%
Üppig-komplex, dunkle Früchte, Brot, Schokolade, geräuchterter Torf und andere Aromen.

FRED
Strong Ale 10 Vol.-%
Dieses Bier, benannt nach Fred Eckhardt, widersetzt sich jeder Kategorisierung. Dunkle und saftige Früchte, Gewürze und Hopfen.

HALE'S

4301 Leary Way Northwest, Seattle,
Washington 98107
www.halesales.com

Die Brauerei Hale's wurde 1983 im Westen des Staates Washington gegründet, hat aber seit 1995 ihren Sitz in Seattle. Sie befindet sich neben einem Pub, dessen Gäste durch Glasscheiben und Spiegel an der Decke den Brauprozess und die Vergärung in den offenen Bottichen verfolgen können. 75% der Produktion finden ihre Abnehmer im unmittelbaren Umkreis.

PALE ALE
Pale Ale 5,2 Vol.-%
Inspiriert von britischen Pale Ales; keksartiges Malz. Ausgewogen durch säuerlich-erdige Hopfen-Aromen.

EL JEFE HEFEWEIZEN
Hefeweizen 5,2 Vol.-%
Hale's Biere sind nicht nur britisch beeinflusst. Das Hefeweizen wird auf bayrische Art hergestellt: trüb mit bananenfruchtigem Charakter, Nelken.

Samuel Adams von der Boston Beer Company gehört zu den erfolgreichsten Craft-Bieren in den USA.

BRAUEREI

HARPOON

306 Northern Avenue, Boston,
Massachusetts 02210
www.harpoonbrewery.com

Harpoon hat größere Niederlassungen in Boston und Vermont und ist vor allem Liebhabern von hopfenbetonten Spezialbieren ein Begriff. Das Flaggschiff ist das IPA, das etwa 60 % des Absatzes ausmacht. UFO (auf Weizenbasis) ist die Marke mit den höchsten Zuwachsraten, und die 100 Barrel Series mit nur einmalig hergestellten Bieren sorgt immer für Abwechslung.

HIGH FALLS

445 St. Paul Street, Rochester,
New York 14605
www.highfalls.com

High Falls braut nach wie vor Genesee-Biere im alten Stil, und zwar an der Stelle, wo sie seit 1878 hergestellt werden. Auch die traditionellen JW-Dundee-Ales werden von High Falls produziert.

BRAUGEHEIMNIS: High Falls ist eine der größten und ältesten Brauereien, die durchgehend in Betrieb waren.

HIGH POINT

22 Park Place, Butler,
New Jersey 07405
www.ramsteinbeer.com

Greg Zaccardi, der Gründer von High Point, hatte sich mit hopfenbetonten Bieren einen Namen gemacht, bevor er die bayerischen Weizenbiere entdeckte. Er nannte seine Biere Ramstein nach der größten Basis der US Air Force in Europa. Seither produziert High Point stilechte Weißbiere, obwohl die Brauanlage eher auf Ales im britischen Stil ausgerichtet war.

HIGHLAND

12 Old Charlotte Highway, Asheville,
North Carolina 28802
www.highlandbrewing.com

Nachdem die Brauerei 2006 große neue Gebäude bezogen hatte, war sie perfekt aufgestellt, um den speziellen Bierstil von North Carolina zu entwickeln und zu prägen. Voraussetzung dafür war die gesetzliche Anhebung der erlaubten Bierstärke. Ashville ist eine schnell wachsende Stadt mitten in den Blue Ridge Mountains, und es gibt dort bereits fünf Brauereien.

BIER

IPA
India Pale Ale 5,9 Vol.-%
Im Antrunk Blütenaromen, dann Zitrusschalen. Im Geschmack mehr Hopfen, am Gaumen keksartig, im Nachklang verhaltene Bitterkeit.

MUNICH DARK
Münchner Dunkles 5,5 Vol.-%
Üppig, fast süß, mit Anklängen an Toast, dann Schokolade. Verhaltener Hopfen; langer, weicher Nachklang.

GENESEE CREAM ALE
Cream Ale 4,9 Vol.-%
Hell, leicht süß, mit Noten von geröstetem Mais; weich.

JW DUNDEE'S IPA
India Pale Ale 6,3 Vol.-%
Ein Saisonbier für den Sommer. Relativ süßer Karamellcharakter, mehr Bitterkeit als Hopfenaroma. Im Nachklang spröde.

RAMSTEIN CLASSIC
Dunkelweizen 5,5 Vol.-%
Am Gaumen süße Schokolade. Gartenfrüchte und Banane, ausbalanciert Nelken und würzigem Hopfen.

MAIBOCK
Maibock 7,5 Vol.-%
Ein Saisonbier fürs Frühjahr. Dunkel mit subtilen Karamellnoten. Honigartige Malznoten, nicht allzu subtiler Alkohol; kräuterartiger Hopfen.

GAELIC ALE
Amber Ale 5,8 Vol.-%
Name und Karamellcharakter verweisen auf Schottland, die harzigen Hopfennoten sind amerikanisch.

OATMEAL PORTER
Porter 5,8 Vol.-%
Anfangs Schokolade, dann geröstete Kaffeebohnen. Erinnert an Kaffee mit Sahne. Trocken und bitter.

BRAUEREI

HOFBRÄUHAUS

305 Park Avenue, Newport, Kentucky 41071
www.hofbrauhausnewport.com

Das Hofbräuhaus Newport bei Cincinnati ist das erste lizenzierte Franchiseunternehmen der gleichnamigen Staatsbrauerei in München. In Newport wird Bier in bayerischem Stil gebraut, während das Hofbräuhaus in Las Vegas in München gebrautes Bier ausschenkt. Die Ausstattung des Lokals orientiert sich am Münchner Vorbild.

HOPPIN' FROG

1680 E. Waterloo Road (Rte 224), Akron, Ohio 44306
www.hoppinfrog.com

Braumeister und Inhaber Fred Karm eröffnete diese kleine Brauerei 2006, um große Biere zu brauen. Er machte sich mit schweren Bieren einen Namen und leitete die Geschäfte von drei Brewpubs der Kette Thirsty Dog, bevor sie bankrottgingen. Heute gibt es, ebenfalls in Akron, eine Mikrobrauerei mit dem Namen Thirsty Dog.

HOPWORKS / HUB

2944 SE Powell Boulevard, Portland, Oregon 97202
www.hopworksbeer.com

Die Hopworks Urban Brewery in Portland stellt ausschließlich Bio-Biere her – das ist ihr Beitrag zu einer »grünen Kultur«. Braumeister und Inhaber Christian Ettinger war der Erste, der in Portland Bio-Biere herstellte.

BRAUGEHEIMNIS: Bei HUB wird der Sudkessel mit Bio-Diesel erhitzt.

IRON HILL

Verschiedene Standorte
www.ironhillbrewery.com

Die Iron Hill Brewery wurde nach einer Gedenkstätte für den Unabhängigkeitskrieg Ende des 18. Jh. in Delaware benannt. Inzwischen betreibt Iron Hill zahlreiche Brauereien und Restaurants. Das Sortiment in den Lokalen ist im Wesentlichen dasselbe, doch werden auch Spezialbiere ausgeschenkt, z. B. auch die Serie Iron Hill Reserve – in Flaschen mit Korken.

BIER

MUNICH WEIZEN
HEFEWEIZEN 5,4 VOL.-%
Recht trüb, verhaltene Fruchtaromen. Am Gaumen Banane, deutliche Nelkenaromen und knackiger Weizen.

DUNKEL
DUNKEL 5,5 VOL.-%
Üppig, aber nicht schwer. Unerwartete Karamell- und Röstnoten, milder Hopfen und gerade ausreichende Bitterkeit.

BORIS THE CRUSHER
IMPERIAL STOUT 9,4 VOL.-%
Dick wie Motoröl, intensive Aromen von angebranntem Lakritz, Schokolade und gerösteten Kaffeebohnen.

BODACIOUS BLACK & TAN
STRONG ALE 7,6 VOL.-%
Eine Mischung von IPA und Boris, die eine Spannung zwischen harzigem Hopfen und üppiger Schokolade entstehen lässt.

VELVET ESB
SPECIAL BITTER 5,2 VOL.-%
Ein Session-Ale nach amerikanischem Standard: üppige Karamellnoten, am Gaumen weich, dabei deutlicher Hopfencharakter.

ORGANIC IPA
INDIA PALE ALE 6,6 VOL.-%
Frischer Hopfenduft: Kiefer, Grapefruit und Zitrusschalen. Bitterkeit ausgewogen durch Malzcharakter.

RUSSIAN IMPERIAL STOUT
IMPERIAL STOUT 9,5 VOL.-%
Duft nach üppiger dunkler Schokolade mit Kaffeenoten. Intensiver Geschmack nach Schokolade, ausbalanciert durch bittere Röstnoten.

PIG IRON PORTER
PORTER 5,4 VOL.-%
Üppig mit Röstnoten, hocharomatische Mischung von Kaffee, Pflaume und dunklen Kirschen.

ITHACA BEER COMPANY

606 Elmira Road, Elmira,
New York 14851
www.ithacabeer.com

Ithaca ist auch Weintrinkern ein Begriff. Seit die Brauerei 1998 ihren Betrieb aufnahm, hat sie dem Bier aus der Region zu ganz neuem Ansehen verholfen.

BRAUGEHEIMNIS: Die Brauerei hat Anstrengungen unternommen, um den Bundesstaat New York als ein Zentrum des Hopfenanbaus zu etablieren.

NUT BROWN
BROWN ALE 5 VOL.-%
Verlockend dunkelbraun. Nussig, dabei Karamell- und Schokoladennoten; die Süße wird durch kräuterigen Hopfen ausbalanciert.

OLD HABIT
ROGGENBIER 9 VOL.-%
Hergestellt aus vier verschiedenen Roggenmalzsorten. Ein Teil des Bieres ist in Whiskyfässern gereift.

JOLLY PUMPKIN ARTISAN ALES

3115 Broad Street, Dexter,
Michigan 48130
www.jollypumpkin.com

Jolly Pumpkin ist in den USA einmalig, da die Biere mit wilden Hefen hergestellt werden und alle in Fässern reifen. Häufig werden die Biere verschnitten und durchlaufen eine zweite Gärung in der Flasche. Trotz der geringen Produktionsmenge hat Jolly Pumpkin Fans im ganzen Land.

ORO DE CALABAZA
BELG. STRONG GOLDEN ALE 8 VOL.-%
Goldfarben trüb, herb-würzig mit Garten- und Zitrusfrüchten. Reift durch längere Lagerung.

BAM BIÈRE
SAISON 4,5 VOL.-%
Hier übersteigt das Ergebnis noch die Qualität der Zutaten: vom Hopfen (Schaumkrone, trockener Nachklang) bis zum würzigen Malz.

KONA

75-5629 Kuakini Highway, Kailua Kona,
Hawaii 97640
www.konabrewingco.com

Kona Brewing erfreut sich in den USA landesweit hoher Absatzzahlen; schließlich bietet die Brauerei ihren Kunden »ein Stück vom Paradies im Glas«. Und der Absatz in 17 Bundesstaaten steigt immer weiter. Das Bier fürs Festland wird von der Vertragsbrauerei Widmer Brothers in Oregon hergestellt.

PIPELINE PORTER
PORTER 5,4 VOL.-%
Der Kona-Kaffee fügt sich gut in den Geschmack ein. Röstmalz, ölig, Noten von Schokolade.

FIRE ROCK PALE ALE
PALE ALE 6 VOL.-%
Rötlich-orange; leicht süßlicher Karamell; die würzigen und zitrusartigen Hopfennoten sind geschickt integriert und gut ausgewogen.

KUHNHENN

5919 Chicago Road, Warren,
Michigan 48092
www.kbrewery.com

Die Brüder Brett und Eric Kuhnhenn machten aus dem Eisenwarenladen, den ihr Vater 35 Jahre geführt hatte, eine kleine Brauerei und Winzerei und bieten darüber hinaus Kunden die Möglichkeit, ihr eigenes Bier zu brauen. Der Erfolg von Kuhnhenn zeigt, wie durch Mund-zu-Mund-Propaganda und das Internet kleine Betriebe zu Kultbrauereien werden können.

RASPBERRY EISBOCK
EISBOCK 10,6 VOL.-%
Komplex, viele Himbeeren, dabei Schokolade und wärmender Alkohol; abschließend herbe Aromen.

PENETRATION PORTER
PORTER 5,9 VOL.-%
Fast schwarz; gerösteter Kaffee, Schokolade und dunkle Früchte (u. a. Kirschen) in Nase und Mund. Zitrusartiger Hopfen im Nachklang.

LAGUNITAS

BRAUEREI

1280 North McDowell Boulevard,
Petaluma, California 94954
www.lagunitas.com

Lagunitas ist für hopfenbetonte Biere bekannt. 2006 brachte die Brauerei eine neue Serie auf den Markt: Jedes Bier trägt den Namen eines Albums von Frank Zappa und kommt exakt 40 Jahre nach dem entsprechenden Album auf den Markt. Der Gründer Tony Magee erhielt vom Zappa Familiy Trust die Genehmigung, Elemente der Alben für die Etiketten zu verwenden.

BIER

INDIA PALE ALE
INDIA PALE ALE 5,7 VOL.-%
Deutlich hopfenbetonter Charakter – Orange, Grapefruit, Pfirsich, Kiefer –, darunter malzige Süße.

KILL UGLY RADIO
INDIA PALE ALE 7,8 VOL.-%
Nur in den USA ein Pale Ale. Karamell und Fruchtester werden durch würzig-bitteren, zitrusartigen Hopfen ausbalanciert.

LAKE PLACID

BRAUEREI

14 Mirror Lake Drive, Lake Placid,
New York 12946
www.ubuale.com

Die Brauerei befindet sich in dem Ski-Ort Lake Placid in den Adirondack Mountains. Ihr Flaggschiff ist das Ubu Ale, das berühmt wurde, als Bill Clinton sich davon *growlers* (wieder auffüllbare Gefäße mit 1,92 l Fassungsvermögen) ins Weiße Haus liefern ließ. Die Brauerei errichtete eine neue Anlage in der Nähe des Brewpubs, wo es Führungen und Verkostungen gibt.

BIER

UBU ALE
STRONG ALE 7 VOL.-%
Eher süß, Malz mit Schokolade, Karamell und dunklen Früchten im Geschmack vorherrschend.

46'ER IPA
INDIA PALE ALE 6 VOL.-%
Dieses Bier wurde zu Ehren derer gebraut, die alle 46 Gipfel der Adirondack Mountains erklommen haben. Ein typisches hopfiges IPA.

LAKEFRONT

BRAUEREI

1872 North Commerce Street,
Milwaukee, Wisconsin 53212
www.lakefrontbrewery.com

Lakefront Brewing hat sich seit 1987 mit einer Serie robuster Biere einen Namen gemacht. Die New-Grist-Biere können inzwischen auch bei Glutenunverträglichkeit getrunken werden.

BRAUGEHEIMNIS: New Grist wird mit Sorghum, Hopfen, Wasser, Reis und glutenfreier Hefe, die auf Melasse gewachsen ist, gebraut.

BIER

NEW GRIST
GLUTENFREIES BIER 5 VOL.-%
Viel Zitrusschale im Antrunk, am Gaumen leicht mit Anklängen an Frucht. Herb.

RIVERWEST STEIN
WIENER LAGER 6 VOL.-%
In der Nase leichte Röstaromen mit Anklängen an Karamell. Im Mund noch mehr Karamell und zitrusfruchtiger Hopfen. Holzuntertöne.

LANCASTER

BRAUEREI

302 North Plum Street, Lancaster,
Pennsylvania 17602
www.lancasterbrewing.com

Die Stadt Lancaster galt einst als »das München der Vereinigten Staaten«. Es gab dort 14 Brauereien, einige sogar während der Prohibition. Die letzten gaben etwa 40 Jahre vor der Gründung von Lancaster Brewing 1995 auf. In dem ehemaligen Tabakwarengeschäft befindet sich auch ein Restaurant, wo man in Bier gekochte Muscheln oder Garnelen in Bierteig essen kann.

BIER

MILK STOUT
MILK STOUT 5,3 VOL.-%
Die Noten von leicht geröstetem Kaffee passen zur cremigen Textur. Schokolade, dunkle Früchte, nussig.

HOP HOG IPA
INDIA PALE ALE 7,9 VOL.-%
Beachtlicher Karamell-Malz-Charakter, der gut durch hopfige Grapefruit-, Zitrus- und Tannenaromen ausbalanciert wird.

LEFT HAND

1265 Boston Avenue, Longmont,
Colorado 80501
www.lefthandbrewing.com

Der Name der Brauerei geht auf den Arapahoe-Häuptling Niwot zurück, was »linke Hand« bedeutet. Ursprünglich stellte Left Hand Ales nach englischem Vorbild her. 1998 fusionierte die Brauerei mit Tabernash, wo man sich auf bayerische Biere spezialisiert hatte. Heute produziert das Unternehmen ganz verschiedene Bierarten, darunter auch einige Saisonbiere.

MILK STOUT

Milk Stout 5,3 Vol.-%

Komplex und weich, Schokolade und angebrannter Toast in Duft und Geschmack, durchgängig ausbalanciert durch cremige Süße.

BLACKJACK PORTER

Porter 5,2 Vol.-%

Schokolade- und Lakritzaromen, mittlerer Körper, dunkle Kirschen; weicher, trockener Nachklang.

LEINENKUGEL'S

1 Jefferson Avenue, Chippewa Falls,
Wisconsin 54729
www.leinie.com

Seit Miller Brewing 1988 die Mehrheitsanteile erwarb, ist die Jacob Leinenkugel Brewing Company zu einer der größten Regionalbrauereien der USA geworden.

BRAUGEHEIMNIS: Nach wie vor enthält das Sortiment der 1867 gegründeten Brauerei Biere, die an ihre deutschen Wurzeln erinnern.

CREAMY DARK

Amerik. Dark Lager 4,9 Vol.-%

So cremig wie erwartet; cremiger Charakter mit Schokolade und Kaffee; trockener Nachklang.

SUNSET WHEAT

Amerik. Weizenbier 4,9 Vol.-%

Leicht, aber komplex; in Nase und Mund ein aromatischer »Obstsalat«, dabei herber Weizen und würziger Koriander.

LION

700 North Pennsylvania Avenue,
Wilkes-Barre, Pennsylvania 18705
www.lionbrewery.com

Die Lion Brewery wurde 1905 gegründet und ist die letzte heute noch arbeitende Brauerei von den vielen, die es einst im Nordosten von Pennsylvania gab. Seit Kurzem besinnt sich die Lion Brewery wieder auf ihre Wurzeln und brachte die Marke Stegmaier heraus, die bis ins Jahr 1857 zurückreicht.

STEG 150

Wiener Lager 5,5 Vol.-%

Duft nach warmem Toast, malzbetont, leicht süß, dabei aber weich.

STEGMAIER PORTER

Porter 5,5 Vol.-%

Noten von süßer Schokolade und reifen Früchten, passend zu den warmen Malznoten und einem kaffeebitteren Nachklang.

LIVE OAK

3301 East Fifth Street, Austin,
Texas 78702
www.liveoakbrewing.com

Braumeister und Inhaber von Live Oak, Chip McElroy, ist die Verbindung zwischen der aktuellen In-Kultur in Austin und einem traditionellen Braustil gelungen. Auch zehn Jahre nach Gründung verkauft Live Oak nur Fassbier.

BRAUGEHEIMNIS: Das Pilz, ein Klassiker, wird ganz traditionell gebraut, und zwar nach dem Dekoktionsverfahren.

PILZ

Pilsener 3,9 Vol.-%

Goldfarben, in der Nase auf Saazer Hopfen hindeutend. Weicher, leicht öliger Gaumen; bitterer Nachklang.

HEFEWEIZEN

Hefeweizen 4,1 Vol.-%

Hefig, viel Banane, Vanille und Nelken, Anklänge an Kaugummi. Am Anfang sehr aromatisch, dann trocken.

Brauereigiganten

In fast jeder Flughafen-Bar, jedem Fünf-Sterne-Hotel und jedem größeren Supermarkt – egal wo auf der Welt – ist die Chance groß, dass Sie auf Bier von einem der vier multinationalen Braukonzerne stoßen. Die Giganten im Geschäft sind SABMiller, Anheuser-Busch InBev, Heineken und Carlsberg. Sie beherrschen nicht nur heimische Märkte, sondern manchmal ganze Kontinente. Täglich trinken Millionen von Menschen diese Biere mit Genuss, doch manchen ernsthaften Bierliebhabern sind sie ein Dorn im Auge. Diese Leute sind davon überzeugt, dass die Riesenkonzerne Innovationen und regionale Biertraditionen verhindern.

Weltweit liefern sich die Big Four einen harten Konkurrenzkampf um die Marktanteile. Sie können sich in kein Kartell kuscheln, sondern müssen eine erbitterte Schlacht um den ersten Platz in der Weltrangliste führen. Die Unternehmen wachsen durch Expansionen und Firmenübernahmen, und Potenzial wittern sie heute vor allem in Ländern wie Russland, China und Indien – weit ab von ihren traditionellen Absatzmärkten.

Auch wenn die Unternehmensstrategie dieser Braugiganten heute durch Controller und Marketingexperten bestimmt wird, so gibt es sicher auch dort gelegentlich noch Brauer, die stolz darauf sind, ein gutes Bier aus natürlichen Zutaten herzustellen.

CARLSBERG

Die Zeiten haben sich geändert, seit J. C. Jacobsen 1847 die Carlsberg-Brauerei gründete. Die Hauptabsatzmärkte der Brauerei liegen in West- und Osteuropa sowie in Asien. Das Unternehmen hält Mehrheitsanteile an einigen großen europäischen Brauereien, z. B. Carlsberg UK, Carlsberg in Schweden, Ringnes in Norwegen, Feldschlösschen in der Schweiz, Sinebrychoff in Finnland und Carlsberg Polska. Die Baltic Beverages Holding, die Bier in Russland, der Ukraine und in den baltischen Staaten produziert, gehört inzwischen vollständig zu Carlsberg. Carlsberg ist auch auf dem asiatischen Markt präsent.

▲ Carlsberg-Werbeplakat von 1958
◀ Die ursprüngliche Carlsberg-Brauerei in Dänemark wurde Mitte des 19. Jh. in Valby gegründet.
▼ Die Original-Brauanlage von Carlsberg dient heute zur Herstellung von Jacobsen-Spezialbieren.

ANHEUSER-BUSCH INBEV

Der Konzern entstand 2008, als die belgische InBev-Gruppe ihren amerikanschen Konkurrenten übernahm. InBev hat seine Wurzeln in der Brauerei Den Hoorn, die 1366 in Löwen gegründet wurde. 1717 kaufte der Braumeister Sebastien Artois die Brauerei auf und gab ihr den Namen Artois. Durch den Zusammenschluss von Artois (damals die zweitgrößte Brauerei in Belgien) und Piedboeuf (damals die größte Brauerei in Belgien und Hersteller von Jupiler) entstand 1987 das Unternehmen Interbrew. InBev ging 2004 aus der Fusion von Interbrew und der Brazilian Companhia de Bebidas das Américas hervor, die InBev zur Nummer eins auf dem Weltmarkt machte.

Die Geschichte von Anheuser-Busch geht bis ins St. Louis der 1860er-Jahre zurück (s. S. 20–21). Der fusionierte Konzern Anheuser-Busch InBev beschäftigt heute über 120 000 Mitarbeiter in mehr als 30 Ländern. Seine international erfolgreichsten Biere sind Budweiser, Stella Artois und Beck's. Da-neben gehören weitere 200 Marken zum Unternehmen, etwa Leffe und Hoegaarden, aber auch lokale Größen wie Skol, Brahma, Quilmes, Michelob, Harbin, Sibirskaya Korona oder Jupiler. Anheuser-Busch InBev hält außerdem Anteile an der chinesischen Brauerei Tsingtao und der Compañia Cervecerías Unidas in Argentinien.

◀ In der Hauptniederlassung von Anheuser-Busch InBev in Leuven wird die Marke Stella Artois hergestellt.

▼ Zu Anheuser-Busch InBev gehört auch die Bremer Beck's-Brauerei. In den letzten 20 Jahren hat sich Beck's zu einer der großen internationalen Marken entwickelt.

▲ Die Brauereipferde, mit denen früher das Bier von Anheuser-Busch ausgeliefert wurde, sind heute ein Symbol für die lange Geschichte des Unternehmens, dessen bekannteste Marke Budweiser ist.

◀ Anheuser-Busch InBev hält bei mehreren Brauereien bedeutende Geschäftsanteile, z. B. 50 % bei Grupo Modelo in Mexiko (Hersteller von Corona-Bier).

SABMILLER

SABMiller hat Niederlassungen in mehr als 60 Ländern auf sechs Kontinenten. Zu den international gehandelten Marken gehören Pilsner Urquell, Peroni Nastro Azzurro und Miller Genuine Draft; regional begrenzten Absatz finden Aguila, Miller Lite, Snow und Tyskie.

SAB (South African Breweries) wurde 1895 in Südafrika gegründet, und im selben Jahr kam auch das erste Bier, Castle Lager, auf den Markt. Der Gründer Jacob Letterstedt, ein schwedischer Unternehmer, wollte Bier für die zahllosen Minenarbeiter und Goldsucher produzieren.

Im Jahr 2002 kaufte SAB die Miller Brewing Company, dem Volumen nach die zweitgrößte Brauerei der USA, auf und heißt seither SABMiller. Das Unternehmen kann deutliche Zuwächse in China verzeichnen und hat vor Kurzem Grolsch aufgekauft – den zweitgrößten Pilsproduzenten in den Niederlanden. 2007 investierte SABMiller 170 Mio. $ in eine neue Brauerei östlich von Moskau.

▲ Die Snow-Brauerei in China ist ein bedeutendes Standbein. SABMiller sieht in dem Land ein enormes Wachstumspotenzial.

▶ ▲ Zu den bekanntesten Marken von SABMiller gehören Peroni (Italien), Pilsner Urquell (Tschechien), Grolsch (Niederlande) und Miller Lite (USA).

◀ Mit Castle Lager fing bei SAB alles an. South African Breweries nahm 1895 ihren Betrieb auf, und Castle Lager war das erste Bier, das auf den Markt kam.

▼ Gerard Heineken gründete die Brauerei 1863. Seine ersten Produkte waren Lagerbiere.

HEINEKEN

Die Wurzeln von Heineken liegen in Amsterdam, wo 1863 Gerard Adriaan Heineken die Brauerei De Hooiberg aufkaufte. Heute ist Heineken die am weitesten verbreitete Biermarke überhaupt. Zu Heineken gehört u.a. auch die Marke Amstel – in Europa auf Platz drei.

Heineken hat Geschäftskontakte in mehr als 170 Länder – durch eigene Niederlassungen, den Export und die Vergabe von Lizenzen. Der europäische Markt sichert mehr als 50 % des Absatzes. Dem Unternehmen gehören mehr als 120 Brauereien in mindestens 65 Ländern, und es beschäftigt gut 60.000 Menschen. Vor Kurzem kaufte Heineken die Brauerei Scottish & Newcastle in Großbritannien auf.

▲ Die größte Heineken-Brauerei in den Niederlanden befindet sich in Zoeterwoude in der Nähe von Amsterdam und wurde 1975 gebaut.

◀ Heineken ist heute die größte Biermarke in Europa.

VERBORGENE SCHÄTZE

Natürlich investieren die Braugiganten einen großen Teil ihres Markteting-Budgets in ihre Hauptprodukte, doch produzieren alle auch weniger bekannte Biere, die für Bierliebhaber interessant sind.

Das Jocobsen Vintage No. 1 von Carlsberg gilt als das teuerste Bier überhaupt. Es handelt sich um einen Barley Wine (10,5 Vol.-%), der in Côte-d'Or-Fässern aus schwedischer oder französischer Eiche reift. Er schmeckt nach Vanille, Rauch, Karamell und Portwein.

Das Campbell's Scotch Ale von Anheuser-Busch InBev (rechts) enthält 7,7 Vol.-% Alkohol und schmeckt herrlich nach Karamell und Bonbons. Trotz des intensiven Rosinenaromas ist der Abgang leicht brandig.

In den USA ist Anheuser-Busch InBev vor allem für die klassischen Budweiser-Biere bekannt, braut aber auch im Stil belgischer Witbiere. Das Shock Top – ungefiltertes Weizenbier, 5,2 Vol.-% – ist natürlich trüb und schmeckt nach Orange und Gewürzen.

In den 90er-Jahren des 20. Jh. kaufte Heineken die polnische Zywiec Brauerei auf. In der Brauerei Bracki in Zamkowy wird ein aromatisches Baltisches Porter hergestellt – die Vergärung findet in offenen Bottichen statt. Es pendelt sich bei kräftigen 9,5 Vol.-% ein und schmeckt intensiv süß nach Kaffee.

Beim Castle Milk Stout von SABMiller (6 Vol.-%) wurde der Würze Laktose zugegeben, was das Bier recht süß macht.

▶ Campbell's Scotch Ale von Anheuser-Busch InBev

BRAUEREI

LONG TRAIL

Junction Route 4 and 100A, Bridgewater Corners, Vermont 05035
www.longtrail.com

Die Brauerei Long Trail legt Wert auf ökologisches Brauen im Rahmen der EcoBrew-Bewegung. So ist z. B. der Wasserverbrauch von Long Trail deutlich niedriger als bei anderen Brauereien. Die Regionalbrauerei konzentriert sich auf ihr Flaggschiff Long Trail Ale, arbeitet aber auch an einer Erweiterung des Sortiments durch Saisonbiere.

THE LOST ABBEY

155 Mata Way, San Marcos, California 92069
www.lostabbey.com

Einige Biere von The Lost Abbey erinnern an Abteibiere, die meisten sind jedoch ganz anders als alles, was je in Klöstern gebraut wurde. Die Port Brewing Company ging aus einer erfolgreichen Kette von Brewpubs hervor. The Lost Abbey gibt es seit 2006, und es gelang der Brauerei schnell, Kunden an sich zu binden, die für besondere Biere sogar Schlange stehen. Braumeister Tomme Arthur überwacht die Reifung der Biere. Das Ergebnis sind die besten »Wild American«-Ales – malzbetonte Biere, die ihren besonderen Charakter der Reifung in Holzfässern verdanken.

BRAUGEHEIMNIS: Die Holzfässer, in denen früher Wein oder Whisky gereift ist, bieten optimale Bedingungen für wilde Hefen.

LOST COAST

123 West 3rd Street, Eureka, California 95501
www.lostcoast.com

Die Brauerei liegt, umgeben von historischen Gebäuden, in der Küstenstadt Eureka. Sie sticht hervor, weil sie 1990 von zwei Frauen gegründet wurde. Eine davon ist die Brauerin Barbara Groom. »Wenn es einen Unterschied zwischen Brauern und Brauerinnen gibt«, so Groom, »dann den, dass Frauen vielleicht ausgewogenere, weniger bittere Biere herstellen.«

BIER

LONG TRAIL ALE

ALTBIER 5 VOL.-%
Dunkel kupferfarben, weiche Malzaromen, hopfig-würzig, aber nicht so bitter wie deutsche Altbiere.

DOUBLE BAG

STRONG ALE 7,2 VOL.-%
Schmeckt wie eine stärkere Version des Long Trail Ale, mit viel Karamell und Schokolade. Erdig, etwas scharf, hopfig.

RED POPPY

SOUR ALE 5,5 VOL.-%
Ein Brown Ale mit Sauerkirschen, das ein Jahr in Fässern aus französischer Eiche reift. Eiche, Säure.

CUVEE DE TOMME

BELGISCHES STRONG ALE 11,5 VOL.-%
Schmeckt nach Kirschen, Schokolade, Rauch, dunklen Früchten, Trockenfrüchten und Vanille. Verhaltene Säure, auch im Nachklang.

JUDGMENT DAY

BELGISCHES STRONG DARK ALE 10,5 VOL.-%
Dunkel und kräftig, fruchtiger Duft und Geschmack; Untertöne von Whisky-Malz und Schokolade.

ANGEL'S SHARE

BARLEY WINE 11,5 VOL.-%
Einige Chargen reifen in Bourbonfässern, andere in Brandyfässern. Das Ergebnis ist eine Mischung von Malzaromen und Holz.

DOWNTOWN BROWN

BROWN ALE 5 VOL.-%
Seidig weich, Karamell, Nüsse und Kakao, kaffeeartige Bitterkeit in Verbindung mit erdigem Hopfen.

8 BALL STOUT

STOUT 5,9 VOL.-%
Cremig, voller Körper, bittere Schokolade und Kaffee ausgewogen. Die kurz anhaltende Süße geht in den trocken-bitteren Nachklang über.

MAC & JACK'S

17825 Northeast 65th Street, Redmond, Washington 98025
www.macandjacks.com

Die Brauerei Mack & Jack's ist trotz ihres winzigen Sortiments – nur Fassbiere – in der Region zu einem bedeutenden Faktor geworden. Das African Amber macht 90 % des Absatzes aus.

BRAUGEHEIMNIS: Jedes Fass, das die Brauerei verlässt, enthält einen kleinen Beutel mit Hopfen.

AFRICAN AMBER

AMBERBIER 5,4 VOL.-%

Mit viel Aromahopfen hergestellt, der per Hopfenstopfen zugegeben wird; übersprudelnd von erfrischender Zitrusfrucht, durch den Hopfen blumiger Duft und Geschmack. Der Karamell am Gaumen macht einem mitteltrockenen Nachklang Platz.

MACTARNAHAN'S

2730 Northwest 31st Avenue, Portland, Oregon 97210
www.macsbeer.com

Portland Brewing war eine der ersten Brauereien in Oregon und wurde 2004 von Pyramid aufgekauft. Das Unternehmen produziert heute in Oregon die eigenen Biere, aber auch die populären MacTarnahan-Biere. Der Sportler Robert MacTarnahan, der auch Investor bei Portland Brewing war, war bis zu seinem Tod 2004 das Aushängeschild der Brauerei.

MACTARNAHAN'S AMBER ALE

AMBER ALE 5 VOL.-%

Karamell und brauner Zucker wie bei schottischen Bieren, Zitrusnoten durch Hopfen aus dem Nordwesten.

BLACKWATCH CREAM PORTER

PORTER 5,3 VOL.-%

Mit Hafermehl gebraut, daher cremig im Mund. Duft nach Kakao und Nuss, am Gaumen üppiger (Schokolade und dunkle Früchte).

MAD RIVER

195 Taylor Way, Blue Lake, California 95525
www.madriverbrewing.com

Gründer Bob Smith ließ die Brauerei Mad River 1989 erbauen, wobei sehr viel recyceltes Material Verwendung fand. Seither wurde er mehrfach für seine Abfall vermeidende Arbeitsweise ausgezeichnet. Mad River verwendet 98 % aller Rückstände erneut und produziert nur 1 m³ Müll im Monat – und das bei einem jährlichen Ausstoß von knapp 1 Mio. l Bier.

JAMAICA RED ALE

AMBER ALE 6,6 VOL.-%

Ursprünglich für das jährlich stattfindende Reggae-Festival gebraut. In der Nase süßlich, Crystal Malz, kräftiger, erfrischender Hopfen.

STEELHEAD SCOTCH PORTER

PORTER 6,4 VOL.-%

Ein Porter mit Röstmalz und leichter Säure. Komplexität durch Karamell und Rauch-Anklänge.

MAGIC HAT

5 Bartlett Road, Burlington, Vermont 05403
www.magichat.net

Die ungewöhnliche Aufmachung der Flaschen und die »stillosen« Biere von Magic Hat sorgen Jahr für Jahr für zweistellige Zuwachsraten. Seit 2008 sind Bauarbeiten im Gang, um die Kapazität zu verdoppeln und den Absatz wesentlich zu erweitern.

BRAUGEHEIMNIS: Die Orlio-Reihe wird auf biologischer Basis gebraut.

#9

PALE ALE 4,6 VOL.-%

Mit Aprikosen. Feine Noten von Steinfrüchten am Gaumen, manchmal buttrig. Trockener Nachklang.

ROXY ROLLES

AMBER ALE 5,8 VOL.-%

Ein Bier für die Wintersaison. Viel Karamell und Grapefruit in Nase und Mund, ausbalanciert durch Bitterkeit gegen Ende.

BRAUEREI

MARBLE

111 Marble Avenue NW, Albuquerque, New Mexico 87102
www.marblebrewery.com

Diese Mikrobrauerei wurde aus den mit Preisen ausgezeichneten Brewpubs Chama River und Blue Corn ausgegliedert, die beide zu einer Restaurantkette aus New Mexico gehören. Das erste Bier von Marble war ein India Pale Ale, und alle Biere werden in den zur Kette gehörenden Restaurants ausgeschenkt.

MARIN

1809 Larkspur Landing Circle, Larkspur, California 94939
www.marinbrewing.com

Marin Brewing gehörte in den ersten Jahren des Great American Beer Festival zu den am häufigsten ausgezeichneten Brauereien. 2007 trat sie mit vier Goldmedaillen erneut ins Rampenlicht. Der Marin-Brewpub Moylan's, den Braumeister Brendan Moylan im nahe gelegenen Novato betreibt, gewann mit seinem Imperial India Pale Ale Gold und Silber.

MCMENAMINS

Verschiedene Standorte
www.mcmenamins.com

Es scheint, als hätten die Brüder McMenamin überall im Nordwesten ihre Brewpubs. Insgesamt sind es über 50, und jeder ist anders eingerichtet – angepasst an das Gebäude oder die Umgebung. Einige brauen selbst, andere verkaufen McMenamin-Biere, die in der Brauerei in Edgefield in der Nähe von Portland (Oregon) hergestellt werden.

MENDOCINO

South Highway 101, Hopland, California 13351
www.mendobrew.com

Mendocino Brewing ist eine der ersten erfolgreichen »Boutique«-Brauereien (so wurden sie damals genannt). Sie eröffnete 1983 als Hopland Brewery und übernahm damals die Ausstattung, die Hefe und sogar einige der Angestellten von der einst wegweisenden New Albion Brewery, die damals schon stillgelegt war.

BIER

MARBLE IPA

India Pale Ale 6,2 Vol.-%

Am Geschmack der Westküste orientiert; im Antrunk viel Zitrusfrucht, harzig-bitterer Nachklang.

MARBLE KÖLSCH

Kölsch 5,5 Vol.-%

Auf dem Great American Beer Festival mit Gold ausgezeichnet. In der Nase frische, aber subtile Gartenfrüchte, im Mund leicht und knackig.

SAN QUENTIN'S BREAKOUT STOUT

Stout 7,1 Vol.-%

Bittersüße Schokolade und Kaffee am Anfang und am Ende, in der Mitte durch süße Melasse ausbalanciert. Röstnoten, trocken.

STAR BREW TRIPLE WHEAT ALE

Amerik. Weizenbier 9,5 Vol.-%

Dunkel-fruchtig wie ein Barley Wine, würzig-herb durch den Weizen, intensiv bittere Hopfenaromen.

HAMMERHEAD

Pale Ale 6 Vol.-%

Üppige Karamellsüße, die durch reichlich duftenden Hopfen aus dem Nordwesten ausbalanciert wird.

BLACK RABBIT PORTER

Porter 5,6 Vol.-%

In der Nase Kakao und nussige Aromen, im Mund süßere Schokolade und geröstete Nüsse, dazu etwas Buttertoffee.

RED TAIL ALE

Amber Ale 6,1 Vol.-%

In der Nase erdig mit Anklängen an Gartenfrüchte. Schichten von cremigem Malz mit Lakritznoten.

BLUE HERON

Pale Ale 6,1 Vol.-%

Im Antrunk Schalen von Zitrusfrüchten, die dann einer traditionell keksähnlichen Malzigkeit und einer mäßigen Bitterkeit Platz machen.

MERCURY

23 Hayward Street, Ipswich,
Massachusetts 01938
www.mercurybrewing.com

Die Brauerei wurde 1991 als Ipswich Brewery gegründet und hatte die Rechte an ihren Originalmarken schon verkauft, als 1999 der Eigentümer wechselte und die Brauerei in Mercury umbenannte. Mercury kaufte die Ipswich-Marken später wieder zurück und konnte u. a. mit den Ipswich und Stone Cat Ales rasch expandieren.

IPSWICH ORIGINAL ALE

Pale Ale 5,4 Vol.-%

Leicht brotartig; Tropenfrüchte in der Nase. Angenehme Hopfenaromen bei keksartigem Gaumen.

IPSWICH DARK ALE

Brown Ale 6,3 Vol.-%

Derb; deutlich zitrusartige Hopfenaromen, die zu dem vollen Körper mit Röstmalz, Schokolade, braunem Zucker und Toffee passen.

MICHIGAN

1093 Highview Drive, Webberville,
Michigan 48892
www.michiganbrewing.com

Michigan Brewing war schon eine der größten Brauereien des Landes, bevor sie die Marke Celis vom Braugiganten Miller übernahm. Heute ist sie für ihre Celis-Biere bekannt. Sie wurden ursprünglich von dem Belgier Pierre Celis gebraut (dem Brauer von Hoegaarden), bis dieser nach Texas ging. Celis war dabei, als die ersten Chargen in Michigan produziert wurden.

CELIS WHITE

Witbier 4,25 Vol.-%

Trüb, würziger Koriander, durchgängig Zitrusfrucht, herber Weizen, aber weicher Nachklang.

MACKINAC PALE ALE

Pale Ale 5,5 Vol.-%

Das Flaggschiff der Brauerei, hellgold-orangefarben, gute Malzfruchtigkeit. Erdige, zitrusartige Noten von amerikanischem Hopfen.

MIDDLE AGES

120 Wilkinson Street, Syracuse,
New York 13204
www.middleagesbrewing.com

Mit der Aufschrift »Willkommen im Mittelalter« auf einer Geburtstagskarte für ihren Mann Marc hatte Mary Rubenstein den Namen der Brauerei gefunden, die die beiden 1995 gegründet haben. Seither haben sie sich mit ihren fassvergorenen »Real« Ales einen Namen gemacht.

Braugeheimnis: Die Hefe stammt von 150 Jahre alten Kulturen aus Yorkshire.

GRAIL ALE

Premium Bitter 5,5 Vol.-%

Fassbier, rötlich-trüb; Mischung aus floralem Hopfen und Toffee, Noten von Pflaumen und Datteln.

BLACK HEART STOUT

Stout 6,6 Vol.-%

Frischer Kaffee und Schokolade, mit rauchigen Noten unterlegt. Kräftiger Hefecharakter, trockener Nachklang.

MIDNIGHT SUN

7329 Arctic Boulevard, Anchorage,
Alaska 99518
www.midnightsunbrewing.com

Die Biere von Midnight Sun sind Kult, und das, obwohl die Brauerei nicht mehr Bier produziert als ein großer Brewpub und der Vertrieb sich auf Oregon beschränkt. Die »exzessiven« Biere der Serie Seven Deadly Sin werden gefolgt von den Nine Planet Bieren, einer Serie »jenseits dieser Welt«.

SOCKEYE RED IPA

India Pale Ale 5,7 Vol.-%

Noten von Hopfen aus dem Nordwesten, dann Grapefruit und Kiefernnadeln sowie üppiger Karamell.

ARCTIC DEVIL BARLEY WINE

Barley Wine 14 Vol.-%

Das Bier variiert, da es in Port-, Wein- oder Whiskeyfässern reift. Die Malzbasis mit üppigen Pflaumen und Rosinen sorgt für Komplexität.

BRAUEREI

MILLSTREAM

835 48th Avenue, Amana,
Iowa 52203
www.millstreambrewing.com

Millstream liegt in den Amana-Kolonien, die Mitte des 19. Jh. von deutschen Siedlern gegründet wurden. Der 1985 eröffneten Brauerei wurde anfangs nicht so viel Aufmerksamkeit zuteil wie anderen Mikrobrauereien. Im Jahr 2000 wechselte jedoch der Eigentümer, und seither ist sie zu einer festen Größe im Mittleren Westen geworden.

MINHAS CRAFT BREWERY

1208 14th Avenue, Monroe,
Wisconsin 53566
www.minhasbrewery.com

Ravinder Minhas war erst 24 Jahre alt, als er 2006 die historische Joseph Huber Brewery aufkaufte, um seine Mountain-Creek-Biere zu brauen, die er schon vorher (ebenfalls in Monroe) unter Vertrag produziert hatte. Die Minhas Craft Brewery stellt auch die Marke Huber (reicht bis 1843 zurück), Berghoff-Biere und Biere für den Einzelhandel her.

MOONLIGHT

2218 Laughlin Road, Windsor,
California 95492
www.moonlightbrewing.com

Brian Hunt betreibt die Brauerei seit 1992 als Ein-Mann-Betrieb und lässt sich nur beim Vertrieb gelegentlich von seiner Familie unterstützen (das Bier gibt es nur in Fässern). Zuvor arbeitete Hunt für den Brauriesen Schlitz.

BRAUGEHEIMNIS: Hunt baut seinen Hopfen, soweit es geht, selbst an.

NEW BELGIUM

500 Linden Street, Fort Collins,
Colorado 80524
www.newbelgium.com

Die Fans von New Belgium Brewing schätzen neben den Bieren der Brauerei besonders ihr soziales und ökologisches Engagement. Die Biere sind vor allem östlich des Mississippi stark gefragt, wo man sie aber kaum bekommt. Jeff Lebesch und Kim Jordan begannen das Geschäft 1991 mit einer auf belgische Biere ausge-

BIER

JOHN'S GROCERY GENERATIONS WHITE ALE
WITBIER 5,2 VOL.-%
Trüb und schäumend. Pfeffer und Koriander, fruchtiger Charakter mit Hefe, am Ende herb.

SCHILD BRAU AMBER
WIENER LAGER 4,9 VOL.-%
Kupferfarben, rot glänzend. In der Mitte viel Malz, das beinahe nussig schmeckt. Blüten, würziger Hopfen.

LAZY MUTT
GOLDEN ALE 4,8 VOL.-%
Das erste Bier Minhas' wurde als »Farmhouse Ale« etikettiert. Es ist eher ein Sommerbier.

HUBER BOCK
BOCK 5,4 VOL.-%
Trocken mit Noten von Toast und Karamell. Am besten schmeckt es in der Baumgartner's Cheese Store & Tavern in der Nähe der Brauerei.

DEATH AND TAXES BLACK
SCHWARZBIER 5 VOL.-%
Sehr dunkel und üppig mit Aromen von Röstmalz und Schokolade; erstaunlich leicht, rein und weich.

REALITY CZECK
PILSENER 4,8 VOL.-%
In Nase und Mund süßliche Aromen von Pilsner Malz; frisch gemähtes Gras und blumige Hopfennoten; hervorragend ausgewogen.

FAT TIRE
AMBER ALE 5,3 VOL.-%
In der Nase Keks, in der Mitte gerösteter Karamell; ausgewogener, trocken-süßer Nachklang.

MOTHERSHIP WIT
WITBIER 4,8 VOL.-%
Das erste Bio-Bier der Brauerei. Fruchtig-würzig, auf der Zunge cremig und herb vom Weizen. Erfrischend säuerlich im Abgang.

richteten Anlage im Keller. Heute betreiben sie die drittgrößte Craft Brewery in den USA. Neben dem bekannten Fat Tire Ale umfasst das große Sortiment auch das bemerkenswerte Blue Paddle Pilsener.

BRAUGEHEIMNIS: New Belgium Brewing hat mehr Lagerraum für Holzfässer als jede andere Brauerei – abgesehen von Rodenbach in Belgien.

NEW GLARUS

Highway 69, New Glarus,
Wisconsin 53574
www.newglarusbrewing.com

2008 nahm New Glarus Brewing eine Anlage im Wert von 21 Mio. $ in Betrieb, die am Rande eines Dorfes liegt, das 1845 von Schweizern gegründet wurde. Der attraktive Komplex ist so gestaltet, dass er einem Milchviehbetrieb ähnelt. 2002 war New Glarus noch eine Mikrobrauerei mit einer Produktion von gut 1,6 Mio. Litern, 2007 hatte sich der Ausstoß schon verfünffacht. Mit der neuen Anlage verdoppelt sich die Kapazität noch einmal, und die Brauerei kann der steigenden Nachfrage gerecht werden – auch nach den Fruchtbieren des Braumeisters Dan Carey und der begrenzten Edition »Unplugged«. Der Erfolg der Brauerei ist unglaublich, vor allem wenn man bedenkt, dass die Biere nur in Wisconsin erhältlich sind.

NEW HOLLAND

690 Commerce Court, Holland,
Michigan 49423
www.newhollandbrew.com

Die Kronkorken der Flaschen von New Holland Brewing tragen den Slogan »Art in Fermented Form« (Kunst in fermentierter Form). Um die Nachfrage nach ihren überzeugenden Bieren befriedigen zu können, hat die Brauerei vor Kurzem eine gebrauchte Brauanlage mit Kupferkesseln aus Deutschland in Betrieb genommen.

LA FOLIE
FLEMISH SOUR 6 VOL.-%
In der Nase herb-fruchtig, dann Eiche und Vanille. Ausgewogene Säure; im Nachklang adstringierend.

ABBEY
DOUBLE 7 VOL.-%
Fruchtige Aromen von Bananen und Rosinen, komplexe Noten von Schokolade und dunklen Früchten. Im Mund üppig, Nachklang trocken.

SPOTTED COW
CREAM ALE 4,8 VOL.-%
Leicht fruchtig, Geschmack nach frischen Pfirsichen. Getreidig, auf der Zunge leicht, erfrischend.

YOKEL
ZWICKELBIER 4,7 VOL.-%
Ungefiltertes Lagerbier nach bayerischer Tradition. Brotig, hefig und frisch, im Nachklang trocken.

FAT SQUIRREL
BROWN ALE 5,5%
In der Nase Haselnuss, Schokoladen- und Karamellaromen; ausbalanciert durch erdigen Hopfen.

WISCONSIN CHERRY BEER
FRUCHTBIER 5,1 VOL.-%
Duft und Geschmack werden von Montmorency-Kirschen aus Wisconsin dominiert. Gut ausbalanciert durch Herbheit und Säure.

THE POET
OATMEAL STOUT 6,5 VOL.-%
Üppige Röstnoten, Schokolade und dunkle Rumfrüchte. Körperreich und cremig, den Kaffee ausbalancierend.

BLACK TULIP
TRIPLE 9 VOL.-%
Blumig, Süße von Bonbons und Honig, dabei auch Fruchtnoten. Im Mund süß und zugleich herb, betont durch bitter-würzigen Hopfen.

BRAUEREI

NORTH COAST

455 North Main Street, Fort Bragg, California 95437
www.northcoastbrewing.com

Seit ihrer Eröffnung 1988 hat die Brauerei mehr Staub aufgewirbelt, als es ihre geringe Produktion vermuten ließe. North Coast ist eine kleine Regionalbrauerei, verkauft ihre Biere aber in 36 Bundesstaaten und exportiert nach Europa und in die Pazifischen Randgebiete. Braumeister Mark Ruedrich trägt entscheidend zum guten Ruf von North Coast bei: Früher als andere versuchte er sich an verschiedenen Bierarten und braute diese in bester Qualität. Kürzlich kam eine Artisan-Serie in 750-ml-Flaschen mit Korken auf den Markt. Darunter ist auch Brother Thelonious, und ein Teil des damit erzielten Gewinns geht an das Thelonious Monk Institute of Jazz. Dieses Bier verschaffte der Brauerei »Zutritt« zu vielen internationalen Jazzclubs.

ODELL

800 East Lincoln Avenue, Fort Collins, Colorado 80524
www.odellbrewing.com

Odell Brewing existiert seit 1989. Ursprünglich war die Brauerei in einem Getreideheber aus dem Jahr 1915 untergebracht und machte sich die Schwerkraft zunutze. Inzwischen hat sie ein neues Gebäude bezogen, doch die Brauweise ist nach wie vor traditionell. Wie der größere Nachbar New Belgium arbeitet auch Odell Brewing umweltschonend.

OLD DOMINION

44633 Guilford Drive, Ashburn, Virginia 20147
www.olddominion.com

Seit 1989 produziert die Brauerei viel beachtete Biere. Sie wurde 2007 von Coastal Brewing, einem Joint Venture von Fordham aus Maryland und Anheuser-Busch, aufgekauft. Seither hat sich der Vertriebsradius vergrößert, die Anzahl der Marken jedoch reduziert.

BRAUGEHEIMNIS: Alle Biere dieser Brauerei sind streng koscher hergestellt.

BIER

OLD RASPUTIN
IMPERIAL STOUT 11,6 VOL.-%
Wuchtig, aber aromatisch – bittere und süße Schokolade, angebrannte Gerste, Rum, Toffee, dunkle Trockenfrüchte, Espresso.

RED SEAL ALE
PALE ALE 5,5 VOL.-%
Frisch und zitrusfruchtig. Trockener Malz-Karamellcharakter, der die Hopfenbitterkeit ausbalanciert.

BROTHER THELONIOUS
BELG. STRONG DARK ALE 9,3 VOL.-%
Würzige und bonbonsüße Aromen, dabei dunkle Früchte, Bananen und karamellisierter Zucker, rumartig.

PRANQSTER
BELG. STRONG GOLDEN ALE 7,6 VOL.-%
Komplexe honig-fruchtige Aromen. Der mittlere Körper bietet noch mehr Frucht, etwas Bananenbonbons; weicher und süßer Nachklang.

90 SHILLING
SCOTTISH ALE 5,3 VOL.-%
Ein leichtes Scottish Ale. Weich und malzig, leicht nussig, relativ trockener Nachklang.

5 BARREL PALE ALE
PALE ALE 5,2 VOL.-%
Florale Aromen, dazu Pfirsich. In der Nase hopfig, noch mehr Hopfen im erdigen Mittelteil, der das kräftige britische Malz ausbalanciert.

DOMINION LAGER
DORTMUNDER 5,6 VOL.-%
Süßes Pilsner Malz und würziger Hopfen gut ausbalanciert. Am Gaumen brotähnlich; rein, recht trocken.

DOMINION PALE ALE
PALE ALE 5,6 VOL.-%
Erstaunlich dunkel, süße Karamellnoten, unterlegt von den Zitrus- und Kiefernaromen des Hopfens. Beinahe cremig, gut ausgewogen.

BIERARTEN

ALES

Der Einfluss deutschsprachiger Immigranten, die Mitte des 19. Jh. in die USA kamen, bewirkte weit mehr als nur eine neue ethnische Zusammensetzung der Bevölkerung. Die Immigranten brachten u. a. auch ihre Bierkultur mit, was die amerikanische Bierindustrie von Grund auf veränderte. An die Stelle von Porter und Ale traten Lagerbier und Weißbier. Nach 13 Jahren Prohibition (ca. 1920–1933) stand ein Neuanfang an: Die Brauereien, die die Jahre des Alkoholverbots überlebt hatten, sahen ihre Zukunft in leichten, neutral schmeckenden Lagerbieren.

Als Ende des 20. Jh. die ersten Craft Brewers (Mikrobrauereien) auf den Plan traten, orientierten sie sich an europäischen Vorbildern und entwickelten eigene Versionen von Amber Ales, Pale Ales, India Pale Ales und Brown Ales. Heute gibt es in den USA etwa 1500 Brauereien, und viele produzieren ganz beachtliche Ales, die nach langer Zeit den hellen Lagerbieren den Rang abgelaufen haben.

EXTREMBIERE Amerikanische Ales sind schwer und haben intensive Aromen von Hopfen und karamell- bzw. keksartigem Malz. Einige Beispiele dieser kreativen Biere haben zur Ausprägung des Begriffs »Extrembier« geführt, mit dem seither Biere bezeichnet werden, die die Regeln der Braukunst brechen.

CRAFT BREWERS 1965 kaufte Fritz Maytag eine schlecht gehende Brauerei in San Francisco auf, kreierte das traditionell gebraute Liberty Ale und markierte damit den Beginn der Mikrobrauerei-Bewegung. Der Heimbrauer (und Fahrradfachmann) Ken Grossman ist ein jüngeres Beispiel für einen Craft Brewer: Sierra Nevada Brewing wurde 1979 gegründet. Allen Craft Brewers gemeinsam ist der Respekt vor der Tradition.

ALTE BIERARTEN WIEDERBELEBT Amerikanische Brauer orientieren sich gern an Bieren aus Europa – selbst an solchen, die dort gar nicht mehr hergestellt werden. Das Brown Ale z. B., das früher aus Großbritannien nicht wegzudenken war, ist heute eine Spezialität von Garrett Oliver (Brooklyn Brewery), und das schon lange nicht mehr produzierte Cream Ale erlebte als Honey Cream Ale durch Rogue Ales in Oregon eine Renaissance.

BRAUEREI

OMMEGANG

656 County Highway 33, Cooperstown, New York 13326
www.ommegang.com

Ommegang ist im Besitz des belgischen Unternehmens Duvel Moortgat und braut seit 1997 Biere im belgischen Stil, die in begrenzten Mengen fast überall in den USA erhältlich sind. Auf dem malerischen Gelände der Brauerei am Stadtrand findet jedes Jahr ein Bierfest statt, das Belgium Comes to Coopers-town.

BIER

HENNEPIN

Saisonbier 7,7 Vol.-%
Durchgehend würzig-pfeffrig. Hefige Noten, am Gaumen deutliche Zitrusnoten. Herb und trocken.

OMMEGANG ABBEY ALE

Belg. Strong Dark Ale 8,5 Vol.-%
Das Flaggschiff, ähnelt einem Weihnachtsbier. Üppig mit viel Schokolade, darunter liegende Noten von Lakritze und Weihnachtsgewürzen.

ORLANDO

1301 Atlanta Avenue, Orlando, Florida 32806
www.orlandobrewing.com

Orlando ist die einzige zertifizierte Bio-Brauerei in Florida und versucht, eine Nische zu finden, die die Mikrobrauereien bisher noch nicht besetzt haben. Der Bau eines Highways zwang die Brauerei zu einer Standortverlegung. Am 7. April 2007 bezog sie ihr neues Gebäude – am Jahrestag des Endes der Prohibition.

BLACKWATER DRY PORTER

Porter 5,1 Vol.-%
Malzbetont, in der Nase geröstete Kaffeebohnen, milchiger Schokoladengeschmack, dazu Karamell.

BLONDE ALE

Golden Ale 4,5 Vol.-%
Strohblond, leichter Körper, feiner Duft nach Malz, am Gaumen dann Äpfel und Pfirsiche. Trocken, aber nicht bitter.

OSKAR BLUES

303 Main Street, Lyons, Colorado 80540
www.oskarblues.com

Oskar Blues, ein Brewpub in einer Kleinstadt in den Bergen, löste 2002 mit seinen Dosen eine kleine Revolution aus – mit dem Ergebnis, dass die Brauerei um mehr als das Achtfache wuchs. Natürlich war auch unter den Kunden von Eigentümer Dale Katechis die Meinung verbreitet, dass Dosenbier kein Qualitätsbier sein kann – bis Dale's Pale Ale auf den Markt kam.

DALE'S PALE ALE

Pale Ale 6,5 Vol.-%
Im Glas entfalten sich die Hopfenaromen am besten und werden durch ein malziges Rückgrad gestützt.

OLD CHUB

Scottish Ale 8 Vol.-%
Malzbetont – Anklänge an Whiskymalz. Der cremige Körper transportiert die Schokoladen- und Karamellnoten gut. Kräftig, dabei weich.

OTTER CREEK

793 Exchange Street, Middlebury, Vermont 05753
www.ottercreekbrewing.com

Die Familie Wolaver kaufte 2002 die Brauerei Otter Creek auf, um dort die Bio-Ales zu produzieren, die vorher unter Vertrag von anderen Brauereien hergestellt wurden. Nach wie vor gehören Otter-Creek-Biere zum Programm: Die World-Tour-Serie z. B. umfasst auch Otter Mon (Stout im jamaikanischen Stil) und Otteroo (Lager im australischen Stil).

OTTER CREEK COPPER ALE

Altbier 5,4 Vol.-%
Üppige, komplexe Malzaromen, schleichende Bitterkeit, die den Nachklang verlängert.

WOLAVER'S OATMEAL STOUT

Oatmeal Stout 5,9 Vol.-%
Schokolade und Röstkaffee zu Beginn, die sich mit cremigen Noten im Mund mischen. Körperreich, im Nachklang aber recht trocken.

PELICAN

33180 Cape Kiwanda Drive,
Pacific City, Oregon 97135
www.pelicanbrewery.com

Die Brauerei liegt direkt an der Küste, südlich von Cape Kiwanda, einer der meistfotografierten Landschaften in Oregon. Außerhalb des Pubs ist Pelican-Bier kaum zu bekommen.

Braugeheimnis: Das India Pelican Ale und das Doryman's Dark wurden bei den Australian International Beer Awards ausgezeichnet.

DORYMAN'S DARK ALE
Brown Ale 5,8 Vol.-%
Geröstete Nüsse, Kakao, Kaffeebohnen, Karamell – ausbalanciert durch Hopfen aus dem Nordwesten.

TSUNAMI STOUT
Stout 7 Vol.-%
Tiefschwarz, mit cremiger Schaumkrone. In der Nase und am Gaumen Kaffee und Schokolade; üppig, fast cremig. Schöne Säure zum Abschluss.

PENN

800 Vinial Street, Pittsburgh,
Pennsylvania 15212
www.pennbrew.com

Die Pennsylvania Brewing Company hat das Gebäude der ehemaligen Eberhardt and Ober Brewery übernommen – mit Lagerkellern am Hang. Die Brauweise steht seit der Eröffnung 1986 ganz in deutscher Tradition. Auch die Speisekarte des Restaurants lässt auf eine enge Verbundenheit mit Deutschland schließen, weiterhin gibt es einen Biergarten und einen Ratskeller.

PENN WEIZEN
Hefeweizen 5,2 Vol.-%
Sehr bayerisch. Kaugummiähnliche Bananenfruchtaromen, aufgepeppt durch Nelken und pfeffrige Gewürze.

PENN PILSNER
Wiener Lager 5,2 Vol.-%
Das Flaggschiff. Leicht und schmackhaft. Ein echtes, im Dreimaischverfahren gebrautes norddeutsches Pilsener.

PETE'S

14800 San Pedro Avenue, San Antonio,
Texas 78232
www.petes.com

Pete's Brewing gehörte früher zur Spitze der amerikanischen New-Wave-Brauereien. Gründer Pete Slosburg verkaufte die Brauerei 1988 an Gambrinus in San Antonio, doch sie erreichte nie denselben Erfolg wie andere Gambrinus-Brauereien. Pete's wird unter Vertrag in New York hergestellt und ist gut erhältlich.

PETE'S WICKED ALE
Brown Ale 5,3 Vol.-%
Das American Brown Ale, wie Slosberg es braute, hat viel von seinem Biss verloren, nachdem die Hopfenmenge halbiert wurde.

WICKED STRAWBERRY BLOND
Fruchtbier 5 Vol.-%
Sieht eher blond als nach Erdbeere aus; süße Beeren schon in der Nase, anhaltend bis zum Nachklang.

PIKE

1415 1st Avenue, Seattle,
Washington 98101
www.pikebrewing.com

Das Restaurant bei Pike Brewing ist wie ein gut sortiertes Biermuseum. Die Eigentümer Charles und Rose Ann Finkel waren entscheidend daran beteiligt, das Interesse an traditionellen Bieren in den USA zu wecken. 1978 gründeten sie Merchant du Vin, importierten traditionelle Biersorten aus Europa und inspirierten damit viele Craft Brewers.

PIKE PALE
Pale Ale 5 Vol.-%
Cremig; saftiger Hopfen gegen fruchtigen, keksartigen mittleren Körper und langen, trockenen Nachklang.

PIKE KILT LIFTER
Scottish Ale 6,5 Vol.-%
Karamellbetont, ausbalanciert durch erdige Noten von geräuchertem Torf – und das vom Beginn bis zum genau richtig trockenen Nachklang.

BRAUEREI

PYRAMID

1201 First Avenue South, Seattle, Washington 98134
www.pyramidbrew.com

Seit der Eröffnung 1984 hat Pyramid viele Ales auf den Markt gebracht und andere Brauereien übernommen. Heute ist Weizenbier ein Schwerpunkt. Pyramid betreibt mehrere Brewpubs an der Westküste mit Brauanlagen in Washington, Oregon und Kalifornien.

BRAUGEHEIMNIS: Zurzeit plant Magic Hat die Übernahme von Pyramid.

REAL ALE

231 San Saba Court, Blanco, Texas 78606
www.realalebrewing.com

2007 feierte die Belegschaft von Real Ale ihren Umzug aus kleinen Kellerräumen in ein neues Gebäude mit der Verdopplung der Produktion. Die eigenen LKW werden mit Bio-Diesel betrieben, und die Brauerei verkauft den Treibstoff (ohne Profit) an LKW-Fahrer, die das Hill County durchqueren.

REDHOOK

14300 Northeast 145th Street, Woodinville, Washington 98072
www.redhook.com

Redhook hat sich mit Widmer zusammengeschlossen, doch beide Brauereien arbeiten nach wie vor unabhängig voneinander und vertreiben ihre eigenen Marken. Redhook wurde 1982 gegründet und hat überlebt, obwohl das erste Ale als »Bananenbier« niedergemacht wurde. Erst mit der Einführung von Ballard Bitter 1984 war der Brauerei der Erfolg sicher.

RIVER HORSE

80 Lambert Lane, Lambertville, New Jersey 08530
www.riverhorse.com

Die Brauerei wurde 1996 von drei Brüdern in der historischen Stadt Lambertville am Delaware River gegründet. Seit 2007 wird sie von einer Investmentfirma aus Philadelphia kontrolliert, die das Brauen weiterhin den drei Brüdern überlässt, sie jedoch zu einer Vergrößerung des Sortiments und einer Erweiterung des Vertriebs verpflichtete.

BIER

APRICOT ALE

FRUCHTBIER 5,1 VOL.-%

Aprikosenfarben. In der Nase Aprikose; Aprikosen- und Weizenaromen vermischen sich. Rein und leicht.

HEFEWEIZEN

AMERIK. HEFEWEIZEN 5,2 VOL.-%

Mit 60 % Weizen gebraut. Beim Eingießen trüb, leicht getreidig, durch den Weizen am Gaumen herb.

FULL MOON PALE RYE

ROGGENBIER 5,6 VOL.-%

Schmeckt deutlich nach Roggen, Frucht im Mittelteil und zitrusartige Hopfennoten im Nachklang.

SISYPHUS

BARLEY WINE 11 VOL.-%

Üppiges, mahagonifarbenes Bier, das in der Stärke schwankt. Komplex und viskos mit Toffeenoten; noch besser nach Lagerung.

ESB

EXTRA SPECIAL BITTER 5,7 VOL.-%

In der Nase Karamell, am Gaumen leicht grasig, dabei Noten von Früchten, Honig und Butterscotch.

BLACKHOOK PORTER

PORTER 5,2 VOL.-%

Malznoten von dunkler Schokolade, die von gerösteten Kaffeebohnen und angenehm säuerlichen Noten übertrumpft werden.

HOP HAZARD

PALE ALE 5,5 VOL.-%

Hopfenbetont mit zitrusartigen und grasigen Aromen, im Mund Karamell und leicht aggressive Hopfennoten.

TRIPEL HORSE

TRIPLE 10 VOL.-%

In der Nase süß-würzig mit Vanille-Ester, im Mund frische Frucht mit befriedigender Hopfenbitterkeit. Kräftige Portion Alkohol.

ROCK BOTTOM

Verschiedene Standorte
www.rockbottom.com

Rock Bottom betreibt mehr als 30 Braugaststätten, die zusammen etwa 4,8 Mio. Liter Bier produzieren. Zum Unternehmen gehören auch mehr als 50 Old Chicago Restaurants, die jeweils mehr als 30 Biersorten ausschenken. Es gibt ein Kontingent von Bieren, das in allen Braugaststätten hergestellt wird, allerdings können die Rezepte leicht variieren.

ROGUE ALES

2320 OSU Drive, Newport,
Oregon 97365
www.rogueales.com

Braumeister John Maier kam ein Jahr nach Eröffnung der Brauerei zu Rogue Ales, also 1989. Mit seinen außergewöhnlichen Bieren, die eine gut strukturierte Malzbasis mit darüber liegenden kräftigen Hopfenaromen aufweisen, gelangte er zu internationalem Ruhm. Sie wurden immer wieder mit Preisen ausgezeichnet und führten zur Entstehung der »Rogue Nation«, zu treuen Anhängern, die ungeduldig auf die neuen limitierten Johns-Locker-Stock-Biere warten. Neben den Hauptniederlassungen in Newport und Portland betreibt Rogue Ales Brewpubs und Restaurants entlang der Westküste, die als *micro-meeting halls* bezeichnet werden. Eine ist sogar im Flughafen von Portland.

BRAUGEHEIMNIS: Die Biere von Rogue Ales werden obergärig gebraut, und zwar mit der hauseigenen PacMan-Hefe, die sich für Flaschengärung eignet.

RUSSIAN RIVER

1812 Ferdinand Court, Santa Rosa,
California 95404
www.russianriverbrewing.com

Chef Vinnie Cilurzo pflegt einen kreativen Einsatz von Hopfen, Hefen und Weinfässern, sodass es verwundert, dass seine Biere aus ein und derselben Brauerei stammen. Während seiner Zeit bei Blind Pig Brewing war er der Erste, der ein Imperial India Pale Ale für den Markt herstellte. Dieses Bier heißt Pliny the Elder und hat Maßstäbe gesetzt. *(Weiter S. 68)*

TERMINAL STOUT
STOUT VARIABLER ALKOHOLGEHALT
Hier sind es regionale Unterschiede: Mal ist es eher ein Imperial Stout, mal eher ein Oatmeal oder Dry Stout.

MOLLY'S TITANIC BROWN ALE
BROWN ALE 5,6 VOL.-%
In jedem Pub anders. Diese Version aus Denver ist malzbetont und hat in der Kategorie »Brown Porter« schon einen Preis gewonnen.

DEAD GUY ALE
HELLER BOCK 6,6 VOL.-%
Komplex, in der Nase reine, üppig-fruchtige Malzaromen. Deutlich bitterer Hopfen, trocken-würzig.

BRUTAL BITTER
EXTRA SPECIAL BITTER 6,2 VOL.-%
Aromatischer, blütenduftiger Hopfen, der am Gaumen üppiger wird und gegen Fruchtnoten und brotartiges Malz besteht. Gegen Ende bitter.

SHAKESPEARE STOUT
STOUT 6 VOL.-%
Dunkel; Röstnoten, Schokolade und Kaffee, dunkle Früchte und kräftiges Malz. Deftiger Hopfen; ölig-cremiger, weicher Nachklang.

HAZELNUT BROWN NECTAR
BROWN ALE 6,2 VOL.-%
Mit einer kräftigen Portion Haselnüssen, die den Geschmack des robusten Ale durchdringen.

BEATIFICATION
SOUR ALE 6 VOL.-%
Ein spontanvergorenes und dann verschnittenes Bier. Komplex, herbe Mischung von Frucht und Holz. Idealer Säuregehalt im Nachklang.

PLINY THE ELDER
IMPERIAL INDIA PALE ALE 8 VOL.-%
In Nase und Mund Hopfenaromen, hopfenbitter – und das gestützt durch eine kräftige Malzbasis.

BIERTOUR

OREGON

Die Craft-Bier-Kultur in Oregon wird häufig mit dem Ausdruck »Bierwana« beschrieben. Oregon hat aber auch landschaftlich einiges zu bieten: vom Pazifik im Westen über die Cascade Mountains im Zentrum bis hin zum Hell Canyon im Osten. Und es gibt reichlich Gelegenheiten, wo Biertrinker auf ihre Kosten kommen: Man könnte mehrere Wochen unterwegs sein, ohne zweimal dasselbe Bier zu trinken. Unsere Drei-Tages-Tour beginnt in der Küstenstadt Newport, wo die legendäre Brauerei Rogue Ales beheimatet ist. Am nächsten Tag geht es mit Zwischenstopps an landschaftlich reizvollen Plätzen weiter Richtung Portland, und die Tour endet mit einem ganzen Tag in »Rose City« (Spitzname für Portland). Für weitere Informationen: www.oregonbeer.org.

Rogue's Dead Guy Ale

1. TAG: NEWPORT UND ROGUE ALES

Das Rogue Ales Public House liegt am OSU Drive mitten im Hafen von Newport. Es gibt viele »Bed and Breakfasts«, wo man sich einquartieren kann, darunter auch die zu Rogue gehörenden »Bed and Beer«-Appartments über dem Pub. Hier sollte man sich auch für eine der Brauereibesichtigungen melden, die jeden Tag um 15 Uhr beginnen.
2320 OSU Drive, Newport (www.rogueales.com)

TOUR-INFO
3 Tage
230 km

2. TAG: PELICAN PUB UND BRAUEREI

Die landschaftlich schöne Strecke von Newport nach Pacific City (77 km) ist gut an einem Vormittag zurückzulegen, sodass Sie bei Pelican zu Mittag essen können. Das Restaurant der Brauerei liegt direkt an der Küste und bietet eine herrliche Aussicht auf den Haystack Rock und das Cape Kiwanda.
33180 Cape Kiwanda Drive, Pacific City (www.pelicanbrewery.com)

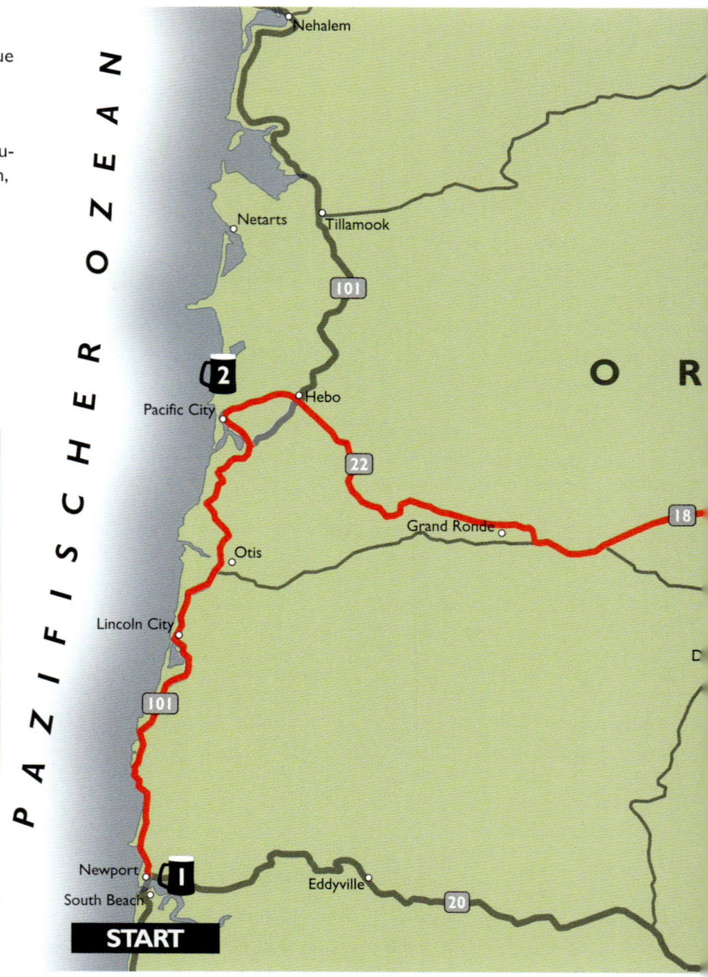

3 2. TAG: GOLDEN VALLEY BREWERY UND PUB Auf der landschaftlich schönen Strecke nach McMinnville durchquert man das Weinanbaugebiet Willamette Valley. Im Pub der Golden Valley Brewery gibt es Ales, die z. T. in Weinfässern reifen. *980 East 4th St, McMinnville*

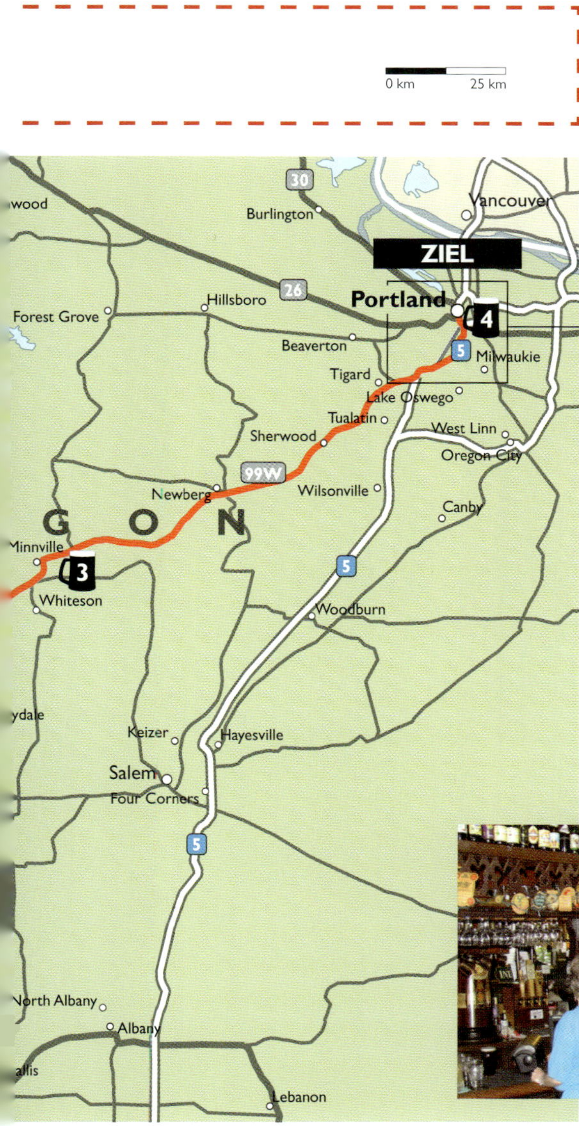

4 3. TAG: PORTLAND In Portland gibt es mehr als drei Dutzend Brauereien – kein Wunder also, dass die Einwohner der Stadt behaupten, sie lebten im »Bierwana«. Hier einige Brauereien, die Sie am 3. Tag besichtigen können.

HAIR OF THE DOG
Hier wird mit Gerätschaften gearbeitet, die ursprünglich gar nicht zum Brauen gedacht waren. Besichtigung nach Vereinbarung. *4509 SE 23rd Avenue, Portland (www.hairofthedog.com)*

WIDMER *(s. S. 78)*
Ein Besuch im Gasthaus der Brauerei lohnt sich, um die ganze Palette an Bieren zu probieren – darunter das Alt, das das Flaggschiff der Brauerei werden sollte, bevor das Hefeweizen die Maßstäbe für amerikanische Hefeweizen setzte. Führungen freitags und samstags.
929 North Russell, Portland

BRIDGEPORT *(s. S. 25)*
Die älteste Brauerei in Oregon, im In-Viertel Pearl District gelegen.
1313 Northwest Marshall Street, Portland

HIGGINS BREWPUB
Greg Higgins verarbeitet für seine viel gepriesenen Gerichte ausschließlich Produkte aus der Region – und dazu passen natürlich auch regionale Biere und Weine. *1239 SW Broadway, Portland*

GREEN DRAGON BISTRO UND PUB
Green Dragon ist ein Newcomer, der aber schnell großen Anklang fand. Die ausgeschenkten Biere wechseln häufig, und meist bekommt man sie auch nur bei Green Dragon. Das Personal kennt sich gut aus. *928 SE 9th Avenue, Portland*

HORSE BRASS PUB
In Portland seit 1976 eine Institution. Der Pub zollt sowohl englischen Pubs als auch den Bieren aus Oregon Tribut. Man kann dort zwischen 52 Fassbieren wählen. Der Pub ist vor allem spätabends gut besucht.
4534 SE Belmont Street, Portland

The Flanders Street
Dieser Brewpub in Portland (Oregon) trug zum guten Ruf der Stadt in Sachen Bier bei.

FLANDERS
ST.
PORTLAND BREWING

BRAUEREI

RUSSIAN RIVER

(Fortsetzung von S. 63)
Cilurzo und seine Frau haben eine Brauerei in der Nähe ihres beliebten Brewpubs in der Altstadt bauen lassen. Jede Biersorte reift mindestens ein Jahr in Holz, wobei die Fassarten variieren.

BRAUGEHEIMNIS: Cilurzo arbeitet mit verschiedenen wilden Hefen. Sie verlangen eine sorgfältige Behandlung durch den Braumeister, liefern aber großartige Ergebnisse.

SACRAMENTO

2713 El Paseo Lane, Sacramento, California 95821
www.sacbrew.com

Obwohl Rubicon (1987 eröffnet) die erste bekannte Brauerei von Sacramento war, hat sich Sacramento Brewing (1995 eröffnet) inzwischen zur größten Brauerei der Stadt entwickelt. Das Unternehmen betreibt zwei Brauerei-Restaurants, und die Nachfrage nach Sacramento-Bieren wächst. Es gibt bereits Pläne für eine weitere Produktionsstätte.

SAINT ARNOLD

2522 Fairway Park Drive, Houston, Texas 77092
www.saintarnold.com

Saint Arnold ist die älteste und größte Craft Brewery in Texas – sie wurde 1994 gegründet. 2007 verlor sie ihren Status als Mikrobrauerei, obwohl sie ihr Bier nach wie vor nur in Texas vertreibt. Der hl. Arnold ist einer der Schutzpatrone der Bierbrauer, und die Gärbehälter der Brauerei tragen die Namen anderer Heiliger.

SAMUEL ADAMS

30 Germania Street, Boston, Massachusetts 02130
www.samueladams.com

Der Name Samuel Adams steht gewissermaßen für Craft-Bier, seit die Boston Beer Company sich als einer von wenigen Vertreibern von Spezialbieren etabliert hat. Die Marke kam 1984 in den Handel, als das Unternehmen »Mainstream«-Produzenten mit freien Kapazitäten unter Vertrag nahm. Inzwischen hat die

BIER

TEMPTATION
BELGISCHES STRONG ALE 7,2 VOL.-%
Gereift in Chardonnay-Fässern mit wilder Hefe. Komplex und weinähnlich. In der Nase scharf; Chardonnay und Eiche bei Wärme erkennbar.

BLIND PIG IPA
INDIA PALE ALE 6 VOL.-%
Aromen von Blüten, Zitrus, Kiefer. Robustes Malz betont den fruchtigen Charakter. Würziger Nachklang.

HEFE WEIZEN
HEFEWEIZEN 5,3 VOL.-%
Am Gaumen üppig. Klassisch in Duft und Geschmack: Banane, Zitronenschale, Hefe, Weizen und Nelken.

RED HORSE ALE
AMBER ALE 6,2 VOL.-%
Benannt nach der Flugplatzinstandsetzungs-Staffel der US Air Force. Dunkel bernsteinfarben; durchweg schwer mit viel Malz und Hopfen.

AMBER
AMBER ALE 5,5 VOL.-%
Karamell und Fruchtester, strahlend-würzige Hopfennoten. Exzellent von Fass.

ELISSA IPA
INDIA PALE ALE 6,6 VOL.-%
Durchgehend wunderbar hopfig, üppiger Grapefruit-Charakter. Schwer und saftig, üppiges Malz, das zur markanten Bitterkeit passt.

BOSTON LAGER
WIENER LAGER 4,9 VOL.-%
Komplexe, blumige Kiefernnoten in der Nase. Körperreich, Karamell im Mittelteil; trockener Nachklang.

SCOTCH ALE
SCOTTISH ALE 5,4 VOL.-%
Üppige Karamell- und Melassearomen in Nase und Mund. Darunter liegende erdig-rauchige Noten von dem auf Torf geräucherten Malz.

Boston Beer Company einige dieser Produzenten aufgekauft und stellt ihr Bier weitgehend selbst her. Jedes Jahr richtet sie einen Heimbrauer-Wettbewerb aus, und das Gewinner-Bier wird anschließend für den Handel produziert – genau wie preisgekrönte Biere eines landesweiten Amateur-Wettbewerbs.

BRAUGEHEIMNIS: Fast jedes fünfte in den USA verkaufte Craft-Bier ist ein Samuel Adams.

BLACK LAGER
Schwarzbier 4,9 Vol.-%
Röstnoten, aber weich, Karamell und Nüsse am Gaumen. Durchgehend Kaffee, der für angenehme Bitterkeit zum Abschluss sorgt.

UTOPIAS
Strong Ale 27 Vol.-%
Das stärkste Bier der Welt reift in Brandy- und Portweinfässern. Wie einen seltenen Cognac servieren.

SARANAC

811 Edward Street, Utica,
New York 13502
www.saranac.com

In den 1990er-Jahren brachte Matt Brewing Saranac groß heraus und verlagerte den Schwerpunkt von traditionellen Familienmarken auf Craft-Biere. Die Saranac-Biere sind sehr erfolgreich, ebenso das historische Utica Club.

BRAUGEHEIMNIS: »UC« war das erste Bier, das nach der Prohibition wieder verkauft wurde.

PALE ALE
Englisches Pale Ale 5,5 Vol.-%
Fruchtige Hefigkeit, durch zitrusfruchtigen Hopfen ergänzt. Die Bitterkeit verlängert den trockenen Nachklang.

BLACK & TAN
Verschnitt 5,3 Vol.-%
Verschnitt aus Irish Stout und deutschem Lagerbier. Noten von Schokolade und gerösteter Gerste, überlagert von etwas Karamell.

SCHLAFLY

2100 Locust Street, St. Louis,
Missouri 63101
www.schlafly.com

Die Saint Louis Brewery produziert ihre Schlafly-Biere außerhalb, der Touristenmagnet ist jedoch The Taproom, der ursprüngliche Brewpub in der Innenstadt. Mitbegründer Tom Schlafly hat ein Buch geschrieben über die Aufteilung des Marktes in St Louis zwischen Schlafly und dem Brauriesen Anheuser-Busch.

SCHLAFLY PALE ALE
Englisches Pale Ale 4,4 Vol.-%
Keks und Frucht, trockener Nachklang. In den Pubs gibt es eine mit Hopfenstopfen hergestellte Version.

SCHLAFLY OATMEAL STOUT
Oatmeal Stout 5,7 Vol.-%
Kaffee und Sahne werden durch leichte Öligkeit ausbalanciert, die vom Hafermehl stammt. Weich, mit Anklängen an rauchige Schokolade.

SHINER BEERS

603 Brewery Street, Shiner,
Texas 77984
www.shiner.com

Dank der 1909 gegründeten Spoetzl Brewery hat Shiner Bock landesweit Bedeutung erlangt. Seit 2004 bereitet man sich auf den 100. Geburtstag vor, indem man in jedem Jahr ein neues Bier auf den Markt bringt – jedes in deutscher Brautradition stehend, die bis in die Zeit der ursprünglichen Shiner Brewing Association zurückreicht.

SHINER HEFEWEIZEN
Hefeweizen 5,3 Vol.-%
Trüb, im bayerischen Stil mit etwas Honig gebraut. Vom Charakter her mehr Weizen als Hefe, Anklänge an Zitrusfrucht.

SHINER BOCK
Amerik. Dark Lager 4,4 Vol.-%
Eher ein Dark Lager als ein Bockbier. Ein Hauch von Karamellsüße spürbar.

BRAUEREI

SHIPYARD

86 Newbury Street, Portland,
Maine 04101
www.shipyard.com

Der aus Großbritannien stammende Braumeister Alan Pugsley ist einer der bekanntesten in der Szene der Craft Brewer. Er hat bei Peter Austin gelernt und überall auf der Welt Brauereien gegründet, darunter auch Geary's (1984). Auch wenn die Brauerei kaum öffentliche Aufmerksamkeit erregt, sind ihre jährlichen Zuwachsraten zweistellig.

SHMALTZ

92 Cole Street #338, San Francisco
California 94117
www.shmaltz.com

1996 begann Jeremy Cowan mit dem Verkauf von HE'BREW, und seither wächst das Unternehmen (550 % seit 2003). Shmaltz lässt an der Ost- und Westküste unter Vertrag brauen und vertreibt seine Produkte in 25 Bundesstaaten. Immer wieder kommen neue koschere Biere mit hohem Alkoholgehalt auf den Markt. Auch die Coney Island Lagers stammen von Shmaltz.

SIERRA NEVADA

1075 East 20th Street, Chico,
California 95928
www.sierranevada.com

Sierra Nevada Brewing hat Biertrinker mit den Zitrus- und Kiefernaromen des im Nordwesten angebauten Hopfens bekannt gemacht, und zwar durch ein Pale Ale, das die ehemaligen Heimbrauer Ken Grossman und Paul Camusi 1981 auf den Markt brachten. Natürlich sind seither viele noch bitterere Biere erschienen, doch die Brauerei versteht sich gewissermaßen als Vermittler zwischen Biertrinkern und Hopfen. Sierra Nevada nimmt auch im Umweltschutz eine Vorreiterrolle ein. Die Firma hat eine riesige Solaranlage in Auftrag gegeben, mit der sie ihrem Ziel näher kommen will, die benötigte Energie zu 100 % selbst zu produzieren.

BIER

OLD THUMPER

Extra Special Bitter 5,9 Vol.-%

Gebraut mit der exklusiven Lizenz der Ringwood Brewery von Peter Austin. Üppig fruchtig mit gut ausgewogener Bitterkeit.

EXPORT ALE

Golden Ale 5,1 Vol.-%

Das Flaggschiff der Brauerei. Der süße Honig in der Nase setzt sich am Gaumen fort.

BITTERSWEET LENNY'S R.I.P.A.

Imperial India Pale Ale 10 Vol.-%

Hommage an den Komiker Lenny Bruce. Stark und üppig malzig, lang anhaltender Hopfen; würzig.

MESSIAH BOLD

Brown Ale 5,5 Vol.-%

Nicht anspruchsvoll, aber komplex. Kaffee, Toffee, Nüsse und erdiger Hopfen in Duft und Geschmack.

PALE ALE

Pale Ale 5,6 Vol.-%

In Nase und Mund Kiefern- und Grapefruitaromen (Cascade Hopfen), malzige Fruchtigkeit hält dagegen.

HARVEST FRESH HOP ALE

India Pale Ale 6,7 Vol.-%

Gebraut mit am selben Tag geerntetem Hopfen. Ölig und aromatisch, wie frisch gepflückte Kräuter aus dem Garten.

BIGFOOT

Barley Wine 9,6 Vol.-%

Erdig, angenehm im Mund, deutliche Zitrusaromen (Hopfen) und whiskyähnliches Malz. Jung recht bitter.

CELEBRATION ALE

India Pale Ale 6,8 Vol.-%

Ein Winterbier voller Zitrusaromen (Hopfen), vor allem Tangerine. Ausgewogenes Malzrückgrat mit Frucht und Karamell, beständig bitter.

SKA

545 Turner Drive, Durango,
Colorado 81301
www.skabrewing.com

Bill Graham und Dave Thibodeau benannten ihre Brauerei nach der Ska-Musik, die sie zu Collegezeiten gespielt hatten. Bei der Gründung von Ska 1995 waren beide tagsüber berufstätig und brauten nachts. Heute können sie die Nachfrage kaum befriedigen und sind dabei, eine neue Brauerei zu bauen.

TEN PIN PORTER
Porter 5,4 Vol.-%
Durchgehend Schokolade und Karamell, im Geschmack ist der Röstkaffee kräftiger. Geht über in leichte Bitterkeit.

TRUE BLONDE
Golden Ale 4,2 Vol.-%
Mit Honig gebraut. Leichtes, keksartiges Malz, Honig und etwas hopfige Zitrusnoten.

SLY FOX

312 North Lewis Road, Royersford,
Pennsylvania 19468
www.slyfoxbeer.com

Der Erfolg von Sly Fox Brewing seit der Eröffnung 1995 geht auf Spezialbiere in 750-ml-Flaschen, aber auch auf Dosenbiere, maßvolle Expansion und geschickte Werbung zurück.

BRAUGEHEIMNIS: Besuchen Sie die Brauerei an einem »Incubus Friday« (erster Freitag im Monat), um ein neues Fass Triple zu probieren.

PIKELAND PILS
Pilsener 4,9 Vol.-%
Knackig-frisch. Feines Pilsner Malz, gepaart mit grasigem, floralem Hopfen – würzig und recht bitter.

SAISON VOS
Saison 6,9 Vol.-%
Würzig-fruchtige Hopfennase, auf der Zunge spritzig mit aufkommender Frucht und Bitterkeit. Befriedigend herb.

SMUTTYNOSE

225 Heritage Avenue, Portsmouth,
New Hampshire 03801
www.smuttynose.com

Smuttynose Brewing ist bekannt für gut ausgewogene Biere, und doch war die Brauerei eine der ersten, die auch »Extrembiere« produzierte. 1998 erschien die Serie Big Beer. Aufgrund der großen Nachfrage gibt es Pläne für einen Umzug innerhalb von Portsmouth.

SHOALS PALE ALE
Pale Ale 5 Vol.-%
Angenehme Frucht und Keks am Gaumen münden in einen hopfigen Nachklang.

ROBUST PORTER
Porter 5,7 Vol.-%
Gut ausgewogene Mischung von dunklen Früchten und Schokolade. Die üppigen Röstaromen hinterlassen einen starken Eindruck.

SNAKE RIVER

265 S. Millward Street, Jackson,
Wyoming 83001
www.snakeriverbrewing.com

Der Snake River Brewpub liegt mitten in Jackson – mit Blick auf den Snow King Mountain und nur wenige Kilometer vom Skiort Jackson Hole entfernt. Er ist in einem ehemaligen Lager aus Schlackenbeton untergebracht und wurde beim Great American Beer Festival als »Kleinbrauerei des Jahres« ausgezeichnet.

ZONKER STOUT
Stout 5,8 Vol.-%
Geröstete Gerste gibt einen robusten Ton vor, darunter Schokolade (eher süß). Schön trockener Abgang.

LAGER
Wiener Lager 6 Vol.-%
Goldfarben mit großer Schaumkrone. Malzbetont, saubere Röst- und Karamellnoten, im Nachklang zunehmend trocken.

BRAUEREI

SOUTHAMPTON

40 Bowden Square, Southampton,
New York 11968
www.publick.com

Phil Markowski, der rührige Braumeister des Southampton Publick House, reist regelmäßig nach New York und Pennsylvania, um dort in drei Brauereien Southampton-Biere zu brauen. Er hat diese Serie für das Brewery-Restaurant auf Long Island kreiert, weiterhin braut er Spezialbiere (in 750-ml-Flaschen mit Korken) und überwacht die Produktion der Double White und Secret Ales. Seit Anfang 2008 werden die Southampton-Biere von Pabst vertrieben.

BRAUGEHEIMNIS: Markowski hat mit *Farmhouse Ales* ein Buch über Saisonbiere und Bières de Garde geschrieben, die im belgischen Wallonien beheimatet sind.

SOUTHERN TIER

2051A Stoneman Circle, Lakewood,
New York 14750
www.southerntierbrewing.com

Als Southern Tier Brewing 2004 öffnete, erwartete man ein konservatives Sortiment. Doch wirklich erfolgreich waren das überzeugende IPA und die anderen hocharomatischen Biere.

BRAUGEHEIMNIS: Southern Tier testet immer wieder Grenzen aus, z. B. durch ein Trio von Imperial Stouts mit 11 Vol.-%.

SPEAKEASY

1195-A Evans Avenue, San Francisco,
California 94124
www.goodbeer.com

Zwei schwarze Augen, die misstrauisch aus dem Dunkel spähen, zieren das Logo der Brauerei und erinnern an die Zeit der Prohibition. Seit Speakeasy 1997 den Betrieb aufnahm, werden die Biere vor allem regional vertrieben. Das Big Daddy IPA ist nach dem Politiker David Keene benannt, dem Vorsitzenden der American Conservative Union, der aus San Francisco stammt.

BIER

DOUBLE WHITE ALE
WITBIER 6,8 VOL.-%
Erst Blüten-, Zitrus- und süße Noten. Üppige Textur, unterbrochen durch herbe Weizen- und Orangennoten.

IMPERIAL PORTER
BALTISCHES PORTER 7,2 VOL.-%
Üppige, mitreißende Aromen von dunkler Frucht und Schokolade, am Gaumen zusätzlich Kaffee. Angenehm bitterer Nachklang.

SAISON
SAISON 6,5 VOL.-%
Gutes Beispiel für *Farmhouse Ales* – fruchtig, pfeffrig, leicht herb, erdig und erfrischend.

SECRET ALE
ALTBIER 5,1 VOL.-%
Leicht süße Karamellaromen, kräftig bitter, passend zum üppigen Malz am Gaumen, das bis in den Nachklang anhält.

OAT OATMEAL STOUT
IMPERIAL STOUT 11 VOL.-% (VARIABEL)
Teil einer Serie von Imperial Stouts. Im Mund angenehm dickflüssiges Gefühl durch das Hafermehl, üppig schokoladig, komplexe Bitterkeit.

HEAVY WEIZEN
STARKES HEFEWEIZEN 8 VOL.-%
Nicht jedermanns Sache. Im bayerischen Stil, aber mehr fruchtige Süße (Banane!), Nelken und Hopfen.

BIG DADDY IPA
INDIA PALE ALE 6,5 VOL.-%
Hopfenbetont – saftige Zitrus- und Kiefernaromen. Etwas Karamell, genug Malz gegen die Bitterkeit.

PROHIBITION ALE
AMBER ALE 6,1 VOL.-%
Das Flaggschiff der Brauerei, am besten frisch vom Fass. Lang anhaltende Zitrus-Hopfenaromen als Gegenspieler zu deutlicher Karamellsüße.

SPRECHER

701 West Glendale Avenue, Glendale, Wisconsin 53209
www.sprecherbrewery.com

Randy Sprecher gründete die Brauerei 1985. Bei der Entwicklung neuer Biere legt er viel Wert auf Authentizität, daher braut er z. B. Fruchtbiere mit echten Früchten.

BRAUGEHEIMNIS: Das Mbege-Bier im afrikanischen Stil wird mit Bananen gebraut.

BLACK BAVARIAN

SCHWARZBIER 5,9 VOL.-%

In der Nase dunkle, süße Melasse mit Anklängen an Kaffee, Schokolade und Karamell. Mittlerer Körper.

HEFE WEISS

HEFEWEIZEN 4,2 VOL.-%

Hefig, in der Nase verhaltene Banane und Gewürze, am Gaumen weich, noch mehr Banane und Honig, aufgehellt durch Gewürznelken.

STARR HILL

5391 Three Notched Road, Crozet, Virginia 22932
www.starrhill.com

Starr Hill Brewing ist die zweite Kleinbrauerei in Virginia, an der Anheuser-Busch Anteile erwarb und ein Abkommen traf, das den Vertrieb auf das gesamte Land ausweiten könnte. Starr Hill begann 1999 mit der Übernahme eines bankrotten Brewpubs und produzierte seither gut etablierte, traditionelle Biere. Inzwischen wurde eine weitere Produktionsstätte gebaut.

DARK STARR STOUT

STOUT 4,75 VOL.-%

Selbst in der Nase entsteht ein trockener Eindruck. Röstmalz und üppige Schokolade; leichter Körper.

JOMO

WIENER LAGER 5 VOL.-%

Zu Beginn brotartig, fast wie Toast. Noch mehr Toast und viel Malz im Mund, dabei Anklänge an edlen Hopfen. Reine Bitterkeit als Ausgleich.

STEAMWORKS

801 East 2nd Avenue Durango, Colorado 81301
www.steamworksbrewing.com

Das große Sortiment von Steamwork Brewing findet in zwei Brewery-Restaurants Absatz, und auch auf dem stetig wachsenden Markt im Südwesten haben die nach deutschem Vorbild hergestellten Biere großen Erfolg. Der Name der Brauerei geht auf den von einer Dampflok gezogenen Zug zurück, der Touristen zwischen Durango und Silverton befördert.

STEAM ENGINE LAGER

AMBER LAGER 5,4 VOL.-%

Beim Eingießen hell kupferfarben, süßes Malz in der Nase. Karamell und sogar Honig.

COLORADO KÖLSCH

KÖLSCH 4,2 VOL.-%

Nicht so hell und spritzig wie in Köln, aber beliebt als ein leichtes Lagerbier; lang anhaltende Süße.

STEVENS POINT

2617 Water Street, Stevens Point, Wisconsin 54481
www.pointbeer.com

Die Stevens Point Brewery erreichte einige Berühmtheit, als Mike Royko, Kolumnist bei den *Chicago Daily News*, 1973 das Point Special als das beste Bier der USA bezeichnete. Die Brauerei wurde 1857 gegründet und ist damit die fünftälteste Brauerei im Land, die ohne Unterbrechung in Betrieb ist.

POINT SPECIAL

AMERIK. LAGER 5,1 VOL.-%

Beim Eingießen strahlend hell, im Mund weich mit süßem Malz und Anklängen an grasigen Hopfen.

SPRING BOCK

MAIBOCK 5,8 VOL.-%

Saisonbier für das Frühjahr seit 1938. Üppiges Pilsner Malz vorherrschend, angenehme Noten von Toast am Gaumen. Rein und hopfenbitter.

BRAUEREI

STONE

1999 Citracado Parkway, Escondido,
California 92029
www.stonebrew.com

An der Werbekampagne für das Arrogant Bastard Ale – »Sie sind es nicht wert« – scheiden sich die Geister. Doch das Argument des Geschäftsführers Greg Koch für seine hocharomatischen Biere ist alles andere als elitär: Seiner Meinung bedarf es keiner besonderen Voraussetzungen, um Bier zu bewerten. »Wenn Sie möchten, dass die Leute große Biere trinken, müssen Sie mit großen Bieren werben«, meint er. Diese Strategie trug ihm jährliche Zuwachsraten von 30 % ein. 2006 ließ das Unternehmen eine größere Brauerei bauen und nahm die Stone Brewing World Bistro & Gardens in Betrieb, wo man sich Slow-Food-Gerichte servieren lassen und den mit Felsbrocken und Trockenmauern gestalteten großen Biergarten genießen kann – eine Anspielung auf den Namen des Unternehmens.

STRAUB BEER

303 Sorg Street, St. Marys,
Pennsylvania 15857
www.straubbeer.com

Die Brauerei Straub ist seit ihrer Gründung 1872 ein Familienbetrieb. 2007 erzielte sie Rekordumsatzzahlen, obwohl ihr Flaggschiff-Bier aus Mais gebraut wird. Straub verkauft mehr als 60 % der Biere in ihrer Heimatstadt und bietet Besuchern an, sich im »Eternal Tap« jederzeit selbst ein Glas Bier zu zapfen.

SUDWERK

2001 2nd Street, Davis,
California 95616
www.sudwerk.com

Das Brewery-Restaurant der Privatbrauerei Hübsch hatte sich seit der Eröffnung 1990 auf Biere nach deutschem Vorbild und auf deutsche Gerichte spezialisiert. Inzwischen hat der Eigentümer gewechselt, und im Restaurant serviert man kalifornische Küche. Die ausgeschenkten Biere sind nach wie vor im Stil der »alten Welt«. 2005 stand die Brauerei zum Verkauf.

BIER

IPA
India Pale Ale 6,9 Vol.-%
Im Antrunk Hopfenaromen bei stabilem Malzcharakter, später komplexer, am Ende strahlend bitter.

ARROGANT BASTARD ALE
Strong Ale 7,2 Vol.-%
Sehr dynamisch. Saftiger Hopfen, der durchgehend auf üppiges Malz abgestimmt ist. Lang anhaltender, bitterer Nachklang.

IMPERIAL RUSSIAN STOUT
Imperial Stout 9,4 Vol.-%
Intensiv, viel Schokolade, Röstkaffee und dunkle Früchte – all das ausbalanciert durch düstere Bitterkeit.

SMOKED PORTER
Porter 5,9 Vol.-%
Rauchnoten haben eine tragende Rolle, in der Nase in Kombination mit gerösteten Kaffeebohnen, am Gaumen mit Schokolade.

STRAUB
Amerik. Lager 4,3 Vol.-%
Frisch und getreidig, auf der Zunge leicht und rein. Nur sehr wenig Hopfen, die Bitterkeit wirkt ausgleichend.

PETER STRAUB'S SPECIAL DARK
Amber Lager 5 Vol.-%
Beruht auf einem Bockbier, ist aber leichter. Am Gaumen süßes Malz, dabei Karamell und Gewürznoten.

SUDWERK LAGER / HELLES
Helles 4,9 Vol.-%
Duft und Geschmack nach süßem Malz. Am Gaumen komplexe Textur; kräftiger Hopfen.

SUDWERK PILSNER
Pilsener 5,2 Vol.-%
In der Nase süßes Malz und würziger Hopfen. Voller Körper. Hefearomen lassen an Brotteig denken, ausbalanciert durch anhaltende Bitterkeit.

SUMMIT

910 Montreal Circle, Saint Paul,
Minnesota 55102
www.summitbrewing.com

Summit Brewing konzentriert sich ganz auf die Märkte in den »Zwillingsstädten« Minneapolis und Saint Paul. Inzwischen ist die Brauerei eine der größten Craft Breweries des Landes und errichtet bald vielleicht die erste nagelneue Produktionsstätte seit 1930 in Minnesota. Der Vertrieb wird auf 13 Bundesstaaten ausgeweitet und umfasst mittlerweile auch Sondereditionen.

EXTRA PALE ALE

Pale Ale 5,3 Vol.-%

In der Nase deutliche Zitrusaromen, fruchtiger Mittelteil und trockener Nachklang mit einem Hauch Zitrone.

GREAT NORTHERN PORTER

Porter 5,6 Vol.-%

Röstnoten und bittere Schokolade verschmelzen gut mit kräuterigem Hopfen und balancieren die süßen Karamell- und Toffeearomen aus.

SURLY

4811 Dusharme Drive, Brooklyn Center,
Minnesota 55429
www.surlybrewing.com

Das erste Bier verkaufte Surly Brewing im Februar 2006, und im Dezember desselben Jahres wurde der Gründer der Brauerei, Omar Ansari, in den *Minneapolis St Paul City Pages* als einer der Künstler des Jahres genannt. Surly verkauft nur Dosenbier, und das auch nur in Minnesota. Dennoch haben die intensiven und selten »stilechten« Biere im ganzen Land ihre Fans.

BENDER

Brown Ale 5,1 Vol.-%

Mit Hafermehl gebraut, dadurch cremige Textur. Schokolade, dunkle Frucht und Nüsse.

FURIOUS

India Pale Ale 6,2 Vol.-%

Für alle, die auch die aggressive Seite des Hopfens mögen. Ölige Kiefernaromen, annähernd durch Karamell ausbalanciert. Bitter.

TERMINAL GRAVITY

803 SE School Street, Enterprise,
Oregon 97828
www.terminalgravitybrewing.com

Der Brewpub, den Steve Carper und Dean Duquette mit eigenen Händen 1997 im Nordosten von Oregon errichteten, ist inzwischen zu einer Mikrobrauerei geworden. Als der Brewpub öffnete, war auch noch Platz für eine Backstube und eine Küche, in der Wurst gemacht wurde. »Wir sind Brauer, Bäcker und Wurstmacher«, beschrieb Duquette den Pub seinerzeit.

IPA

India Pale Ale 6,7 Vol.-%

Üppiges Malz gegen zitrusartigen Hopfen. Auf der Zunge dickflüssig, dabei Grapefruit. Zitrusaromen.

EXTRA SPECIAL GOLDEN / ESG

Pale Ale 5,4 Vol.-%

Erwähnenswert wegen des pfirsichähnlichen Geschmacks, der sich angenehm mit leichter, malziger Süße und zitrusartigem Hopfen mischt.

TERRAPIN

255 Newton Bridge Road, Athens,
Georgia 30607
www.terrapinbeer.com

Spike Buckowski und John Cochran brachten Anfang 2008 ihr erstes eigenes Bier auf den Markt – sechs Jahre nachdem die Terrapin Beer Company begonnen hatte, unter Vertrag das Rye Pale Ale zu brauen. Letzteres war erfolgreich, ebenso die starken Biere der »Monster Beer Tour«-Serie, die erschienen, nachdem in Georgia die 6-Vol.-%-Grenze für Biere aufgehoben worden war.

RYE PALE ALE

Pale Ale 5,3 Vol.-%

Mischung aus Roggen und Grapefruit, die den Fruchtaromen Textur verleiht und die Bitterkeit ergänzt.

WAKE-N-BAKE COFFEE OATMEAL IMPERIAL STOUT

Imperial Stout 8,1 Vol.-%

Der Name sagt schon alles, dabei noch dunkle Früchte, überdeckt von Schokolade.

BRAUEREI

THREE FLOYDS

9750 Indiana Parkway, Munster,
Indiana 46321
www.threefloyds.com

Das erste Bier der Brauerei war Alpha King, das 1996 auf den Markt kam. Braumeister Nick Floyds Philosophie: »Ich liebe den Duft von Hopfen am Morgen. Er riecht nach Sieg.«

BRAUGEHEIMNIS: Das einmal im Jahr herauskommende Dark Lord Russian Imperial Stout ist innerhalb eines Tages ausverkauft.

TRUMER

1404 Fourth Street, Berkeley,
California 94710
www.trumer-international.com

Die Trumer Brauerei in Berkeley ist ein Joint Venture zwischen Gambrinus in Texas und der Trumer Brauerei in Salzburg. Das Pils wird in jeder der Brauereien nach dem gleichen Rezept hergestellt.

BRAUGEHEIMNIS: Regelmäßig tauschen die Brauereien Testflaschen aus, um gleichbleibende Qualität zu garantieren.

TWO BROTHERS

30W315 Calumet Avenue, Warrenville,
Illinois 60555
www.twobrothers.com

Die Brüder Jim und Jason Ebel eröffneten ihre Brauerei 1997 mit dem Ziel, traditionelles Hefeweizen herzustellen. Die gesamte Einrichtung ist aus zweiter Hand – z. B. schenkte ihnen ihr Großvater riesige Milchtanks aus seinem Milchbetrieb. Kürzlich wurde das Sortiment um eine Serie stärkerer Biere erweitert.

UINTA

1722 South Fremont Drive, Salt Lake
City, Utah 84104
www.uintabrewing.com

Uinta Brewing unterstützt aktiv Projekte im Bereich Outdoor-Kultur und Umweltschutz, z. B. mit Slogans wie: »Utah im ursprünglichen Zustand bewahren – nur das Bier nicht.« Seit 2002 nimmt die Brauerei am Utah Power's Blue Sky Programme teil. Dafür wurde ein neues Sudhaus errichtet, das zu 100% mit Windkraft betrieben wird.

BIER

ALPHA KING
PALE ALE 6 VOL.-%
Im Antrunk viel Zitrusfrucht. Festes Malzrückgrat, abgestimmt auf hopfige Öligkeit. Anhaltende Bitterkeit.

GUMBALLHEAD
AMERIK. WEIZENBIER 4,8 VOL.-%
In der Nase Zitrus- und Gartenfrüchte, anschließend durchgehend herb durch den Weizen und den Hopfen.

TRUMER PILS
PILSENER 4,9 VOL.-%
Frisch getreidig und grasig, eine wunderbare Mischung aus Pilsner Malz und edlem Hopfen. Am Gaumen leicht süß, edler Hopfengeschmack, spritziges Gefühl im Mund. Erfrischender, trockener Nachklang.

DOMAINE DUPAGE
BIÈRE DE GARDE 5,9 VOL.-%
Süßes Malz, Karamell in der Nase. Am Gaumen noch mehr Karamell-Toffee. Reiner, weicher Nachklang.

EBELS WEISS BEER
HEFEWEIZEN 4,9 VOL.-%
Zu Beginn Banane und Nelken, vielleicht auch Zitrone. Im Mund brotig, herber Weizen, übergehend in einen weichen, leichten Nachklang.

KING'S PEAK PORTER
PORTER 4 VOL.-%
Süßer Kaffee und Sahne, am Gaumen verhaltene dunkle Früchte, im trockenen Nachklang Pfeffer und Kakao.

ANNIVERSARY BARLEY WINE
BARLEY WINE 10 VOL.-%
Malzbetont mit Noten von Melasse und kandierten Früchten. Wirklich bitter, wärmend.

UPSTREAM

514 South 11th Street, Omaha, Nebraska 68102
www.upstreambrewing.com

Als die Brauerei 1996 gegründet wurde, war sie Teil einer »losen Kette«, die mit Wynkoop anfing. Upstream – der Name ist die Übersetzung des Namens, den die Ureinwohner Omaha gaben – ist heute unabhängig und braut Biere, die es zuvor in Nebraska nicht gab.

BRAUGEHEIMNIS: Inzwischen reifen Upstream-Biere in Fässern.

UTAH BREWERS

1763 South 300 West, Salt Lake City, Utah 84115
www.utahbeers.com

Die Schirf Brewing Co. und die Squatters Brewing Co. betrieben schon ihre Brewery-Restaurants, als sie 2000 die Brauerei Utah Brewers Cooperative gründeten.

BRAUGEHEIMNIS: Die Gesetzgebung in Utah sieht vor, dass Biere mit mehr als 4 Vol.-% Alkohol nur in staatlichen Geschäften verkauft werden dürfen.

VICTORY

420 Acorn Lane, Downingtown, Pennsylvania 19335
www.victorybeer.com

Die beiden Gründer von Victory Brewing – Ron Barchet und Bill Covaleski – lernten sich 1973 im Schulbus kennen und haben inzwischen die meisten Biernationen bereist. Sie hospitierten in deutschen Brauereien und arbeiteten in amerikanischen Mikrobrauereien, bevor sie 1996 ihre eigene Brauerei gründeten. Wie breit gefächert ihre Interessen sind, kann man an ihrem Sortiment ablesen. Das Sudhaus ist darauf ausgerichtet, alle Bierarten auf traditionelle Weise herzustellen. Sie machten sich schnell mit hopfenbetonten amerikanischen Bieren einen Namen, aber auch ihre belgisch inspirierten Biere sind sehr beliebt.

BRAUGEHEIMNIS: Victory hat langjährige Verträge mit Hopfenanbauern in Deutschland geschlossen und stellt auf diese Weise die Versorgung mit authentischen Zutaten für ihre Lagerbiere sicher.

BATCH 1000 BARLEY WINE
Barley Wine 10,2 Vol.-%
In Nase und Mund weinartig, Karamell mischt sich mit Fruchtestern. Üppig, angenehmes Mundgefühl.

GRAND CRU
Belgisches Strong Ale 9 Vol.-%
Ein Jahr in Weinfässern aus Eiche gereift. In der Nase erdige, hölzerne Noten, am Gaumen Zitrus- und Honigaromen, am Schluss ausgewogen.

SQUATTERS PROVO GIRL PILSNER
Pilsener 4 Vol.-%
In der brotigen Nase erfrischende Hopfennoten. Die milde Süße geht über in einen trockenen, erfrischenden Nachklang. Leichter Körper.

WASATCH POLYGAMY PORTER
Porter 4 Vol.-%
»Warum nur eins davon trinken?« – Schokolade vorherrschend; kurzer, trockener Nachklang.

PRIMA PILS
Pilsener 5,3 Vol.-%
Frischer Blütenduft, am Gaumen keksartig; kräftiger, bitter-rauer Nachklang. Robust, zugleich delikat.

GOLDEN MONKEY
Triple 9,5 Vol.-%
Würzig, Anklänge an Banane, denen leicht pfeffrige Aromen folgen. Am Gaumen bonbonsüß, trockener Nachklang.

HOPDEVIL IPA
India Pale Ale 6,5 Vol.-%
Würziger Hopfenduft, durchgehend Hopfenaromen und holzige Bitterkeit auf einer stabilen Malzbasis.

WHIRLWIND WITBIER
Witbier 5 Vol.-%
In der Nase durchdringende Aromen von Orange; pfeffrige Gewürze und Nelken. Im Mund seidig weich, dann würziger Biss und herber Weizen.

BRAUEREI

WACHUSETT

175 State Road East, Westminster, Massachusetts 01473
www.wachusettbrew.com

Die Wachusett-Gründer Ned, Kevin und Peter konzentrieren sich darauf, frische Biere in Heimatnähe zu liefern. 70 % ihres Absatzes beschränkt sich auf das Worcester County in Zentral-Massachusetts. Sie haben eine Vereinbarung mit der Universität Worcester Polytechnic getroffen, deren Studenten für die Arbeit in der Brauerei einen Leistungsnachweis erhalten.

WEYERBACHER

905 Line Street, Easton, Pennsylvania 18042
www.weyerbacher.com

Dan Weirback eröffnete die Brauerei Weyerbacher in einem ehemaligen Pferdestall, um Ales nach englischem Vorbild zu brauen. Seither hat er mehrmals neue Schwerpunkte gesetzt. Nach einem Ausflug ins Brewpub-Geschäft bezog das Unternehmen größere Gebäude und ist heute mit starken, schweren »New American«-Bieren erfolgreich.

WIDMER BROTHERS

929 North Russell, Portland, Oregon 97227
www.widmer.com

Auch nach einer mehr als 20-jährigen Erfolgsgeschichte sorgt das amerikanische Hefeweizen, das die Widmer-Brüder einst kreiert hatten, noch für zweistellige Zuwachsraten. Widmer und Redhook bilden gemeinsam die Craft Breweries Alliance, doch Widmer betreibt nach wie vor die eigene Brauerei.

WYNKOOP

1634 18th Street, Denver, Colorado 80202
www.wynkoop.com

Als erster Brewpub in den Rockies ließ sich Wynkoop in der historischen Altstadt von Denver (»LoDo«) nieder, noch bevor diese zum In-Stadtteil wurde. Mitbegründer John Hickenlooper wurde später Oberbürgermeister von Denver. Seit 1997 sponsert Wynkoop jedes Jahr beim Great American Beer Festival die Wahl zum »Biertrinker des Jahres«.

BIER

COUNTRY ALE

Golden Ale 5 Vol.-%

Das Bier erreicht eine Balance zwischen floralem Hopfen und brot- bzw. toastähnlichem Malz.

BLUEBERRY

Fruchtbier 4,4 Vol.-%

Dieses Bier auf Weizenbasis stößt auf geteilte Meinungen: Frische Blaubeeren dominieren das Aroma, vor allem in der Nase.

HOPS INFUSION

India Pale Ale 6,2 Vol.-%

Hopfenbetontes Bier mit Malzrückgrat, das ein Bündel von Zitrus-, Kiefern-, Pfefferaromen u. a. stützt.

IMPERIAL PUMPKIN ALE

Gewürzbier 8 Vol.-%

Saisonbier. Ein in Alkohol eingelegtes Stück Pumpkin Pie – voller Muskat und Zimt.

HEFEWEIZEN

Amerik. Hefeweizen 4,9 Vol.-%

Zitrusaromen als Gegenspieler zu reinen, brotähnlich-herben Weizenaromen. Zum Abschluss Grapefruit.

SNOW PLOW

Milk Stout 5,5 Vol.-%

In der Nase Kaffeearomen, die am Gaumen cremiger werden; Röstnoten gemischt mit üppiger Schokolade.

WIXA WEISS

Hefeweizen 5,4 Vol.-%

Im Antrunk Aromen von Bananen, Gartenfrüchten und Kaugummi. Auf der Zunge herber Weizen, weiter hinten anhaltende Nelkenaromen.

PATTY'S CHILE BEER

Gewürzbier 4,5 Vol.-%

Ein leichtes Bier nach deutschem Vorbild – jedem Fass werden etliche Anaheim-Chillis zugegeben.

NOCH MEHR BIERE AUS DEN USA

Amerika ist die Heimat der Craft Brewers. Nirgendwo sonst gibt es so viele Brauer, die ausschließlich in kleinen Chargen produzieren – und ihre Biere finden meist nur regionalen Absatz.

BRAUEREI

GRAY'S

2424 West Court Street, Janesville, Wisconsin 53545
www.graybrewing.com

Die Familie Gray hatte schon 1856 in Janesville Bier gebraut, dann allerdings 1912, kurz vor der Prohibition, auf Limonade umgestellt. Der erneute Umstieg auf Bier erfolgte 1994, als das Unternehmen nach einem Brandschaden ohnehin gezwungen war, die Produktionsanlage zu erneuern.

NIMBUS

3850 East 44th Street, Tucson, Arizona 85713
www.nimbusbeer.com

Nimbus braut seit 1997 Ales – erst in gebrauchten Gerätschaften aus Vermont, später dann wurde die Brauerei modernisiert und erweitert. Der Name stammt vom Gründer Nimbus Couzin.

BRAUGEHEIMNIS: Das Wasser hier ähnelt dem in Burton-upon-Trent in England: Es ist hart und schwefelhaltig.

MCNEILL'S

90 Elliot Street, Brattleboro, Vermont 05301
www.myspace.com/mcneillsbrewery

Der Gründer Ray McNeill ist eigentlich ausgebildeter Cellist. Seit er 1991 seinen Brewpub eröffnet hat, widmet er sich intensiven Studien über traditionelle Bierarten. Die Namen seiner Biere sind allerdings gar nicht traditionell und manchmal sogar etwas unappetitlich.

STOUDT'S

2800 North Reading Road, Route 272, Adamstown, Pennsylvania 19501
www.stoudtsbeer.com

Die Gründer Carol und Ed Stoudt legten von Anfang an einen Schwerpunkt auf Biere in deutschem Stil. Seit mehr als 20 Jahren sind sie um einen Ausgleich zwischen europäischer Tradition und amerikanischer Innovation bemüht. Der Antiquitätenmarkt, der an die Brauerei angrenzt, ist einer von vielen in der Stadt.

BIER

OATMEAL STOUT
OATMEAL STOUT 5,6 VOL.-%
Geröstete Kaffeebohnen und Schokolade, dazu Karamell, cremig-süß. Leicht bitter, im Nachklang trocken.

IRISH RED
AMBER ALE 6,2 VOL.-%
Ein Frühlingsbier – beim Eingießen rötlich-bernsteinfarben –, das leicht süße Malzaromen ankündigt, die von erdigem Hopfen gefolgt werden.

PALO VERDA PALE ALE
PALE ALE 5,5 VOL.-%
Reichlich Hopfen (aus dem Nordwesten) mit Zitrus- und Kiefernaromen.

OLD MONKEYSHINE
OLD ALE 8 VOL.-%
Viel Malz und britischer Hopfen erinnern an ein Bier aus Europa. Körperreich; Karamell, Schokolade und sogar Weihnachtsgebäck.

DEAD HORSE INDIA PALE ALE
INDIA PALE ALE 5,7 VOL.-%
Florale und erdige Aromen. East Kent Goldings Hopfen auf einer robusten Basis aus englischem Malz. Trockener, holziger Nachklang.

DUCK BREATH BITTER
PREMIUM BITTER 5,5 VOL.-%
Viel britisches Malz, mineralischer Charakter, raffinierte Bitterkeit.

STOUDT'S PILS
PILSENER 4,8 VOL.-%
Knackiger Saazer Hopfen: zunächst Blütenaromen, im Mittelteil würzig, lang und anhaltend im Nachklang.

FAT DOG STOUT
IMPERIAL STOUT 9 VOL.-%
Ein Oatmeal Stout mit der Stärke eines Imperial Stout. Dickflüssig mit Melasse, Pflaumen und bittersüßen Kaffeearomen.

BRAUEREI

SWEETWATER

195 Ottley Drive, Atlanta, Georgia 30324
www.sweetwaterbrew.com

Die tonangebende Craft Brewery im Südosten der USA. Das Extra Pale Ale ist nach wie vor erfolgreich, doch seit in Georgia stärkere Biere verkauft werden dürfen, hat SweetWater auch mit deftigen Bieren wie dem IPA (6,4 Vol.-%) und dem Festive Ale Erfolg.

BRAUGEHEIMNIS: Das Festive Ale wird nur an einem Tag im Jahr gebraut.

TOMMYKNOCKER

1401 Miner Street, Idaho Springs, Colorado 80452
www.tommyknocker.com

Der Name der Brauerei verweist auf die Vergangenheit von Idaho Springs als Bergbaustadt. Seit dort 1859 Gold entdeckt wurde, belieferte die Argo-Mine die Münzanstalt in Denver mit Gold. Die Minenarbeiter aus Cornwall, die hier arbeiteten, glaubten an Kobolde in den Schächten (Tommyknockers), die ihnen Glück brachten und sie beschützten.

TRÖEGS

800 Paxton Street, Harrisburg, Pennsylvania 17104
www.troegs.com

2007, gerade einmal ein Jahr nachdem Tröegs Brewing seine Anlage auf das Dreifache vergrößert hatte, arbeiteten die Eigentümer John und Christ Trogner daran, die Kapazität der Brauerei zu verdoppeln. Das Kernsortiment sorgt weiterhin für Wachstum, doch auch Spezialbiere wie Mad Elf und die Scratch-Serie finden weit über Pennsylvania hinaus Absatz.

YUENGLING

5th and Mahantongo Streets, Pottsville, Pennsylvania 17901
www.yuengling.com

Yuengling ist seit 1829 in Betrieb und damit die älteste Brauerei in den USA. Sie kooperiert mit anderen Brauereien, distanziert sich aber von Mainstream-Produzenten. Bei Yuengling sind vor allem traditionell hergestellte, malzbetonte Biere erfolgreich. Das Unternehmen hat eine zweite Brauerei sowie eine weitere stillgelegte Anlage in Florida aufgekauft.

BIER

420 EXTRA PALE ALE
PALE ALE 5,2 VOL.-%
Eine auf der Zunge leichte Mischung von zitrusartigem Hopfen und honigähnlichem Malz.

FESTIVE ALE
GEWÜRZBIER 8,6 VOL.-%
Ein Feiertagsbier, genauso malzbetont, wie die Mahagonifarbe es vermuten lässt. Mit Zimt und Muskat gewürzt, aber maßvoll.

BUTT HEAD BOCK
DOPPELBOCK 8,2 VOL.-%
In der Nase Karamell und Röstmalz. Am Gaumen üppiger, wärmend, mit überraschender Fruchtigkeit von Beeren.

PICK AXE PALE ALE
PALE ALE 6,2 VOL.-%
In der Nase würziger Hopfen mit beachtlicher Malz-Fruchtigkeit, am Gaumen Keks und erdiger Hopfen.

TROGENATOR
DOPPELBOCK 8,2 VOL.-%
Malzbetont mit süßen Karamell- und Toffeearomen, dazu geröstetes Brot bei mittlerem Körper.

HOPBACK AMBER
AMBER ALE 5,6 VOL.-%
Süß-fruchtiger Karamellcharakter mit strahlendem, floral-würzigem Hopfen. Die verstärkte Version heißt Nugget Nectar.

TRADITIONAL LAGER
AMERIK. LAGER 4,9 VOL.-%
Bernsteinfarben, leichter Körper. Leicht süß, am Gaumen Blütenaromen und erneut süß. Im Nachklang spröde, subtile Bitterkeit.

ORIGINAL BLACK & TAN
VERSCHNITT 5,2 VOL.-%
Ein Verschnitt von Yuengling Premium und Porter. Recht dunkel, Schokoladen- und Karamellaromen.

Pyramid in Seattle (Washington) ist eine stilvolle Brauerei mit Bar und Restaurant.

DEUTSCHLAND

Deutschland ist weltweit für seine Bierkultur bekannt – vom Münchner Oktoberfest z.B. hat man eigentlich überall schon gehört –, und die Auswahl an Biersorten ist riesig. Deutsche Biere werden wegen ihrer Qualität und „Reinheit“ geschätzt, denn nach wie vor gilt das Reinheitsgebot aus dem 16. Jh. Der Deutschen liebstes Bier ist das Pilsener, und fast alle Brauereien stellen eine Pils-Version her – außer vielleicht den bayerischen Weißbierspezialisten. Die Kästen verweisen auf Orte mit mehr als einer Brauerei.

Uerige

Schwarzbach

Alpirsbacher Klosterbräu

AIRBRÄU

BRAUEREI

Münchner Airportcenter, Terminalstr. Mitte 18, 85356 München
www.allresto.de

Der Standort dieser Brauerei ist einmalig: Sie liegt zwischen den beiden Terminals des Münchner Flughafens und wurde zeitgleich mit dem Terminal Nr. 2 eröffnet. Zur Brauerei gehören ein Biergarten und ein Restaurant mit zwei Sudkesseln in der Mitte.

BIER

FLIEGERQUELL
LAGER 5,2 VOL.-%
Dunkel goldfarben, feine Struktur, klassisch trocken. Dem Geschmack des internationalen Publikums angepasst.

KUMULUS
WEISSBIER 5,4 VOL.-%
Typisch goldgelb; ein spritzig-frisches Bier, erfrischend und vollmundig.

AKTIENBRAUEREI

BRAUEREI

Hohe Buchleute 3, 87600 Kaufbeuren
www.aktienbrauerei.de

Die Geschichte der Aktienbrauerei in Kaufbeuren lässt sich bis ins frühe 14. Jh. zurückverfolgen. In jüngerer Vergangenheit hat die Aktienbrauerei die Löwen- und die Rosenbrauerei übernommen.

BRAUGEHEIMNIS: Die Aktienbrauerei hält sich streng an das bayerische Reinheitsgebot aus dem Jahr 1516.

BIER

NATURTRÜBES KELLERBIER
KELLERBIER 5,1 VOL.-%
Ungefiltertes, naturtrübes Bier. Der leicht süßliche Geschmack ist typisch für diese Bierart, die zu den ältesten in Bayern gehört.

FENDT DIESELROSS-ÖL
MÄRZEN 5,9 VOL.-%
Malzige, aromatische Struktur, voller Körper bei leicht bitterem Geschmack. Passt zu Wildgerichten.

ALDERSBACH

BRAUEREI

Freiherr-von-Aretin-Platz 1, 94501 Aldersbach
www.aldersbacher.de

Die moderne Brauanlage ging aus einer kleinen Brauerei hervor, die früher zu einem Kloster aus dem 13. Jh. gehörte. Das Sortiment wurde im Laufe der Jahrhunderte immer umfangreicher: Heute werden in Aldersbach 13 verschiedene Bierarten hergestellt, Weißbier seit 1928.

BIER

FREIHERRN PILS
PILSENER 4,5 VOL.-%
Mäßig bitter gehopft. Feiner, trockener Geschmack durch das leicht gemälzte Getreide.

KLOSTER DUNKEL
DUNKEL 5 VOL.-%
Körperreich und malzig, typisch dunkel mahagonifarben; die Röstnoten gehen auf dunkles Malz zurück.

ALLERSHEIM

BRAUEREI

Allersheim 6, 37603 Holzminden
www.brauerei-allersheim.de

Die Brauerei wurde 1854 gegründet und war für Otto Baumgarten ein Nebenerwerb zu seiner Landwirtschaft. Er musste nur den Hopfen zukaufen. Im Laufe der Zeit weitete sich die Brautätigkeit aus, und heute hat die Brauerei 40 Angestellte.

BRAUGEHEIMNIS: Die Biere sind auf den Geschmack der anspruchsvollen Kunden vor Ort abgestimmt.

BIER

LANDBIER
PILSENER 5 VOL.-%
Dieses Pilsener wird aus einer Mischung von hellem und dunklem Malz hergestellt. Mild im Geschmack mit typisch malzigem Aroma.

BLUE MOON
BIERMISCHGETRÄNK 1,9 VOL.-%
Ein angenehmer Mix von trockenem Hopfen und Coca Cola.

ALPIRSBACHER KLOSTERBRÄU

Marktplatz 1, 72275 Alpirsbach
www.alpirsbacher.de

Als am Ende des 19. Jh. die Eisenbahnlinie durch den Schwarzwald gebaut wurde, kamen viele Besucher nach Alpirsbach. Für ihr leibliches Wohl sorgte Johann Gottfried Glauner, der die alte Brauerei vor Ort wieder eröffnete. Heute wird das Alpirsbacher Bier von der vierten Generation der Familie gebraut.

KLEINER MÖNCH
Lager 5,2 Vol.-%
Die goldene Farbe verspricht ein frisches, junges Bier. Es ist körperreich und schmeckt nach Karamell.

SCHWARZES PILS
Pilsener 4,9 Vol.-%
Dunkel rötlich-schwarz, intensiver Geschmack. Unverkennbar durch die Aromen von geröstetem Malz.

ALTENBURGER

Brauereistr. 20, 04600 Altenburg
www.brauerei-altenburg.de

Zwei Jahre nach ihrer Gründung 1871 brachte die Brauerei ihr erstes Bier auf den Markt. Nach dem 2. Weltkrieg wurde sie verstaatlicht. Nach der Wiedervereinigung 1990 begann die Geschichte von Altenburger noch einmal von Neuem: Heute ist die Brauerei wieder die größte in der Region.

ALTENBURGER SCHWARZE
Schwarzbier 4,9 Vol.-%
Dieses mahagonifarbene Bier schmeckt aromatisch malzig und hat intensive Hopfennoten.

ALTENBURGER FESTBIER
Bock 6 Vol.-%
Bernsteinfarben, voller Körper, Geschmack nach mildem Hopfen. Es wird speziell für Feste in der Region gebraut.

ALTÖTTINGER HELL-BRÄU

Herrenmühlstr. 15, 84503 Altötting
www.altoettinger-hellbraeu.de

Die bayerische Stadt Altötting ist der größte Wallfahrtsort in Deutschland: Mehr als 1 Mio. Gläubige kommen jedes Jahr, um die Schwarze Madonna anzubeten. 1890 baute Georg Hell die Kapazitäten der Brauerei aus. Heute stellt Altöttinger Hell-Bräu acht verschiedene Bierarten her.

Braugeheimnis: Nur feinster Hopfen und bestes Malz werden verwendet.

BAYERISCH DUNKEL
Dunkel 5,2 Vol.-%
Röstaroma und malziger Geschmack, aber frisch mit langem Nachklang. Eine eigenwillige Spezialität.

FEIN-HERB
Lager 5 Vol.-%
Bestes Malz in Kombination mit sorgfältig ausgesuchtem Hopfen sorgt für einen exzellenten, trockenen Geschmack.

DIE BEKANNTESTEN DEUTSCHEN BIERE

In Deutschland gibt es etwa 1300 Brauereien, die meisten im Süden. Allein in Bayern sind es 700.

Das international bekannteste deutsche Bier ist Beck's, das heute dem Braugiganten Anheuser-Busch InBev gehört. Ebenfalls weithin bekannt ist Holsten, eine Tochtergesellschaft der dänischen Carlsberg A/S. Das erste Export-Bier, das nach dem 2. Weltkrieg zu Ruhm gelangte, war Löwenbräu, das heute zu Anheuser-Busch InBev gehört. Doch diese internationalen Marken gehören keineswegs zu den meistverkauften Bieren in Deutschland. Im Vergleich zu den großen Namen auf dem deutschen Markt wie Krombacher, Veltins, Warsteiner und Bitburger spielen sie sogar nur eine untergeordnete Rolle. Die meisten großen Brauereien in Deutschland stellen Pilsener her. Bei den Weizenbieren ist das Erdinger Weißbier die Nummer eins. Clausthaler ist bekannt für seine alkoholfreien Biere. Viele berühmte Brauereien sind relativ klein und produzieren nur für einen regionalen Markt – häufig handelt es sich um Heimbrauereien, die sich in Verbindung mit einer Stadt bzw. einem Restaurant einen Namen gemacht haben.

Becks (Pilsener 4,8 Vol.-%) *links*
Bitburger (Pilsener 4,8 Vol.-%)
Erdinger Weissbier (5,3 Vol.-%) *Mitte*
Holsten (Pilsener, 4,8 Vol.-%) *rechts*
Krombacher (Pilsener, 4,8 Vol.-%)
Veltins (Pilsener, 4,8 Vol.-%)
Warsteiner (Pilsener, 4,8 Vol.-%)

BRAUEREI

ANDECHS

Klosterbrauerei Andechs,
Bergstr. 2, 82346 Andechs
www.andechs.de

Die Benediktinermönche des Klosters Andechs brauten schon 1455 Bier. 1972 wurde die gesamte Brauanlage erneuert. Das Kloster auf dem Heiligen Berg ist nach wie vor ein beliebtes Ziel für Pilger – auch wegen des international bekannten Biers, das dort gebraut wird.

ANKERBRÄU NÖRDLINGEN

Ankergasse 4, 86720 Nördlingen
www.ankerbrauerei.de

Die Geschichte der Brauerei lässt sich bis ins Jahr 1608 zurückverfolgen, als in Nördlingen für ein Fest gebraut wurde. Ende des 19. Jh. übernahm die Familie Grandel die Brauerei.

BRAUGEHEIMNIS: Die Biere werden mit Malz aus der Region, mit Wasser aus dem Nördlinger Ries und mit Spalter Hopfen gebraut.

ARCOBRÄU

Schlossallee 1, 94554 Moos
www.arcobraeu.de

Die Brauerei war 450 Jahre im Besitz der Grafen Arco-Zinneberg. Das Schloss und die Brauerei gehören nach wie vor der Familie. Sie befinden sich in Moos, einer kleinen Stadt im Herzen von Niederbayern, wo die Isar in die Donau fließt. Graf Arco persönlich sorgte 2004 für die Einführung der Biere auf dem US-amerikanischen Markt.

AU-HALLERTAU

Schlossbrauerei Au-Hallertau,
Schlossbräugasse 2, 84072 Au
www.auerbier.de

Au liegt im Herzen der Hallertau, Deutschlands größtem Hopfenanbaugebiet. Die urkundliche Nennung des ersten Hofbraumeisters Schweiger stammt aus dem Jahr 1590. Seit 1846 befindet sich die Brauerei im Besitz der Freiherren Beck von Peccoz. Heute zeichnet sie sich durch modernes Management und zeitgemäße Technik aus.

BIER

BERGBOCK HELL
BOCK 7 VOL.-%
Ein starkes Bier, das aber mild und aromatisch schmeckt. Die leichte Süße sorgt für einen vollen Körper.

DOPPELBOCK DUNKEL
BOCK 7 VOL.-%
Dieses weltberühmte Bier schmeckt richtig intensiv. Den Charakter erhält es durch das dunkle Malz. Im Nachklang leichtes Hopfenaroma.

LAGER HELL
LAGER 5 VOL.-%
Aromatisches, hell strohfarbenes Bier; ansprechender, voller Körper mit delikatem Aroma zu Beginn.

NÖRDLINGER PREMIUM PILS
PILSENER 4,7 VOL.-%
Das florale Hopfenaroma wird auf der Zunge leicht bitter und prickelnd.

SCHLOSS HELL
LAGER 4,9 VOL.-%
Ein typisch bayerisches Lagerbier: im Geschmack vollmundig-weich, goldfarben.

URFASS
LAGER 5,2 VOL.-%
Etwas bitterer als das Schloss Hell, dabei würzig – ein echtes Premium Lager aus Bayern.

HOPFENGOLD
EXPORT 5 VOL.-%
Goldfarben, vollmundiger Geschmack mit feinen Hopfenbitternoten und reinem Malz. Nachklang nicht zu süß.

HOLLEDAUER LEICHTES
WEIZENBIER 3,3 VOL.-%
Ein strohfarbenes, trübes Weizenbier, frisch und leicht prickelnd; im Geschmack nicht zu schwer, mit leicht bitterem Nachklang.

AUERBRÄU

Münchener Str. 80, 83022 Rosenheim
www.auerbraeu.de

Zwischen 1887 und 1920 erwarb Johann Auer Ländereien und mehrere Brauereien rund um die Stadt Rosenheim südöstlich von München. Seither ist das Unternehmen deutlich gewachsen.

BRAUGEHEIMNIS: Bei ihrer Gründung war AuerBräu eine der modernsten Brauereien in Bayern.

BAJUWAREN DUNKEL

Dunkel 5,5 Vol.-%

Dieses nach traditioneller Methode gebraute Bier hat malzige Aromen und einen körperreichen Charakter.

WEIZENBOCK

Weizenbock 7 Vol.-%

Eine starke, würzige Bierspezialität. Passt gut zu deftigen Käsesorten oder süßen Desserts.

AUGUSTINER-BRÄU

Landsberger Str. 31–35, 80339 München
www.augustiner-braeu.de

Augustiner-Bräu wurde 1328 gegründet und ist damit die älteste Brauerei in München – und neben Hofbräu die einzige, die keinem der internationalen Braugiganten gehört. Das heutige Gebäude stammt von 1885. Die Brauerei wurde weltweit bekannt, obwohl sie keine Werbung macht.

EDELSTOFF

Export 5,6 Vol.-%

Die ungewöhnliche dunkelgoldene Farbe zeigt den ungewöhnlichen Charakter des Biers. Süß, deutliche Hopfennoten, übergehend in einen stark malzbetonten Nachklang.

WEISSBIER

Weizenbier 5,4 Vol.-%

Körperreich, goldfarben und trüb; Zitrusnoten, Nachklang leicht bitter.

AYING

Zornedinger Str. 1, 85653 Aying
www.ayinger.de

Die Brauerei wurde 1876 von Johann Liebhard in Aying gegründet – zu einer Zeit, als es etwa 6000 Brauereien in Bayern gab. Heute sind nur noch 700 übrig geblieben. Aying überlebte und erlangte nach der Renovierung 1999 durch die Familie Inselkammer größere Bekanntheit.

JAHRHUNDERTBIER

Export 5,5 Vol.-%

Honigartige Aromen mit leichten, floralen Hopfennoten gehen in einen harmonischen Nachklang über.

CELEBRATOR

Doppelbock 6,7 Vol.-%

Der Geschmack dieses starken, fast schwarzen Biers wird durch Malz dominiert. Es ist weniger süß als vergleichbare Doppelbockbiere.

BARRE

Berliner Str. 122-124, 32312 Lübbecke
www.barre.de

Die Privatbrauerei Ernst Barre ist seit 1842 in Familienbesitz. Sie liegt in Westfalen am Nordhang des Wiehengebirges. Erklärtes Ziel ist es, auch in Zukunft unabhängig zu bleiben.

BRAUGEHEIMNIS: Bei Barre wird mit Wasser aus der hauseigenen Quelle gebraut.

BARRE PILSENER

Pilsener 4,8 Vol.-%

Die helle, goldgelbe Farbe ist typisch für ein Pilsener, ebenso der feine Hopfengeschmack und der malzbetonte Nachklang. Mittlerer Körper.

BARRE DUNKEL

Dunkel 4,8 Vol.-%

Feiner Duft nach Malz, hocharomatisch im Geschmack, im Nachklang leicht bitter.

Auf dem Oktoberfest wird fleißig angestoßen – das weltberühmte Bierfest findet seit 1810 jedes Jahr 16 Tage lang in München statt.

BRAUEREI

BERG

Berg Brauerei Ulrich Zimmermann,
Brauhausstr. 2, 89548 Ehingen-Berg
www.bergbier.de

Die Berg Brauerei wurde 1757 gegründet. Sie ist im Besitz der Familie Zimmermann und gehört zu den kleinsten Brauereien in Deutschland.

BRAUGEHEIMNIS: Die Berg Brauerei braut auch mit Mais, der von einem Bio-Bauernhof in der Nähe stammt.

BERGQUELL

Weststr. 7, 02708 Löbau
www.bergquell-loebau.de

Die Bergquell-Brauerei Löbau kann auf eine lange Tradition zurückblicken und spielt seit 1846 in der Lausitz eine bedeutende Rolle. Sie gehört zu den fortschrittlichsten Brauereien in Deutschland und ist bekannt für ihre zahlreichen Spezialbiere.

BRAUGEHEIMNIS: Die Bergquell Brauerei Löbau ist international für ihre Biermischgetränke bekannt.

BERLINER-KINDL-SCHULTHEISS

Indira-Ghandi-Str. 66-69, 13053 Berlin
www.berliner-kindl.de

Der Zusammenschluss der Brauereien Berliner Kindl und Berliner Schultheiss 2006 zeugt von den Schwierigkeiten, in die viele Brauereien durch die deutsche Teilung geraten waren. Nach der Fusion kamen zahlreiche neue Biere auf den Markt, die in einer der modernsten deutschen Brauereien hergestellt werden.

BINDING

Darmstädter Landstraße 185,
60598 Frankfurt
www.clausthaler.de

Conrad Binding begann 1870 mit einer kleinen Brauerei in der Altstadt von Frankfurt. 2001 übernahm Binding die andere Frankfurter Brauerei, nämlich Henninger. Seit 2002 ist das Unternehmen Mitglied der Radeberger Gruppe. Zu den Produkten von Binding gehören die Clausthaler alkoholfreien Biere.

BIER

BERG ORIGINAL
LAGER 4,8 VOL.-%
Aufgrund seines weichen, trockenen Geschmacks ist dies das beliebteste Bier der Brauerei.

BERG MÄRZEN
MÄRZEN 6,1 VOL.-%
Ein typisches Starkbier. Sehr deftig im Geschmack, nicht zuletzt aufgrund der üppigen Hopfenmenge.

KIRSCH PORTER
PORTER 4,2 VOL.-%
Ein Lausitzer Porter mit Kirschgeschmack. Malzig und körperreich, wie es für ein Porter typisch ist.

LAUSITZER PORTER
PORTER 4,4 VOL.-%
Ein typisches Porter mit herbem Geschmack nach Röstmalz. Dunkel; körperreich und nicht zu schwer, leicht süß.

MÄRKISCHER LANDMANN
SCHWARZBIER 4,9 VOL.-%
Schwarz und sehr malzbetont, aber nicht bitter. Ein echtes Original aus der Mark Brandenburg.

BOCKBIER
BOCK 7 VOL.-%
Goldfarben, stark und nicht zu süß; angenehm mit weichem Nachklang – ein typisches Bockbier.

CLAUSTHALER CLASSIC
ALKOHOLFREI 0,45 VOL.-%
Voller Körper; frischer, angenehmer Geschmack, dabei leichte Hopfenaromen; goldfarben.

CLAUSTHALER EXTRA HERB
ALKOHOLFREI 0,45 VOL.-%
Ein derbes, würziges Bier, angenehm hopfenbitter mit malzbetontem Nachklang. Ein frisches, goldfarbenes Bier.

BISCHOFF

Weilerhof, 50321 Brühl
www.bischoff-koelsch.de

Die Brauerei wurde Anfang der 60er-Jahre des 20. Jh. in einem der Gebäude des Weilerhofes in Brühl (nahe bei Köln) gegründet. Urkunden belegen, dass das Gelände schon zur Zeit der Römer besiedelt war.

BRAUGEHEIMNIS: Kölsch ist eine Spezialität aus Köln bzw. aus dem Kölner Umland. Üblicherweise wird es in schmalen, hohen Gläsern serviert.

BISCHOFF KÖLSCH
KÖLSCH 4,9 VOL.-%
Hell goldfarben; frisch und mild; leichte Hopfennoten.

BISCHOFF RADLER
BIERMISCHGETRÄNK 2,5 VOL.-%
Hell goldfarben, Aroma von Zitronensprudel. Spritzig und sehr erfrischend.

BISCHOFSHOF

Heitzerstr. 2, 93049 Regensburg
www.bischofshof.de

Die Brauerei wurde 1649 von Fürstbischof Wilhelm Graf von Wartenberg in unmittelbarer Nähe zum Regensburger Dom gegründet, ihre Wurzeln reichen aber bis ins 13. Jh. zurück. Anfang des 20. Jh. expandierte die Brauerei und bezog neue Gebäude. Die heutige Brauanlage ist eine der modernsten überhaupt.

HEFE-WEISSBIER HELL
WEIZENBIER 5,1 VOL.-%
Eine traditionelle bayerische Spezialität: frisch, klar, schäumend und leicht süß – aber sehr angenehm.

BISCHOFSHOF PILS
PILSENER 5,1 VOL.-%
Cremefarbener Schaum, zu Beginn leicht und prickelnd. Schön bitter; leichte Aromen von delikatem Hopfen.

BITBURGER

Römermauer. 3, 54634 Bitburg/Eifel
www.bitburger.de

Die Brauerei Bitburger wurde 1817 gegründet und ist auf Pilsener spezialisiert. Sie ist durch das Sponsoring von Sportveranstaltungen international bekannt und gilt gemeinhin als die beste Brauerei für Pilsener vom Fass.

BRAUGEHEIMNIS: Bei Bitburger wird mit zweizeiliger Sommergerste gearbeitet. Einmalig in Deutschland ist die Testanlage der Brauerei.

PREMIUM PILS
PILSENER 4,8 VOL.-%
Ein klares Pilsener, das leicht bitter schmeckt; weich, dabei herb. Vom Fass ist es frisch und elegant.

BITBURGER LIGHT
PILSENER 2,8 VOL.-%
Der leichte Bruder des Premium Pils. Voller Körper trotz der nur 2,8 Vol.-%., frischer Fassgeschmack.

BRAUGOLD

Schillerstr. 7, 99096 Erfurt
www.braugold.de

Die Brauerei wurde 1822 gegründet und übernahm im Laufe der Jahre andere Brauereien. 1948 wurde sie verstaatlicht und nach der Wiedervereinigung 1990 von der Licher Privatbrauerei aufgekauft.

BRAUGEHEIMNIS: Die Brauer arbeiten weiterhin mit Rezepten der bekannten Thüringer Brauerei.

BRAUGOLD SPEZIAL
PILSENER 4,9 VOL.-%
Mit der typischen goldenen Farbe und Herbheit eines Pilseners. Hocharomatisch mit ausgewogener Hopfenbitterkeit am Gaumen.

BRAUGOLD BOCK
BOCK 6,5 VOL.-%
Hat das typische ausgewogene Bitteraroma und den kräftigen Geschmack eines Bockbiers.

BRAUEREI

BRAUSTOLZ

Am Feldschlösschen 18, 09116 Chemnitz
www.braustolz.de

Die Brauerei wurde 1868 durch einen Bauern gegründet. Nach dem 1. Weltkrieg wurde sie modernisiert, 1945 verstaatlicht und 1991 erneut modernisiert. Heute arbeiten mehr als 50 Angestellte bei Braustolz und produzieren viele verschiedene Bierarten.

BRAUGEHEIMNIS: Eine Investition in Höhe von 40 Mio. DM sicherte 1991 den Fortbestand des Unternehmens.

BRINKHOFF

Steigerstr. 20, 44388 Dortmund
www.brinkhoffs.de

Nach den bescheidenen Anfängen 1844 als kleine Heimbrauerei kann Brinkhoff heute auf eine mehr als 160-jährige Erfolgsgeschichte zurückblicken. Man kennt die Marke weit über ihre Heimatstadt Dortmund hinaus. Biertrinkern, die gern Pils mögen, ist Brinkhoff's No. 1 natürlich ein Begriff.

BUCHER BRÄU

Elsenthaler Str. 5–7, 94481 Grafenau
www.bucher-braeu.de

Die mittelgroße Brauerei zog mitten in den Bayerischen Wald, nachdem die Gebäude im Zentrum Grafenaus zu klein geworden waren. Seit 1863 ist die Brauerei im Besitz der Familie Bucher (heute in der fünften Generation).

BRAUGEHEIMNIS: Das Hefeweizen ist naturtrüb, da beim Abfüllen noch etwas Hefe in die Flasche gegeben wird.

CRAILSHEIMER ENGEL-BRÄU

Haller Str. 29, 74564 Crailsheim
www.engelbier.de

Als Georg Fach diese Brauerei 1738 gründete, gab es in Crailsheim 4000 Einwohner und 13 Brauereien. Fach konnte natürlich nicht wissen, wie erfolgreich seine Brauerei sein würde.

BRAUGEHEIMNIS: Eine Untersuchung zum Geschmack von Bier trinkenden Frauen führte zur Entwicklung von First Lady.

BIER

BRAUSTOLZ LANDBIER
EXPORT 5,2 VOL.-%
Goldfarben, weich, malzig und mit delikatem Hopfenaroma; erdig.

BRAUSTOLZ PILS
PILSENER 4,9 VOL.-%
Ein klassisches Pilsener mit einem sehr herben, frischen Geschmack, dabei deutliche Aromen von bitterem Hopfen.

BRINKHOFF'S NO. 1
PILSENER 5 VOL.-%
Die typischen bitteren Pilsaromen sind erkennbar. Das Bier ist weich, leicht prickelnd und hellgelb.

BRINKHOFF'S RADLER
BIERMISCHGETRÄNK 2,5 VOL.-%
Honigfarben, schäumend, angenehme Zitrusaromen. Sehr erfrischend, nicht zu süß.

HEFEWEIZEN HELL
WEIZENBIER 5,2 VOL.-%
Spritzig-frisch. Fein-aromatischer Geschmack nach Hefe, leichte Süße erkennbar.

HELLES
LAGER 4,9 VOL.-%
Hellgelb; leicht bitter, dabei zugleich mäßig süß, Geschmack nach feinstem Hopfen. Eher starker, aber abgerundeter Nachklang.

FIRST LADY
DUNKLER BOCK 5,9 VOL.-%
Mild und leicht bitter, dabei harmonische Malzaromen.

ENGEL KELLERBIER DUNKEL
DUNKEL 5,3 VOL.-%
Sehr schön mahagonifarben; Aromen von Malz und Hefe; voller Körper bei einem Geschmack, der sowohl süß als auch angenehm bitter ist.

DACHSBRÄU

Murnauer Str. 5, 82362 Weilheim
www.dachsbier.de

Die Brauerei wurde 1879 von dem Münchner Bierbrauer Georg Dachs gegründet. Er erwarb das Weilheimer Anwesen und begann, Weizenbier zu brauen. Seither ist die Brauerei im Familienbesitz stetig expandiert.

BRAUGEHEIMNIS: Bezeichnend für Dachsbiere ist, dass sie handwerklich traditionell gebraut werden.

ULIMATOR
DUNKLER DOPPELBOCK 7,5 VOL.-%
Stark und süß – ein typischer Doppelbock mit Malzaromen gleich zu Beginn; sehr körperreich.

DACHS URHELL
LAGER 5,5 VOL.-%
Ein Kellerbier – ungefiltert, trüb und gelb – zu Beginn sehr mild, leichte Aromen von feinem Hopfen, frisch und angenehm zu trinken.

DARMSTÄDTER

Goebelstr. 7, 64293 Darmstadt
www.darmstaedter.de

Die Brauerei befindet sich unmittelbar am Darmstädter Bahnhof – daher der Zug auf dem Logo, das seit 1847 verwendet wird, und die Animation mit einer Dampflok auf der Homepage.

BRAUGEHEIMNIS: Es war geradezu eine Revolution, als die Brauerei im Jahr 2000 komplett auf Bügelflaschen umstellte.

DARMSTÄDTER PILSENER
PILSENER 4,8 VOL.-%
Ein sauberes, elegantes Bier. Der feine Hopfen, der in großer Menge verwendet wird, macht das Bier zu einem typischen Pilsener: frisch und herb mit schönem Bitteraroma.

DARMSTÄDTER 1847 ZWICKELBIER
LAGER 4,8 VOL.-%
Trüb, subtiler Duft nach feinem Malz; weicher, hefiger Geschmack.

DIEBELS

Brauerei-Diebels-Str. 1, 47661 Issum
www.diebels.de

Diebels war von 1878 bis 2001 in Privatbesitz, bis die Brauerei vom Braugiganten InBev übernommen wurde. Das bekannteste Produkt von Diebels ist das Düsseldorfer Alt, das in ganz Deutschland verkauft wird. Zu den neueren Marken gehören ein Pilsener und ein Bier-Cola-Mix mit Namen Dimix.

DIEBELS ALT
ALTBIER 4,9 VOL.-%
Aromen von Röstmalz harmonieren mit dem süßen Karamellgeschmack; leicht hopfenbitterer Nachklang.

DIEBELS PILS
PILSENER 4,9 VOL.-%
Der voller Körper, die leichte Bitterkeit und die Malzaromen sind typisch für ein Pilsener, ebenso die dunkelgoldene Farbe.

DINKELACKER-SCHWABEN BRÄU

Tübinger Str. 46, 70178 Stuttgart
www.ds-kg.de

Carl Dinkelacker war Ende des 19. Jh. der Erste, der in Stuttgart Pilsener braute, und sein Partner Robert Leicht war der Erste, der Bier mit einem Auto auslieferte. Durch die Partnerschaft der Brauereien Dinkelacker und Schwaben Bräu ist die größte Brauerei in Baden-Württemberg entstanden.

DINKELACKER PRIVAT
LAGER 5,1 VOL.-%
Ein weiches, hell goldfarbenes Lagerbier mit milden Hopfenaromen und leichten Malznoten.

DINKELACKER CD-PILS
PILSENER 4,9 VOL.-%
Ein edles, herbes Pilsener mit kräftigen Hopfenaromen und leichtem Malz; sehr harmonisch und gut zu trinken.

BRAUEREI

DISTELHÄUSER

Grünsfelder Str. 3,
97941 Tauberbischofsheim
www.distelhaeuser.de

Die Brauerei ist seit 1876 im Besitz der Familie Bauer, heute in der fünften Generation. Sie liegt in Tauberbischofsheim direkt an der »Romantischen Straße«. Der seit Jahrzehnten anhaltende Erfolg von Distelhäuser geht darauf zurück, dass die Brauerei zu allen Zeiten größten Wert auf Qualität legte.

DITHMARSCHER

Oesterstr. 18, 25709 Marne
www.dithmarscher.de

Die 1884 in Schleswig-Holstein gegründete Brauerei wird heute in der vierten Generation von der Familie Hintz geführt. Besonders erfolgreich ist das Dithmarscher Pilsener, das seit 2008 die Goldmedaille der DLG trägt.

BRAUGEHEIMNIS: Hier gehen traditionelle Handwerkskunst und moderne Produktionstechnik eine harmonische Verbindung ein.

DÖBLER

Kornmarkt 6, 91438 Bad Windsheim
www.brauhaus-doebler.de

Im Jahr 2007 feierte das Brauhaus Döbler seinen 140. Geburtstag. Die Brauerei setzt auf hochwertige Biere für den anspruchsvollen Biertrinker. Handwerkliche Braukunst und der Einsatz regionaler Rohstoffe zeugen von echter Brautradition.

BRAUGEHEIMNIS: Bei Döbler ist man auch beim Bezug der Rohstoffe auf Nachhaltigkeit bedacht.

EICHHORN

Dörfleinserstr. 43, 96103 Hallstadt
www.brauerei-eichhorn.de

Die Brauerei Eichhorn ging aus der Brauerei Schwarzer Adler hervor. Die Familie Eichhorn hat sich der handwerklichen Brautradition verschrieben, arbeitet aber dennoch mit modernster Brautechnik.

BRAUGEHEIMNIS: Die Biere haben viel Zeit zu reifen und unterliegen der ständigen Qualitätskontrolle durch das Institut Romeis in Bad Kissingen.

BIER

DISTELHÄUSER LANDBIER

EXPORT 5,1 VOL.-%
Duft nach Malz, leichter Karamellgeschmack; milde Süße und schön abgerundeter Nachklang. Wird oft als ein »Frauenbier« beschrieben.

DISTELHÄUSER PILS

PILSENER 4,9 VOL.-%
Im Glas eine schneeweiße Schaumkrone; harmonische Bitterkeit und ein großartiges Hopfenaroma.

DITHMARSCHER DUNKEL

DUNKEL 4,9 VOL.-%
Dieses körperreiche Bier hat einen anmutigen Charakter, schmeckt würzig und weist Röstnoten auf. Typisch mahagonifarben.

DITHMARSCHER PILSENER

PILSENER 4,8 VOL.-%
Ein mildes, würzig schmeckendes Bier; goldgelb und leicht prickelnd.

LAND MÄRZEN

MÄRZEN 5,4 VOL.-%
Ein sehr leichtes Märzen; dunkelgelb und angenehm im Geschmack, nicht zu süß, aber körperreich; schöner, hefiger Nachklang.

REICHSSTADTBIER NATURTRÜB

KELLERBIER 5 VOL.-%
Voller Körper, ungefiltert und trüb, Hefe im Geschmack. Nur vom Fass.

KELLERBIER NATURTRÜB

LAGER 5 VOL.-%
Gelb und naturtrüb, wenig Kohlensäure; leichte, gut ausgewogene Hopfenbitterkeit.

EICHHORN PILS

PILSENER 5 VOL.-%
Hell goldfarbenes, herbes Pilsener; feine Hopfenbitterkeit, begleitet von leichten Malzaromen.

EINBECKER BRAUHAUS

Papenstr. 4–7, 37574 Einbeck
www.einbecker.com

Martin Luther soll sich 1521 wie folgt über das Einbecker Bier geäußert haben: »Der beste Trank, den einer kennt, der wird Einbecker Bier genennt.« 1612 wurde ein Braumeister aus Einbeck abgeworben, um in München das »Einpöckische« Bier zu brauen – daraus entstand vielleicht später durch Verballhornung die Bezeichnung Bockbier.

UR-BOCK HELL
Bock 6,5 Vol.-%
Helles Malz und delikater Hopfen verleihen dem klassischen Bockbier einen herben Geschmack.

EINBECKER SPEZIAL
Export 5,2 Vol.-%
Dieses Bier hat die typische goldgelbe Farbe eines Exportbiers. Es schmeckt angenehm süßlich.

ERDINGER WEISSBRÄU

Lange Zeile 1+3, 85435 Erding
www.erdinger.de

Die Privatbrauerei Erdinger Weißbräu ist weltweit der größte Weizenbierspezialist. Das erste Zeugnis einer Brauerei in Erding stammt aus dem Jahr 1886, doch der Name Erdinger Weißbräu wird erst seit 1949 verwendet.

BRAUGEHEIMNIS: Bei Erdinger wird mit frischem Quellwasser und Hallertauer Hopfen gebraut.

ERDINGER PIKANTUS
Dunkler Weizenbock 7,3 Vol.-%
Üblicherweise sind Weizenbockbiere süß, dieses aber nicht. Vergessen Sie nicht seinen Alkoholgehalt!

ERDINGER SCHNEEWEISSE
Winterbier 5,6 Vol.-%
Dunkler und körperreicher als ein normales Weizenbier. Es ist von Oktober bis Februar erhältlich.

ERL BRÄU

Straubinger Str. 10, 94333 Geiselhöring
www.erl-braeu.de

Die Brauerei ist heute in den Händen von Ludwig Erl IV. und Günter Erl, der elften Generation der Familie. Sowohl die Familie selbst als auch die Brauerei können auf eine lange Tradition zurückblicken.

BRAUGEHEIMNIS: Der landwirtschaftliche Betrieb der Familie sorgt für beste Zutaten, die in der Brauerei verarbeitet werden.

ERL BOCK
Bock 7,2 Vol.-%
Ein klares, elegantes Bockbier mit feinen Bitteraromen und harmonischem Nachklang.

ERL DUNKEL
Dunkel 5,3 Vol.-%
Eines der ältesten Biere von Erl Bräu. Kastanienbraun, ziemlich intensiv im Geschmack. Angenehme leichte Bitterkeit im Nachklang.

FÄSSLA

Obere Königstr. 19-21, 96052 Bamberg
www.faessla.de

Hans Lauer gründete Fässla 1649, kurz nach dem Dreißigjährigen Krieg. Ein Wendepunkt in der Geschichte der Brauerei war das Jahr 1986, als die Familie Kalb das Geschäft übernahm. Die Spezialbiere von Fässla sind in der Bamberger Region sehr beliebt.

BRAUGEHEIMNIS: Bambergator ist das stärkste Bier, das in Bamberg gebraut wird.

LAGERBIER
Lager 5,5 Vol.-%
Intensives Gelb; feiner, kompakter Schaum, spritzig. Voller Körper, etwas malzig, leicht bitter im Geschmack.

BAMBERGATOR
Doppelbock 8,5 Vol.-%
Dunkelbraun, vollmundig und auch für ein Bockbier stark. Voller harmonischer, bitterer Hopfenaromen.

Alles über …

MALZ

Bier ist ein landwirtschaftliches Produkt, und alles beginnt mit einem goldenen, wogenden Getreidefeld – gewöhnlich Gerste. Nach der Ernte wird das Getreide in die Mälzerei gebracht. Malz (bzw. gemälzte Gerste) ist gewissermaßen die »Seele« des Biers. Es sorgt für Farbe, Duft und eine einzigartige Vielfalt an markanten Geschmacksnoten. Kein Bier wird ohne Malz gebraut, denn das Malz liefert die für die Vergärung nötigen Zucker, aus denen schließlich Kohlendioxid und Alkohol entstehen.

FARBE Die Farbe sagt noch nicht alles, lässt aber Rückschlüsse auf die Art des verwendeten Malzes zu. Dunkle Malze bzw. Röstmalze werden für dunkle Biere, z. B. Stouts, verwendet. Man spricht hier auch von schwarzem Malz bzw. Schokoladenmalz. Diese Spezialmalze werden nur in Verbindung mit hellen Malzen eingesetzt.

GERSTE Braugerste ist entweder zwei- oder sechszeilig. In Europa wird vor allem zweizeilige Gerste angebaut, in den USA meist sechszeilige. Dies ist eine Kostenfrage, zudem eignet sich die sechszeilige Sorte gut für eine Kombination mit Reis oder Mais, wie sie in den USA üblich ist.

AUSWAHL DES GETREIDES Es gibt verschiedene Sorten von Braugersten. Auf den Britischen Inseln bevorzugt man Maris Otter, Promise oder Optic, in Deutschland dagegen Marthe und Belana. Aufgrund des robusten Geschmacks kommt in Großbritannien und Belgien vor allem Wintergerste zum Einsatz, in Deutschland und in Tschechien meist im Frühjahr gesäte Gerste, die leichter und süßlicher schmeckt.

KEIMUNG Um das Getreide zum Keimen anzuregen, wird es einige Tage in Wasser eingeweicht und anschließend getrocknet. Auf diese Weise werden die für den Brauvorgang nötigen Enzyme gebildet, und ein Teil der Stärke wird in einfache Zucker umgewandelt. Das keimende Getreide wird mehrmals am Tag gewendet, damit die Körner nicht verkleben. Sobald die Keimlinge ein optimales Stadium erreicht haben – es ist Aufgabe des Braumeisters, den richtigen Zeitpunkt zu bestimmen –, wird der Vorgang unterbrochen. Der nächste Schritt ist das Darren.

DARREN Das Darren geschieht meistens mit heißer Luft. Relativ kurz gedarrtes Getreide wird für helle, prickelnde Biersorten (Ale und Lager) verwendet. Helles Malz bildet den höchsten Anteil in der Maische, denn es enthält viel Stärke und Enzyme, die für die Gärung notwendig sind. Länger gedarrtes Getreide findet bei dunkleren, körperreichen und hocharomatischen Bieren Verwendung.

MALZSORTEN Man unterscheidet zwischen Basismalzen und Spezialmalzen. Erstere liefern die zum Brauen notwendigen Enzyme und die Stärke. Das gängigste Basismalz ist das Pilsner Malz, das für helle Biere, z. B. Pilsener, verwendet wird. Malzige, dunkle Biere werden dagegen eher mit Münchner Malz gebraut, das auch zu einer Intensivierung des Geschmacks führt. Spezialmalze dienen vor allem der Verfeinerung des Biers. Karamellmalze z. B. sorgen für Vollmundigkeit und Süße, wie sie bei Festbieren erwünscht sind. Röstmalz dagegen wird für dunkle Biere (Schwarzbiere) verwendet und erinnert im Geschmack an Bitterschokolade oder Kaffee.

BRAUEREI

FAUST

Hauptstr. 219, 63897 Miltenberg
www.faust.de

Eine typische Regionalbrauerei, die seit 1895 von der Familie Faust geführt wird. Die Brauerei ist 350 Jahre alt und hat im Laufe ihrer Geschichte mehrfach den Besitzer gewechselt. Das Brauhaus Faust stellt viele verschiedene Bierarten her, und einige Biere wurden mit Preisen ausgezeichnet.

FELSENBRÄU THALMANNSFELD

91790 Thalmannsfeld
www.felsenbraeu-thalmannsfeld.de

Diese traditionell hergestellten Biere stammen aus einer der reizvollsten Gegenden Bayerns zwischen dem Altmühltal und Franken. Die Brauerei wird von der dritten Generation der Familie Gloßner geführt. Gebraut wird nach traditionellen Rezepten.

BRAUGEHEIMNIS: Die Brauerei arbeitet mit Sonnenenergie.

MORITZ FIEGE

Moritz Fiege, Scharnhorststr. 21–25, 44787 Bochum
www.moritz-fiege.de

»Wir sind eine klassische Regionalbrauerei«, so der Chef Hugo Fiege, der sein Unternehmen als Botschafter des Ruhrgebiets versteht. Es ist eine Institution, die typische lokale Biere anbietet – und die Ruhrgebietler lieben ihre Moritz-Fiege-Biere. Es gibt Gerüchte, dass einer der Global Player im Braugeschäft das Unternehmen übernimmt …

FLENSBURGER

Munketoft 12, 24937 Flensburg
www.flensburger.de

Die Brauerei wurde 1888 von fünf Flensburgern gegründet. In den 70er-Jahren waren Flensburger Biere auch dank der Comicfigur Werner sehr erfolgreich, der gern das eine oder andere »Flens« trank. Der Name Flens setzte sich für das Flensburger Flaschenbier durch, das als erstes deutsches Bier in Bügelflaschen verkauft wurde.

BIER

FAUST SCHWARZVIERTLER

DUNKEL 5,2 VOL.-%

Dunkel, leichte Röst- und Rauchnoten. Auf der Zunge auch Karamell und etwas Bitterschokolade. Körperreich mit trockenem Nachklang.

FAUST KRÄUSEN

KRÄUSENBIER 5,5 VOL.-%

Ein naturtrübes Bier mit vollem Körper, leicht nach Honig duftend. Mild und frisch.

MÄRZEN

EXPORT 5,4 VOL.-%

Ein typisches Märzen: hellgelb, intensiver Duft und Geschmack nach Gerstenmalz. Leichte Anklänge an Hopfen im Nachklang.

FELSENTRUNK

LAGER 4,9 VOL.-%

Im Geschmack leicht und süßlich; etwas prickelnd; frisch mit angenehm bitterem Aroma im Nachklang.

MORITZ FIEGE PILS

PILSENER 4,9 VOL.-%

Ein Pilsener mit Bitteraromen von gutem Hopfen, leicht malzigem Geschmack und feinherber Struktur.

MORITZ FIEGE SCHWARZBIER

SCHWARZBIER 4,9 VOL.-%

Elegant. Dieses kaffeefarbene Bier schmeckt malzig-süß, weist aber zugleich leichte Bitteraromen von feinem Hopfen auf.

FLENSBURGER PILS

PILSENER 4,8 VOL.-%

Ein typisches goldfarbenes Pilsener: malzig, erfrischend und mit leicht bitteren Hopfenaromen im Nachklang.

KELLERBIER

KELLERBIER 4,8 VOL.-%

Bernsteinfarben und trüb – das Flensburger Kellerbier ist körperreich. Es schmeckt natürlich frisch, leicht süß und hat einen trockenen Nachklang.

FREIBERGER BRAUHAUS

Am Fürstenwald, 09599 Freiberg
www.freiberger-bier.de

Das Freiberger Brauhaus war das erste in Sachsen, das Pilsener produzierte. Andere exklusive Biere folgten: Freiberger Silberquell (1903) und Weizenbier (1909). Die Brauerei Eichbaum in Mannheim hat das Freiberger Brauhaus gekauft und ist dabei, es zu einem der modernsten Produzenten in Deutschland auszubauen.

FREIBERGISCH JUBILÄUMS-FESTBIER
Märzen 5,8 Vol.-%
Mit seinen Malzaromen und einem dezenten Hopfengeschmack ist dieses bernsteinfarbene Bier körperreich.

SCHWARZER BERGBIER
Schwarzbier 4,7 Vol.-%
Tiefschwarz, körperreich und mit perfektem Gleichgewicht zwischen Malz und Hopfen.

FRIEDENFELS

Schlossbrauerei Friedenfels, Gemmingenstr. 33, 95688 Friedenfels
www.schlossbrauerei-friedenfels.de

Die Brauerei liegt im südlichen Teil des größten Waldes in Europa, und zwar zwischen Oberpfälzer Wald und Fichtelgebirge. Die Schlossbrauerei Friedenfels ist in der Region führend.

BRAUGEHEIMNIS: Mit dem reinen Quellwasser aus dem Nationalpark stellt die Brauerei seit mehr als 100 Jahren exzellente Biere her.

FRIEDENFELSER PILS LEICHT
Light-Bier 2,8 Vol.-%
Dieses goldfarbene Bier hat nur wenig Alkohol und ist eher herb. Im Nachklang delikate Hopfenaromen.

FRIEDENFELSER WEIZEN LEICHT
Weizenbier (Light-Bier) 2,7 Vol.-%
Dieses Bier durchläuft eine Gärung in der Flasche. Der Geschmack ist eine Mischung aus bitterem Hopfen, süßer Gerste und süßem Weizen.

FÜCHSCHEN

Ratinger Str. 28, 40213 Düsseldorf
www.fuechschen.de

Der Schwerpunkt der Brauerei im Füchschen liegt seit ihrer Gründung 1848 auf Altbier. Das Unternehmen wird heute in der vierten Generation von der Familie König geführt. Seit 1995 hat es zahlreiche Veränderungen gegeben, u. a. eine neue Brauanlage. Der Karneval in Düsseldorf ist eine gute Gelegenheit, das Altbier von Füchschen zu probieren.

FÜCHSCHEN ALT
Altbier 4,5 Vol.-%
Dunkel mahagonifarben, ein typisches Düsseldorfer: malzig mit intensiven Hopfenaromen. Wenig Kohlensäure.

SILBERFÜCHSCHEN
Weizenbier 5,4 Vol.-%
Ein Weizenbier im norddeutschen Stil, weniger süß als bayerische Weizenbiere. Weich, fruchtig und spritzig.

FÜRSTLICHES BRAUHAUS ELLINGEN

Schloss-Straße 19, 91792 Ellingen
www.fuerstliches-brauhaus.de

Der Inhaber Carl Friedrich Fürst von Wrede ist ein direkter Nachfahre von Napoleons Feldmarschall Carl Philipp, Fürst von Wrede. Die Brauerei gegenüber dem Ellinger Schloss wurde 1690 gegründet, aber gebraut wird in der Stadt sicherlich schon länger. Seit etwa 200 Jahren heißt das Bier Fürst Carl.

FÜRST CARL JOSEFI BOCK
Bock 7 Vol.-%
Ein cremiges, malziges und körperreiches Bier mit einer samtig-weichen Textur.

FÜRST CARL URHELL
Lager 4,6 Vol.-%
Die hellgelbe Farbe ist typisch für ein Lagerbier; der Geschmack ist angenehm und nicht zu herb, sehr wenig Süße.

BRAUEREI

FÜRST WALLERSTEIN

Berg 78, 86757 Wallerstein
www.fuerst-wallerstein.de

Diese Brauerei kann auf eine über 400-jährige Erfolgsgeschichte zurückblicken. Die Fürstenfamilie hat stets darauf geachtet, kompetente Brauer einzustellen. 2008 konnte Alexander Jesina gewonnen werden, der in der Klosterbrauerei Andechs begann.

BRAUGEHEIMNIS: Die Familie setzt seit Generationen auf Beständigkeit statt auf kurzfristigen Erfolg.

FÜRSTENBERG

Fürstlich Fürstenbergische Brauerei, Postplatz 1–4, 78166 Donaueschingen
www.fuerstenberg.de

Heinrich von Fürstenberg erhielt 1283 das Braurecht, doch erst 300 Jahre später wurde die Brauerei errichtet. Heute gehört sie zu dem Kreis der erlesenen Brauereien, denen das Prädikat »Premium-Bier« zugesprochen wurde.

BRAUGEHEIMNIS: Die Biere werden mit Wasser aus dem Schwarzwald gebraut.

GANTER

Schwarzwaldstr. 43, 79117 Freiburg
www.ganter.com

Die Privatbrauerei Ganter wurde vor mehr als 140 Jahren gegründet und ist nach wie vor in Familienbesitz. Die Gebäude wurden im 2. Weltkrieg zerstört. In den 50er- und 60er-Jahren war die Brauerei sehr erfolgreich, und auch heute, bei einer rückläufigen Entwicklung des Biermarktes in Deutschland, kann sich Ganter über wachsende Umsätze freuen.

GILDE

Hildesheimer Str. 132, Hannover
www.gildebrau.de

Es ist bald 500 Jahre her, dass Cord Broyhan den Hannoveranern sein obergäriges Bier vorstellte, das über mehrere Jahrhunderte in der Stadt beliebt war. Die Gilde Brauerei AG wurde 1870 gegründet und gehört heute zu Anheuser-Busch InBev.

BRAUGEHEIMNIS: Eine moderne Version des Broyhan wird heute für den Export in die USA hergestellt.

BIER

ZWICKEL NATURTRÜB
LAGER 4,7 VOL.-%
Eine goldfarben-trübe Bierspezialität, die sich durch ihre Natürlichkeit auszeichnet.

WEISSBIERPILS
VERSCHNITT VON PILSENER UND WEIZENBIER 5,1 VOL.-%
Spritzig goldfarben und leicht trüb; im Geschmack Hefe, dabei auch Zitrusnoten; trockener Nachklang.

FÜRSTENBERG GOLD
LAGER 4,9 VOL.-%
Weich, mit nur wenig Hopfenaromen. Dieses klare Bier ist etwas süßer als gewöhnliche Lagerbiere.

HEFEWEIZEN DUNKEL
DUNKLES HEFEWEIZEN 5,4 VOL.-%
Kastanienfarben und spritzig; Malzaromen und leichte Karamellsüße, harmonisch ausgewogen; im Mund kräftig.

GANTER WODAN
DOPPELBOCK 7,5 VOL.-%
Röstaromen; zu Beginn malzig süß, im Nachklang mild, aber dabei leicht bitter.

GANTER WEIZEN HEFEDUNKEL
DUNKLES HEFEWEIZEN 5,4 VOL.-%
Aromen von dunklem Malz und feiner Hefe sowie ein voller Körper zeichnen dieses Bier aus.

GILDE RATSKELLER
PILSENER 4,9 VOL.-%
Ein herbes, goldgelbes Pilsener mit vollem Körper und typischer Hopfenbitterkeit; schöner Nachklang.

LINDENER SPECIAL
EXPORT 5,1 VOL.-%
Das erfolgreichste Exportbier aus Niedersachsen; goldfarben, angenehmer Geschmack nach Hefeblume.

GLAABSBRÄU

Frankfurter Str. 9, 63500 Seligenstadt
www.glaabsbraeu.de

Seit mehr als 250 Jahren ist die Brauerei im Besitz der Familie Glaab. Sie wurde 1744 gegründet und ist bekannt für ihr vielfältiges Sortiment, zu dem auch das »Malzbier« Vitamalz gehört. Glaabsbräu ist die einzige Privatbrauerei im Raum Offenbach.

GLAABSBRÄU 1744 »KELLERTRÜBES«
KELLERBIER 5,3 VOL.-%
Das bernsteinfarbene Bier hat einen charakteristischen Malzgeschmack.

GLAABSBRÄU DUNKLES
DUNKEL 5,3 VOL.-%
Hell bernsteinfarben, leicht bittere Hopfenaromen vorherrschend. Schöner malziger Nachklang.

GOLD OCHSEN

Veitsbrunnenweg 3–8, 89073 Ulm
www.gold-ochsen.de

Im Jahr 1597 eröffnete in Ulm die Brauerei mit Wirtschaft Zum Goldenen Ochsen. Seit 1867 ist die Brauerei in Besitz der Familie Leibinger.

BRAUGEHEIMNIS: Die fünfte Generation der Leibingers, die heute das Unternehmen führt, arbeitet mit umweltfreundlichen Methoden.

GOLD OCHSEN ORIGINAL
LAGER 5,1 VOL.-%
Leichte Bitterkeit mit Aromen von delikatem Hopfen. Im Geschmack abgerundet und weich, im Nachklang leicht süßlich.

GOLD OCHSEN RADLER
BIERMISCHGETRÄNK 2,5 VOL.-%
Die Mischung aus 50 % Bier und 50 % Limonade ist spritzig, körperreich, fruchtig und frisch.

GÖLLER

Wildgarten 12, 97475 Zeil am Main
www.brauerei-goeller.de

Im Jahr 1909 erwarb Joseph Göller die Brauerei samt Gaststätte. 1998 wurde die Traditionsgaststätte Göller verpachtet, was zu einer erheblichen Umsatzsteigerung führte.

BRAUGEHEIMNIS: Technische Neuerungen in den vergangenen Jahren ermöglichen eine deutliche Energieeinsparung und umweltfreundliche Produktion.

GÖLLER RAUCHBIER
RAUCHBIER 5,2 VOL.-%
Diese bernsteinfarbene regionale Spezialität hat ein feines Hopfenaroma und einen rauchigen Geschmack von geröstetem Malz.

GÖLLER LAGER
LAGER 4,9 VOL.-%
Ein klares goldfarbenes Lagerbier mit einem leichten Malzgeschmack und feinen Hopfenaromen.

GOSLAR

Brauhaus Goslar,
Springerstr. 9, 38640 Goslar
www.brauhaus-goslar.de

Angeblich hat schon König Otto III. im Jahr 995 das Goslarer Bier, die Gose, sehr gelobt. Seit Ende des vergangenen Jahrhunderts wird die traditionelle Gose wieder produziert.

BRAUGEHEIMNIS: Gose ist ein spontangäriges Bier. Da es Koriander und Salz enthält, entspricht es nicht dem Reinheitsgebot.

HELLE GOSE
GOSE 4,9 VOL.-%
Naturtrüb und goldfarben; gut trinkbar, leichte Hopfenbitterkeit, deutliche Malzaromen.

DUNKLE GOSE
GOSE 4,9 VOL.-%
Hell rötlich braun, rauchig-malzige Aromen. Die dunkle Gose wird mit zusätzlichem Spezialmalz gebraut.

Das Hofbräuhaus in München ist das bekannteste Bierlokal in Deutschland. Hier gibt es zahlreiche Biersorten und traditionelle Gerichte.

HOFBRÄUHAUS

BIERARTEN

DEUTSCHE SPEZIALITÄTEN

Auch wenn der deutsche Biermarkt von Bieren im Pilsenerstil dominiert wird, gibt es doch zahlreiche Brauereien, die nach wie vor einzigartige traditionelle Biere herstellen. Die bedeutendsten sind vielleicht Altbier *(s. S. 132–133)* und Kölsch *(s. S. 123)*, die auch fern ihrer Heimat getrunken werden. Doch Spezialitäten wie Rauchbier, Schwarzbier und Gose zeigen, dass es noch viel mehr zu entdecken gibt.

Das Dortmunder Export aus dem Ruhrgebiet ist ein untergäriges Bier, das mit meist über 5 Vol.-% Alkohol etwas stärker ist als die üblichen Pils- oder Lagerbiere. Seit den 70er-Jahren des 20. Jh. ist der Absatz rückläufig, größere Bedeutung hat es aber noch im Ausland.

Schwierig zu finden sind Spezialitäten wie Kellerbier, Steinbier, Roggenbier und Zoigl. Eine der seltensten deutschen Bierarten ist die Gose, ein aus Weizen gebrautes Bier, das mit etwas Salz und Koriander versetzt wird. Gose gibt es nur im Raum Leipzig und in Goslar, in der Stadt, die dem Bier ihren Namen gab.

RAUCHBIER Die Heimat des Rauchbiers ist das fränkische Bamberg. Das Malz wird über Buchenholz geräuchert und verleiht dem Bier seinen einzigartigen Charakter. Rauchbiere erinnern im Geschmack angenehm an geräuchertes Fleisch und sind dabei gut trinkbar. Sie passen hervorragend zu deftigen Gerichten.

DUNKEL-/SCHWARZBIER Es gibt zwei Varianten von Dunkelbieren: Schwarzbier und als »Dunkel« bezeichnete Sorten. Schwarzbier war fast verschwunden, hat aber durch Brauereien in Thüringen wieder Auftrieb erhalten. Die dortigen Biere sind richtig schwarz, nahrhaft und erinnern im Geschmack an Mokka, Vanille und angebrannten Toffee.

BAYERISCHES DUNKEL Bayerische Dunkelbiere sind dunkel rötlich braun. Zu den besten Dunkelbieren gehört das Weltenburger Kloster Barock Dunkel, ein elegantes, vollmundiges Bier mit Noten von Kakao in Nase und Mund.

BRAUEREI

GOTTSMANNSGRÜNER

Von-Koch-Str. 2, 95180 Berg
www.gottsmannsgruener.de

Im Jahr 1535 erhielt die damalige Gutsbrauerei das Braurecht. Seit 1956 ist die Brauerei in Besitz der Freiherren von Waldenfels, zurzeit wird sie von Caroline Freifrau von Waldenfels-Künsberg geleitet. 2006 erhielt das Gottsmannsgrüner Schwarzbier den European Beer Star in Silber.

GREIF

Serlbacher Str. 10, 91301 Forchheim
www.brauerei-greif.de

Das berühmte Forchheimer Restaurant Kapuzinerwirt wurde im Revolutionsjahr 1848 gegründet. Über 100 Jahre lang kehrten hier Gäste ein. In den 90er-Jahren des vergangenen Jahrhunderts investierte die Brauerei in die technische Ausstattung und gehört heute zu den modernsten in der Region.

GRÜNBACH

Kellerberg 2, 85461 Grünbach
www.schlossbrauerei-gruenbach.de

Die Schlossbrauerei Grünbach hatte schon viele Eigentümer, darunter auch die Brauereien Paulaner und Erdinger. Seit 1989 wird sie von Alexander Noll geführt.

BRAUGEHEIMNIS: Das Grünbacher Weizenbier trägt den Namen des großen Braumeisters Benno Scharl, der sich im 18. Jh. auch durch sein Buch über Brautechniken einen Namen machte.

HAAKE-BECK

Am Deich 18/19, 28199 Bremen
www.haake-beck.de

Die Brauerei Haake-Beck wurde 1826 gegründet und gehört in Norddeutschland zu den bekanntesten Bierproduzenten. Meilensteine in der Geschichte waren die Einführung des Haake-Beck Kräusen und des ersten Maibocks 1950. Heute gehört Haake-Beck zu Anheuser-Busch InBev.

BRAUGEHEIMNIS: Haake-Becks Schwester ist das weltberühmte Beck's.

BIER

DAS SCHWARZE

SCHWARZBIER 4,8 VOL.-%

Ein schwarzes, körperreiches Bier mit Malzaromen, das leicht süßlich schmeckt.

MOBILATOR

DOPPELBOCK 7,8 VOL.-%

Ein klarer Doppelbock mit abgerundetem, malzigem Charakter, im Geschmack feinherb und aromatisch. Gibt es das ganze Jahr über.

DUNKLE WEISSE

WEIZENBIER 5,4 VOL.-%

Ein dunkel bernsteinfarbenes, vollmundiges Weizenbier, leicht süßlich und mit etwas Malz im Nachklang.

ANNAFESTBIER

EXPORT 5,5 VOL.-%

Bernsteinfarben mit feinem, weichem Schaum. Vollmundig-süß mit delikaten Aromen von getrockneten Früchten und Banane.

ALTWEIZEN GOLD

WEIZENBIER 5,3 VOL.-%

Hell goldfarben, gut ausgewogen zwischen Hefe und Kohlensäure; spritzig-herbe Frische.

BENNO SCHARL

WEIZENBIER 5,3 VOL.-%

Gelb und hefetrüb, im Geschmack mild und süß, angenehm und gut ausgewogen.

HAAKE-BECK 12

EXPORT 5 VOL.-%

Das Bier für die Fans von Werder Bremen. Ein süffiges, goldfarbenes Bier mit angenehmer Süße, das gern von Frauen getrunken wird.

EDEL-HELL

LAGER 4,7 VOL.-%

Eine milde Alternative zum Pilsener, leicht süßlich, hat die typische goldene Farbe eines Lagerbiers.

BRAUEREI

HACKER-PSCHORR

Hochstr. 75, 81541 München
www.hacker-pschorr.de

Hacker-Pschorr ist eine der Münchner Traditionsbrauereien. Das dazugehörige Restaurant ist eine Touristenattraktion, vor allem während des Oktoberfestes. Erste Brauaktivitäten sind aus dem Jahr 1417 belegt.

BRAUGEHEIMNIS: Die Biere enthalten keine Zusätze und entsprechen den Vorgaben des Reinheitsgebots.

HÄRKE

Privatbrauerei Härke,
Am Werderpark 5, 31224 Peine
www.haerke-brauerei.de

Die Brauerei ist seit 1890 in Familienbesitz, doch gebraut wurde hier schon deutlich früher. Die Familie Härke ließ 1927 neue Gebäude errichten, die im Laufe der Jahre immer weiter ausgebaut und modernisiert wurden.

BRAUGEHEIMNIS: Einige Biere werden mit Bio-Zutaten gebraut.

HASSERÖDER

Auerhahnring 1, 38855 Wernigerode
www.hasseroeder.de

Die Brauerei Hasseröder ist weltweit als Sponsor von Sportveranstaltungen bekannt. Das erste Bier kam 1892 auf den Markt und war sofort sehr erfolgreich. Hasseröder war früher in Ostdeutschland das meistverkaufte Bier und konnte sich nach der Wende auch im Westen schnell durchsetzen.

BRAUGEHEIMNIS: Wasser aus dem Harz gibt dem Bier eine gewisse Weichheit.

HEIDELBERG

Kulturbrauerei Heidelberg,
Leyergasse 6, 69117 Heidelberg
www.heidelberger-kulturbrauerei.de

Erste Brauaktivitäten an dieser Stelle sind schon für das Jahr 1235 belegt. Im Laufe der Jahrhunderte hatte die Brauerei in der strukturschwachen Region zu kämpfen. Seit 1999 wird sie unter dem Namen Kulturbrauerei betrieben.

BIER

ANNO 1417 NATURTRÜBES KELLERBIER
KELLERBIER 5,5 VOL.-%
Ungefiltert, naturtrüb, matt goldfarben. Sehr weich.

SUPERIOR
MÜNCHNER SPEZIALBIER 6 VOL.-%
Dieses klare, bernsteinfarbene Bier schmeckt malzig-aromatisch mit nicht zu viel Hopfen.

HÄRKE 1890
PILSENER 4,9 VOL.-%
Ein Lagerbier mit Anklängen an ein Pilsener. Mild, herb, feine Hopfenaromen und süßliches Malz erkennbar.

HÄRKE PILS
PILSENER 4,9 VOL.-%
Angenehmer Geschmack von biologisch angebautem Hopfen und Malz. Herb, angenehmer Nachklang.

HASSERÖDER PREMIUM EXPORT
EXPORT 5,5 VOL.-%
Weich, leicht süßlich; durch den Hopfen harmonische Bitteraromen, dabei malzige Noten; goldfarben.

HASSERÖDER PREMIUM PILS
PILSENER 4,9 VOL.-%
Vollmundiger Pilsgeschmack; gut ausgewogene bittere Hopfenaromen und malzige Noten.

KELLERBIER
KELLERBIER 5,6 VOL.-%
Ein bernsteinfarbenes, naturtrübes Bier, angenehm bitter, körperreich und mit feinen Röstnoten – ähnlich wie ein Märzen.

KRÄUSEN
HELLES 5,2 VOL.-%
Das Kräusen ist ungefiltert, leicht trüb und goldfarben. Es schmeckt mild und ähnelt einem Pilsener.

HERBORNER

Alte Marburger Str. 4, 35745 Herborn
www.herborner-bier.de

1871 kam Adolf Schramm nach Herborn, um seine Schwester zu unterstützen. Schon wenig später gründete er eine eigene Brauerei, die bis 1945 in Familienbesitz blieb. Bis heute wird mit traditionellen Methoden gebraut.

BRAUGEHEIMNIS: Herborner war die erste Brauerei am Ort, die mit Dampfkraft arbeitete. Moderne Techniken wurden sehr umsichtig eingeführt.

BÄRENBRÄU CLASSIX
DUNKEL 4,5 VOL.-%
Dieses dunkel bernsteinfarbene Lagerbier hat die milde Bitterkeit von gutem Hopfen. Im Geschmack Noten von Röstmalz.

BÄRENBRÄU EXPORT
EXPORT 4,9 VOL.-%
In der Nase Malzaromen; voller Körper, süßliches Malz und delikate, hopfenbittere Aromen.

HERFORDER

Gebr.-Uekermann-Str. 1,
32120 Hiddenhausen
www.herforder.de

Die Brauerei wurde 1878 von den Brüdern Uekermann als »Gebrüder Uekermann, Brauerei zum Felsenkeller« gegründet. Seither hat es viele Veränderungen bei Produktion, Abfüllung und den Bierarten gegeben. Mit der Integration in die Warsteiner Gruppe 2007 begann ein neues Kapitel der Brauerei Herforder, die nach wie vor in Familienbesitz ist.

FELSENKELLER
DUNKLES LAGER 5,2 VOL.-%
Ein traditionelles Bier mit gut ausgewogenen Aromen von Malz und feiner Hopfenbitterkeit.

HERFORDER SCHWARZBIER
SCHWARZBIER 4,9 VOL.-%
Ein kaffeefarbenes Bier mit hocharomatischem Malz und weichen Hopfenaromen. Etwas süß.

HERRNGIERSDORF

Schlossbrauerei Herrngiersdorf,
Schlossallee 5, 84097 Herrngiersdorf
www.schlossbrauerei-herrngiersdorf.de

Herrngiersdorf liegt mitten im niederbayerischen Hügelland zwischen Regensburg und Landshut. Nach eigenen Aussagen ist die Schlossbrauerei Herrngiersdorf, die seit 1131 existiert, die älteste Privatbrauerei der Welt. Seit 1899 ist sie im Besitz der Familie Pausinger und wird seit 1995 von der sechsten Generation geführt.

TRAUSNITZ PILS
PILSENER 5,2 VOL.-%
Hell goldfarbenes Bier, vollmundig, mit ausgeprägt feinherber Hopfenbittere.

PUBLINER
DUNKEL 4,9 VOL.-%
Dieses sehr dunkle Bier ist hocharomatisch; intensive Aromen von Röstmalz und leichter Hopfenbitterkeit.

HOFBRÄU MÜNCHEN

Staatliches Hofbräuhaus München,
Hofbräuallee 1, 81829 München
www.hofbraeuhaus.com

Das Hofbräuhaus in München ist weltberühmt und wird von Touristen aus aller Herren Länder aufgesucht.
Es wurde 1607 von Herzog Maximilian I. gegründet. Gebraut wird heute außerhalb der City in Riem.

BRAUGEHEIMNIS: Das Wasser für die Hofbräu-Biere stammt aus 150 m Tiefe.

HOFBRÄU ORIGINAL
MÜNCHNER HELLES 5,1 VOL.-%
Dieses hell goldfarbene Bier ist erfrischend und herb. Malz und Hopfen sind harmonisch ausbalanciert.

HOFBRÄU DUNKEL
DUNKEL 5,5 VOL.-%
Dies ist die älteste bayerische Bierart; dunkel bernsteinfarben, hocharomatisch und voller verführerischer Malzaromen.

BRAUEREI

HÜTT

Hütt-Brauerei Bettenhäuser,
Knallhütte, 34225 Baunatal
www.huett.de

An dieser Stelle wurde schon 1752 Bier gebraut. Das Unternehmen wird heute in neunter Generation als Familienbetrieb geführt. Zur Brauerei gehört von jeher das Gasthaus Knallhütte.

BRAUGEHEIMNIS: Die Hütt-Biere sind auf den Geschmack der Kundschaft vor Ort abgestimmt, finden aber einen weit größeren Abnehmerkreis.

HUTTHURMER BAYERWALD-BRAUEREI

Marktplatz 5, 94116 Hutthurm
www.hutthurmer.de

Biere aus dem Bayerischen Wald sind weithin bekannt. Seit 1914 ist die Hutthurmer Brauerei im Besitz der Raiffeisenbank vor Ort.

BRAUGEHEIMNIS: Der Erfolg der Brauerei basiert darauf, dass sie seit 1577 auf die Wahrung der traditionellen Braukunst achtet.

JANDELSBRUNN

Privatbrauerei Josef Lang Jandelsbrunn,
Hauptstr. 17, 94118 Jandelsbrunn
www.jandelsbrunner.de

Seit 1810 ist die Privatbrauerei Josef Lang in Jandelsbrunn im Besitz der Familie Lang. Sie hat im 20. Jh. für Modernisierungen in Form neuer Brau- und Abfüllanlagen und eines neuen Gärkellers gesorgt.

BRAUGEHEIMNIS: 2004 wurde eine Fotovoltaikanlage installiert, um die Sonnenenergie zum Brauen zu nutzen.

JETTENBACH

Am Schlossberg 1,
84555 Jettenbach am Inn
www.brauerei-jettenbach.de

Die Geschichte des bayerischen Biers ist seit 700 Jahren eng mit den Grafen Toerring verknüpft. Diese kämpften für das Recht, Brauereien zu errichten und Bier für sich selbst und die umliegenden Wirtshäuser zu brauen. Ein besonderes Anliegen ist seit je die Pflege edler Braukunst.

BIER

SCHWARZES GOLD

DUNKEL 4,9 VOL.-%

Dunkles Bier, herb und sehr frisch; im Geschmack süßlich, Aromen von Malz und gutem Hopfen.

LUXUS PILS

PILSENER 4,9 VOL.-%

In der Nase fein-bittere Hopfennoten, sehr eleganter, malziger Geschmack; hell goldfarben: ein hochwertiges Pilsener.

TRADITION-EXPORT

EXPORT 5,4 VOL.-%

Dieses goldfarbene Bier ist körperreich und nicht zu süß. Im Nachklang leichtes Hopfenaroma.

TRADITION-DUNKEL

DUNKEL 5,3 VOL.-%

Dieses Bier erhält seinen typischen Charakter durch dunkle Malzsorten. Durch die leichte Hopfenbitterkeit ist es angenehm zu trinken.

DOPPELBOCK

DOPPELBOCK 8 VOL.-%

Ein mahagonifarbener Doppelbock, im Geschmack malzig, blumig und leicht süß, am Ende angenehme Bitternoten.

UR-WEIZEN

WEIZENBIER 5,3 VOL.-%

Bernsteinfarben und hefetrüb, im Geschmack blumig mit mild-süßem Nachklang.

GRAF IGNAZ

PILSENER 4,9 VOL.-%

Ein echtes Pilsener – klar, goldfarben und leicht spritzig; intensive Aromen von delikatem, bitterem Hopfen.

GRAF IGNAZ LAGER

LAGER 4,9 VOL.-%

Dieses goldfarbene Bier ist herb und hat angenehme Aromen von feinem Malz. Auf der Zunge leichte Süße.

JEVER

Friesisches Brauhaus zu Jever,
Elisabethufer 18, 26441 Jever
www.jever.de

Die Brauerei wurde vor 160 Jahren gegründet und arbeitet heute mit einer der modernsten Brauanlagen der Welt. Das Pilsener kam in den 1960er-Jahren während der »Pils-Welle« auf den Markt. Seit 2005 gehört Jever zur Radeberger Gruppe.

BRAUGEHEIMNIS: Jever ist für eines der bittersten Pilsener überhaupt bekannt.

JEVER FUN

ALKOHOLFREIES BIER 0,25 VOL.-%

Enthält nur 18 kcal pro 100 ml und schmeckt ähnlich wie das Pilsener. Goldfarben und hopfenbitter.

JEVER PILSENER

PILSENER 4,8 VOL.-%

Die Braumeister bei Jever verwenden viel Hopfen. Durch die Bitterstoffe ist das Pilsener sehr herb.

KAUZEN-BRÄU

Uffenheimer Str. 17, 97199 Ochsenfurt
www.kauzen.de

Im Jahr 1809 lief bei Kauzen-Bräu das erste Bier aus dem Zapfhahn. Die schwierigste Phase in der Geschichte der Brauerei war die Nachkriegszeit, da es an Rohstoffen, aber auch an Maschinen und Ersatzteilen mangelte. Heute ist Kauzen-Bräu eine der modernsten mittelständischen Brauereien mit einer stabilen Marktposition.

KÄUZLE

LAGER 4,8 VOL.-%

Ein modernes, hellgoldenes Bier mit süßlichen Malzaromen, gegen Ende leichte, feinbittere Hopfennoten.

KAUZEN ORIGINAL 1809

LAGER 5,2 VOL.-%

Ein typisches goldgelbes Lagerbier, weniger herb als üblich und sogar ein bisschen süß.

KESSELRING

Privatbrauerei Kesselring,
Leithenbukweg 13, 97342 Marktsteft
www.kesselring-bier.de

Vermutlich wurde an dieser Stelle schon 1688 gebraut. Bedeutsam war die Übernahme der Leitung durch Adolf Kesselring 1914. Schon Anfang der 60er-Jahre betrug der Ausstoß 30.000 hl Bier und 5000 l alkoholfreie Getränke. Bis heute haben sich diese Mengen verdoppelt (Bier) bzw. verachtfacht (alkoholfreie Getränke).

URFRÄNKISCHES LANDBIER

LAGER 5,3 VOL.-%

Ein frisches, hell goldfarbenes Bier. Im Geschmack eine harmonische Kombination von Hopfen und Malz.

KESSELRING SCHLEMMER SCHWARZE

WEIZENBIER 5,3 VOL.-%

Erfrischend und spritzig, im Nachklang ein leichtes Hopfenaroma.

KIRNER

Kirner Privatbrauerei,
Kallenfelser Str. 2–4, 55606 Kirn
www.kirner.de

Seit dem 17. Jh. braut die Familie Andres in Kirn Bier. Ende des 18. Jh. entschloss sich der Gastwirt und Brauer Jakob Andres, auch andere Wirtschaften mit seinem Bier zu versorgen. Damit legte er den Grundstein für ein erfolgreiches Familienunternehmen mit einer heute über 200-jährigen Brautradition.

KIRNER KYR

PILSENER (LEICHTBIER) 2,8 VOL.-%

Dieses goldgelbe Bier enthält 40 % weniger Alkohol als »normale« Pilsener, schmeckt aber wie die alkoholreichen Varianten. Elegant, herb, mit delikatem Hopfen.

KIRNER PUR

PILSENER 4,8 VOL.-%

Ein trübes, goldgelbes Pilsener, körperreich, mit leichtem Hefegeschmack.

BIERARTEN

LAGER

Lagerbiere haben die Welt erobert: Von den Baltischen Staaten bis zu den Bahamas, von Australien bis nach Island – überall wird man Ihnen ein Lagerbier im deutschen oder tschechischen Stil servieren, wenn Sie einfach nur ein Bier bestellen. In Deutschland ist der Ausdruck »Lager« allerdings nicht mehr üblich. Dabei stammt er tatsächlich von »lagern«: Ursprünglich bezeichnete er die Biere, die den Sommer über in kühlen Kellern gelagert wurden, bevor im September wieder gebraut werden durfte. Das erste Lagerbier stammt aus dem Jahr 1842. Es wurde in der tschechischen Stadt Pilsen gebraut *(s. S. 236–237)*.

VERSCHIEDENE LAGERBIERE In Mitteleuropa gibt es unterschiedliche Lagerbiere. Dazu gehören z. B. Märzen, Bockbier, Dunkelbier, Festbier, Pilsener, Helles, Budweiser, Schwarzbier und Dortmunder. Ein echtes Pilsener ist köstlich: spritzig-frisch mit abgerundeten Aromen von weichem, keksartigem Malz, delikaten Hopfenaromen und subtiler Bitterkeit im Nachklang – das Jever Pilsener aus Norddeutschland z. B. ist recht bitter im Nachklang.

GÄRUNG Lagerbiere sind untergärig, d. h., die Hefen arbeiten bei sehr viel niedrigeren Temperaturen als bei anderen Bieren. Nach der Fermentation sinkt die Hefe nach unten, daher der Name. Die Gärung findet bei 4 bis 9 °C statt, sodass sich relativ wenig Pilze und Mikroben bilden. Aus diesem Grund sind untergärige Biere haltbarer als obergärige.

REIFUNG Sobald die erste Gärung abgeschlossen ist, werden Lagerbiere in Behälter umgefüllt, in denen sie reifen können. Die Reifezeit kann bis zu drei Monaten dauern, z. B. bei Budweiser. Die lange Reifung verleiht dem Bier einen weichen, milden Charakter.

BRAUEREI

KITZMANN BRÄU

Südliche Stadtmauerstr. 25,
91054 Erlangen
www.kitzmann.de

Die heutige Brauerei Kitzmann wurde 1712 an der südlichen Stadtmauer von Erlangen gegründet. 1833 erwarb Johann Lorenz Kitzmann die Brauerei, die sich heute als leistungsfähiges Unternehmen präsentiert, das gut für die Zukunft gerüstet ist. Ein Garant für den Erfolg ist die Bewahrung althergebrachter Traditionen.

KNEITINGER

Brauerei Johann Kneitinger,
Kreuzgasse 7, 93047 Regensburg
www.kneitinger.de

Die Brauereigaststätte Kneitinger gehört zu den bekanntesten Lokalen in Regensburg. Braumeister Johann Kneitinger erwarb die Brauerei 1865, dazu Ländereien, die die hochwertigen Rohmaterialien lieferten.

BRAUGEHEIMNIS: Johann Kneitinger entwickelte das starke Bockbier, das bis heute produziert wird.

KÖNIG LUDWIG

König Ludwig Schlossbrauerei Kaltenberg,
Augsburger Str. 41,
82256 Fürstenfeldbruck
www.kaltenberg.de

Das Herrscherhaus der Wittelsbacher ist eng mit der Braukunst in Bayern verbunden. Inhaber der heutigen Brauerei ist Prinz Luitpold, der v. a. mit den Marken König Ludwig und Kaltenberg erfolgreich ist. Der Name Kaltenberg bezieht sich auf den Sitz der Brauerei im Schloss Kaltenberg.

KÖNIGSBACHER

An der Königsbach 8, 56075 Koblenz
www.koenigsbacher.de

Schon seit 1689 wird an dieser Stelle Bier gebraut. Bis 1970 hat Königsbacher andere Brauereien aufgekauft, darunter auch Richmodis-Bräu in Köln und Hamacher in Aachen. Heute gehört es zur Karlsberg-Gruppe.

BRAUGEHEIMNIS: Königsbacher war die erste Brauerei in Deutschland, wo eine automatische Fass-Abfüllanlage zum Einsatz kam (1974).

BIER

KITZMANN KELLERBIER

KELLERBIER 4,9 VOL.-%

Ein Bier im alten Stil: ungefiltert und trüb mit feinen Hopfenaromen und malzigem Nachklang.

KITZMANN URBOCK

BOCK 7,1 VOL.-%

Ein abgerundetes, feines Bockbier, recht geschmacksintensiv, dabei aber gut ausgewogen zwischen Hopfen und Malz; weicher Schaum.

KNEITINGER BOCK

BOCK 6,8 VOL.-%

Schwarzbraun, körperreich, cremefarbener Schaum und malziger Geschmack – ein perfektes Bockbier.

KNEITINGER DUNKEL EXPORT

EXPORT 5,5 VOL.-%

Diese alte Biersorte ist malzig, hat leichte Hopfenaromen und cremefarbenen Schaum – Touristen aus aller Welt trinken es mit Genuss.

KÖNIG LUDWIG DUNKEL

DUNKEL 5,1 VOL.-%

Bernsteinfarben, Geschmack nach dunklem Malz und Hopfen – das beliebteste Dunkel in Deutschland.

KÖNIG LUDWIG WEISSBIER

WEIZENBIER 5,5 VOL.-%

Eins der beliebtesten Weizenbiere in Deutschland: gelb und trüb mit delikaten Hopfenaromen im Nachklang. Eine ungefilterte Spezialität.

KÖNIGSBACHER PILSENER

PILSENER 4,8 VOL.-%

Goldfarben, spritzig und aromatisch. Der Hopfen sorgt für eine üppige, cremefarbene Schaumkrone und einen großartigen Nachklang.

KÖNIGSBACHER 1689

TRADITIONSBIER (LAGER) 5,2 VOL.-%

Dieses bernsteinfarbene Bier ist herb und hat einen mittleren Körper.

	KROMBACHER	KRONE	KUCHLBAUER	KULMBACHER
BRAUEREI	Hagener Str. 261, 57223 Kreuztal-Krombach www.krombacher.de Die Brauerei wurde schon 1803 urkundlich erwähnt, doch die Marke »Krombacher« entstand erst 1908. In den erfolgreichen 90er-Jahren überstieg die Produktion erstmals die Marke von 2 Mio. hl. Seit 2005 liegt die Produktionsmenge bei über 5 Mio. hl – damit ist Krombacher zur führenden Premium-Marke in Deutschland geworden.	Brauerei und Gasthof Krone, F. Tauscher, Bärenplatz 7, 88069 Tettnang www.krone-tettnang.de Die Kronen-Brauerei in Tettnang ist eine kleine handwerkliche Brauerei, die seit sieben Generationen der Familie Tauscher gehört. Seit 2002 ist die Brauerei Mitglied bei »Brauen mit Leib und Seele«, einem Zusammenschluss von kleineren Brauereien, die das »etwas andere« Bier brauen.	Römerstr. 5–9, 93326 Abensberg www.kuchlbauer.de Mit Braurechten aus dem Jahr 1300 zählt Kuchlbauer zu den ältesten Brauereien überhaupt. 1751 kaufte ein Kuchlbauer aus Regensburg das Stammhaus in Abensberg. Die Brauerei ist heute ein mittelständischer Betrieb mit etwa 40 Angestellten. BRAUGEHEIMNIS: Der Erfolg von Kuchlbauer beruht auf der Spezialisierung auf Weizenbiere.	Lichtenfelser Str. 9, 95326 Kulmbach www.kulmbacher.de Kulmbach in Bayern gilt als die heimliche Hauptstadt des Biers und ist Biertrinkern auf der ganzen Welt bekannt. 1846 schloss sich Wolfgang Reichel mit zwei anderen Brauern zusammen, und dies war der Beginn der Kulmbacher Brauerei. Inzwischen gehören einige Traditionsmarken zu Kulmbacher, und der jährliche Ausstoß liegt bei 300 Mio. l pro Jahr.
BIER	**KROMBACHER PILS** PILSENER 4,8 VOL.-% Im Geschmack elegant, frisch und herb, leichte Hopfenbitterkeit im Nachklang. Goldfarben. **KROMBACHER WEIZEN** WEIZENBIER 5,3 VOL.-% Vom Magazin *Lebensmittel Praxis* zum Produkt des Jahres 2008 gekürt. Ungefiltert; im Geschmack weich, etwas süß und fruchtig, vollmundig.	**TETTNANGER KELLER-PILS** PILSENER 4,7 VOL.-% Das erste Bio-Bier aus der Region. Ungefiltert mit der typischen Hopfenbitterkeit eines Pilseners, dabei etwas Malzsüße. **TETTNANGER KRONEN-BIER** LAGER 4,9 VOL.-% Ein hocharomatisches Bier mit feinen Malzaromen; leichter Abgang mit herrlichen Hopfennoten.	**KUCHLBAUER WEISSE** WEIZENBIER 5,4 VOL.-% Eines der bekanntesten und typischsten Weizenbiere – leicht trüb, spritzig und süßlich. **ALTE LIEBE DUNKLE WEISSE** WEIZENBIER 5,4 VOL.-% Dunkel mahagonifarben, sehr aromatische Malznoten. Recht süß, dabei kaum bitter, dennoch auf der Zunge feine Hopfenaromen.	**MÖNCHSHOF SCHWARZBIER** SCHWARZBIER 4,9 VOL.-% Dunkles Malz und delikater Hopfen. Die Farbe und das feine Aroma sind typisch für Schwarzbiere. **KAPUZINER WEISSBIER** WEIZENBIER 5,4 VOL.-% Naturtrüb, spritzig, süß-fruchtig im Geschmack. Ein typischer Vertreter seiner Art.

LANDSKRON

An der Landskronbrauerei 116,
02826 Görlitz
www.landskron.de

Die Brauerei Landskron wurde 1869 gegründet und spielte seither in Ostdeutschland eine wichtige Rolle. Anfang der 70er-Jahre des vergangenen Jahrhunderts wurde Landskron verstaatlicht. Erst seit der Wiedervereinigung 1990 braut man dort Bier nach dem Reinheitsgebot.

LANDSKRON EIN SCHLESIER
Export 5,2 Vol.-%
Ein dunkel goldfarbenes Lagerbier, leicht malzig im Geschmack und mit feinen Hopfennoten im Nachklang.

LANDSKRON LAUSITZER KINDL
Pilsener 4,8 Vol.-%
Ein hell goldfarbenes Bier, das aufgrund des feinen Hopfens frisch-herb im Geschmack ist und einen leichten, malzbetonten Nachklang hat.

LANDWEHR-BRÄU

Reichelshofen 31, 91628 Steinsfeld
www.landwehr-braeu.de

Landwehr-Bräu präsentiert sich als eine moderne Brauerei mit Tradition. Sie existiert seit 1755 und ist seit 1913 kontinuierlich im Besitz der Familie Wörner.

BRAUGEHEIMNIS: Die Brau- und Abfüllanlagen sind technisch auf dem neuesten Stand, was die hohe, gleichbleibende Qualität sicherstellt.

DUNKLER BOCK
Bock 6,6 Vol.-%
Ein typisches Bockbier mit Anklängen an Haselnüsse, Malzaromen und schönem hopfenbitterem Nachklang.

DUNKEL
Märzen 5 Vol.-%
Erinnert im Aussehen an Kaffee, so dunkel ist es; Aromen von Röstmalz und leichte Hopfenbitterkeit im Nachklang.

LANG-BRÄU

Bayreuther Str. 18–19, 95632 Wunsiedel
www.lang-braeu.de

Diese kleine Brauerei in Schönbrunn bei Wunsiedel stellt 13 verschiedene Bierarten her. Der Ausstoß ist relativ gering, doch hat sich Lang-Bräu mit seinem Benedikt XVI. (»ein Bier besonderer Güte«, 7,5 Vol.-%) weltweit einen Namen gemacht. Interessant ist auch das Erotik-Bier (»das Bier der Nacht«, 5,5 Vol.-%).

SCHÖNBRUNNER PILS
Pilsener 5 Vol.-%
Ein hell goldfarbenes Pilsener mit harmonischen Aromen. Grandioser Nachklang mit delikatem Hopfen.

SCHÖNBRUNNER SPEZIAL
Export 5,5 Vol.-%
Hell goldfarben und körperreich, im Nachklang malzig mit delikaten Hopfennoten.

LEIBINGER

Friedhofstr. 20–36, 88212 Ravensburg
www.leibinger.de

Die Brauerei wurde 1894 von Max Leibinger I. in Ravensburg gegründet. Unter Max Leibinger II., der 1959 die Leitung übernahm, begann die Modernisierung des Unternehmens. Heute wird es von Michael Leibinger geführt.

BRAUGEHEIMNIS: Die bei Leibinger verwendeten Zutaten stammen ausschließlich aus der Region.

MAX 5,2
Spezialbier 5,2 Vol.-%
Die Kombination von Weizen- und Gerstenmalz und delikatem Hopfen sorgt für subtilen Geschmack.

EDELPILS
Pilsener 4,9 Vol.-%
Im Geschmack dominiert Hopfen, wie es für ein Pilsener üblich ist. Prickelnd, ausgeprägte Hopfenblume; hinterlässt ein trockenes Mundgefühl.

BIERTOUR

BAMBERG

Gibt es einen schöneren Ort, um Bier zu genießen, als Bamberg mit seinem gut erhaltenen historischen Stadtkern? In der fränkischen Stadt an der Regnitz leben etwa 70 000 Menschen, und es gibt elf Brauereien. Bamberg ist ein wichtiger Militärstützpunkt, und die dort stationierten US-Soldaten haben ohne Zweifel dazu beigetragen, die Bamberger Biere auch jenseits des Atlantiks bekannt zu machen.

Viele dieser Biere haben einen rauchigen Charakter. Das liegt an der Verarbeitung des Getreides: Beim Mälzen lässt man die Körner keimen. Dabei wird ein Teil der Stärke in Zucker umgewandelt, die wiederum später für die Fermentation notwendig sind. Vor dem Brauen muss der Keimvorgang allerdings gestoppt werden. Dies geschieht üblicherweise durch Hitze beim Darren. Die Bamberger Braumeister haben dafür ein Verfahren entwickelt, bei dem das Grünmalz über Buchenholzfeuer gedarrt wird, was dem Bier später Aromen von Holz, Rauch und Torf verleiht.

1 KLOSTERBRÄU

Die erste urkundliche Erwähnung der Brauerei stammt aus dem Jahr 1333, genau 200 Jahre später erfolgte die Einrichtung als »Fürstbischöfliches Braunes Bierhaus«. Wenn man an der Brauerei vorbeispaziert, hat man das Gefühl, die Zeit sei seit damals stehen geblieben.
Obere Mühlbrücke 1–3 (www.klosterbraeu.de)

TOUR-INFO
30 Minuten plus Zeit für ein Bier
3 km

2 DAS ALTE RATHAUS

In Bamberg gibt es überall Wasser. Das Alte Rathaus, das Wahrzeichen der Stadt, ist in den Fluss Regnitz hineingebaut. Das mittelalterliche Gebäude scheint auf einer künstlichen Insel zu balancieren – genießen Sie den Anblick, bevor Sie zur Brauerei Spezial weitergehen.

3 BRAUEREI SPEZIAL

Zur Brauerei gehört ein Gasthof, der auch von Bambergern gern besucht wird. Das Rauchbier von Spezial hat dezente, weiche Toffeenoten und sogar Anklänge an verbranntes Stroh, doch auch für mindestens vier andere Biere wird Rauchmalz verwendet. Im Gasthof gibt es die Möglichkeit, Bier abzufüllen und mit nach Hause zu nehmen.
Obere Königstr. 10 (www.brauerei-spezial.de)

4 BRAUEREI FÄSSLA

Direkt gegenüber der Brauerei Spezial liegt die Brauerei Fässla, in der seit 1649 gebraut wird. Der zugehörige Gasthof ist urig-gemütlich eingerichtet, darüber befindet sich ein kleines Hotel. Das Logo – der Zwerg, der ein Bierfass rollt – ziert Gläser und das dunkle Mobiliar. Die süffigen Lagerbiere von Fässla zeichnen sich durch die Kombination von malzigen Noten und frischer, milder Bitterkeit aus. *Obere Königstr. 19–21 (www.faessla.de)*

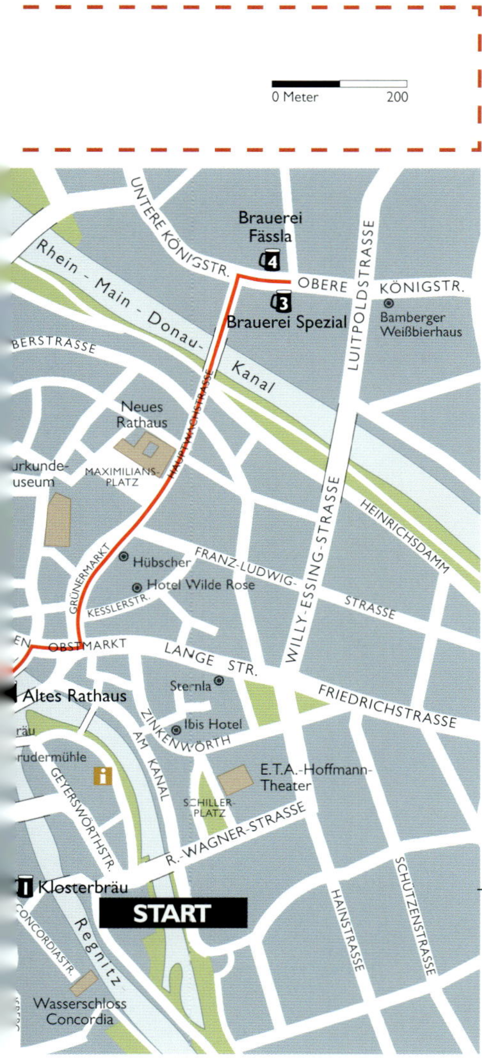

5 SCHLENKERLA

Schlenkerla ist die bekannteste Brauerei mit Ausschank in Bamberg. Dort wird man herzlich begrüßt und bekommt ein wärmendes Rauchbier serviert, das Noten von rauchigem Whisky und Käse aufweist. Oft teilt man den Tisch mit anderen Gästen und sitzt dann in geselliger Runde beisammen, wozu das Bier sicher das Seine beiträgt. Es passt wunderbar zu deftigen, bayerischen Gerichten, z. B. zu Zwiebeln, die mit in Bier gegartem Fleisch gefüllt sind. *Dominikanerstr. 6 (www.schlenkerla.de)*

6 AMBRÄUSIANUM

Gegenüber von Schlenkerla befindet sich die Gasthausbrauerei Ambräusianum. Im Schankraum sind die Sudkessel zu sehen, was für ein eher modernes Ambiente sorgt. In der Tat gibt es das Ambräusianum erst seit 2004. Ein Wochenendfrühstück hier umfasst ein Glas Weizenbier, drei Weißwürste und eine Brezel. *Dominikanerstr. 10 (www.ambraeusianum.de)*

7 WEINSTUBE PIZZINI

Von außen macht die Weinstube Pizzini nicht viel her, und der Name lässt eher auf ein Weinlokal oder eine Pizzeria schließen. Der Innenraum allerdings ist sehr gemütlich und der Empfang ausgesprochen herzlich. Hier haben Sie die Möglichkeit, Biere von Fässla und Spezial zu probieren, aber auch ein Andechser Dunkel. *Obere Sandstr. 17*

Die Stadt Bamberg ist für ihre Rauchbiere bekannt, die mit über Buchenholz gedarrtem Malz gebraut werden.

Ofenfrische Bierhaxen + Schäufer`la
Bier-Haxen
Schäufer'la
Spargel

BRAUEREI

LEIKEIM

Familien-Brauhaus Leikeim,
Langheimer Str. 14, 96264 Altenkunstadt
www.leikeim.de

Das Brauhaus ist 120 Jahre alt und immer noch im Besitz der Familie. Heute wird das Unternehmen in der vierten Generation von Dieter Leikeim geleitet. Nach einigen Ausbauarbeiten ist Leikeim heute die zweitgrößte Brauerei in Deutschland, die Bier in Bügelflaschen verkauft. Das Aushängeschild der Brauerei ist das Leikeim Premium Pilsener.

LICHER

Licher Privatbrauerei Jhring-Melchior,
In den Hardtberggärten, 35423 Lich
www.licher.de

Seit der Gründung 1854 spielt in der Licher Brauerei die Tradition eine große Rolle. Der hohe Qualitätsanspruch wird deutlich, wenn man Licher-Biere trinkt.

BRAUGEHEIMNIS: Sämtliche Zutaten – Malz, Hopfen und Wasser – werden unter dem Kriterium der Nachhaltigkeit beschafft.

LINDENBRÄU

Stuttgarter Str. 43, 76337 Waldbronn
www.lindenbraeu-waldbronn.de

Die Geschichte der Gasthausbrauerei Lindenbräu erstreckt sich über drei Jahrhunderte. Im Jahr 2000 gab es größere Renovierungsarbeiten: Die Gebäude wurden bis auf die Grundmauern abgerissen und in modernem Stil wieder aufgebaut. Die alte Scheune ist heute ein überdachter Biergarten.

LOHRER BIER

Ludwigstr. 3, 97816 Lohr am Main
www.lohrer-bier.de

Die Brauerei Lohrer wurde im späten 19. Jh. gegründet. Ältester Kunde war das Gasthaus »Zum Löwen« in Rieneck. In den 80er-Jahren des 20. Jh. führte Lohrer erneut Bügelflaschen ein. Heute gehört die Brauerei zur Würzburger Hofbräu GmbH.

BRAUGEHEIMNIS: Bei der Einführung neuer Biere hat Lohrer immer kluge Weitsicht walten lassen.

BIER

LEIKEIM PREMIUM

PILSENER 4,9 VOL.-%
Herb, mit mehr Hopfenaromen als die meisten anderen Pilssorten. Im Nachklang leichte Malzaromen.

LEIKEIM PREMIUM WEISSE

WEIZENBIER 5,5 VOL-%
Süffiges Hefeweißbier von goldgelber Farbe; fruchtig-hefiges Aroma mit Noten von Zitrone und Banane.

LICHER WEIZEN

WEIZENBIER 5,4 VOL.-%
Der Favorit unter den Licher-Bieren: Feinste Hefe und edler Hopfen verleihen dem Bier seine besondere Note; süß-vollmundig.

LICHER DOPPELBOCK

DOPPELBOCK 7,6 VOL.-%
Dieses dunkle Bockbier ist ausgesprochen herzhaft. Durch die leichte Süße im Nachklang gut zu trinken.

LINDENBRÄU PILS

PILSENER 5 VOL.-%
Hell goldfarben mit intensivem, aber weichem Geschmack und feinbitteren Hopfenaromen.

WALDBRONNER ORIGINAL

LAGER 5 VOL.-%
Ein bernsteinfarbenes Bier mit aromatischem, malzigem Geschmack, bitterer als üblich. Durch die Süße ähnlich wie ein Märzen.

KEILER WEISSBIER

WEIZENBIER 4,9 VOL.-%
Naturtrüb, dunkel bernsteinfarben, ausgewogen zwischen Weizen- und Gerstenmalz. Leicht süß, im Nachklang delikate Hopfenaromen.

LOHRER BÖCKLE

BOCK 7 VOL.-%
Das stärkste Bier von Lohrer: ziemlich schwer, aber vollmundig und gut zu trinken.

LÖWENBRÄU

Nymphenburger Str. 7, 80335 München
www.loewenbraeu.de

Löwenbräu gehört zu den bekanntesten Biermarken überhaupt. Die Brauerei ist über 500 Jahre alt. Nur drei Jahre nach Kriegsende begann Löwenbräu wieder zu exportieren: erst in die Schweiz, dann aber auch in weiter entfernte Länder. 1997 schloss sich Löwenbräu mit der Spaten Brauerei zusammen, und beide gehören heute zu Anheuser-Busch InBev.

LÖWENBRÄU TRIUMPHATOR

Doppelbock 7,6 Vol.-%
Dieses dunkelbraune Bockbier schmeckt intensiv nach Malz und hat nur subtile Hopfenaromen. Süßlich.

LÖWENBRÄU URTYP

Export 5,4 Vol.-%
Ausgewogener Geschmack mit feinen Malzaromen; voller Körper, angenehm und frisch; milde Hopfenaromen im Nachklang.

LÜBZER

Mecklenburgische Brauerei Lübz, Eisenbeißstr. 1, 19386 Lübz
www.luebzer.de

Seit 130 Jahren wird in Lübz Bier gebraut. Heute gehört die Mecklenburgische Brauerei Lübz zur Carlsberg A/S Dänemark. Ihre Kapazität liegt bei 100 Mio. l jährlich. Im Osten Deutschlands ist Lübzer Pils eine der größten und beliebtesten Marken, auch bei Bierkennern.

LÜBZER URKRAFT

Lager 6 Vol.-%
Dieses bernsteinfarbene Bier hat etwas mehr Alkohol als üblich, ist vollmundig und hocharomatisch.

LÜBZER LEMON

Biermischgetränk 2,5 Vol.-%
Frische Zitronen, Limonenwasser und der geringe Alkoholgehalt machen dieses Bier zu einem wahrhaft erfrischenden Erlebnis.

MAISEL

Hindenburgstr. 9, 95445 Bayreuth
www.maisel.com

Hans und Eberhardt Maisel gründeten die Brauerei 1887 in der Wagner-Stadt Bayreuth. 1955 entschied sich das Unternehmen, die Produktion auf Weizenbier zu konzentrieren, und wurde auf diesem Gebiet zum Trendsetter.

BRAUGEHEIMNIS: Das Erfolgsrezept von Maisel liegt im handwerklichen Können der Brauer.

MAISEL'S WEISSE

Weizenbier 5,2 Vol.-%
Die Farbe ist rötlich glänzend. Das Bier hat fruchtige Noten und eine milde Nussigkeit im Nachklang.

MAISEL'S DAMPFBIER

Spezialbier 4,9 Vol.-%
Die Kombination verschiedener Malzsorten und die obergärige Hefe verleihen diesem traditionellen Bier seinen besonderen Charakter.

MAXLRAIN

Schlossbrauerei Maxlrain,
Aiblinger Str. 1,
83104 Maxlrain
www.maxlrain.de

Der Legende nach war Kaiser Karl der Große 804 der Erbauer des Stammschlosses des Geschlechts der Maxlrains, Urkunden belegen jedoch einen Ritter Podalunc. Heute gehört das Schloss samt Brauerei der Familie Lobkowicz, die erfolgreich die Tradition pflegt.

JUBILATOR

Dunkler Doppelbock 7 Vol.-%
Ein dunkles Bier mit kräftigem, aber angenehmem Geschmack; abgerundet und weich durch feines Röstmalz im Nachklang.

AIBLINGER SCHWARZBIER

Dunkles Export 5 Vol.-%
Mahagonifarben mit delikatem Duft nach Malz, im Geschmack weich. Körperreich und nicht zu süß.

BRAUEREI

MEININGER

Meininger Privatbrauerei,
Am Bielstein 3, 98617 Meiningen
www.meininger-privatbrauerei.de

Die 1841 gegründete Brauerei blickt auf eine bewegte Geschichte zurück. Zu Beginn der DDR wurde sie wie die meisten ostdeutschen Unternehmen verstaatlicht und musste sich nach der Wiedervereinigung mit schwierigen Handelsbedingungen auseinandersetzen. Der gegenwärtige Ausstoß beträgt 8 Mio. l Bier pro Jahr.

METTLACHER ABTEI-BRÄU

Bahnhofstr. 32, 66693 Mettlach
www.abtei-brauerei.de

Die Brauerei hat sich auf ungefilterte Biere spezialisiert. Gäste können vom Restaurant aus den Brauprozess verfolgen. Die Brauer stellen vor allem regionaltypische Biere her und geben Brau-Kurse.

BRAUGEHEIMNIS: Hochwertige Rohstoffe, moderne Technik und engagierte Brauer sind der Schlüssel zum Erfolg.

MICHELSBRÄU

Fahrstr. 83–85, 64832 Babenhausen
www.michelsbraeu.de

Die Brauerei Michelsbräu liegt mitten in der Stadt Babenhausen. Sie wurde 1815 gegründet und wird seit 1925 von der Familie Schubert betrieben. Bei Michelsbräu wird die handwerkliche Tradition gepflegt, und der Braumeister verwendet Malz und Hopfen nur in bester Qualität.

BRAUGEHEIMNIS: Das Brauwasser stammt aus einer nahen Quelle.

NESSELWANG

Post-Brauerei-Nesselwang,
Hauptstr. 25, 87484 Nesselwang
www.post-brauerei-nesselwang.de

In der zweiten Hälfte des 17. Jh. gab es in Nesselwang fünf Brauereien. Die heutige Post-Brauerei hieß über 200 Jahre lang Adlerbrauerei und erhielt ihren heutigen Namen erst 1883. Seit Anfang des 20. Jh. wird sie von der Familie Meyer geführt.

BIER

MEININGER GOLD-URHELL
LAGER 4,7 VOL.-%
Frisch und leicht spritzig, hell goldfarben. Leichtes Aroma von delikatem Hopfen.

MEININGER HELLER BOCK
BOCK 6,3 VOL.-%
Dieses hell bernsteinfarbene Bockbier gibt es das ganze Jahr über. Angenehm im Geschmack mit köstlichem Hopfenaroma.

ABTEI-BOCK
BOCK 6,2 VOL.-%
Bockbier mit kräftigen Röstnoten und noch mehr Geschmack nach delikatem Hopfen.

ABTEI-JOSEF-SUD
WEIZENBIER 5,1 VOL.-%
Dieses dunkel bernsteinfarbene, spritzige Bier hat die typischen Aromen einer Maische aus Weizen- und Gerstenmalz.

MICHELSBRÄU HEXE
EXPORT 5,2 VOL.-%
Diese Bierspezialität hat einen leicht malzbetonten Charakter und schmeckt feinbitter. Recht süffig.

MICHELSBRÄU PILS
PILSENER 4,9 VOL.-%
Das frische, goldfarbene Pilsener hat eine kompakte, feinporige Schaumkrone. Ausgewogene Hopfenaromen, leicht bitter im Geschmack.

POSTWIRTS DUNKEL
DUNKEL 4,9 VOL.-%
Ein dunkles, würziges Bier, das nach geröstetem Malz schmeckt, aber auch leicht süß ist. Im Nachklang Anklänge an bitteren Hopfen.

DER POSTILLON
WEIZENBIER 4,9 VOL.-%
Ein typisches Weizenbier: spritzig, im Geschmack frisch mit etwas Hopfen und Malz, im Nachklang süßlich.

NEUMARKTER LAMMSBRÄU

Amberger Str. 1, 92318 Neumarkt
www.lammsbraeu.de

Seit dem Jahr 1800 ist die Brauerei im Besitz der Familie Ehrnsperger. 1987 wurden die ersten Bio-Biere gebraut. Seit 2002 verleiht die Brauerei jährlich den Neumarkter Lammsbräu Nachhaltigkeitspreis.

BRAUGEHEIMNIS: Die Brauerei arbeitet mit etwa 100 Bio-Bauern zusammen.

LAMMSBRÄU URSTOFF
LAGER 4,7 VOL.-%
Mit weniger Hopfen als Pilsener gebraut und daher nicht so bitter; mit köstlichem Nachklang.

LAMMSBRÄU DINKELBIER
SPEZIALBIER 5,1 VOL.-%
Dinkel ist eine sehr alte Getreideart und eng mit Weizen verwandt. Fruchtig-aromatisch, leicht nussartig; spritzig wie ein Weizenbier.

PINKUS MÜLLER

Kreuzstr. 4–10, 48143 Münster
www.pinkus-mueller.de

Die Geschichte der Familie Müller in Münster beginnt 1816. Heute ist Pinkus Müller die letzte von einmal 150 Altbierbrauereien in Münster – und damit eine Touristenattraktion. In der Gaststätte werden regionale Spezialitäten serviert.

BRAUGEHEIMNIS: Die Rohstoffe für die ungefilterten Biere stammen aus kontrolliert ökologischem Landbau.

PINKUS ORIGINAL ALT
ALTBIER 5,1 VOL.-%
Der weinähnliche Charakter entsteht durch lange Lagerung. Dunkel goldfarben mit leichten Bitteraromen im Nachklang.

PINKUS PILS
PILSENER 5,2 VOL.-%
Strohfarben; im Geschmack feinherb, Hopfenaromen im Nachklang.

REICHENBRAND

Zwickauer Str. 478, 09117 Chemnitz
www.brauerei-bergt.de

Die 1874 gegründete Brauerei liegt im Chemnitzer Ortsteil Reichenbrand. Nach dem Bankrott 1895 wurde sie von Joachim Bergt übernommen, der das Unternehmen durch schwierige Zeiten steuerte. Nach der Wiedervereinigung konnte die Familie Bergt die zu DDR-Zeiten verstaatlichte Brauerei wieder übernehmen. Inzwischen arbeitet sie sehr erfolgreich.

UNSER HELLES
LAGER 4,2 VOL.-%
Dieses leichte, goldfarbene Bier ist vollmundig und hat abgerundete, hopfenbittere Aromen.

PREMIUM
EXPORT 5,5 VOL.-%
Typische dunkelgelbe Farbe; ebenso vollmundig wie sein Bruder, hat aber mehr Hopfenaromen; herbdelikater, bitterer Nachklang.

REUTBERG

Klosterbrauerei Reutberg,
Am Reutberg 2, 83679 Sachsenkam
www.klosterbrauerei-reutberg.de

Im Kloster Reutberg wird schon seit dem 17. Jh. Bier gebraut. 1901 sollte die Brautätigkeit eingestellt werden, was jedoch auf massiven Widerstand in der Bevölkerung stieß. 1906 nahm die Brauerei ihre Arbeit wieder auf, und zwar mit neuer technischer Ausstattung und neuen Lagerräumen. 1987 scheiterte ein Zusammenschluss mit Oberbräu Holzkirchen.

EXPORT DUNKEL
DUNKEL 5,2 VOL.-%
Die typische dunkle Bernsteinfarbe entsteht durch dunkles Malz. Duft nach Malz, körperreiche Textur, harmonischer Nachklang.

JOSEFI BOCK
BOCK 6,9 VOL.-%
Dieses starke, bernsteinfarbene Bier schmeckt mild und angenehm malzig – sehr schön ausgewogen.

Das Brauhaus Früh am Kölner Dom ist der ideale Ort für ein Glas Kölsch.

BIERARTEN

KÖLSCH

Im Glas sieht Kölsch aus wie ein untergäriges bzw. kalt vergorenes Lagerbier, doch tatsächlich ist es ein obergäriges Bier, das zur Familie der Ales gehört. Im Farbton gleicht es einem Pilsener. Es wird mit obergäriger Hefe gebraut und reift etwa einen Monat bei niedrigen Temperaturen. Kölsch gehört zu den wenigen Bieren mit kontrollierter Herkunftsbezeichnung. Die Kölsch-Konvention von 1985 regelt verbindlich, welches Bier sich Kölsch nennen darf: Es darf demnach nur in Köln und in einigen umliegenden Orten hergestellt werden. Aus diesem Grund müssen amerikanische Craft Brewers, die »Kölsch« brauen, ihre Produkte als Biere im »Kölsch-Stil« bezeichnen.

Natürlich sind die Kölner ausgesprochen stolz auf »ihr« Bier. Am besten trinkt man Kölsch im Brauhaus Früh direkt am Dom oder im Dom-Brauhaus in der Alteburger Straße.

SCHLANK UND TROCKEN Kölsch ist kein schweres, vollmundiges Bier. Stellen Sie sich auf delikate Frucht- und Malzaromen am Gaumen ein, mit Anklängen an Beerenfrüchte. Nach einer subtilen Süße folgt ein kurzer, reiner Nachklang. Kölsch ist erfrischend, süffig und enthält etwa 5 Vol.-% Alkohol. Es ist ein gutes Kneipenbier, eignet sich als Aperitif und passt gut zu leichten Gerichten mit Salat und hellem Fisch.

DER KÖBES In Köln serviert der Köbes das Kölsch, in Düsseldorf und Krefeld auch andere Bierarten. Er trägt traditionell eine blaue Schürze aus Leinen und hat eine lederne Geldtasche umgeschnallt. Kölsch wird aus schmalen, hohen Gläsern, sogenannten Stangen, getrunken. Sie werden im Kölschkranz serviert – einem runden Tablett mit Mittelgriff, das für jedes Glas eine Vertiefung hat.

BRAUEREI

RIEGELE

Frölichstr. 26, 86150 Augsburg
www.riegele.de

Die Geschichte der Brauerei reicht zurück bis ins Jahr 1386. Nachdem Sebastian Riegele 1884 die traditionsreiche Brauerei erworben hatte, entwickelte sich das Geschäft so gut, dass 1911 ein Neubau vor den Toren der Stadt notwendig wurde. Riegele ist nach wie vor in Familienbesitz.

BRAUGEHEIMNIS: Die Brauerei hat eine eigene Malzproduktion.

RÖHRL

Heerstr. 13, 94315 Straubing
www.roehrlbraeu.de

Diese ehemalige Klosterbrauerei im niederbayerischen Straubing wurde 1881 von Josef Röhrl aufgekauft. Seitdem ist sie in Familienbesitz. Bis heute wird dort Bier nach traditionellen Brauverfahren hergestellt – und das sehr erfolgreich.

BRAUGEHEIMNIS: Die Einführung des Weizenbiers 1976 trug der Brauerei weithin Anerkennung ein.

ROSENBRAUEREI PÖSSNECK

Dr.-Wilhelm-Külz-Str. 41, 07381 Pößneck
www.rosenbrauerei.de

In Pößneck wird seit dem 16. Jh. gebraut, seit 1866 in der Rosenbrauerei. 1951 wurde die Brauerei verstaatlicht und war zum Zeitpunkt der Wiedervereinigung in desolatem Zustand. In den nachfolgenden Jahren gelang es der Familie, die Brauerei zu einem erfolgreichen Unternehmen auszubauen.

ROSTOCK

Hanseatische Brauerei Rostock,
Doberaner Str. 27, 18057 Rostock
www.rostocker.de

1878 erwarben die beiden Ingenieure Mahn und Ohlerich die Brauerei. Heute ist sie eine Tochtergesellschaft der Radeberger Gruppe und gehört in Mecklenburg zu den Marktführern.

BRAUGEHEIMNIS: Seit 1991 wächst die Brauerei stetig – in dem Jahr wurde sie von Beck & Co. aufgekauft.

BIER

COMMERZIENRAT RIEGELE PRIVAT
EXPORT 5,2 VOL.-%
Ein goldglänzendes Bier mit Malznoten, aromatische Hopfenblume. Im Geschmack weich und mild, großartige Hopfenbitterkeit.

SEBASTIAN RIEGELE'S WEISSE
WEIZENBIER 5 VOL.-%
Naturtrüb, ungefiltert, gelb. Hefigblumiger Geschmack mit Fruchtnoten, delikate Hopfenbitterkeit.

STRAUBINGER WEISSE
WEIZENBIER 5,3 VOL.-%
Körperreich, spritzig und am Gaumen fruchtig; milde Hopfenaromen.

RÖHRL'S GÄUBODEN LANDBIER
LAGER 4,8 VOL.-%
Der Name geht auf die gleichnamige Region in Niederbayern zurück. Angenehm leichter Geschmack nach Gerste und mildem Hopfen; schöner, leicht bitterer Nachklang.

ROSEN KELLERBIER
PILSENER 4,8 VOL.-%
Dieses traditionelle Bier ist gelblich trüb. Es ist körperreich und aromatisch mit leicht malzigen Aromen.

SCHWARZE ROSE
SCHWARZBIER 4,9 VOL.-%
Spritzig und fast schwarz, schöne Aromen von Röstmalz und deutliche Bitterkeit im Nachklang.

ROSTOCKER BOCK DUNKEL
BOCK 6,9 VOL.-%
Bitterer als andere Bockbiere. Vollmundige Malzaromen, dabei üppiger Karamellgeschmack.

ROSTOCKER EXPORT
EXPORT 5,5 VOL.-%
Ein goldfarbenes Bier mit delikaten Hopfenaromen und feinblumiger Bitterkeit.

ROTHAUS

Badische Staatsbrauerei Rothaus AG,
Rothaus 1, 79865 Grafenhausen-Rothaus
www.rothaus.de

Die idyllisch im Hochschwarzwald gelegene Brauerei wurde 1791 durch das Benediktinerkloster St. Blasien gegründet. Heute befindet sie sich im Besitz des Landes Baden-Württemberg und ist so erfolgreich wie nie: Selbst ohne kostspielige Werbeaktionen erlangte das Tannenzäpfle in den letzten Jahren einen Kultstatus in ganz Deutschland.

ROTHAUS TANNENZÄPFLE

PILSENER 5,1 VOL.-%

Würzig-spritziges Bier von goldgelber Farbe. Feines Hopfenaroma. Das Etikett der 0,33-Liter-Flasche wurde seit über 30 Jahren nicht verändert.

ROTHAUS HEFEWEIZEN

WEIZENBIER 5,4 VOL.-%

Erfrischendes, sehr helles Bier mit milden Hopfenaromen und Fruchtnoten.

SAALFELD

Bürgerliches Brauhaus Saalfeld,
Pößnecker Str. 55, 07318 Saalfeld
www.brauhaus-saalfeld.de

Die Brautradition in Saalfeld reicht mehr als 100 Jahre zurück. In den 50er-Jahren des 20. Jh. wurde das Bürgerliche Brauhaus Saalfeld in Teilen renoviert. Seit 1991 noch einmal 7 Mio. Euro investiert wurden, kann sich die Brauerei von innen und außen wieder sehen lassen.

UR-SAALFELDER

MÄRZEN 5,6 VOL.-%

Bernsteinfarbenes, vollmundiges Märzen mit milder Malznote und dezenter Hopfenbittere.

SAALFELDER PILSNER

PILSENER 4,8 VOL.-%

Dieses klassische Pilsener schmeckt feinherb, ist im Antrunk spritzig und weist im Nachklang harmonische Bitternoten auf.

SCHAUMBURGER

St. Annen 11, 31655 Stadthagen
www.schaumburger-brauerei.de

Die Brauerei wurde 1873 in Stadthagen gegründet. Während des 2. Weltkriegs kam die Produktion zum Erliegen, wurde jedoch schon 1948 wieder aufgenommen.

BRAUGEHEIMNIS: Gebraut wird mit Quellwasser, das etwa dieselbe Qualität hat wie das Wasser in Pilsen (Tschechische Republik), wo das originale Pilsner hergestellt wird.

SCHAUMBURGER PRIVAT-BOCK

BOCK 6,5 VOL.-%

Ein typisches Bockbier mit leicht malzigem Aroma, kräftigem Geschmack und hopfenbetontem Nachklang.

SCHAUMBURGER LÜTTJE LAGE

LIGHT-BIER 3 VOL.-%

Ein Schankbier, das in Norddeutschland gern zusammen mit einem Korn getrunken wird. Es ist leicht und süffig.

SCHEYERN

Schyrenplatz 1, 85298 Scheyern
www.klosterbrauerei-scheyern.de

Seit 1119 brauen Benediktinermönche in Scheyern Bier. Mitte des vergangenen Jahrhunderts wurde die Brauerei an einen Augsburger Hersteller verpachtet. Nach einer Komplettsanierung hat das Kloster selbst die Brautradition wieder aufgenommen. Kloster und Brauerei liegen in der Hallertau, in einem der bedeutendsten Hopfenanbaugebiete der Welt.

KLOSTERBIER-HELL

LAGER 5,4 VOL.-%

Goldfarben, mildes Hopfenaroma.

HOPFAZUPFABIER

MÄRZEN 5,6 VOL.-%

Hopfazupfa ist der bayerische Ausdruck für das Hopfenpflücken, und ursprünglich wurde dieses Fest-Märzen für diese Zeit gebraut. Es ist goldfarben, feinaromatisch und hat leichte Hopfenaromen.

BRAUEREI

SCHLAPPESEPPEL

Eder & Heylands Brauerei, Aschaffenburger Straße 3–5, 63762 Großostheim
www.schlappeseppel.de

Als König Gustav Adolf von Schweden 1631 Aschaffenburg einnahm, gab es im Schloss Johannisburg keinen Tropfen Bier mehr. Es wurde ein Soldat ausfindig gemacht, der sich aufs Bierbrauen verstand. Aufgrund seines lahmen Fußes trug er den Spitznamen »schlapper Seppel«. Heute wird das Schlappeseppel-Bier in der Eder & Heylands Brauerei in Großostheim gebraut.

SCHLENKERLA

Dominikaner Str. 6, 96049 Bamberg
www.schlenkerla.de

Die erste urkundliche Erwähnung von Schlenkerla stammt aus dem Jahr 1405. Das Unternehmen wird heute in der sechsten Generation von der Familie Trum geführt. Das Rauchbier ist eine Spezialität aus Bamberg.

BRAUGEHEIMNIS: Das Räucheraroma der Schlenkerla-Biere stammt von dem Rauch von Buchenholzfeuern, das auf der Darre durch das Malz zieht.

SCHLODERER BRÄU

Rathausstr. 4, 92224 Amberg
www.schlodererbraeu.de

Schloderer Bräu ist eine typische Braugaststätte im Herzen von Amberg. Die Gäste können beim Essen den Brauprozess verfolgen. Einige Schloderer-Biere gibt es das ganze Jahr über, andere werden nur saisonal gebraut, z. B. das Hochzeitsbier oder der Hexenstoff. Zu den Bieren werden bei Schloderer regionale Gerichte und besondere Menüs serviert.

SCHMUCKER

Hauptstr. 89, 64756 Mossautal
www.schmucker-bier.de

Die 1780 gegründete Brauerei ist bis heute in Privatbesitz. Schmucker ist eine regional starke Marke, die Biere werden aber auch exportiert, z. B. nach Italien, Spanien, Frankreich, Südkorea und in die USA. Die Brauerei hat 90 Angestellte.

BRAUGEHEIMNIS: Das relativ harte Quellwasser bestimmt wesentlich den Charakter der Biere.

BIER

SCHLAPPESEPPEL EXPORT

EXPORT 5,5 VOL.-%
Ein klassisches, goldfarbenes Exportbier mit leichtem Hopfenaroma und einiger Süße am Gaumen.

SCHLAPPESEPPEL PILSENER

PILSENER 5 VOL.-%
Goldfarbenes, nicht wirklich leichtes Pilsener: kräftig, aber weich im Geschmack, feine Aromen von Hopfen und Malz.

AECHT SCHLENKERLA RAUCHBIER

MÄRZEN 5,1 VOL.-%
Ein sehr dunkles, herbes Bier. Aromen von Geräuchertem und Röstmalz, im Nachklang etwas Hopfen.

RAUCHBIER URBOCK

BOCK 6,5 VOL.-%
Ein dunkles Bockbier mit den für Schlenkerla typischen Rauch- und Röstaromen; herb-malzig im Geschmack, Süße im Nachklang.

SCHLODI KULT

LAGER 5,2 VOL.-%
Naturtrüb, gelb; im Geschmack herb und feinaromatisch, leicht spritzig und sehr frisch.

SCHLODERER DUNKEL

DUNKEL 4,9 VOL.-%
Dunkel bernsteinfarben, naturtrüb, leicht rauchig mit Malzaromen, leicht süß.

SCHMUCKER MEISTER PILS

PILSENER 4,8 VOL.-%
Strahlend hellgelb, ein typisches, körperreiches Pilsener mit kräftigen Hopfenaromen; weich und dabei deutlich bitter.

SCHMUCKER HEFEWEIZEN

WEIZENBIER 5 VOL.-%
Dunkelgelb und trüb; körperreich, im Geschmack weich, Duft nach Früchten und Hefe.

SCHNEIDER WEISSE

Private Weissbierbrauerei G. Schneider & Sohn,
Emil-Ott-Str. 1–5, 93309 Kelheim
www.schneider-weisse.de

Die Private Weissbierbrauerei G. Schneider & Sohr ist seit ihrer Gründung in Familienbesitz. Ursprünglich war sie in München ansässig, zog aber aufgrund der Zerstörung der Produktionsstätte nach dem 2. Weltkrieg nach Kehlheim. Aus der Brauerei in München ist ein weltbekanntes Restaurant geworden.

SCHNEIDER WEISSE ORIGINAL
WEIZENBIER 5,4 VOL.-%
Auch als »flüssiger Bernstein« bezeichnet: schön bernstein-mahagonifarben. Frisch und vollmundig, im Nachklang leichte, feine Bitternoten.

AVENTINUS
WEIZENSTARKBIER 8,2 VOL.-%
Ein fast schwarzes Bier mit Aromen von Schokolade und Trockenfrüchten; vollmundig und sehr frisch.

SCHUSSENRIEDER

Wilhelm-Schussen-Str. 12,
88427 Bad Schussenried
www.schussenrieder.de

Die ersten Brauer in der Region waren im 12. Jh. Mönche. Die neuere Braugeschichte beginnt 1906 mit Josef Ott, der die ehemalige Klosterbrauerei aufkaufte. Die Brauerei ist immer noch im Besitz der Familie Ott.

BRAUGEHEIMNIS: Bei Schussenrieder wird auf traditionelle Weise gebraut, mit Gerste und Hopfen aus der Region.

ORIGINAL NO1
LAGER 4,7 VOL.-%
Ein naturbelassenes, naturtrübes gelbes Bier voller Malzaromen; im leichten Nachklang delikater Hopfen.

KRONEN-PERLE
LAGER 4,7 VOL.-%
Dieses hell goldfarbene Bier ist ein typisches Lagerbier, auch im Geschmack. Es ist mild und wird vor allem im Sommer gern getrunken.

SCHWARZBACH

Schlossbrauerei Schwarzbach,
Schleisinger Str. 27, 98673 Schwarzbach
www.schlossbrauerei-schwarzbach.de

Im Jahr 1400 wurde im Wirtshaus an der Mühle in Schwarzbach erstmals Bier gebraut, als Truppen des Bischofs den Ort belagerten. In ihrer bewegten Geschichte wurde die Brauerei mehrmals zerstört und wieder aufgebaut, zu DDR-Zeiten war sie in Staatsbesitz. Die Wiedervereinigung 1990 war Anlass für einen Neubeginn.

SONNEN-WEISSE
WEIZENBIER 5 VOL.-%
Spritzig-frisch mit dem typisch süßlichen Geschmack nach Hefe und feinem Hopfen. Goldgelb und leicht trüb.

RAUBRITTER DUNKEL
DUNKEL 5 VOL.-%
Dieses dunkle, malzbetonte Bier ist körperreich und weich – und nicht nur bei Raubrittern beliebt …

SCHWEIGER

Ebersberger Str. 25,
85570 Markt Schwaben
www.schweiger-bier.de

Ludwig Schweiger wurde als Sohn eines Müllers in Markt Schwaben geboren und gründete in den 1930er-Jahren die Brauerei, die noch heute von seinen Nachkommen geführt wird.

BRAUGEHEIMNIS: Seit 1963 braut Schweiger mit eigenem Malz und verkauft sogar Malz an andere Brauereien.

HELLES EXPORT
EXPORT 5,1 VOL.-%
Ein klassisches Export mit leichtem, herbem Geschmack. Angenehme Bitterkeit und Hopfen im Nachklang.

ORIGINAL SCHMANKERL WEISSE – DUNKEL
WEIZENBIER 5,1 VOL.-%
Dieses natürlich dunkle und trübe Weizenbier ist auf der Zunge leicht und spritzig.

IM PORTRÄT

Klosterbrauerei Weltenburg

Asamstraße 32,
93309 Kelheim

Im Hof des Klosters, wo im Sommer riesige Kastanien Schatten spenden, stehen die Kirche und die Brauerei des Weltenburger Klosters dicht nebeneinander. Das Kloster liegt oberhalb des Donaudurchbruchs in einer Flussschleife – ein großartiges Panorama für eine Brauerei. Die heutigen Gebäude der Benediktinerabtei wurden aus Kalkstein gebaut, der zu beiden Seiten der Donau gewonnen wurde, und präsentieren sich im Barockstil. Ohne Wasser könnte es natürlich keine Brauerei geben, allerdings zeugen die Hochwassermarken an einer der Außenwände auch von Überflutungen. Das letzte Hochwasser 2005 erreichte fast die Brauerei.

Das Weltenburger Kloster wurde im 7. Jh. von den Mönchen Eustachius und Agilus nach den Regeln des hl. Kolumban gegründet, der einer der Schutzheiligen der Brauer ist. Manuskripte aus der Klosterbibliothek belegen, dass an dieser Stelle schon seit mehr als 1000 Jahren Bier gebraut wird, allerdings mit einer Unterbrechung zwischen 1803 und 1846. Dennoch gilt die Brauerei als die älteste Klosterbrauerei der Welt. Obwohl sie auf eine lange Geschichte zurückblickt, ist sie zukunftsorientiert und technisch auf dem neuesten Stand.

Der derzeitige Braumeister ist Anton Miller. Er ist erst Anfang 20 – sein Vorgänger stand 49 Jahre im Dienst des Klosters.

▲ **ALT UND NEU** Die Weltenburger Brauerei ist die älteste Klosterbrauerei der Welt. Hinter der eleganten Barockfassade befindet sich eine hochmoderne Brauanlage, die technisch auf dem neuesten Stand ist.

▲ **SORTIMENT** Die Gärung von Weißbier Hell, Urtyp Hell, Barock Hell und Pils geschieht mit obergäriger Hefe bei 8 °C (7 Tage). Für Weißbier Dunkel, Barock Dunkel und Asam Bock kommt untergärige Hefe bei 22 °C zum Einsatz (4 Tage).

▲ **ANTON MILLER** Der junge Braumeister Anton Miller ist sich der langen Brautradition des Klosters bewusst, dennoch arbeitet er mit einer hochmodernen Anlage. »Wir sind vielleicht die älteste Klosterbrauerei der Welt, brauen aber mit neuester Technologie.«

▶ LAGERUNG Der Lagerkeller der Brauerei wurde 40 m tief in den Kalkfelsen geschlagen. Das Dunkel lagert hier bei einer Temperatur von 0 °C oder darunter, und das mindestens drei Monate lang. Hier entfalten sich die malzigen, gut ausgewogenen Aromen des Barock Dunkel in aller Pracht. Beim World Beer Cup 2008 in San Diego (USA) wurde dieses Bier mit einer Goldmedaille ausgezeichnet.

◀ HOCHWERTIGE ZUTATEN Braumeister Miller ist froh über die gute Zusammenarbeit mit Landwirten aus der Region. Im Juni wählt er die Gerste aus, die in einer Mälzerei in Bamberg verarbeitet wird. Der süß-würzige Hallertauer Hopfen, der von drei Höfen in der Nähe von München stammt, wird in der Brauerei in Form von Pellets verarbeitet.

▲ BIERGARTEN Besucher sollten unbedingt die Weltenburger Biere probieren, die von der Brauerei direkt zur Klosterschänke gepumpt werden. Der Biergarten ist das ganze Jahr geöffnet und nicht nur für das Bier bekannt, sondern auch für die traditionellen bayerischen Gerichte, die dort serviert werden, z. B. Spanferkel oder die Klosterwurst – eine würzige Hausmacher-Spezialität.

	STERNQUELL	**STRALSUNDER**	**STRECK-BRÄU**	**THURN & TAXIS**
BRAUEREI	Dobenaustr. 83, 08523 Plauen www.sternquell.de 1857 wurde an der Stelle der heutigen Sternquell-Brauerei der »Aktienbrauverein« gegründet. Nach der Wiedervereinigung 1990 wurde die Sternquell-Brauerei GmbH gegründet, die heute bei den ostdeutschen Brauereien auf Platz 3 steht. BRAUGEHEIMNIS: Ein Investitionsprogramm vor der Wiedervereinigung bildet die Basis für den heutigen Erfolg.	Greifswalder Chaussee 84–85, 18439 Stralsund www.stralsunder.de Das hanseatische Brauhandwerk ist eng mit der Stadt Stralsund verbunden. Die Brauerei wurde 1827 gegründet. Nach der Wiedervereinigung und Reprivatisierung in den 90er-Jahren fand die Brauerei rasch wieder zu ihrer alten Stärke zurück. BRAUGEHEIMNIS: 1997 kam das »Hervorragende Pommersche« auf den Markt.	Ludwig-Jahn-Str. 11, 97645 Ostheim www.streckbier.de Als Peter Streck 1718 zu brauen begann, tat er dies nur für den eigenen Bedarf. Doch schon bald stieg die Nachfrage auch außerhalb der Familie. Der Betrieb expandierte, und 1884 wurde eine Dampfmaschine angeschafft. Die Brauerei wird nach wie vor von der Familie Streck geführt, die bereits Vorbereitungen für den 300. Geburtstag im Jahr 2018 trifft.	Fürstliche Brauerei Thurn & Taxis, Am Kreuzhof 5, 93055 Regensburg www.thurnundtaxisbiere.de Die Geschichte des Hauses Thurn und Taxis in Deutschland ist eng verbunden mit der Entwicklung der Postbeförderung und der Braukunst. BRAUGEHEIMNIS: Thurn und Taxis war die erste Brauerei, die in Deutschland die Sorte Pilsener förderte, Roggenbier braute und Weizenbier vom Fass lieferte.
BIER	**STERNQUELL DUNKEL** DUNKEL 5,3 VOL.-% Ein dunkel bernsteinfarbenes Bier mit leichtem Hopfenduft und malzigem Geschmack; vollmundig. **STERNQUELL PILS** PILSENER 4,9 VOL.-% Ein echtes Pilsener mit deutlichem Hopfengeschmack, cremefarbenem Schaum und hellgoldener Farbe. Aromatisch und mäßig sprudelnd.	**STRALSUNDER LAGER** LAGER 4,7 VOL.-% Vollmundig durch feines Malz. Ein weiches, mildes Bier mit leichter Süße im Nachklang. **STRALSUNDER PILS** PILSENER 4,9 VOL.-% Ein typisches Pilsener: hell goldfarben, körperreich, gut trinkbar; mit herben Aromen von feinem Hopfen, etwas bitter.	**OSTHEIMER DUNKEL** DUNKEL 4,5 VOL.-% Durch Spezialmalz dunkel bernsteinfarben, malzige Aromen, körperreich und gut trinkbar. **STRECK'S WEIZENBOCK** BOCK 7,1 VOL.-% Ein naturtrübes, bernsteinfarbenes Bier, spritzig-frisch, etwas süß und mit leichten Bitterhopfenaromen.	**THURN & TAXIS ST. WOLFGANG** DUNKEL 4,8 VOL.-% Ein typisches Dunkelbier: in der Nase Röstaromen, vollmundig, im Geschmack malzig. **THURN & TAXIS EXPORT** EXPORT 5,3 VOL.-% Ein hervorragendes Bier: im Geschmack milder Hopfen und Malz, körperreich, goldfarben.

TRAUNSTEIN

Hofbräuhaus Traunstein,
Hofgasse 6–11, 83278 Traunstein
www.hb-ts.de

Das Hofbräuhaus Traunstein blickt seit seiner Gründung 1612 auf eine bewegte Geschichte zurück. Es brannte mehrfach ab, wurde aber immer schnell wieder aufgebaut. 1975 wurden acht Biere der Brauerei von der DLG mit Goldmedaillen ausgezeichnet. Heute arbeiten etwa 60 Angestellte in der Brauerei.

FÜRSTEN TRUNK
Export 5,5 Vol.-%
Vom Antrunk bis zum Nachklang spielen Hopfenaromen eine prominente Rolle.

1612ER ZWICKELBIER
Export Hell 5,3 Vol.-%
Ungefiltert, naturtrüb, direkt aus dem Keller; goldfarben, frisch im Geschmack, nicht zu viel Kohlensäure.

TROTZENBURG

Ostsee Brauhaus AG »Trotzenburg«,
Tiergartenallee 6, 18059 Rostock
www.brauhaus-trotzenburg.de

Im Jahr 1839 gründete ein gewisser Herr Moll eine Gaststätte in einem alten Forsthaus, die im Laufe der Jahre zu einer Braugaststätte wurde und 1913 den Namen Trotzenburg erhielt. Ende der 80er-Jahre war das Gebäude so baufällig, dass die Brauerei schließen musste. Heute arbeitet sie wieder und ist Teil der Ostsee Brauhaus AG.

TROTZENBURGER SPEZIAL
Lager 4,9 Vol.-%
Kupferfarben, körperreich und herb; feine Hopfenaromen entfalten sich.

TROTZENBURGER ORIGINAL
Lager 4,9 Vol.-%
Bernsteinfarben, leicht bitter, der Nachklang ist malzbetont. Aufgrund der feinen Hefearomen sehr gut zu trinken.

TUCHER BRÄU

Schwabacher Str. 106, 90763 Fürth
www.tucher.de

Die Geschichte von Tucher beginnt 1672 mit dem »Städtischen Weizenbrauhaus«. Dank einer umfangreichen Modernisierung 1855 konnten schon bald zwei Drittel der Biere exportiert werden. Heute ist Tucher Teil der Radeberger Gruppe.

BRAUGEHEIMNIS: Tucher ist die traditionellste Brauerei in Nordbayern.

TUCHER DUNKLES HEFE WEIZEN
Weizenbier 5,2 Vol.-%
Dunkel, kräftig im Geschmack, mit reinen Malznoten; ein weiches, rundes Bier, im Antrunk perlend.

TUCHER HELLES HEFEWEIZEN
Weizenbier 5,2 Vol.-%
Gelb und trüb mit erfrischendem Hefegeschmack, dabei leicht süß. Ein spritziger Trinkgenuss.

UERIGE

Bergerstr. 1, 40123 Düsseldorf
www.uerige.de

Seit 1862 braut Uerige im Herzen der Düsseldorfer Altstadt, ganz in der Nähe der Rheinuferpromenade, hervorragende Biere. Der Bierexperte Michael Jackson verlieh dem Uerige Alt vier Sterne – die Bestnote, die er nur selten vergab. Nur zwei Mal im Jahr wird die Starkbier-Spezialität Uerige Sticke gebraut.

UERIGE ALT
Altbier 4,7 Vol.-%
Dieses fast schwarze Bier hat viele Bitteraromen, ist vollmundig und hat einen trockenen Nachklang.

UERIGE STICKE
Bock 6 Vol.-%
Scheinbar ein schweres Bier, dabei aber elegant. Mit mehr Malz und Hopfen als üblich gebraut, die im Geschmack gut erkennbar sind.

Der blau gekleidete Köbes mit seiner Leinenschürze versorgt die Gäste in den Düsseldorfer Kneipen mit Altbier.

BIERARTEN

ALTBIER

Als Altbier bezeichnet man eine obergärige Biersorte, die vor allem am Niederrhein getrunken wird. »Alt« steht nicht für eine lange Lagerung, sondern für eine »alte«, traditionelle Brauweise. Zu den Altbier-Hochburgen gehört Düsseldorf, man findet Altbier aber auch in Hannover, Münster, in den Niederlanden und sogar in den USA. Das Düsseldorfer Alt ist klar, kupferfarben und hat eine große, weiße Schaumkrone. Es hat keksartige Aromen und ähnelt eher einem britischen Bitter als einem Lagerbier, allerdings wird es durch die lange Reifung milder.

Bekannte Altbier-Hersteller sind Diebels und Frankenheim, doch Bierkenner empfehlen einen Besuch in der Düsseldorfer Altstadt, um das Altbier der vier bekannten Brauhäuser Schumacher, Schlüssel, Füchschen und Uerige zu genießen. In diesen »heiligen Hallen« bahnen sich die Köbesse in blauem Hemd und blauer Schürze den Weg durch die Menge – immer auf der Suche nach leeren Gläsern, die schnell durch volle ersetzt werden, bis der Gast dies ausdrücklich ablehnt. Die Köbesse sind stolz auf ihren Beruf und posieren gern mit ihrem Tablett für Fotos.

SCHUMACHER UND SCHLÜSSEL Es gibt feine Unterschiede, durch die sich ein Altbier vom anderen unterscheidet. Schumacher Altbier (4,6 Vol.-%) z. B. ist hell bernsteinfarben und schmeckt fruchtig-nussig. Schlüssel Altbier (5 Vol.-%) dagegen duftet wunderbar delikat, hat keksartige Aromen und einen lang anhaltenden, trockenen Nachklang.

FÜCHSCHEN UND UERIGE
Füchschen Altbier (4,5 Vol.-%) duftet nach Keks und hat Anklänge an harzigen Hopfen. Das Uerige Altbier (4,5 Vol.-%) ist in der Nase deutlich malzbetont und lässt harzige Hopfennoten erkennen; es ist köstlich fruchtig mit trocken-herbem Nachklang.

BRAUEREI

UNERTL

Lerchenberger Str. 6, 83527 Haag
www.unertl.de

Die Anfänge von Unertl liegen im Gasthaus Weißbräu in Haag, wo seit Anfang des 20. Jh. Weißbier gebraut wird. Seit 1952 gibt es ein eigenes Brauhaus, und aus dem Haager Weißbier wurde das Unertl. Die Produktionsmenge ist seither nicht wesentlich gestiegen, sodass das Unertl außerhalb von Haag Seltenheitswert hat.

UR-KROSTITZER

Brauereistr. 12, 04509 Krostitz
www.ur-krostitzer.de

Das Logo der Brauerei ziert ein Porträt des schwedischen Königs Gustav II. Adolf. Die Legende berichtet, dass der schwedische König mit seinen Truppen während des 30-jährigen Krieges (1631) nach Krostritz kam. Um seinen Durst zu stillen, reichte man ihm eine Silberkanne mit Krostritzer Bier, das ihm vorzüglich schmeckte. Heute gehört die Marke der Radeberger Gruppe.

WALDSCHLÖSSCHEN

Am Brauhaus 8b, 01099 Dresden
www.waldschloesschen.de

Im Jahr 1836 fanden sich angesehene Bürger aus Dresden zusammen, um über die Gründung einer Gesellschaft zur Herstellung von Bier »nach bayerischer Art« zu beraten. Zwei Jahre später kam es zur Gründung der Brauerei im sogenannten Waldschlösschen.

WEIDENEDER BRÄU

Marktplatz 43, 84367 Tann
www.weideneder.com

Die Braustätte fand erstmals 1439 urkundliche Erwähnung. Die Weidenederս brauen seit 1889 in Tann Bier. Heute stellt das Unternehmen elf Biersorten her und 16 nicht alkoholische Getränke.

BRAUGEHEIMNIS: Das Malz wird im Dorf hergestellt, zudem ist die Quelle, die das Wasser liefert, seit einem Jahrhundert im Besitz der Familie.

BIER

UNERTL WEISSBIER BOCK
BOCK 6,7 VOL.-%
Recht dunkel für einen weißen Bock; kräftig und angenehm im Geschmack. Der Alkohol geht einher mit feinem Malz und Hopfen.

UNERTL WEISSBIER
WEIZENBIER 4,8 VOL.-%
Das Flaggschiff der Brauerei: aromatisch mit Noten von Hefe und Banane.

FEINHERBES PILSENER
PILSENER 5 VOL.-%
Ein brillantes, erfrischendes Pilsener mit feinherbem Hopfenaroma und sehr elegantem Geschmack.

SCHWARZES
SCHWARZBIER 4,9 VOL.-%
Mit feinwürziger Malznote und leicht hopfigem Nachklang ist das Ur-Kostritzer Schwarze das bekannteste Schwarzbier in Deutschland.

ZWICKELBIER
ZWICKELBIER 5,5 VOL.-%
Das goldfarbene Bier ist trüb, da es nicht gefiltert wurde. Es ist vollmundig, gut zu trinken und hat ein verführerisches Hopfenaroma.

WALDSCHLÖSSCHEN DUNKEL
DUNKEL 5,5 VOL.-%
Im Geschmack malzig; leichte, hopfenbittere Aromen im Nachklang runden dieses harmonische Bier ab.

PRIVAT HELL
LAGER 5,1 VOL.-%
Ein klassisches Helles – goldfarben, vollmundig-mild und mit leichten Hopfen- und Malzaromen.

EXPORT HELL
EXPORT 5,2 VOL.-%
Ein goldgelbes Spitzenbier mit weichem, harmonischem Geschmack und edler Hopfenbitterkeit.

WEIHENSTEPHAN

Bayerische Staatsbrauerei Weihenstephan, Alte Akademie 2,
85354 Freising
www.brauerei-weihenstephan.de

Die Brauerei gilt als die älteste der Welt (das Benediktinerkloster wurde 725 gegründet) und ist gleichzeitig eine der modernsten. Heute ist die Bayerische Staatsbrauerei Weihenstephan ein international anerkanntes Zentrum der Brautechnologie, und Braumeister aus aller Herren Länder haben hier studiert.

ORIGINAL
LAGER 5,1 VOL.-%
Durch die lange Lagerzeit ist dieses Bier angenehm mild und süffig geworden.

HEFEWEISSBIER DUNKEL
WEIZENBIER 5,3 VOL.-%
Ein gut ausgewogenes Bier. Die dunkle Farbe ist typisch für diese Art, genau wie der weiche, malzig-vollmundige Geschmack.

WEILHEIM

Lammbrauerei Weilheim,
Schillerstr. 3, 78604 Rietheim-Weilheim
www.lammbrauerei-weilheim.de

Seit 360 Jahren wird an dieser Stelle Bier gebraut, und damit gehört die Lammbrauerei zu den ältesten (und kleinsten) der Region. Seit 1882 ist sie im Besitz der Familie Storz. 1976 wurden ein neues Sudhaus gebaut.

BRAUGEHEIMNIS: Die Familie Storz legt Wert darauf, nur natürlich gereifte Premium-Biere auf den Markt zu bringen.

WEILHEIMER BOCKBIER
BOCK 9 VOL.-%
Schwarz schimmernd, Aromen von Röstmalz, im Geschmack süß.

SCHWARZES WÄLDLE
SCHWARZBIER 5,8 VOL.-%
Die Bernsteinfarbe geht auf das verwendete Malz zurück. Das Bier schmeckt mild-würzig und ist ein wahrer Trinkgenuss.

WELTENBURG

Klosterbrauerei Weltenburg,
Asamstr. 32, 93309 Kehlheim
www.weltenburger.de

Zur Benediktinerabtei Weltenburg gehört die älteste Klosterbrauerei der Welt (aus dem Jahr 1050). Die Brauerei liegt malerisch oberhalb des Donaudurchbruchs. Die Klosterschänke hat einen exzellenten Ruf.

BRAUGEHEIMNIS: Trotz der langen Geschichte der Brauerei wird mit einer hochmodernen Anlage gebraut.

ASAM BOCK
BOCK 6,9 VOL.-%
Ein dunkel mahagonifarbener Doppelbock. Gut zu trinken, im Geschmack leicht süß mit schönen Malznoten im Nachklang.

ANNO 1050
EXPORT 5,5 VOL.-%
Dieses Jubiläumsbier bietet eine einmalige Mischung von Malz- und Hopfenaromen; gut ausgewogen.

WERNER BRÄU

Hauptstr. 13–15, 97490 Poppenhausen
www.wernerbraeu.de

In den 40er-Jahren des 19. Jh. erwarb die Familie Werner die Poppenhausener Brauerei. Werner war eine der ersten Brauereien in Bayern, die Pilsener herstellten. 1991 lag die Produktion bei 16 Mio. l pro Jahr, und die Brauerei hatte etwa 100 Angestellte. 1999 wurde sie von der Würzburger Hofbräu AG aufgekauft.

WERNER PILSENER
PILSENER 4,9 VOL.-%
Das Hellgold ist typisch für diese Bierart; elegant im Geschmack mit feinherbem Hopfen- und Malzaroma.

WERNER HEFEWEISSE HELL
WEIZENBIER 5,1 VOL.-%
Recht viel Kohlensäure, frischer Geschmack; ungefiltert und naturtrüb; im Nachklang süßliches Malzaroma.

	WESTHEIM	WISMAR	WOLTERS	ZÖTLER
BRAUEREI	Gräflich zu Stolberg'sche Brauerei Westheim, Kasseler Str. 7, 34431 Marsberg-Westheim www.brauerei-westheim.de Im Jahr 1840 kaufte Graf Joseph zu Stolberg das Gut Westheim, wo schon lange Bier für den Eigenbedarf gebraut wurde. 1876 ließ Graf Hermann die Brauerei ausbauen. Heute wird sie von der Familie von Twickel geführt. BRAUGEHEIMNIS: Das Brauwasser stammt aus drei hauseigenen Brunnen.	Kleine Hohe Str. 15, 23966 Wismar www.brauhaus-wismar.de Anfang des 15. Jh. gab es in Wismar etwa 180 registrierte Brauereien, und die Stadt war in ganz Europa für ihre Biere bekannt. Das Brauhaus am Lohberg zu Wismar wurde 1452 eröffnet und ist heute die einzige Brauerei in der Stadt. Seit 1995 braut man wieder Biere im Stil der mittelalterlichen Hanse.	Hofbrauhaus Wolters, Wolfenbütteler Straße 39, 38102 Braunschweig www.hofbrauhaus-wolters.de Die Geschichte des Hofbrauhauses Wolters beginnt 1627. Bis Anfang dieses Jahrtausends entwickelte sich die Brauerei zu einer der modernsten in Deutschland. 2003 wurde sie von InBev aufgekauft, seit 2006 ist sie wieder eine Privatbrauerei.	Grüntenstr. 2, 87549 Rettenberg www.zoetler.de Die älteste Familienbrauerei in Deutschland (1447 gegründet). Nachdem sie lange von der Familie Müller geführt wurde, erscheint der Name Zötler erstmals im Jahr 1919; Nachfahren der Familie führen das Unternehmen noch heute. BRAUGEHEIMNIS: Das Vollmond Bier von Zötler wird nur in Vollmondnächten gebraut.
BIER	**GRAF STOLBERG DUNKEL** DUNKEL 4,8 VOL.-% Delikate Röstmalzaromen und eine für dieses bernsteinfarbene Bier typische leichte Hopfenbitterkeit. **WILDSCHÜTZ KLOSTERMANN** LAGER 4,8 VOL.-% Ungefiltert, naturtrüb; delikater Malzgeschmack – ein weiches Bier mit feinen Bitteraromen.	**WISMARER MUMME** LAGER 4,8 VOL.-% Ein Bier im alten Stil: lieblicher Duft nach Malz, im Mund leichte Hopfenaromen; langer, süßer Nachklang. **ROTER ERIC** SPEZIALBIER 4,8 VOL.-% Die helle, rötliche Farbe geht auf Spezialmalz zurück; ein weiches, aromatisches Bier, süßlicher Nachklang.	**PRINZEN SUD** LAGER 4,9 VOL.-% Frisch und spritzig, leichte Bitteraromen durch den Hopfen, feine Hefe im Nachklang. **WOLTERS MÄRZEN** EXPORT 5,4 VOL.-% Vollmundig mit feinem, mildem Hopfen. Ein gut trinkbares Bier von hübscher, hellgoldener Farbe.	**ST. STEPHANSBOCK** DOPPELBOCK 7,1 VOL.-% Ein starkes, edles Bier; das geröstete Gerstenmalz entfaltet ein herrliches Aroma. **VOLLMOND BIER** LAGER 5,1 VOL.-% Ein mildes, fein gehopftes Bier, kräftig im Geschmack und mit leichter Bitterkeit im Nachklang.

NOCH MEHR BIERE AUS DEUTSCHLAND

In vielen deutschen Regionen werden heimische Brautraditionen gepflegt, und man ist dort sehr stolz auf »sein« Bier. Solche traditionellen Biere gibt es oft nur vom Fass und in kleinem Umkreis.

BRUCKMÜLLER

Vilsstr. 4, 92224 Amberg
www.bruckmueller.de

Bruckmüller braut schon seit mehr als 500 Jahren Bier. Den Anfang machten Franziskanermönche im Jahr 1490 mit ihrem »Prewhaus der Parfusser« (Brauhaus der Barfüßer). Seit 1803 setzt die Familie Bruckmüller die Tradition fort (heute in der siebten Generation). Bruckmüller stellt auch nicht alkoholische Getränke her.

KNAPPENTRUNK
DUNKEL 5,3 VOL.-%
Malzig, aber nicht zu süß; reines Hopfenaroma, das untypisch ist für ein Dunkel. Körperreich.

KELLERBIER
LAGER 5,3 VOL.-%
Ungefiltert, naturtrüb. Kräftig und vollmundig im Geschmack, Aromen von feinem Malz, leicht hopfenbitterer Nachklang.

HERRENHAUSEN

Herrenhäuser Str. 83–99, Hannover
www.herrenhaeuser.de

Das Herrenhäuser Premium Pilsener wird in Kneipen und Restaurants rund um Hannover ausgeschenkt – es genügt, ein »Herry« zu bestellen. Die Brauerei wird seit fünf Generationen von der Familie Middendorff geführt, der sie auch gehört.

BRAUGEHEIMNIS: Die Biere werden aus viel Hopfen und Malz sowie mit mineralhaltigem Brunnenwasser gebraut.

HERRENHÄUSER PREMIUM PILSENER
PILSENER 4,9 VOL.-%
Goldfarben; herb-malzig, ziemlich kräftiges, hopfenbitteres Aroma.

HERRENHÄUSER WEIZENBIER
WEIZENBIER 5,2 VOL.-%
Ungefiltert, naturtrüb, gelb. Etwas Kohlensäure, im Geschmack harmonisch, angenehm süß und frisch.

MAMMUT

Juri-Gagarin-Str. 33, 06526 Sangerhausen
www.mammut-brauerei.de

Die Anfänge der Brauerei gehen auf das Jahr 1868 und auf Georg Helbig zurück. Zu DDR-Zeiten war sie in Staatsbesitz. Nach der Wiedervereinigung 1990 vergrößerte sich das Sortiment, und heute ist Mammut ein bedeutender Wirtschaftsfaktor in der Region.

BRAUGEHEIMNIS: Der Zusammenschluss mit der örtlichen Malzfabrik 1952 garantiert Rohstoffe bester Qualität.

MAMMUT GIANT GOLD
LAGER 4,8 VOL.-%
Ganz neu auf dem Markt, weniger herb als andere Pilsener, dabei hocharomatisch.

MAMMUT BLACK
SCHWARZBIER 4,9 VOL.-%
Schwarz-braune Farbe, im traditionellen Stil gebraut. Aromatisch und frisch, leicht malzbetonter Abgang.

MAXIMILIANS BRAUWIESEN

Didierstr. 25, 56112 Lahnstein
www.maximilians-brauwiesen.de

Maximilians Brauwiesen wurden erst 1995 eröffnet. Brauerei und Restaurant sind in einem rosa gestrichenen Schamott-Schlösschen mit Blick auf den Rhein untergebracht.

BRAUGEHEIMNIS: Die Biere werden nach alten Rezepten ausschließlich aus hochwertigen Zutaten gebraut.

WIESENWEIZEN
WEIZENBIER 5,1 VOL.-%
Durch Weizenmalz erhält dieses Bier einen milden Geschmack. Es ist erfrischend und hat leichte Hopfenaromen im Nachklang.

BRAUWIESEN SPEZIAL
LAGER 5,4 VOL.-%
Die Mischung verschiedener Malze prägt den Geschmack dieses goldgelben Biers; hopfenbitter.

BRAUEREI

BIER

BÜRGERBRÄU NAILA

Hofer Str. 21, 95119 Naila
www.wohn-bier.de

Im Jahr 1464 erhielt die Gemeinde Naila die Braurechte; seit 1928 wird die Tradition durch die Bürgerbräu Naila Andreas Wohn OHG aufrechterhalten. Gebraut wird mit modernster Technik und dem handwerklichen Können von über 20 Angestellten.

BRAUGEHEIMNIS: Das Dunkel geht auf den ehemaligen Braumeister Hans Wohn zurück.

WOHN ALT NAILAER DUNKEL
DUNKEL 4,8 VOL.-%
Dunkelbraunes Bier mit leichtem Körper, von delikaten Hopfen- und Malzaromen beherrscht.

WOHN BRAUMEISTER ORIGINAL
LAGER 5 VOL.-%
Hellgelb; der frische Geschmack lässt ausgesuchte Rohstoffe erkennen, vor allem Hopfen im Nachklang.

REUDNITZ

Leipziger Brauhaus zu Reudnitz, Mühlstr. 13, 04317 Leipzig. www.reudnitzer.de

Das Brauhaus zu Reudnitz wurde 1862 gegründet. Im 2. Weltkrieg wurde die Brauerei beschädigt, zu DDR-Zeiten mit anderen Brauereien zum Kombinat VEB Sachsenbräu vereint. Nach der Wiedervereinigung übernahm die Dortmunder Brau und Brunnen den Betrieb, und die Marke Reudnitzer kam auf den Markt. Die moderne Brauerei hat mehrere Auszeichnungen erhalten.

PREMIUM PILSENER
PILSENER 5 VOL.-%
Ein Bier mit leichtem Körper, kräftigen Hopfennoten, verführerischem Duft und frischem Geschmack.

REUDNITZER HELLER URBOCK
BOCK 6,9 VOL.-%
Ein dunkel goldfarbenes Bockbier, herzhaft im Geschmack. Im Nachklang süß, feine Hopfenaromen.

SCHUMACHER

Brauerei Ferdinand Schumacher, Oststr. 123, 40210 Düsseldorf
www.brauerei-schumacher.de

Düsseldorf ist die Heimat des Altbiers, und die Brauerei Schumacher aus dem Jahr 1838 gehört zu den bekanntesten Altbierproduzenten vor Ort. Berühmt auch für die dazugehörige Gaststätte.

BRAUGEHEIMNIS: Seit einer Renovierung in den 1980er-Jahren ist die Brauerei technisch auf dem neuesten Stand.

SCHUMACHER ALT
ALTBIER 4,6 VOL.-%
Ein dunkles Bier, das weich und süß nach Röstmalz schmeckt, im Nachklang feine Hopfenaromen.

SCHUMACHER LATZEN
ALTBIER 5,5 VOL.-%
Etwas stärker als ein gewöhnliches Altbier; aromatische Malznoten, dabei aber auch süß.

WELDEBRÄU

Brauereistr. 1, 68723 Plankstadt
www.welde.de

Die Ursprünge der Brauerei gehen bis ins Jahr 1752 zurück. 1846 übernahm Braumeister Heinrich Seitz das Geschäft – mit großem Erfolg. Zwischen 1934 und 1981 wurde die Brauerei immer wieder renoviert und erweitert und präsentiert sich heute als modernes Unternehmen mit einem interessanten Portfolio.

HEFEWEIZEN
WEIZENBIER 4,9 VOL.-%
Das Bier ist sowohl herb als auch süß. Feine Hefe sorgt für Ausgewogenheit im Geschmack.

SCHWARZE WONNE
SCHWARZBIER 4,8 VOL.-%
Eine kaffeefarbene, vollmundige und ausgewogene Bierspezialität, im Mund angenehm prickelnd.

BRAUEREI

BIER

MÜNCHEN

Wie viele andere war die Paulaner Brauerei einst eine Klosterbrauerei. Zur Gruppe Paulaner gehören heute Brauereien in aller Welt.

BRITISCHE INSELN

Mit den Britischen Inseln verbindet man vor allem mittelstarke aromatische Ales. Bier wird dort meist in Pubs getrunken. Inzwischen zeichnet sich auch eine Entwicklung hin zum Flaschenbier für den häuslichen Konsum ab. In den meisten Pubs werden mehr Lagerbiere im kontinentaleuropäischen Stil ausgeschenkt als britische Ales. Es gibt eine wachsende Bewegung von Craft Brewers, die traditionell brauen – die Anzahl von Mikrobrauereien steigt ebenso wie die der hergestellten Bierarten. Die Kästen verweisen auf Orte mit mehr als einer Brauerei.

IRLAND
Hilden
Jennings
North Yorkshire
Coniston
Hawkshead
Okell's
Crompton
Black Sheep/
Theakston
Hambleton
Rooster's
John Smith/
Samuel Smith
Daleside
York
Rudgate
York
Copper Dragon
Timothy Taylor
Moorhouse's
Jetley
Thwaites
Ossett
Little Valley
Acorn
Manchester
Holt
Hydes
Lees
Wentworth
Cains
Robinson's
Kelham Island
Galway Hooker
Guinness
Guinness
IRLAND
Bateman
Beartown
Thornbridge
Springhead
Titanic
Slater's Ales
Woodforde's
Melbourn Brothers
Elgood's
Buffy's
Iceni
Banks's
Highgate
Everards
Oakham Ales
St Peter's
Bathams
Holden's
Adnams
Hobsons
ENGLAND
Greene King
WALES
Burton-upon-Trent
Burton Bridge
Marston's
Worthington's
White Shield
City Of Cambridge
Wells & Young's
Hook Norton
Nethergate
Beamish/
Murphy's
Donnington
Brakspear/
Wychwood
Tring
McMullen
Freeminer
Crouch Vale
Felinfoel
Cwmbran
Wickwar
Hurns
Arkell's
Old Luxters
Shepherd
Neame
Brains
Bath Ales
Wadworth
RCH
Butcombe
Hogs Back
Goacher's
Hop Back
Exmoor/
Cotleigh
Hampshire
Harveys
Hall & Woodhouse
Ringwood
O'Hanlon's
Palmers
Sharp's
St Austell
London
Fuller's
Meantime
Fuller's

BRAUEREI

ACORN

Mitchell Road, Wombwell, Barnsley, England S73 8HA
www.acornbrewery.net

Acorn wurde 2003 eröffnet und gehört damit zu den neueren Mikrobrauereien in England. Die Produktionsmenge liegt heute bei 6500 l pro Woche.

BRAUGEHEIMNIS: Acorn arbeitet mit Hefekulturen von der Barnsley Brewery. Seitdem sind Acorn-Biere mehrfach ausgezeichnet worden.

ADNAMS

Southwold, Suffolk, England IP18 6JW
www.adnams.co.uk

Das »Bier von der Küste« wird seit 1872 in der englischen Küstenstadt Southwold gebraut. In den vergangenen Jahren wurden die Anlagen den neuesten technischen Standards angepasst, dennoch legt man nach wie vor großen Wert auf traditionelle Methoden. Das Vertriebszentrum zeichnet sich durch seine Umweltfreundlichkeit aus – bis hin zum grasgedeckten Dach.

ARKELL'S

Swindon, Wiltshire, England SN2 7RU
www.arkells.com

John Arkell kehrte 1833 aus Ontario (Kanada) nach England zurück, um dort Gerste anzubauen und Bier zu brauen. Seit der Eröffnung 1843 ist die Brauerei im Besitz der Familie Arkell. Das Gebäude steht heute unter Denkmalschutz, und die ganze Anlage ist als Urban Conservation Area ausgewiesen.

ATLAS

Kinlochleven, Argyll, Scotland PH50 4SG
www.atlasbrewery.com

Das Gebäude der Atlas Brewery gehört zu einer Aluminiumfabrik, die bis 2001 in Betrieb war. Das erste Atlas-Bier floss 2002. Gemeinsam mit der Orkney Brewery bildet Atlas die Sinclair Breweries Ltd.

BRAUGEHEIMNIS: Der Sudkessel wird über einer Gasflamme erhitzt. Das macht angeblich die Farbe des Biers intensiver und den Geschmack reiner.

BIER

BARNSLEY BITTER
BITTER 3,8 VOL.-%
Die Farbe erinnert an eine reife Kastanie; abgerundeter und üppiger Geschmack.

BARNSLEY GOLD
STRONG BITTER 4,3 VOL.-%
Schöne goldene Farbe, zitrusartige Hopfenaromen, die die Gesamtheit der Aromen bestimmen.

ADNAMS BROADSIDE
STRONG BITTER 4,7 VOL.-%
Auf üppige Aromen von Obstkuchen folgt eine elegante Kombination von Hopfen und Malz.

ADNAMS THE BITTER
BITTER 3,7 VOL.-%
Duft nach Hopfen und keksartigem Malz; lang anhaltender, herber und erfrischend bitterer Geschmack.

KINGSDOWN SPECIAL ALE
BEST BITTER 5 VOL.-%
Die reifen Früchte in der Nase und die typische Hopfenbitterkeit sorgen für ein malzig-bittersüßes Erlebnis.

ARKELL'S 3B
BITTER 4 VOL.-%
Deutliches Hopfenaroma, aber auch süßlich duftendes Malz. Nussig-delikater, ausgewogener Geschmack.

THREE SISTERS SCOTTISH ALE
SPECIAL BITTER 4,2 VOL.-%
Dunkel, komplex und erfrischend mit getrockneten und frischen Früchten; Röstmalz- und Lakritz-Aromen.

LATITUDE
PILSENER 3,6 VOL.-%
Strohfarben, im Geschmack von knackigen, zitrusartigen Hopfenaromen dominiert.

BANK'S'S

Wolverhampton, West Midlands,
England WV1 4NY
www.bankssbier.co.uk

Banks's ist in einem Gebäude von 1875 im Zentrum von Wolverhampton untergebracht. Bis 2007 gehörte die Brauerei zur Marston's Beer Company (vorher Wolverhampton & Dudley). Die jährliche Produktionsmenge liegt bei 24 Mio. l. Zu den Marketingstrategien gehört auch eine Kampagne zum Erhalt regionaler Dialekte.

BANKS'S ORIGINAL
Bitter 3,5 Vol.-%
Ein ausgewogenes leichteres Session-Bier, vollmundig und malzig, im Geschmack mit Anklängen an Frucht.

BANKS'S BITTER
Bitter 3,8 Vol.-%
Hocharomatisch mit weinigen, fruchtigen Obertönen, am Gaumen Malz und Frucht.

BATEMAN

Wainfleet, Lincolnshire,
England PE24 4JE
www.bateman.co.uk

Bateman ist eine der ältesten und schönsten Familienbrauereien, überragt von einer Windmühle. Familiäre Zwistigkeiten sorgten in den 80er-Jahren geschäftlich für Turbulenzen, doch das Unternehmen überwand diese Krise. Inzwischen gibt es ein neues Sudhaus und ein interessantes Besucherzentrum.

BATEMANS TRIPLE XB (XXXB)
Strong Bitter 4,8 Vol.-%
Ein rötlich braunes Ale mit einer gelungenen Mischung von Malz- und Hopfenaromen sowie Frucht.

BATEMANS XB BITTER
Bitter 3,7 Vol.-%
Gut ausgewogen; die an Apfel erinnernden Hopfennoten bleiben neben dem malzigen Geschmack bestehen.

BATH ALES

Crownway, Warmley, Bristol,
England BS30 8XN
www.bathales.com

Bath Ales wurde 1995 gegründet und ist bekannt für charaktervolle, hocharomatische Ales. Sie sind das Ergebnis großer Erfahrung, der Pflege traditioneller Brauweisen und innovativer Technologien. Die Brauerei ist so erfolgreich, dass sie seit ihrer Gründung zweimal vergrößert werden musste. Weitere Neuerungen sind eine neue Abfüllanlage sowie ein Geschäft.

GEM BATH ALES GEM
Best Bitter 4,1 Vol.-%
Üppige, dichte Textur; durchgehend Malz, Frucht und bittersüßer Hopfen.

SPA BATH ALES
Pale Ale 3,7 Vol.-%
Ein markantes Hopfenaroma und bitter-malzige Anklänge ergänzen den leichten Körper dieses Biers.

DIE BEKANNTESTEN BRITISCHEN BIERE

Die Globalisierung des Bierhandels führte dazu, dass heute einige britische Biermarken im Besitz der amerikanischen Molson Coors Brewing Company sind.

Zu den bekanntesten (und zugleich meistverkauften) britischen Lagerbieren, die heute zu diesem Konzern gehören, zählen Worthington, Caffery's und Carling. In diesem Marktsegment fließen riesige Beträge in das Sponsoring von Sport-Großveranstaltungen und in die Werbung – z. B. für »Chilled Beer«, das mit besonderen Zapfanlagen »extra cold« ins Glas gelangt. Auch Carlsberg ist ein Global Player und hat Produktionsstätten in Northampton (für eigene Lagerbiere, z. B. Carlsberg Export) und Leeds, wo die Tetley-Biere hergestellt werden. Tetley gehört seit 1998 zu Carlsberg. Der größte britische Braukonzern Scottish & Newcastle – der z. B. Newcastle Brown Ale, das in Großbritannien meistverkaufte Bitter Ale John Smith's und internationale Marken wie Foster's und Kronenbourg produziert – wurde 2008 durch einen Zusammenschluss von Carlsberg und Heineken übernommen. Die Schließung der Brauerei in Reading ist für 2010 angekündigt, damit bleiben in Großbritannien noch drei Niederlassungen: Newcastle Federation, John Smith's in Tadcaster und Royal in Manchester; das Unternehmen behält außerdem Anteile an Caldonian in Edinburgh.

Carling (Lager 4,1 Vol.-%) *links*

Newcastle Brown (Brown Ale 4,7% Vol.-%) *Mitte*

John Smith's (Bitter 3,8 Vol.-%) *rechts*

BRAUEREI	**BATHAMS** Delph Lane, Brierley Hill, Dudley, West Midlands, England DY5 2TN www.bathams.com Über der Tür des zur Brauerei gehörenden Pubs Vine Inn ist ein Zitat aus Shakespeares *Zwei Herren aus Verona* zu lesen: »Sei gepriesen, du braust gutes Ale.« Seit der Gründung der Brauerei 1877 ist heute die fünfte Generation am Zug, und jede hat dazu beigetragen, den guten Ruf der klassischen, milden Black-Country-Ales zu mehren.	**BEAMISH** South Main Street, Cork, County Cork, Ireland www.beamish.ie Die Brauerei Beamish gilt als älteste Porter-Brauerei in Irland. Gegründet wurde sie 1792, ganz in der Nähe der mittelalterlichen Stadttore und des Gefängnisses, wo einst die Köpfe der Hingerichteten zur Schau gestellt wurden. Der Eigentümer wechselte mehrfach – der jetzige, Scottish & Newcastle, stimmte 2008 einer Fusion mit Carlsberg und Heineken zu.	**BEARTOWN** Spindle Street, Congleton, Cheshire, England CW12 3RH www.beartownbrewery.co.uk Die heutige Brauerei stammt aus dem Jahr 1994 und unterstützt u. a. Organisationen zur Rettung asiatischer Bären. Ihren Namen verdankt sie einem mittelalterlichen Bericht aus Congleton über einen Biertester und einen wenig effizienten Bärenwächter. Noch im 16. Jh., zur Zeit von Königin Elisabeth I., war die Bärenjagd in Congleton ein beliebter Zeitvertreib.	**BELHAVEN** Spott Road, Dunbar, East Lothian, Scotland EH42 1RS www.belhaven.co.uk Benediktinermönche brauten schon im 14. Jh. in Dunbar. Bis heute stammt das Brauwasser aus den damals gegrabenen Brunnen. Der österreichische Kaiser Franz I. schwärmte für Belhaven-Biere und bezeichnete sie 1827 als »die Burgunder Schottlands«. 2005 verlor die Brauerei ihre Unabhängigkeit, als sie von Greene King übernommen wurde.
BIER	**BATHAMS BEST BITTER** Best Bitter 4,5 Vol.-% Ein strohfarbenes Ale, im Antrunk süß, bevor sich rasch komplexe, herbe Hopfenaromen durchsetzen. **BATHAMS MILD ALE** Mild 3,5 Vol.-% Ein fruchtiges, dunkelbraunes Mild Ale; süßlich, gut ausgewogen, im Nachklang Hopfen und Frucht.	**BEAMISH IRISH STOUT** Stout 4,1 Vol.-% Porter-ähnlich durch den hopfenbetonten Charakter, die Schokoladennoten und die relativ blasse Farbe. **BEAMISH RED ALE** Irish Red Ale 4,2 Vol.-% Deutlich rötliche Färbung, malzbetont, gut abgerundet, Geschmack von süßen Früchten am Gaumen.	**KODIAK GOLD** Bitter 4 Vol.-% Ein strohfarbener Durstlöscher; in der Nase Zitrusfrucht, am Gaumen keksartiges Malz, schneidend bitter. **BLACK BEAR** Mild 5 Vol.-% Ein kräftiges Mild Ale, rubinrot; subtile Noten von Röstmalz, übergehend in einen süßlichen Nachklang.	**ST. ANDREWS ALE** Strong Bitter 4,9 Vol.-% Im Geschmack Wechsel von Röstmalz, Karamell und sauren Früchten, durchgehend würzige Hopfenaromen. **BELHAVEN 80 SHILLING ALE** Scottish Heavy 4,2 Vol.-% Ein klassisches, schottisches Heavy Ale mit vielen Malzaromen, dann Hopfen- und Fruchtnoten.

BIG LAMP

Grange Road, Newburn, Newcastle upon Tyne, England NE15 8NL
www.biglampbrewers.co.uk

Die älteste Mikrobrauerei im Nordosten Englands wurde 1982 gegründet. 1997 bezog sie in der Nähe des Tyne Riverside Country Park eine historische Wasserpumpstation. Dort gibt es auch einen Pub mit Restaurant, The Keelman, und die Keelman Lodge (mit Übernachtungsmöglichkeiten), die mit Touristikpreisen ausgezeichnet wurden.

BLACK ISLE

Old Allangrange, Munlochy, Ross-shire, Scotland IV8 8NZ
www.blackislebrewery.com

Ziel dieser kleinen, unabhängigen Brauerei, die mitten in den Schottischen Highlands liegt, ist es, Bio-Biere von höchster Qualität zu produzieren. Auch bei der Abfüllung wird auf Umweltfreundlichkeit geachtet.

BRAUGEHEIMNIS: Black-Isle-Biere durchlaufen eine zweite Gärung in der Flasche.

BLACK SHEEP

Wellgarth, Masham, North Yorkshire, England HG4 4EN
www.blacksheepbrewery.com

Die Familie Theakston braut bereits in der sechsten Generation in Masham (North Yorkshire). Der Verlust der Unabhängigkeit brachte Paul Theakston dazu, sich zurückzuziehen und 1992 in einer ehemaligen Mälzerei hoch oberhalb des River Ure die Brauerei Black Sheep zu gründen. Seither erfreut sich Black Sheep trotz aller widrigen Umstände eines kontinuierlichen Wachstums. Bis zum Jahr 2006 konnte die Kapazität dank eines neuen Sudhauses, neuer Gär- und Lagertanks sowie einer Stapelanlage für die Fässer verdoppelt werden. Für Touristen ist auch das Besucherzentrum interessant.

BRAUGEHEIMNIS: Der Charakter der Black-Sheep-Biere wird wesentlich durch viel Golding Hopfen bestimmt.

PRINCE BISHOP ALE
Strong Bitter 4,8 Vol.-%
Ein süffiges, goldfarbenes Bitter Ale mit vollem, fruchtig-hopfigem Aroma und würziger Bitterkeit.

SUMMERHILL STOUT
Stout 4,4 Vol.-%
Ein köstliches, dunkles Stout mit charakteristischem Röstmalz; lang anhaltende, malzige Würze.

ORGANIC YELLOWHAMMER IPA
India Pale Ale 4 Vol.-%
Ein hell goldfarbenes, hopfenbetontes Bitter Ale mit Grapefruitaroma und einem hefigen Nachklang.

ORGANIC BLONDE
Premium Lager 4,5 Vol.-%
Ein Premium-Bier im kontinentalen Stil; am Gaumen etwas Keks; frischer, grasiger Duft.

BLACK SHEEP ALE
Bitter 4,4 Vol.-%
Hocharomatisch: üppig-fruchtiger Duft, im Geschmack bittersüß und malzig; langer, trockener Abgang.

BEST BITTER
Best Bitter 3,8 Vol.-%
Der Bestseller der Brauerei: gut gehopft, hell goldfarben; herb-erfrischender Geschmack.

RIGGWELTER
Premium Bitter 5,9 Vol.-%
Kräftig, komplex, fruchtig-bitter, dabei Spritzer von Birne und Anklänge an Lakritz.

EMMERDALE ALE
Bitter 5 Vol.-%
Fruchtige Aromen von Hopfen und Malz gehen über in einen langen, trockenen und bitteren Nachklang.

BRAUEREI

BRAINS

Crawshay Street, Cardiff,
Glamorgan, Wales CF10 1SP
www.sabrain.com

Die Brauerei Brains pflegt regionale Traditionen und ist stolz auf ihr walisisches Erbe. Das Bier wird in der sehenswerten Cardiff Brewery hergestellt, die das Unternehmen im Jahr 2000 bezogen hat. In der Old Brewery ganz in der Nähe wurde mehr als 100 Jahre lang das berühmte Pint of Brains hergestellt.

BRAKSPEAR

The Crofts, Witney, Oxfordshire,
England OX28 4DP
www.brakspear.co.uk

Die alteingesessene Brakspear Brewery schloss ihren Betrieb in Henley im Jahr 2002. Brakspear-Biere werden jetzt von der Wychwood Brewery hergestellt.

BRAUGEHEIMNIS: Wychwood arbeitet mit der ursprünglichen Brauanlage von Brakspear und hat auch die hölzernen »Double drop«-Gärbehälter sowie die Hefekulturen übernommen.

BROUGHTON ALES

Broughton, Biggar, Peeblesshire,
Scotland ML12 6HQ
www.broughtonales.co.uk

Die kleine, unabhängige Brauerei liegt an der schottischen Grenze. Bei der Präsentation der Biere bezieht sich die Brauerei gern auf die Geschichte der Region. Produziert werden 18 Fassbiere (Ales) und elf Flaschenbiere für den heimischen Markt, aber auch für den Export, sowie ein Bier im Keg-Fass.

BUFFY'S

Rectory Road, Tivetshall St Mary,
Norwich, Norfolk, England NR15 2DD
www.buffys.co.uk

Buffy's wurde 1993 von dem Versicherungsangestellten Roger Abrahams und der Klavierstimmerin Julie Abrahams gegründet. Die Brauerei ist in einem Haus aus dem 15. Jh. untergebracht, die als »Buffy's Place« bekannt geworden ist. Seither hat es einige Neuerungen gegeben, und die Biere sind mit Preisen ausgezeichnet worden.

BIER

BRAINS SA GOLD
Best Bitter 4,2 Vol.-%
Im Duft herrscht eine Mischung von mildem Malz und würzigem Hopfen vor; malzbetonter Geschmack.

BRAINS BITTER
Bitter 3,7 Vol.-%
Kräftige Bernsteinfarbe; subtile Malz- und knackige Hopfenaromen. Gut ausgewogen, etwas bitter.

BRAKSPEAR BITTER
Bitter 3,4 Vol.-%
Im Antrunk malzige und hopfige Bitterkeit, die in einen süßen, fruchtigen Nachklang übergeht.

BRAKSPEAR SPECIAL
Strong Bitter 4,3 Vol.-%
Körperreich mit Anklängen an Süße und trockene, hopfige Bitterkeit; im Nachklang Zitrusfrucht.

GREENMANTLE ALE
Bitter 3,9 Vol.-%
Dunkel kupferfarben, üppig fruchtige Noten treffen auf bittersüße Noten, das Finale ist hopfenbitter.

BLACK DOUGLAS
Premium Bitter 5,2 Vol.-%
Dunkel rubinrot mit üppiger, körperreicher Malzigkeit und Obertönen von Obstkompott.

BUFFY'S NORWICH TERRIER
Bitter 3,6 Vol.-%
Ein helles, erfrischendes Ale mit robustem Körper und kräftigem Biss – genau wie der gleichnamige Hund!

BUFFY'S BITTER
Bitter 3,9 Vol.-%
Der Bestseller der Brauerei. Deutlicher Hopfen in der Nase und Spuren von Röstmalz am Gaumen.

BURTON BRIDGE

Bridge Street, Burton upon Trent, Staffordshire, England DE14 1SY
www.burtonbridgebrewery.co.uk

1984 taten sich ein Brauerei-Ingenieur und ein technischer Leiter zusammen und gründeten einen Pub und eine Brauerei. Die Gerätschaften bezog man von anderen Brauereien bzw. von einem Bauernhof, einige fand man sogar in einer alten Garage. Die Sitzgelegenheiten im Pub stammen aus einer Methodistenkirche.

GOLDEN DELICIOUS
Bitter 3,8 Vol.-%
Ursprünglich ein Spezialbier für den Sommer; delikat hopfenbitter, trocken und lange nachklingend.

XL BITTER
Best Bitter 4 Vol.-%
Im Duft malzbetont, frischer Hopfen; Anklänge an Schokolade und Karamell, im Nachklang adstringierend.

BUTCOMBE

Cox's Green, Wrington, Bristol, England BS40 5PA
www.butcombe.com

Die Philosophie der Brauerei ist einfach: »Bier ist ein natürliches Produkt, und das soll es bleiben.« Das Unternehmen begann 1978 in zuvor landwirtschaftlich genutzten Gebäuden, hat sich seither aber stark vergrößert. Der jährliche Ausstoß liegt bei knapp 4 Mio. l. Butcombe betreibt zusätzlich 15 Pubs.

BUTCOMBE BLOND
Bitter 4,3 Vol.-%
Leicht und fruchtig, mäßig bitterer Nachklang. Blumige Süße durch slowenischen und Saazer Hopfen.

BUTCOMBE BITTER
Bitter 4 Vol.-%
Bitter mit zitrusartigem Hopfen; in der Nase leichte Schwefelnoten; Fruchtaromen, trockener Nachklang.

CAINS

Stanhope Street, Liverpool, England L8 5XJ
www.cains.co.uk

Geführt wird die Brauerei von den Brüdern Dusanj, der ersten asiatischen Familie, die in Großbritannien eine Brauerei betreibt. Cains gehört zu den am schnellsten wachsenden Brauereien im Land: Sie beschäftigt 150 Angestellte, und die Produktion liegt bei knapp 68,5 Mio. l im Jahr.

CAINS WHEAT BEER
Weizenbier 4 Vol.-%
Duft nach Banane und Vanille, Aromen von unreifen Früchten; würzige Hopfen-Anklänge. Ein Bio-Bier.

CAINS FINEST BITTER
Bitter 4 Vol.-%
Ein vollmundiges, erfrischendes Bier mit üppigem Geschmack nach Malz und erdigen Noten.

CAIRNGORM

Aviemore, Highlands, Scotland PH22 1ST
www.cairngormbrewery.com

Mitten im Cairngorms National Park liegt die Brauerei wunderschön vor den Höhenzügen der schottischen Highlands. Sie wurde 2001 gegründet. Die 18 Biere des Sortiments wurden immer wieder mit Preisen ausgezeichnet.

BRAUGEHEIMNIS: Man experimentiert hier mit Zutaten aus der Region, z. B. mit Disteln, der »Nationalblume« der Schotten, die für Bitternoten sorgen.

TRADE WINDS
Weizenbier 4,3 Vol.-%
Mehrfach ausgezeichnet; intensive Aromen von Hopfen und Holunderblüten, am Gaumen Frucht.

BLACK GOLD
Stout 4,4 Vol.-%
Mehrfach preisgekrönt; seidiger Körper, subtile Bitterkeit über Röstmalz; spät auftretende Süße.

ALLES ÜBER …

HOPFEN

Malz gilt gewöhnlich als die »Seele des Biers«: Es sorgt für die richtige Farbe, für Süße und natürlich für den bei der Gärung notwendigen Zucker, ohne den kein Alkohol entstehen könnte. Der Hopfen dagegen ist mit seinen würzig-bitteren, blumigen Aromen verantwortlich für den richtigen Geschmack und den besonderen Charakter. Denken Sie an ein Pilsener mit spritzig-würzigen Aromen, die ein Gegengewicht zur malzigen Süße erzeugen – da wird die Wirkung des Hopfens erkennbar. Selbst leicht gehopften Ales verleiht der Hopfen den nötigen Pfiff und ein Sommerblütenaroma. Bei stark gehopften Bierarten, IPAs z. B., steht der geradlinige, herbe Charakter ganz im Vordergrund. Doch Hopfen gibt dem Bier nicht nur die richtigen Geschmacksnoten, sondern hat zugleich antiseptische Wirkung, was das Bier haltbar macht.

In Deutschland wird Hopfen v. a. in den Regionen Tettnang (Baden-Württemberg), Elbe-Saale (Thüringen, Sachsen, Sachsen-Anhalt) sowie in Bayern in den Gebieten Spalt, Hersbruck und Hallertau angebaut. Die Hallertau ist das größte Anbaugebiet der Welt.

VOR DEM HOPFEN Als es noch nicht üblich war, mit Hopfen zu brauen, wurden Biere aus fermentiertem Gerstenmalz hergestellt, denen man mit Gewürzen und Kräutern den richtigen Geschmack verlieh. Das Alba Scots Pine Ale von Heather Ale ist eins der seltenen Beispiele für ein hopfenfreies Bier, das mit Kiefernnadeln gebraut wird.

DER ANBAU Hopfenfelder sehen ein bisschen aus wie Weingärten. Die Pflanzen ranken an Gerüsten, die in Deutschland meist eine Höhe von 7 m haben. Zum Bierbrauen werden nur die »Ähren«, die Dolden, verwendet.

FORMEN Frische Hopfendolden sind hellgrün. Für die Verarbeitung in der Brauerei werden sie entweder getrocknet oder sogar zu Pellets verarbeitet. Auch Hopfenöl wird eingesetzt.

DAS TROCKNEN

In Großbritannien wird Hopfen v. a. in Kent, Herefordshire und Worcestershire angebaut. Zur Erntezeit im September riecht es überall nach Hopfen, der zum Trocknen zur Darre gebracht wird. Früher waren Darrhäuser mit lang gezogenen Lüftungsgauben üblich, in denen der Hopfen an der Luft trocknete. Heute ist die Hopfentrocknung ein technisch beeinflussbarer Vorgang.

HOPFENSORTEN Dem Weinliebhaber läuft bei Namen wie Pinot Noir und Syrah das Wasser im Mund zusammen. Beim Bierliebhaber bewirken das Cascade, Tettnanger, Hallertauer Mittelfrüh oder Saazer, und es handelt sich wahrlich um edle Gewächse.

DER RICHTIGE ZEITPUNKT Bitterhopfen wird zugegeben, wenn die Würze zu kochen beginnt. Der empfindlichere Aromahopfen wird erst zur Mitte oder gegen Ende des Kochvorgangs zugefügt. Die Kunst ist, den richtigen Hopfen zum richtigen Zeitpunkt zuzugeben.

TSCHECHISCHER HOPFEN Im böhmischen Saaz und im amerikanischen Yakima Valley (Washington) wird in großem Stil Hopfen angebaut. Im Yakima Valley ist es vor allem Cluster Hopfen, aber auch Saazer Hopfen ist dort sehr häufig. Die Stadt Saaz (Žatec) gab der Region und auch dem Hopfen den Namen. Saazer Hopfen ist für seine Aromafülle bekannt, und sein blumiges Bouquet zeigt sich in vielen Pilsener-Bieren.

CALEDONIAN

42 Slateford Road, Edinburgh,
Scotland EH11 1PH
www.caledonian-brewery.co.uk

BRAUEREI

Caledonian hält es beim Brauen wie beim Biertrinken: Je länger man dabei ist, desto besser muss die Qualität sein. Caledonian ist die letzte überlebende von 40 Brauereien in Edinburgh.

BRAUGEHEIMNIS: Caledonian ist eine der letzten Brauereien, die den kupfernen Sudkessel mit der Würze über direktem Feuer erhitzen.

BIER

CALEDONIAN 80 SHILLING
Scottish Heavy 4,2 Vol.-%
Rötlich braun, typisch malzbetont, darunter liegende Noten von Himbeeren, Anklänge an Schokolade.

DEUCHARS IPA
India Pale Ale 3,8 Vol.-%
Scharfer Hopfenduft, Noten von Zitrusfrucht und durchgehend gleichbleibende Malzigkeit.

CAMERONS

Hartlepool, County Durham,
England TS24 7QS
www.cameronsbrewery.co.uk

Seit der Gründung 1865 hat die Brauerei mehrfach den Besitzer gewechselt. Die Wände des Sudhauses sind mit italienischem Marmor ausgekleidet, und das Brauwasser stammt aus einer eigenen Quelle.

BRAUGEHEIMNIS: Auf dem Gelände gibt es auch eine Mikrobrauerei, wo mit kleinen Mengen experimentiert wird.

STRONGARM
Strong Bitter 4,7 Vol.-%
Ein abgerundetes, dunkel rötliches Ale, Hopfen und Malz gut ausgewogen, aufkommende Fruchtnoten.

NIMMO'S XXXX
Bitter 4,4 Vol.-%
Ein hellgoldenes Bier mit guter Gewichtung von Malz und Hopfen, lang anhaltender Nachklang.

CITY OF CAMBRIDGE

Ely Road, Chittering, Cambridge,
England CB5 9PH
www.cambridge-brewery.co.uk

Die Brauerei eröffnete 1997 und musste schon drei Jahre später umziehen, da sie der ständig steigenden Nachfrage nicht mehr Herr wurde. City of Cambridge arbeitet umweltschonend, z. B. gibt es eine Pflanzenkläranlage für das Brauchwasser. Biere und Brauerei wurden schon mehrfach mit Preisen ausgezeichnet.

HOBSON'S CHOICE
Bitter 4,1 Vol.-%
Ein hell goldfarbenes Ale; in der Nase deutlicher Hopfen, ebenso im erfrischend bitteren Nachklang.

BOATHOUSE BITTER
Bitter 3,8 Vol.-%
Üppige Nase mit Schokoladennoten, gestützt von zitrusartigem Hopfen sowie malzig-fruchtigem Geschmack.

CONISTON

Coppermines Road, Coniston, Cumbria,
England LA21 8HL
www.conistonbrewery.com

Die Brauerei wurde 1995 hinter der 400 Jahre alten Herberge einer Poststation errichtet. Hier waren schon der Maler William Turner, der Dichter S. T. Coleridge und der Rennfahrer Donald Campbell zu Gast. An Campbells Todesfahrt 1967 auf dem Coniston Water erinnert das Flaggschiff-Bier der Brauerei, das Bluebird.

BLUEBIRD BITTER
Bitter 3,6 Vol.-%
Der Challenger Hopfen sorgt für verführerischen Duft und einen leichten, reinen Gaumen.

OLD MAN ALE
Best Bitter 4,2 Vol.-%
Überbordende Fruchtaromen, umhüllt von geröstetem Schokoladenmalz und herbem Hopfen.

COPPER DRAGON

Kighley Road, Skipton, North Yorkshire, England BD23 2QR
www.copperdragon.uk.com

Der Gründung von Copper Dragon 2002 ging eine zweijährige intensive Beschäftigung mit der britischen Brauindustrie voran. Sitz war zunächst die ehemalige Skipton Brewery, doch schon bald wurde ein neues Sudhaus nötig. Eine weitere Expansion erfolgte 2008 mit der Inbetriebnahme einer 9800-l-Brauanlage.

GOLDEN PIPPIN
BITTER 3,9 VOL.-%
Ein leichtes, erfrischendes »Blonde« mit Noten von Zitrusfrucht – ein Bier für Ale- und Lagerbiertrinker.

BEST BITTER
BEST BITTER 3,8 VOL.-%
Ein bernsteinfarbenes, ausgewogenes Session-Ale mit Malz- und Hopfennoten.

COTLEIGH

Ford Road, Wiveliscombe, Somerset, England TA4 2RE
www.cotleighbrewery.co.uk

Cotleigh nahm 1979 den Betrieb auf, und zwar in den Stallungen eines Bauernhofes. Seither ging die Brauerei zweimal in neue Hände über. Jeder Eigentümer baute auf dem Erfolg seines Vorgängers auf und expandierte.

BRAUGEHEIMNIS: Gut ausgewogen, hell kupferfarben, am Gaumen subtile Hopfenaromen und süßes Malz.

TAWNY OWL PREMIUM BITTER
BEST BITTER 3,8 VOL.-%
Gut ausgewogen, hell kupferfarben, am Gaumen subtile Hopfenaromen und süßes Malz.

BARN OWL PREMIUM ALE
BEST BITTER 4,5 VOL.-%
Dunkel kupferfarben, Anklänge an Toffee und Nuss, im Nachklang malzige, bittersüße Noten.

CROPTON

Cropton, Nr. Pickering, Cropton, North Yorkshire, England YO18 8HH
www.croptonbrewery.com

Cropton braut seit 1984. Zehn Jahre später wurde eine speziell angefertigte Brauanlage installiert, und 2006 erfolgte eine weitere Expansion, um die angestrebte Produktionsmenge von 16 000 l pro Woche zu erreichen. Fast alle Biere durchlaufen eine Flaschengärung, sind frei von Zusätzen und sogar für Veganer geeignet.

TWO PINTS
BITTER 4 VOL.-%
Gute Balance zwischen Hopfen und Karamellsüße; durch den malzbetonten Nachklang ein klassisches Bitter.

MONKMAN'S SLAUGHTER
PREMIUM BITTER 6 VOL.-%
Körperreich, deutliches Malz, Schokolade, Karamell und Herbstfrüchte; subtile Hopfenbitterkeit.

CROUCH VALE

23 Haltwhistle Road, South Woodham Ferrers, Essex, England CM3 5ZA
www.crouch-vale.co.uk

Crouch Vale ist eine der erfolgreichsten Mikrobrauereien der letzten Jahre. Das Brewers Gold des kleinen, unabhängigen Unternehmens hat schon zweimal die höchste Auszeichnung überhaupt erhalten, es wurde nämlich zum Campaign For Real Ale Supreme Champion Beer of Britain (2005 und 2006).

BREWERS GOLD
BITTER 4 VOL.-%
Hell, erfrischend und hopfenduftig, mit Aromen von süßen, tropischen Früchten und bitterem Abgang.

ESSEX BOYS BITTER
BITTER 3,5 VOL.-%
Hellbraun mit deutlichen Noten von Malz und zitrusartigem Hopfen in der Nase; trockener Nachklang.

BRAUEREI	**CWMBRAN** Craig Lane, Upper Cwmbran, Torfaen, South Wales NP44 5AS www.cwmbranbrewery.co.uk Das Brauwasser stammt aus einer Bergquelle im Gwent's Eastern Valley. Ursprünglich sollte bei Cwmbran nur ein einziges Bier gebraut werden, doch das heutige Sortiment umfasst mehrere Biere. Die Brauerei hat einen treuen Kundenkreis, und einige Flaschenbiere von Cwmbran gibt es in ausgesuchten Supermärkten.	**DALESIDE** Camwal Road, Harrogate, North Yorkshire, England HG1 4PT www.dalesidebrewery.co.uk Die Stadt Harrogate ist bekannt für ihre schwefelhaltigen Quellen, und so überrascht es nicht, dass dort viel Bier gebraut wird. Bei Daleside geschieht dies nach althergebrachten Rezepten. Entsprechend der Philosophie des Hauses werden Zutaten von höchster Qualität nach technisch neuesten Produktionsmethoden verarbeitet.	**DARWIN** 63, Back Tatham Street Sunderland, Tyne & Wear, England SR1 2QE www.darwinbrewery.com Darwin ist schon deshalb erwähnenswert, weil die Brauerei eng mit Brewlab zusammenarbeitet, welches Teil der University of Sunderland ist. Dort können Studenten der Brauwissenschaften etwa 40 verschiedene Bierarten pro Jahr herstellen. Die besten werden anschließend von Darwin kommerziell produziert.	**DONNINGTON** Stow-on-the-Wold, Gloucestershire, Cheltenham, England GL54 1EP www.donnington-brewery.com Im Jahr 1827 erwarb Thomas Arkell eine idyllische Wassermühle aus dem 13. Jh. Dort wird seit 1865 Bier gebraut. Die Mühle wurde innerhalb der Familie weitervererbt bis zu Claude Arkell, der 2007 starb. Jetzt haben seine Cousins die Brauerei übernommen, die nach wie vor mit Wasserkraft arbeitet.
BIER	**CROW VALLEY BITTER** Bitter 4,2 Vol.-% Milde Hopfen- und Malzaromen, gefolgt von einer Mischung aus Malz-, Hopfen- und Fruchtnoten. **DRAYMAN'S CHOICE** Mild 3,8 Vol.-% Unterschwellige Noten von Frucht und Hopfen begleiten den malzigen, bittersüßen Charakter.	**DALESIDE BLONDE** Bitter 3,9 Vol.-% Deutlich hopfenbetont, erinnert im Geschmack an Zitronenlimonade; bitterer, kurzer Nachklang. **OLD LEG OVER** Bitter 4,1 Vol.-% Hervorragende Balance zwischen Nuss und Frucht am Gaumen; in der Nase Anklänge an Kräuter.	**EVOLUTION** Bitter 4 Vol.-% Leicht, rein und kräftig. Trockener, hopfiger Charakter, anhaltende Malznoten. **GHOST ALE** Bitter 4,1 Vol.-% Goldfarben; stark gehopft, Zitrusaromen vorherrschend, gefolgt von ausgewogener, fruchtiger Würze.	**DOUBLE DONN** Best Bitter 4,4 Vol.-% Ein dunkles, ausgewogenes Bitter Ale; Frucht und Malz schön gepaart; im Nachklang Spuren von Malz. **DONNINGTON XXX** Bitter 3,6 Vol.-% Subtiles Profil, aber Aromen von Hopfen, Schokolade und Lakritz erkennbar; malzbetonter Nachklang.

DOUBLE MAXIM BEER

1 Gadwell Road, Hughton-le-Spring, Sunderland, England DH4 5NL
www.maximbrewery.co.uk.

Nachdem Double-Maxim-Biere von anderen Brauereien hergestellt wurden, konnte das Unternehmen 2007 eine neue Anlage in Betrieb nehmen. Eine Abfüllanlage ist in Planung.

BRAUGEHEIMNIS: Bei Double Maxim wird auch nach einem Originalrezept aus der Vaux Brewery gebraut.

DOUBLE MAXIM
Brown Ale 4,7 Vol.-%
Duft nach Karamell; Karamell auch im bittersüßen Geschmack, dann in Toffee übergehend.

SAMSON CASK ALE
Best Bitter 4,6 Vol.-%
Ein Bitter Ale aus dem Nordwesten Englands mit einem Hauch Hopfen und malzbetontem Körper.

DURHAM

Unit 5a, Bowburn North Industrial Estate, Bowburn, County Durham, England DH6 5PF
www.durham-brewery.co.uk

Als zwei Musiklehrer arbeitslos wurden, machten sie aus ihrem Hobby einen Beruf und wurden Brauer. Seither folgt Auszeichnung auf Auszeichnung. Das Erfolgsrezept liegt in der Liebe zum Detail. Die Biernamen erweisen der kirchlichen Kultur der Gegend die Ehre.

EVENSONG
Strong Bitter 5 Vol.-%
Ein Rezept von 1937. Weinrot, üppige Toffeenoten und großzügige Hopfenbitterkeit.

MAGUS
Bitter 3,8 Vol.-%
Ein helles Session-Bier; aromatisch und komplex wie ein Lager vom Festland; zitrusartige Untertöne.

ELGOOD'S

North Brink Brewery, Wisbech, Cambridgeshire, England PE13 1LN
www.elgoods-brewery.co.uk

Das Gebäude der Brauerei stammt aus dem Jahr 1795, doch hinter der Fassade verbirgt sich eine moderne Brauanlage – es ist eine der modernsten in England. Die Familie Elgood steht – heute in der fünften Generation – trotz ihrer fortschrittlichen Unternehmensführung für Tradition und althergebrachte Braumethoden.

BLACK DOG
Mild 3,6 Vol.-%
Ausgewogen und mild mit einem von Röstmalz bestimmtem Charakter, gestützt durch eine Hopfensorte.

GREYHOUND STRONG BITTER
Strong Bitter 5,2 Vol.-%
Erinnert an Rosinen, was von dunklem Zucker kommt; Röstmalz kontrastiert mit dem englischen Hopfen.

EVERARDS

Castle Acres, Narborough, Leicestershire, England LE19 1BY
www.everards.co.uk

William Everard braute sein erstes Bier 1849. Er formulierte sein Anliegen wie folgt: »Bei der Produktion und Lieferung von authentischem Ale bester Qualität ist keine Anstrengung zu viel.« Das gilt bis heute.

BRAUGEHEIMNIS: Bei Everards wird vor allem mit den Hopfensorten Fuggles und Goldings gearbeitet.

TIGER
Best Bitter 4,2 Vol.-%
In der Nase würziger Hopfen und Karamell. Am Gaumen bittersüß, abgerundeter Toffee-Charakter.

ORIGINAL PREMIUM ALE
Strong Bitter 5,2 Vol.-%
Kupferfarben, körperreich, im Duft gerösteter Karamell, gefolgt von Portwein- und Fruchtnoten.

BRAUEREI

EXMOOR

Wiveliscombe, Taunten Somerset,
England TA4 2NY
www.exmoorales.co.uk

Exmoor gehört zu den ersten Mikrobrauereien, die Anfang der 1980er-Jahre gegründet wurden. An der Firmenphilosophie hat sich seither nichts geändert: Wesentliche Faktoren sind die handwerkliche Fähigkeit der Brauer und Innovationen. Exmoor ist die größte Brauerei in Somerset und damit eine Regionalbrauerei.

FELINFOEL

Farmers Row, Llanelli, Carmarthenshire,
Wales SA14 8LB
www.felinfoel-brewery.com

Die Brauerei hat Gebäude auf beiden Seiten des River Lliedi. Sie existiert seit 1878 und steht ganz im Zeichen der Industriegeschichte von Südwales. Felinfoel ist vor allem dafür bekannt, dass die Brauerei als erste in Großbritannien 1935 Dosenbier produzierte. In den 70er-Jahren wurde sie umfassend modernisiert.

FREEMINER

Whimsey Road, Cinderford,
Gloucestershire, England GL14 3JA
www.freeminer.com

Jeder, der im Forest of Dean geboren war und ein Jahr und einen Tag in einem der dortigen Kohlebergwerke gearbeitet hatte, durfte als freier Bergmann *(free miner)* ein eigenes Bergwerk betreiben.

BRAUGEHEIMNIS: Die Ales werden aus ganzem Hopfen aus Worcestershire in offenen Gärtanks hergestellt.

FULLER'S

Chiswick Lane South, London,
England W4 2QB
www.fullers.co.uk

Die letzte traditionelle Familienbrauerei in London. Sie wurde 1845 an der Stelle der ehemaligen Griffin Brewery in Chiswick ganz in der Nähe der Themse gegründet. An dieser Stelle wird schon seit 350 Jahren Bier gebraut. Obwohl Fuller's inzwischen ein Global Player ist, herrscht im Unternehmen der Geist einer kleinen

BIER

EXMOOR GOLD
Bitter 4,5 Vol.-%
In der Nase kräftig-erdiger Hopfen, Zitrone und saftiges Malz; fruchtig, Süße von Butterscotch; unvergesslicher Nachklang.

EXMOOR ALE
Bitter 3,8 Vol.-%
Mittlerer Körper, Malz- und Hopfenaromen, bitter-hopfiger Nachklang.

DOUBLE DRAGON
Bitter 4,2 Vol.-%
Appetitliche Farbe, malzig mit subtilen Hopfenaromen, gut ausgewogener, befriedigender Trinkgenuss.

CAMBRIAN BITTER
Bitter 3,9 Vol.-%
Als »anständiges walisisches Bitter« etikettiert; aromatisch mit ausgewogenen Malz- und Hopfenaromen.

SPECULATION ALE
Strong Bitter 4,8 Vol.-%
Zunächst schokoladensüß, dann folgen ein Schwung Hopfen und eine üppige Schicht aus Malz.

FREEMINER BITTER
Strong Bitter 4,8 Vol.-%
Deutlich bitter und mit reichlich Hopfen, ausbalanciert durch den Malzcharakter.

LONDON PRIDE
Bitter 4,1 Vol.-%
In der Nase fruchtig und malzig-süß, floral-würzige Hopfenaromen mit Untertönen von Marmelade.

ESB
Extra Strong Bitter 5,5 Vol.-%
Komplexe Aromen mit der typischen Orangennote; spritzige Noten von Hopfen und Röstmalz.

Firma. Die Biere sind mit zahllosen Preisen ausgezeichnet worden – fünfmal mit dem Campaign For Real Ale Champion Beer of Britain. Obwohl Fuller's zu den wichtigsten Ale-Produzenten in Großbritannien gehört, wird mit traditionellen Methoden gebraut. 2005 übernahm Fuller's die Brauerei George Gale aus Hampshire, und die Gale-Biere werden heute ebenfalls in Chiswick gebraut.

VINTAGE ALE

Barley Wine 8,5 Vol.-% (variabel)

Wird jedes Jahr mit anderen Malz- und Hopfensorten hergestellt. Von Jahr zu Jahr verschieden.

CHISWICK BITTER

Bitter 3,5 Vol.-%

Frisch mit zitrusartigem Hopfen, leichte malzige Süße am Gaumen. Angenehm trockener Nachklang.

FYNE ALES

Achadunan, Cairndow, Argyll,
Scotland PA26 8BJ
www.fyneales.com

Die Brauerei wurde erst 2001 in einem nicht mehr benutzten Melkstand eingerichtet – trotzdem gewinnt Fyne Ales inzwischen schon internationale Preise.

BRAUGEHEIMNIS: Das weiche Wasser aus einem kleinen Bach, der in den Loch Fyne in den Schottischen Highlands fließt, trägt wesentlich zum Charakter der Fyne Ales bei.

MAVERICK

Best Bitter 4,2 Vol.-%

Mahagonifarben und sehr robust, dabei wärmendes Röstmalz und fruchtige Hopfenaromen.

HIGHLANDER

Scottish Heavy 4,8 Vol.-%

Ein starkes Ale im traditionellen, schottischen Stil; intensiv malzig, dabei zitrusartiger Hopfen.

GALWAY HOOKER

Roscommon Town, Galway, Ireland
www.galwayhooker.ie

Dieses Bier gibt es seit 2006. Der Name der Brauerei fand sich bei einem Online-Wettbewerb und bezeichnet ein traditionelles Segelboot in der Galway Bay an der Westküste Irlands. Nach der Philosophie der Brauerei verhält es sich mit Bier wie mit anderen hochwertigen Lebensmitteln: Je frischer und naturbelassener sie sind, desto besser.

GALWAY HOOKER IRISH PALE ALE

Pale Ale 4,4 Vol.-%

Gut ausgewogene würzige Bitternoten und dezenter Keksgeschmack ergänzen florale Aromen und den zitrusbetonten Nachklang.

GOACHER'S

Maidstone, Kent,
England ME15 6TA
www.goachers.com

1993 ging die speziell angefertigte Anlage in Betrieb. Gearbeitet wird nach dem Vollmaische-Verfahren mit offenen Gärbehältern und Edelstahltanks.

BRAUGEHEIMNIS: Der besondere Charakter der Ales entsteht durch den Einsatz von Kenter Hopfen und durch reines Gerstenmalz.

BEST DARK ALE

Best Bitter 4,1 Vol.-%

Der komplexe, körperreiche Charakter dieses Biers geht auf bittersüßes Malz zurück.

FINE LIGHT ALE

Bitter 3,7 Vol.-%

Anhaltender, floraler Duft nach Hopfen, am Gaumen mäßig malzig bis hin zum Nachklang.

BRAUEREI

GREENE KING

Bury St Edmunds, Suffolk,
England IP33 1QT
www.greeneking.co.uk

In den 200 Jahren ihres Bestehens ist die Brauerei Greene King zu einem dynamischen Faktor in der stark durch den Wettbewerb bestimmten Brauindustrie Großbritanniens geworden. Alle Biere werden in Bury St Edmunds produziert, wo schon im 11. Jh. Ale gebraut wurde. Benjamin Greene eröffnete seine Brauerei 1799, die sich 1887 mit dem Rivalen King zusammenschloss. In den vergangenen Jahren hat das Unternehmen mehrfach Konkurrenten aufgekauft, z. B. Morelad, Ruddles, Ridley's und Hardy & Hanson, und die Betriebe dann geschlossen. 2005 wurde auch Belhaven of Dunbar aufgekauft.

BRAUGEHEIMNIS: Das Flaggschiff von Greene King ist das Abbot Ale. Der Gärprozess erstreckt sich laut den Vorgaben des Braumeisters idealerweise über »zwei Sabbate«.

GUINNESS

St James's Gate, Dublin 8, Ireland
www.guinness.com

Wenn Sie die Zeit genießen können, die es braucht, um ein großes Glas Guinness einzuschenken – 119,5 Sekunden –, dann wissen Sie auch, dass es sich um kein gewöhnliches Bier handelt. Guinness definiert, was Stout ist und was das typisch Irische ist. Gleichzeitig steht die Brauerei am St James Gate für Neuerungen auf den Gebieten Physik, Chemie, Verpackung und Werbung. Sie erstreckt sich über ein 25 ha großes Grundstück mitten in Dublin. Oft wird das Gebäude mit einer Zitadelle verglichen, doch hinter den Mauern geht es lebendig zu. 250 Jahre nach Arthur Guinness' erstem Bier wird Guinness heute in 50 Ländern gebraut, erhältlich ist es in 150.

BRAUGEHEIMNIS: Der großzügig verwendete Hopfen bestimmt den herben Charakter des Biers, unterstützt durch *Brettanomyces*-Hefe.

BIER

ABBOT ALE
STRONG BITTER 5 VOL.-%
In der Nase keksartiges Malz und würziger Hopfen; spritzig bittersüße Frucht, am Gaumen Malz.

IPA
INDIA PALE ALE 3,6 VOL.-%
Kupferfarben; reiner, frischer Geschmack nach Hopfen; in der Nase subtile, süßliche Malznoten.

OLD SPECKLED HEN
PREMIUM BITTER 5,2 VOL.-%
Üppig und intensiv; köstlich malzig-würzig im Geschmack, dabei Fruchtsüße.

RUDDLES COUNTY
BEST BITTER 4,3 VOL.-%
Ein Premium-Bier mit fruchtiger Süße und eindeutig hopfenbetontem, trockenem Nachklang.

GUINNESS ORIGINAL
STOUT 4,2 VOL.-%
Duft nach Kaffee mit Sahne, im Geschmack Fruchtnoten, Schokolade und später Hopfen.

DRAUGHT GUINNESS
STOUT 4,1 VOL.-%
In der Nase Hopfen, dann entwickeln sich Frucht, Sahne und dunkles Toffee mit Anklängen an Lakritz.

FOREIGN EXTRA
SPECIAL STOUT 7,5 VOL.-%
Duft nach Hopfen und angebranntem Toast; im Mund viel Malz, bitterer Kaffee und Lakritze.

GUINNESS RED
IRISH RED ALE 4,1 VOL.-%
Nicht nur Schwarz und Weiß, sondern durch das leichter geröstete Gerstenmalz eine rötliche Färbung.

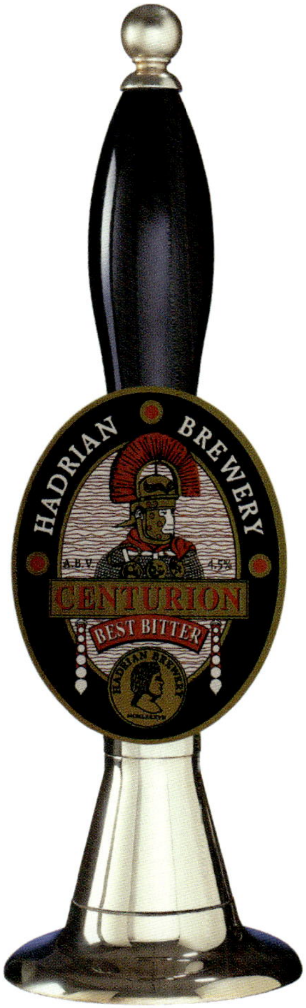

HADRIAN & BORDER

Unit 11, Hawick Crescent Ind. Est.,
Newcastle upon Tyne, England NE6 1AS
www.hadrian-border-brewery.co.uk

Die Brauerei ging aus der »Hochzeit« zwischen der Border Brewery in Berwick-upon-Tweed und der Brauerei Hadrian aus Newcastle upon Tyne hervor. Das Unternehmen wächst kontinuierlich, und es hat Kunden von Edinburgh bis North Yorkshire. Die preisgekrönten Ales werden in einer 3200-l-Anlage gebraut.

CENTURION
Best Bitter 4,5 Vol.-%
Hell; am Gaumen deutlicher Hopfen; weich mit Schichten von reiner, unauffälliger Fruchtigkeit.

FARNE ISLAND
Bitter 4 Vol.-%
Ein bernsteinfarbenes, abgerundetes Bitter Ale mit malzigem Charakter und hopfenbetontem Nachklang.

HALL & WOODHOUSE

Blandford St Mary, Dorset,
England DT11 9LS
www.hall-woodhouse.co.uk

Das unabhängige Unternehmen wird heute in der fünften Generation von der Familie Woodhouse geführt. Sie bleibt ihrer Maxime treu und braut »Dorset-Ales mit wahrem Charakter«. Das Besucherzentrum der Brauerei ist eine Touristenattraktion. Eine neue, umweltfreundlich arbeitende Anlage mitten in der Gemeinde ist geplant.

BADGER FIRST GOLD
Bitter 4 Vol.-%
Ein goldfarbenes Ale mit nur einer Hopfensorte (First Gold), die für den einzigartigen Geschmack sorgt.

TANGLEFOOT
Strong Ale 5 Vol.-%
Hell goldfarben mit trocken-floralem Aroma, das im Kontrast zu Keks- und Fruchtnoten steht.

HAMBLETON

Holme-on-Swale, North Yorkshire,
England YO7 4JE
www.hambletonales.co.uk

Investitionen in Höhe von knapp 1,3 Mio. Euro haben Hambleton quasi zu einer neuen Brauerei gemacht – mit einer hochmodernen Abfüllanlage. Innovation wird seit der Gründung 1991 großgeschrieben. Die Preise, mit denen Hambleton-Biere ausgezeichnet wurden, z. B. eine Serie glutenfreier Biere, haben sie unbedingt verdient.

STALLION
Bitter 4,2 Vol.-%
Ein typisches Bitter Ale aus Yorkshire: malziger Charakter und dabei nussig, mit viel Hopfen gebraut.

NIGHTMARE
Porter 5 Vol.-%
Ein Extra Stout Porter, gebraut mit vier verschiedenen Malzsorten, daher sehr vielschichtig.

HAMPSHIRE

Greatbridge Road, Romsey,
Hampshire, England SO51 0NR
www.hampshirebrewery.com

Nachdem die Brauerei vier Jahre in Folge ein deutliches Wachstum verzeichnen konnte, bezog das kleine Team 1999 ein neues Gebäude. Hampshire-Biere genießen einen ausgezeichneten Ruf.

BRAUGEHEIMNIS: Für die Biere werden unterschiedliche Malze verarbeitet, daher die Fülle an Geschmacksnoten.

PRIDE OF ROMSEY
India Pale Ale 5 Vol.-%
Köstlich duftender Hopfen: Grapefruit und Zitrone. Bitterkeit als Ergänzung zu eleganten Malznoten.

LIONHEART
Golden Ale 4,5 Vol.-%
Goldfarben; Duft nach frischen Früchten und Malz, die den Auftakt zu raffinierten Hopfennoten bilden.

Guinness

St James's Gate,
Dublin 8, Ireland

Wenn Sie, egal wo, ein irisches Bier bestellen, bekommen sie mit großer Wahrscheinlichkeit ein Guinness serviert. Mit seiner nachtschwarzen Farbe und seiner schneeweißen Schaumkrone ist Guinness einfach einzigartig. Es handelt sich um ein herbes Stout, das eindeutige Röstnoten und Anklänge an Rauch erkennen lässt. Farbe und Geschmack gehen auf den hohen Anteil an Gerstenmalz zurück, das in der Brauerei am St James Gate in einer riesigen Trommel geröstet wird. Das ganze Viertel duftet dann nach Röstkaffee.

Die Erfolgsgeschichte von Guinness begann 1759, als Arthur Guinness in Dublin eine stillgelegte Brauerei erwarb. Schon sein Vater hatte Bier gebraut, und zwar als Gutsverwalter des Pfarrherrn von Celbridge (County Kildare). Anfang des 20. Jh. war Guinness bereits weit über die Grenzen Irlands hinaus bekannt und mit einer Produktionsmenge von mehr als 160 Mio. l pro Jahr die weltweit größte Brauerei.

Heute wird Guinness in zahlreichen Versionen in mehr als 40 Ländern hergestellt. In Großbritannien und Irland trinkt man es gewöhnlich frisch vom Fass. Anderswo, z. B. in Nigeria oder in Indonesien, wird es in Flaschen verkauft; der Alkoholgehalt bewegt sich dann zwischen 4,1 und 8 Vol.-%.

▼ DAS GÄRHAUS Wo früher das Bier gärte, befindet sich heute eine der erfolgreichsten Touristenattraktionen in Irland. In dem mehrgeschossigen Stahlkonstruktionsbau – der erste seiner Art auf den Britischen Inseln – ist die Geschichte von Guinness dokumentiert.

▲ GERÖSTETES GERSTENMALZ Guinness wird aus Gerste, Hopfen und Hefe hergestellt. Zusätzlich arbeitet man mit Gerstenflocken und geröstetem Gerstenmalz, was dem Bier seine dunkle Farbe und die weiche Bitterkeit verleiht; dies geschieht beim Maischen und auch noch einmal beim Kochen der Würze *(links)*.

▲ RICHTIG ZAPFEN Ein Guinness richtig zu zapfen braucht Zeit – und etwas Geduld. Man füllt das Glas langsam in zwei Etappen, was fast zwei Minuten dauern kann. In Irland ist es nicht unüblich, halb gefüllte Gläser bereitzustellen, die auf Bestellung dann fertig gezapft werden.

▼ LAGERTANKS In den riesigen Lagertanks kommt das Bier zur Ruhe und reift. Dadurch kann sich die Aromenfülle entfalten. Anschließend wird das Bier in Fässer, Flaschen oder Dosen abgefüll

WERBUNG ▶ Guinness ist bekannt für seine guten – und teuren – Werbekampagnen, in denen es um weit mehr als um die Vermarktung eines Produktes geht. So werden z. B. die Kosten für einen in Argentinien gedrehten Spot (»Domino Day«) auf sage und schreibe 20 Mio. Dollar geschätzt. Im Besucherzentrum wird an die berühmte Kampagne »Guinness is good for you« zwischen 1930 und 1960 erinnert, die von John Gilroy entwickelt wurde.

◀ WEISSER SCHAUM Der berühmte weiße Schaum der Guinness-Biere entsteht durch Stickstoff- und Kohlendioxidbläschen, die beim Zapfen nach oben steigen. Vor allem der Stickstoff spielt hier eine wichtige Rolle.

BRAUEREI

HARVEYS

6 Cliff High Street, Lewes,
Sussex, BN7 2AH
www.harveys.org.uk

Heute sind es die Nachfahren von John Harvey in der siebten Generation, die in das Brauereigeschäft involviert sind. Gärhaus und Keller sind im Wesentlichen bis heute unverändert geblieben. Gebraut wird mit einer modernen Anlage, die eine erhebliche Steigerung der Produktionsmenge ermöglichte.

BIER

BLUE LABEL
Pale Ale 3,5 Vol.-%
Köstlich vollmundig bei geringem Alkoholgehalt; ein Hauch von Hopfen, als Gegengewicht süßes Malz.

ARMADA ALE
Best Bitter 4,5 Vol.-%
Bernsteinfarben, gut ausgewogene Kombination von Frucht und Hopfen am Gaumen.

HARVIESTOUN

Alva Ind. Estate, Clackmannanshire,
England FK12 5DQ
www.haviestoun.com

Als die Brauerei 1984 gegründet wurde, standen vor allem die Neugierde und die Freude an natürlichen Zutaten im Vordergrund. Investitionen und eine speziell angefertigte Brauanlage sorgten dafür, dass Harviestoun-Biere schon mehrfach mit Preisen ausgezeichnet wurden. Seit 2006 gehört die Brauerei zur Caledonian Brewery.

BITTER & TWISTED
Bitter 3,8 Vol.-%
Reife Hopfenaromen mit Noten von Grapefruit und Zitrone, gepaart mit einem deutlichen Malzcharakter.

SCHIEHALLION
Premium Lager 4,8 Vol.-%
Ein Fassbier, das mit bayerischem Hopfen gebraut wird und daher köstlich duftet. Anhaltend malzig.

HAWKSHEAD

Staveley, Cumbria, England LA8 9LR
www.hawksheadbrewery.co.uk

Der Schwerpunkt liegt auf traditionellen Bierarten, die dem heutigen Geschmack angepasst wurden. Seit 2006 arbeitet Hawkshead mit einer hochmodernen 3200-l-Brauanlage in einem ehemaligen Bauernhof. Von den Gasträumen aus, wo preisgekrönte Ales serviert werden, können die Bierliebhaber den Brauprozess verfolgen.

HAWKSHEAD RED
Red Ale 4,2 Vol.-%
Ein bittersüßes, rötliches Ale, am Gaumen malzig-würzig mit saftigen, holzigen Aromen.

HAWKSHEAD GOLD
Best Bitter 4,4 Vol.-%
Eindeutig bitter, dabei bedingen englischer und amerikanischer Hopfen komplexe Fruchtaromen.

HIGHGATE

Sandymount Road ,Walsall,
West Midlands, England WS1 3AP,
www.highgatebrewery.com

Im Jahr 1899 braute James Fletcher das erste Bier für die Arbeiter des stark industrialisierten »Black Country«. Die Brauerei hatte seither zahlreiche Eigentümer und gehört heute dem Pub-Betreiber Global Star.

BRAUGEHEIMNIS: Einige Geräte aus viktorianischer Zeit sind bis heute in Betrieb, z. B. kupferne Sudkessel.

DAVENPORTS ORIGINAL
Best Bitter 4 Vol.-%
Kupferfarben und körperreich; Malz und Frucht, die durch bitteren Nachklang ausbalanciert werden.

DARK MILD
Mild 3,6 Vol.-%
Ein typisches Mild Ale der Region: Aromen von Obstkompott, Schokolade, Malz und würzigem Hopfen.

HIGH HOUSE

Matfen, Northumberland,
England NE20 0RG
www.highhousefarmbrewery.co.uk

Die Ausbreitung der Maul- und Klauenseuche 2001 war für den Landwirt Steven Urwin der Anstoß, nach neuen Erwerbsquellen zu suchen. Als leidenschaftlicher Heimbrauer besuchte er einen Kurs an der Sunderland University. Heute braut er in unter Denkmalschutz stehenden Landwirtschaftsgebäuden, und das mit großem Erfolg.

NEL'S BEST
Best Bitter 4,2 Vol.-%
Goldfarben, voller Körper, gut zu trinken; angenehme Hopfenbitterkeit, umhüllt von Malz.

AULD HEMP
Bitter 3,8 Vol.-%
Ein frischer Malzduft geht einem malzig-fruchtigen Geschmack voraus. Benannt nach einem Schäferhund.

HILDEN

Lisburn, County Antrim,
Ireland BT 27 4TY
www.hildenbrewery.co.uk

Die Mikrobrauerei wurde 1981 gegründet und löste in Irland so etwas wie eine Revolution aus, als sie fassgereiftes Bier auf den Markt brachte. Hilden arbeitet in ehemaligen Stallgebäuden, die einem Leinenfabrikanten gehören. Das Sortiment besteht aus fünf Ales: Porter, Blonde, Premium Red und zwei bernsteinfarbenen Sorten.

HILDEN ALE
Bitter 4 Vol.-%
Erfrischend scharf am Gaumen mit spät auftretender Hopfenbitterkeit, die das volle Aroma abrundet.

MOLLY MALONE ALE
Ale-Porter 4,6 Vol.-%
Dunkelrötlich mit komplexer Struktur, die von der Hopfenbitterkeit und dem Schokoladenmalz profitiert.

HOBSONS

Tenbury Road, Cleobury Mortimer,
Worcestershire, England DY14 8RD
www.hobsons-brewery.co.uk

Der heutige Erfolg der Brauerei beruht auf dem wachsenden guten Ruf, auf Expansionen, einem Umzug und einer zielstrebigen Unternehmensführung. Dazu gehörte auch die Entscheidung, ein Mild Ale zu brauen, obwohl diese Biersorte scheinbar im freien Fall war. 2007 wurde das Mild zum Supreme Champion Beer of Britain gekürt.

TOWN CRIER
Best Bitter 4,5 Vol.-%
Hell strohfarben; malzig süß, dabei auch erdige Hopfennoten erkennbar; trockener Nachklang.

HOBSONS MILD
Mild 3,2 Vol.-%
Traditionell; geschickte Verbindung von Röstmalz und nussigen Aromen.

HOGS BACK

Tongham, Surrey, England GU10 1DE
www.hogsback.co.uk

Hogs Back nahm den Betrieb 1992 in einem alten Bauernhof aus dem 18. Jh. auf. Seither wurde die Brauerei mehrfach vergrößert, auch das Gärhaus wurde neu ausgestattet. Einige Biere von Hogs Back wurden schon mit Preisen ausgezeichnet.

Braugeheimnis: Am Ende des Kochvorgangs wird Hopfen in den Sud gegeben, wodurch das Bier aromatischer wird.

TEA – TRADITIONAL ENGLISH ALE
Best Bitter 4,2 Vol.-%
Delikate Frucht in der Nase, bittersüßer Geschmack und langer, trockener Nachklang.

HBB – HOGS BACK BITTER
Bitter 3,7 Vol.-%
Ein von Keksaromen bestimmtes Session-Bier mit Zitrusfruchtaromen, im Nachklang leichte Malznoten.

BRAUEREI

HOLDEN'S

George Street, Woodsetton, Dudley, West Midlands, England DY1 4LW
www.holdensbrewery.co.uk

Familienmitglieder der dritten und vierten Generation führen heute die in den 1920er-Jahren gegründete Brauerei. Sie begann zunächst als Brewpub, bevor sie expandierte und ein zweistöckiges Gebäude bezog.

BRAUGEHEIMNIS: Das Mild wird aus Amber Malt, Caramalz und dunklem Malz sowie Fuggles Hopfen gebraut.

HOLT

Empire Street, Cheetham, Manchester, England M3 1JD
www.joseph-holt.com

Holt ist einer der seltenen Familienbetriebe in einem Geschäft, das zunehmend von großen Konzernen geprägt wird. Man bekennt sich dazu, altmodisch zu sein, was aber nicht rückständig heißt. Dank guter Planung und klar definierter Ziele konnten die Brauerei und die von ihr betriebenen 127 Pubs stetig expandieren.

HOOK NORTON

Brewery Lane, Banbury, Oxfordshire, England OX15 5NY, www.hooky.co.uk

Hook Norton ist ein gutes Beispiel für eine »Tower Brewery« im viktorianischen Stil. Sie arbeitet z. T. noch mit Dampfkraft. Hook Norton beliefert Pubs in der Nähe noch mit Pferdekutschen, was zeigt, dass der Brauerei an der Pflege der Tradition liegt. Dennoch produziert Hook Norton einige der ungewöhnlichsten Ales im Land.

HOP BACK

Battau Road, Ind. Estate, Downton, Salisbury, Wiltshire, England SP5 3HU
www.hopback.co.uk

Aus den Anfängen in einem Keller der Gaststätte The Wyndham Arms in Salisbury (in den 1980er-Jahren) ist die Brauerei längst hinausgewachsen und hat sich erheblich vergrößert. Hop-Back-Biere wurden mehrfach mit Preisen ausgezeichnet, z. B. auch das zum Kernsortiment gehörende Summer Lightning.

BIER

HOLDEN'S GOLDEN
PALE ALE 3,9 VOL.-%
In diesem strohfarbenen Ale mischen sich Fuggles Hopfen und Maris Otter Malz; mittlerer Körper.

BLACK COUNTRY MILD
MILD 3,7 VOL.-%
Kräftig kastanienbraun-rötlich, nussige Keksaromen umhüllt von Schokolade, Karamell und erdigem Hopfen.

HOLT 1849
BEST BITTER 4,5 VOL.-%
Zum 150. Geburtstag der Brauerei kreiert, mit festlich prickelnden, großzügigen Hopfenaromen.

HOLT BITTER
BITTER 4 VOL.-%
Würziger Hopfen dominiert; herbe Fruchtigkeit, gemildert durch keksartiges Malz und bittersüße Frucht.

OLD HOOKY
STRONG BITTER 4,6 VOL.-%
Ausgewogen, mit pikanten Fruchtnoten und Malzaroma, das einen bitteren Nachklang abrundet.

HOOKY BITTER
BITTER 3,6 VOL.-%
Subtiler Hopfen in der Nase, dann erscheinen Malz und Frucht; im Nachklang wieder Hopfen.

SUMMER LIGHTNING
STRONG BITTER 5 VOL.-%
Intensiv bitter, mit grasigem, frischem Hopfenaroma und anhaltenden Malznoten am Gaumen.

CROP CIRCLE
BITTER 4,2 VOL.-%
Die Mischung von Aroma- und Bitterhopfen verbindet sich mit Maisnoten und macht das Bier fruchtig-frisch.

HURNS

Unit 3, Century Park, Swansea
Enterprise Park, Wales SA6 8RP
www.hurns.co.uk

Mit dem Ankauf der stillgelegten Tomos Watkin Brewery, die einen guten Ruf hatte, stieg der Bierlieferant und Pub-Betreiber Hurrs 2002 ins Braugeschäft ein. Seither hat sich das Unternehmen stark vergrößert, nicht zuletzt dank einer guten Portion walisischer Beherztheit und Leidenschaft.

TOMOS WATKIN'S CWRW HAF

Bitter 4,2 Vol.-%

Pikant; Zitrusfruchtaromen, die auf eine Mischung von drei verschiedenen Hopfensorten zurückgehen.

TOMOS WATKIN'S CWRW BRAF

Bitter 4,5 Vol.-%

Bernsteinfarben mit mildem Hopfenaroma, das in leichte Bitterkeit und mäßig malzige Aromen übergeht.

HYDES

46 Moss Lane West, Manchester,
England M15 5PH
www.hydesbrewery.com

Hydes ist ein weiterer Familienbetrieb, dem es gelungen ist, eine Marktnische in seiner Heimatregion zu finden. Hydes Original wird nach wie vor nach dem gleichen Rezept gebraut wie am ersten Tag – und das war immerhin 1863. Bei Hydes blickt man sehr zuversichtlich in die Zukunft.

HYDES ORIGINAL

Bitter 3,8 Vol.-%

Ein Klassiker aus dem Nordwesten: kupferfarben, körperreich und mit deutlich bittersüßem Geschmack.

DARK MILD

Mild 3,5 Vol.-%

In der Nase Frucht und Malz; komplexer Geschmack zwischen Beerenfrüchten, Malz und Schokolade.

ICENI

Foulden Road, Ickburgh, Mundford,
Norfolk, England IP26 5HB
www.icenibrewery.co.uk

Die Icener waren ein keltischer Volksstamm, der im 1. Jh. im heutigen Norfolk und Suffolk in Britannien lebte. Eine der Herrscherinnen war die Königin Boudicca bzw. Boadicea. Durch die Benennung der Biere erinnert die Brauerei an dieses keltische Erbe.

Braugeheimnis: Das Unternehmen besitzt eigene Hopfengärten.

BOADICEA CHARIOT ALE

Bitter 3,8 Vol.-%

Das erste Bier der Brauerei; schöne Hopfennase, kultiviertes, vielschichtiges Geschmacksprofil.

CELTIC QUEEN

Bitter 4 Vol.-%

Anspruchslose Hopfennase, am Gaumen deutlich bitter, breit gefächerte Malzaromen.

INNIS & GUNN

PO Box 17246, Edinburgh, Scotland
www.innisandgunn.com

Die Whiskybrennerei William Grant & Son gab 2002 ein spezielles Ale in Auftrag. Dieses sollte 30 Tage in Eichenfässern lagern, die für die anschließende Reifung von Whisky vorgesehen waren. Eher zufällig entdeckte man, welch wunderbare Verwandlung das Bier durch das Eichenholz erfahren hatte. Heute wird dieses fassgereifte Bier von der Brauerei Innis & Gunn hergestellt.

INNIS & GUNN OAK AGED BEER

Speciality Strong Bitter 6,6 Vol.-%

Der süße Duft nach Butterscotch ist auch im Geschmack erkennbar, dazu pflanzliche Aromen, Banane und die Säure grüner Äpfel.

BIERTOUR

COTSWOLDS

Der Ort Hook Norton im Norden von Oxfordshire ist ideal, um von dort aus die Region Cotswolds und die Stadt Oxford zu erkunden. Reisende können in den drei vorgestellten Pubs auch eine Unterkunft finden.

1. TAG: HOOK NORTON BREWERY

Hook Norton ist ein fast perfektes Beispiel für eine »Tower Brewery« im viktorianischen Stil. Nach wie vor wird mit Dampfkraft gearbeitet, was die Bierherstellung zu einem geradezu sinnlichen Erlebnis macht. Nur bestes Malz findet hier den Weg in die Maische, und beim Abfließen der Würze wird der Trester von Hand entfernt. Der magische Prozess, der die Würze in ein alkoholisches Getränk umwandelt, findet in offenen Gärbottichen statt. Die Pubs vor Ort werden noch heute mit der Pferdekutsche beliefert. Das Besucherzentrum der Brauerei ist von Montag bis Samstag geöffnet, Führungen können über die Website gebucht werden. Anschließend findet eine Verkostung statt. *Brewery Lane, Hook Norton (www.hooky.co.uk)*

2. TAG: WYCHWOOD BREWERY

Die Fahrt von Hook Norton nach Witney führt durch eine herrliche Landschaft. Am Ende steht der Besuch der Wychwood Brewery. Während der rund zweistündigen Führungen, die online gebucht werden können, wird den Besuchern der gesamte Brauprozess von den Rohmaterialien bis hin zum fertigen Bier erläutert. In der Wychwood Brewery werden auch Brakspear-Biere hergestellt. *Eagle Maltings, The Crofts, Witney (www.wychwood.co.uk)*

Pear Tree Inn in Hook Norton

TOUR-INFO
3 Tage
160 km

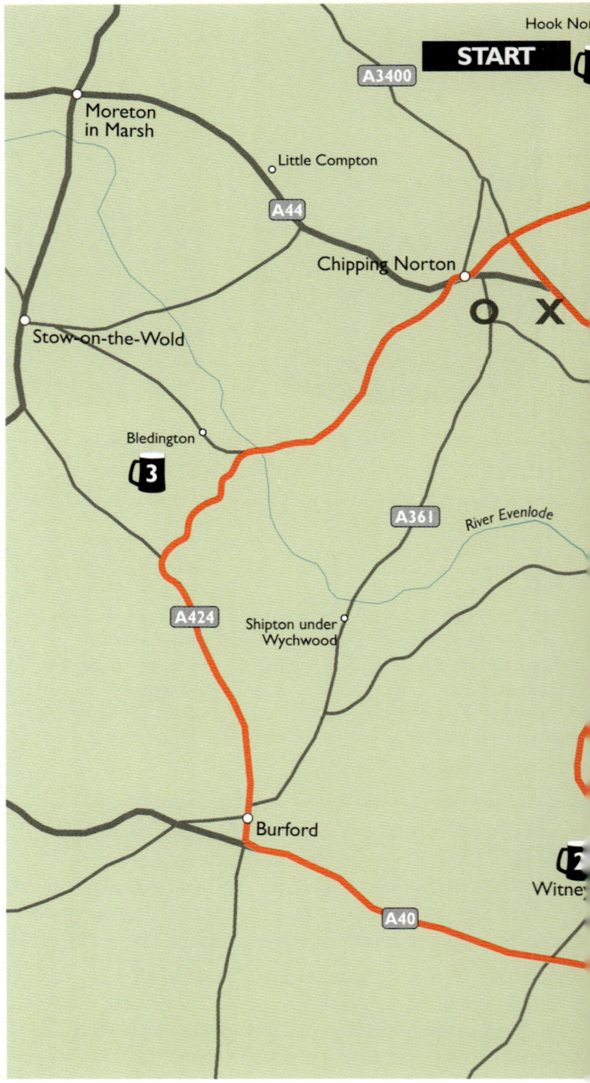

3 2. TAG: KING'S HEAD INN

Bevor Sie nach Hook Norton zurückkehren, sollten Sie unbedingt der Mikrobrauerei Cotswold Brewing in Foscot einen Besuch abstatten. Interessanterweise stellt Braumeister Richard Keene hier Biere im kontinentaleuropäischen Stil her. Im King's Head Inn bei Bledington kann man wunderbar Biere von Cotswold Brewing probieren.
The King's Head Inn, The Green, Bledington (www.thekingsheadinn.net)

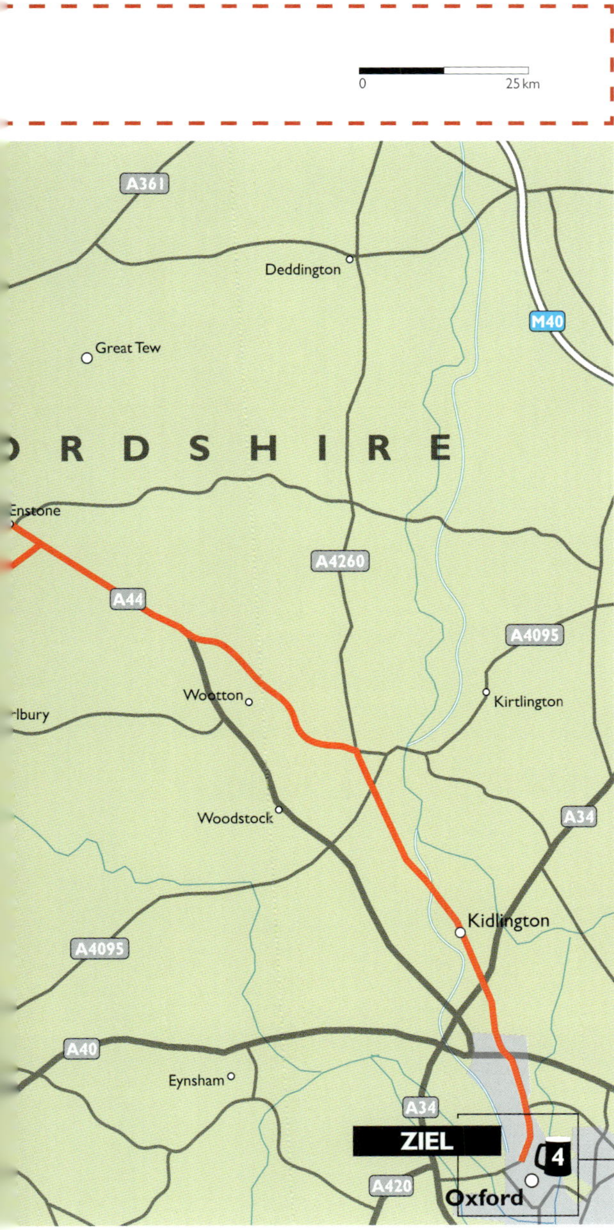

4 3. TAG: OXFORD

3. TAG: OXFORD Am dritten Tag unserer Biertour können Sie einige der berühmten Pubs in der Altstadt von Oxford aufsuchen – hier kommen gutes Bier, Kultur und Geselligkeit zusammen.

TURF TAVERN

Schwer zu finden, aber die Suche lohnt sich: Die Turf Tavern ist auf dem letzten verbleibenden Stück Stadtmauer gebaut. Man bekommt dort eine hervorragende Auswahl britischer Biere.
Bath Place, Holywell, Oxford; weitere Informationen auf der Website www.theturftavern.co.uk

KING'S ARMS

King's Arms liegt am Ende der Broad Street, die für ihre Colleges und Buchhandlungen bekannt ist. Der Pub wird von den Einheimischen stark frequentiert.
40 Holywell Street, Oxford

THE BEAR

The Bear ist in einer schmalen Straße zwischen Christ Church und dem Oriel College zu finden. Angeblich ist es der älteste Pub in der Stadt. In der Nähe sollen früher Bärenkämpfe stattgefunden haben.
6 Alfred Street, Oxford

EAGLE & CHILD

Das Eagle & Child nahe des Ashmolean Museum war die Lieblingskneipe von Schriftstellern wie J. R. R. Tolkien und C. S. Lewis, um die sich in den 30er-Jahren des 20. Jh. der Literatenkreis Inklings gebildet hatte. *49 St Giles, Oxford*

In den Oxforder Pubs bekommt man neben regulären Bieren auch »Gastbiere«, die nur für kurze Zeit erhältlich sind.

BRAKSPEAR
BITTER
LONDON PRIDE

INVERALMOND

Perth, Perthshire, Scotland PH1 3UQ
www.inveralmond-brewery.co.uk

BRAUEREI Die Region Perthshire ist bekannt für ihre Mineralwasserquellen – kein Wunder also, dass sich hier einige Whiskybrennereien und auch diese mit vielen Preisen ausgezeichnete Brauerei angesiedelt haben, um das Wasser auf ihre Weise zu nutzen. Bei Inveralmond gibt es Pläne zur Steigerung der Kapazität, und man setzt Hoffnungen auf den Export.

BIER

OSSIAN
Best Bitter 4,1 Vol.-%
Würzig-spritziger Orangenduft gemischt mit Malzaromen im Geschmack; später mehr Fruchtnoten.

INDEPENDENCE
Bitter 3,8 Vol.-%
Körperreich, erdig und malzig; subtile Anklänge an ein Gemisch von Früchten, durchschlagende Würze.

ISLE OF ARRAN

Cladach, Brodick, Isle of Arran, Scotland KA27 8DE
www.arranbrewery.com

BRAUEREI Die Isle of Arran wird oft als ein Miniatur-Schottland beschrieben. Die hochtechnisierte Brauerei liegt an einer herrlichen Küste mit Schlössern und Bergen. Der durch den Golfstrom entstehende Regen prägt zweifellos den Charakter des Biers. Zur Tradition gehört auch Erfindungsreichtum. Biere und Etiketten wurden schon mit Preisen ausgezeichnet.

BIER

ARRAN BLONDE
Strong Bitter 5 Vol.-%
Aromen von frisch gemähtem Gras und Blüten gehen in Zitrusfrucht und spritzig-saftige Malznoten über.

ARRAN DARK
Scottish Heavy 4,3 Vol.-%
In der Nase Frucht und im Geschmack üppige, bittersüße Malzaromen des schottischen »Heavy«.

ISLE OF SKYE

The Pier, Uig, Isle of Skye, Scotland IV51 9XP
www.skyebrewery.co.uk

BRAUEREI Die Isle of Skye Brewery gibt es seit 1995. Drei Jahre später gab Angus MacRuary seine Stelle als Lehrer auf und widmete sich nur noch dem Bierbrauen. Unterstützt wird er von seiner Frau (damals die einzige Brauerin in Schottland) und Norrie MacLeod.

BRAUGEHEIMNIS: Die Biere machen das Beste aus traditionellen Zutaten: Gerste, Hafer und Honig.

BIER

HEBRIDEAN GOLD
Best Bitter 4,3 Vol.-%
Weich und fruchtig; mit Porridge-Hafer gebraut, der dem Bier einen weichen Körper verleiht und für cremefarbenen Schaum sorgt.

RED CUILLIN
Bitter 4.2 Vol.-%
Leicht malzig-nussiger Charakter, Karamell, bittersüßer Nachklang.

JARROW

Primrose Hill, Jarrow, Tyne & Wear, England NE32 5UB
www.jarrowbrewery.co.uk

BRAUEREI Jarrow wurde 2002 eröffnet, und der Erfolg war so durchschlagend, dass die Biere sich auch überregional verkauften. Die Namen der gut strukturierten Ales von Jarrow spiegeln die industrielle und soziale Bedeutung der Tyneside-Distrikte wider. Old Cornelius z. B. wurde nach dem letzten Überlebenden des Jarrow-Marsches 1936 benannt.

BIER

RIVET CATCHER
Bitter 4 Vol.-%
Dieses häufig mit Preisen ausgezeichnete Bier weist subtile Hopfenbitterkeit und leichte Malznoten auf.

JOBLING'S SWINGING GIBBET
Bitter 4,1 Vol.-%
Wunderbar in der Zusammensetzung mit Hopfenaromen und sich entwickelnder Frucht am Gaumen.

JENNINGS

Cockermouth, Cumbria,
England CA13 9NE
www.jenningsbrewery.co.uk

John Jennings hatte bereits 46 Jahre als Brauer gearbeitet, als er 1874 im Schatten des Cockermouth Castle seine eigene Brauerei eröffnete. Sie liegt am Zusammenfluss von Cocker und Derwent und gehört seit 2005 zu Marston's.

BRAUGEHEIMNIS: Eine der Hauptzutaten bei Jennings ist das reine Wasser aus dem Lake District.

CUMBERLAND ALE
BITTER 4 VOL.-%
Florale Hopfenaromen; intensiver, vollmundiger Geschmack; fester, cremiger Körper; Nachklang trocken.

SNECK LIFTER
STRONG BITTER 5,1 VOL.-%
Dunkel und faszinierend; komplexe Aromen, großzügig im Geschmack, mit Frucht und Röstmalz.

JOHN SMITH

Tadcaster, North Yorkshire,
England LS24 9SA
www.johnsmiths.co.uk

John Smith begann 1847 zu brauen, um mit seinem Bier die Arbeiter vor Ort zu versorgen. 1979 wurde das Unternehmen von der Courage Gruppe übernommen, später dann von Scottish & Newcastle. Die Bitter Ales von John Smith sind mit mehr als 570 000 l pro Tag die bestverkauften auf den Britischen Inseln.

JOHN SMITH'S MAGNET
BITTER 4 VOL.-%
Ausgewogene bittersüße Aromen, darunter Karamell und Lakritz, bestimmen dieses süffige Bier.

JOHN SMITH'S ORIGINAL
BITTER 3,8 VOL.-%
Ein Bitter Ale mit mittlerem Körper und fruchtigen Aromen; kurzer, hopfenbetonter Nachklang.

KELHAM ISLAND

23 Alma Street, Sheffield,
South Yorkshire, England S3 8SA
www.kelhambrewery.co.uk

Bevor Kelham Island 1990 eröffnet wurde, hatten die vier großen Brauereien in Sheffield den Betrieb aufgegeben. Umso bemerkenswerter ist der Erfolg von Kelham Island. Die Brauerei konnte schon viele Preise einheimsen.

BRAUGEHEIMNIS: Pale Rider und Easy Rider profitieren stark von hocharomatischen amerikanischen Hopfensorten.

PALE RIDER
STRONG BITTER 5,2 VOL.-%
Ein mehrfach preisgekröntes Bier mit delikaten Fruchtaromen, profitiert vom Einsatz amerikanischen Hopfens.

EASY RIDER
BITTER 4,3 VOL.-%
Ein subtiles, helles Ale; die bitteren Aromen zu Beginn weichen anhaltenden Fruchtnoten am Gaumen.

LEES

J. W. Lees & Co.,
Middleton Junction, Manchester,
England M24 2AX
www.jwlees.co.uk

Als John Lee 1878 seine Brauerei gründete, boomte die Industrie in Manchester, und die Stadt wurde zur »Werkstatt der Welt«. Lees expandierte rasch, ebenso rasch wie die Zahl der Arbeit suchenden Zuwanderer. Heute wird die Brauerei von der sechsten Generation geführt, frei nach der Maxime: »Wir sind altmodisch und dabei topaktuell.«

MOONRAKER
BARLEY WINE 7,5 VOL.-%
Kräftig fruchtig mit einer üppigen Basis aus Röstnoten, leicht süßlich, im Nachklang eher trocken.

J. W. LEES CASK BITTER
BITTER 4 VOL.-%
Ein klassisches, bernsteinfarbenes Bitter aus dem Norden, im Mund Malz, zitrusbetonter Nachklang.

BRAUEREI

LITTLE VALLEY

New Road, Cragg Vale, Hebden Bridge, West Yorkshire, England HX7 5TT
www.littlevalleybrewery.co.uk

Alle Biere von Braumeister Wim van der Speck sind garantiert reine Bio-Biere. Wo van der Speck auch arbeitet – ob in den Niederlanden, in Deutschland, Schottland oder England –, seine Biere erhalten oft Preise.

BRAUGEHEIMNIS: Van der Speck hat eine Vorliebe für Aromen von Gewürzen, Frucht, Schokolade und Getreide.

MARSTON'S

Shobnall Road, Burton-upon-Trent, Staffordshire, England DE14 2BW
www.marstonsbeercompany.co.uk

Das Unternehmen betreibt drei Brauereien: die Park Brewery in Wolverhampton, wo Banks's, Hanson's und Mansfield gebraut werden; die Jennings Brewery in Cockermouth (Lake District) und die Albion Brewery in Burton-upon-Trent, der »Heimat des britischen Biers«. Seit ihrer Gründung 1834 hat die Brauerei einige Konkurrenten aus den Midlands, aus Cumbria und aus Wales aufgekauft. 1999 wurde Marston's dann selbst von den Wolverhampton & Dudley Breweries übernommen und 2007 in Marston's PLC umbenannt.

BRAUGEHEIMNIS: Die Brauerei arbeitet nach wie vor mit dem Burton-Union-System, um das berühmte Pedigree herzustellen. Auch das harte, schwefelhaltige Wasser der Region prägt den Charakter der Biere.

MCMULLEN

26 Old Cross, Hertfordshire, England SG14 1RD
www.mcmullens.co.uk

Die Brauerei wurde 1827 von Peter McMullen gegründet. Einige Brauereien und drei artesische Quellen später präsentiert sich die Brauerei heute als ein effizientes Unternehmen. McMullen legt großen Wert auf die Ausbildung der Mitarbeiter – auch der in den Pubs –, was alle zu Höchstleistungen motiviert.

BIER

STOODLEY STOUT
STOUT 4,8 VOL.-%
Üppige Röstaromen mit Schokoladenmalz, Hafer und Weizen, gefolgt von Orangen- und Beerenaromen.

CRAGG VALE BITTER
BITTER 4,2 VOL.-%
Drei Hopfensorten sorgen für Zitronenaromen, die einen vollen, knackig-fruchtigen Körper umspielen.

PEDIGREE
BEST BITTER 4,4 VOL.-%
In Großbritannien eine Institution – mit süßlichen Hopfenaromen und typischen Anklängen an Schwefel.

BURTON BITTER
BITTER 3,8 VOL.-%
Malzige Keksaromen als Gegengewicht zu delikatem Hopfen; deutlich erkennbarer Schwefel.

OLD EMPIRE
INDIA PALE ALE 5,7 VOL.-%
Ein stilvolles India Pale Ale mit Aromen von Hopfen und Frucht; trockener, hopfenbetonter Nachklang.

DRAUGHT BASS
PREMIUM BITTER 4,4 VOL.-%
Schöne Fruchtaromen, die in hopfige Süße übergehen; Anklänge an Malz, lang anhaltende Bitterkeit.

MCMULLEN AK
MILD 3,7 VOL.-%
Der weiche, keksartige Gaumen geht auf eine Mischung von hellen und dunklen Malzsorten zurück.

MCMULLEN COUNTRY BITTER
BEST BITTER 4,3 VOL.-%
Deutlich erkennbare Fruchtnoten und Nussaromen bilden einen komplexen und ausgewogenen Gaumen.

MEANTIME

2 Penhall Road, Greenwich, London, England SE7 8RX
www.meantimebrewing.com

Die Brauerei versucht bewusst, sich jeder Einordnung zu entziehen, denn Braumeister Alastair Hook strebt danach, die ganze Geschmacksfülle zu erreichen, die ein Bier haben kann.

BRAUGEHEIMNIS: Die Auseinandersetzung mit alten Biersorten und ihre Neuerschaffung spielt eine wichtige Rolle – z. B. beim India Pale Ale.

MEANTIME CHOCOLATE

SPECIALITY STRONG BEER 6,5 VOL.-%
Komplexe Malzstruktur mit Aromen von dunkler Schokolade und Vanille sorgt für einen üppigen Genuss.

INDIA PALE ALE

INDIA PALE ALE 7,5 VOL.-%
Gehopft mit Noten von Kräutern, Gewürz und Gras, die die Stärke des originalen IPA nachempfinden.

MELBOURN BROTHERS

All Saints Street, Stamford, Lincolnshire, England PE9 2PA

Die Brauerei, die Samuel Smith gehört, ist auf die Produktion von Fruchtbieren für den US-Markt spezialisiert. Sie wurde 1825 gegründet und arbeitet nach wie vor mit Dampfkraft. Die Ausstattung stammt vom Anfang des 19. Jh.

BRAUGEHEIMNIS: Bei den spontangärigen Bieren findet die Gärung mit »wilden« Hefen aus der Luft statt.

STRAWBERRY

FRUCHTBIER 3,4 VOL.-%
Frisch und rein im Geschmack mit Aromen von frischen Früchten; kurzer, leicht herber Nachklang.

APRICOT

FRUCHTBIER 3,4 VOL.-%
Köstlich trocken und frisch-herb, im Gegensatz dazu lang anhaltende Aromen von reifen Früchten.

MOORHOUSE'S

Moorhouse Street, Burnley, Lancashire, England BB11 5EN
www.moorhouses.co.uk

Zunächst produzierte William Moorhouse Mineralwasser und alkoholfreie Getränke mit Hopfen. Seine Nachfolger brauten dann auch Bier, aber nicht sehr erfolgreich – bis 1988 in die Infrastruktur investiert wurde. Durch weitere Verbesserungen und schnelles Wachstum erwarben sich die Ales von Moorhouse's den guten Ruf, den sie bis heute genießen.

PENDLE WITCHES BREW

STRONG BITTER 5,1 VOL.-%
Ein markantes, bernsteinfarbenes Bier mit vollem Malzgeschmack und fruchtig-hopfigem Nachklang.

BLACK CAT

MILD 3,4 VOL.-%
Dunkles und komplexes Bier mit Aromen von Schokoladenmalz und Lakritz; hopfenbetonter Nachklang.

MORDUE

D1/D2, Navik Way, Tyne Tunnel Trading Est. North Shields, Tyne & Wear, England NE29 7XJ
www.morduebrewery.com

Als die Brüder Garry und Matthew Fawson entdeckten, dass ihr Haus dem Brauer Joseph Mordue (19. Jh.) gehört hatte, lag die Wahl des Namens für ihr Unternehmen auf der Hand. Durch Veränderungen kam das Unternehmen den Wurzeln immer näher – mit Erfolg, wie zahlreiche Auszeichnungen und die starke Nachfrage belegen.

GEORDIE PRIDE

BITTER 4,2 VOL.-%
Gut ausgewogen mit Hopfen- und Fruchtaromen am Gaumen; langer, bitterer Nachklang.

WORKIE TICKET

BEST BITTER 4,5 VOL.-%
Ein gut strukturiertes Bier mit komplexer Mischung von Malz und Hopfen; schöner, langer Nachklang.

PORTER UND STOUT

In Großbritannien bezeichnet Porter ein meist obergäriges, dunkles Bier mit einem Alkoholgehalt von ca. 5 Vol.-%. Als nahrhafter Durstlöscher war es im 18. Jh. vor allem bei den Lastträgern, den *porters*, beliebt. Porter war gewissermaßen der Fels, der der britischen Brauindustrie Stabilität und Sicherheit verlieh. Im 19. und 20. Jh. jedoch ging der Absatz immer stärker zurück, bis das Bier in den 1970er-Jahren fast völlig verschwunden war. Erst in den letzten Jahren erlebte es dank amerikanischer Craft Brewers eine Renaissance, die inzwischen auch von zahlreichen britischen Mikrobrauereien gestützt wird.

Stout war ursprünglich ein Stout Porter, ein starkes Porter, und der Name wurde einfach zu Stout verkürzt. Stout hat sich durchgehend auf dem Markt halten können. Anfang des 19. Jh. schuf Arthur Guinness das Irish Dry Stout – ein Bier, das mit gerösteter Gerste gebraut wird und daher sehr herb schmeckt. Das Guinness Stout ist weltweit ein Erfolg. Auch moderne Stouts zeichnen sich durch einen rauchigen, bitteren Geschmack aus, auch wenn einige üppigere Variationen sich dem Porter annähern – gute Beispiele sind Stouts von Titanic, Porterhouse, Murphy's und das Shakespeare Stout von Rogue. Weitere Spielarten sind Milk Stout (süß und nahrhaft), Imperial Stout (ideal als Digestif) und Oatmeal Stout (seidig-weich). Imperial Stout wurde ursprünglich mit viel Hopfen und hohem Alkoholgehalt gebraut, damit es lange Transportwege und Temperaturschwankungen gut überstehen konnte. Ein Paradebeispiel ist das Samuel Smith's Stout, doch das Imperial Stout von Rogue ist hinsichtlich der Geschmacksintensität kaum zu übertreffen.

DUNKLES MALZ Porter und Stout werden mit stark geröstetem Malz gebraut, das mehr karamellisierten Zucker enthält als helleres Malz – daher die Bitterschokolade- und Kaffee-Aromen.

MODERNE STOUTS Stouts der US-Brauerei Rogue z. B. zeichnen sich durch kräftige Malz- und Fruchtaromen aus – neben Noten von Mokka gibt es Schokolade und sogar Kondensmilch.

BALTISCHES PORTER Ein untergäriges Starkbier, das vor allem im Ostseeraum verbreitet ist. Ein Beispiel ist das polnische Okocim Porter.

BRAUEREI

MURPHY'S

Lady's Well, Leitrim Street, Cork, County Cork, Ireland
www.murphys.com

Angeblich soll die 1856 von James J. Murphy gegründete Brauerei durch Marie-Louise Murphy finanzielle Unterstützung erhalten haben – nachdem sie dem Maler François Boucher nackt Modell gestanden hatte. Die von da an erfolgreich arbeitende Brauerei geriet in den 1970er-Jahren in Schwierigkeiten, bis Heineken Murphy's aufkaufte.

NETHERGATE

Pentlow, Sudbury, Suffolk, CO10 7JJ
www.nethergate.co.uk

Aufgrund der großen Nachfrage nach den zehn regulären Bieren und einigen saisonalen Spezialitäten expandierte die Brauerei zunächst an Ort und Stelle, musste aber 2005 in größere Räumlichkeiten umziehen. Seit ihrer Gründung 1986 hat Nethergate einige bedeutende Preise erhalten, z. B. beim Great British Beer Festival und beim Chicago International Beer Festival.

NEWCASTLE FEDERATION

Lancaster Road, Dunston, Tyne & Wear, England NE11 9JR
www.scottish-newcastle.com

In der 1,25-hl-Brauerei in Gateshead wird seit 2005 das Flagschiff-Bier gebraut: das Newcastle Brown Ale. Dieses Kultbier kam 1927 auf den Markt und ist heute das meistverkaufte Premium Ale aus der Flasche. Die Brauerei gehört seit 2008 einem Konsortium aus Carlsberg und Heineken.

NORTH YORKSHIRE

Pinchinthorpe, Guisborough, North Yorkshire, England TS14 8HG
www.nybrewery.co.uk

Die Brauerei nutzt das Gebäude eines denkmalgeschützten Landgutes aus dem 17. Jh., das im North York Moors National Park liegt. Hier werden mehr als 20 Bio-Biere hergestellt.

BRAUGEHEIMNIS: Gebraut wird mit natürlichem Quellwasser, was – neben der hauseigenen Hefe – den besonderen Charakter der Biere prägt.

BIER

MURPHY'S IRISH STOUT
STOUT 4 VOL.-%
Verführerische Aromen von Röstmalz, Kaffee und Schokolade passen gut zur torfig-weichen Säure.

MURPHY'S IRISH RED
IRISH RED ALE 5,2 VOL.-%
Aromen von Nuss, Brot und Schokolade; cremig-malziger Geschmack und herb-hopfiger Charakter.

OLD GROWLER
PORTER 5 VOL.-%
Ein komplexes Porter mit Röstmalz, Lakritz und Frucht; kraftvoller, hopfenbetonter Nachklang.

UMBEL ALE
SPEZIALBIER 3,8 VOL.-%
Beim Kochen werden Koriandersamen in den Sud gegeben, was eine Flut würziger Aromen freisetzt.

NEWCASTLE BROWN ALE
BROWN ALE 4,7 VOL.-%
Körperreich mit seidig-weicher Textur, Karamell- und Fruchtcharakter, im Nachklang süßlich.

NEWCASTLE EXHIBITION ALE
BITTER 4,3 VOL.-%
Körperreiches, helles Ale mit Hopfenaromen, die am Gaumen ins Süßliche übergehen.

FLYING HERBERT
STRONG BITTER 4,7 VOL.-%
Ein hocharomatisches Bier mit einer Schicht von getreidigem Malz und einem fruchtig-trockenen Nachklang.

FOOL'S GOLD
STRONG BITTER 4,6 VOL.-%
Ein helles Premium-Bier mit bittersüßen Zitrusnoten, die sich durch den klar definierten Geschmack ziehen.

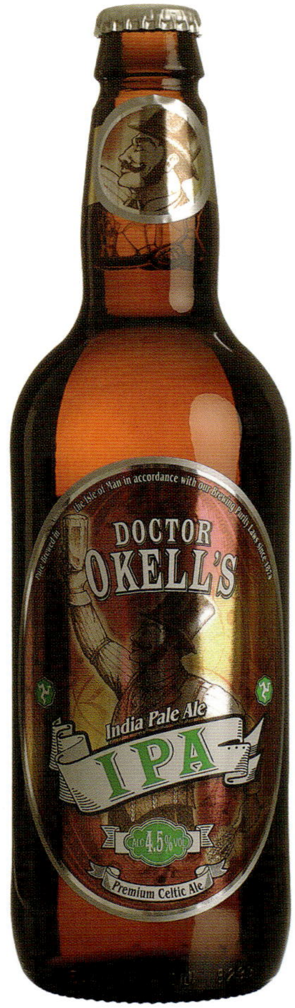

BRAUEREI

OAKHAM ALES

2 Maxwell Road, Woodston, Peterborough, Cambridgeshire, England PE2 7JB
www.oakhamales.com

Seit der Gründung 1993 als kleine Hausbrauerei musste Oakham Ales schon zweimal umziehen – so rasch ist das Unternehmen gewachsen. Der ursprüngliche Eigentümer verkaufte die Brauerei 1995.

BRAUGEHEIMNIS: Amerkanische Hopfensorten mit kräftigem floralem Charakter geben diesen Bieren ihr Gepräge.

O'HANLON'S

Whimple, Exeter, England EX5 2NY
www.ohanlons.co.uk

Der Umzug vom Bahnhof Vauxhall in London 2002 aufs Land hat sich für die Brauerei bezahlt gemacht. Gebraut wird nach handwerklich-traditionellen Standards mit Wasser aus der hauseigenen Quelle und anderen hochwertigen Zutaten. Der Absatz auf Exportmärkten wächst und ist nur durch eine mächtige Abfüllanlage zu bewältigen.

OKELL'S

Kewaigue, Douglas, Isle of Man, England IM2 1QG
www.okells.co.uk

Die Brauerei von Dr. William Okell, die dieser 1874 selbst entworfen hatte, arbeitete mit Dampfkraft und gehörte zu den fortschrittlichsten Brauereien. 1994 bezog sie ein eigens errichtetes Gebäude bei Douglas. Heute arbeitet man mit Computern, doch die Leidenschaft und das Engagement für hohe Qualität sind geblieben.

OLD LUXTERS

Hambledon, Henley-on-Thames, Oxfordshire, England RG9 6JW
www.chilternvalley.co.uk

Die Brauerei Old Luxters ist ein Teil der Chiltern Valley Winery & Brewery und wurde 1990 von David Ealand gegründet. Sein Anliegen war es, Ales herzustellen, wie sie früher von den Bauern gebraut wurden.

BRAUGEHEIMNIS: Old Luxters ist die erste Mikrobrauerei mit dem Titel »Königlicher Hoflieferant« für die Queen.

BIER

JHB JEFFREY HUDSON BITTER
BITTER 3,8 VOL.-%
Dominante zitrusfruchtige Hopfenaromen in der Nase, die sich am Gaumen mit Malzaromen vermischen.

WHITE DWARF
WEIZENBIER 4,3 VOL.-%
Ein Weizenbier im englischen Stil mit Bitterkeit, die dann weicher wird und Fruchtnoten erkennen lässt.

THOMAS HARDY'S ALE
BARLEY WINE 11,7 VOL.-%
Das kräftig gehopfte Bier kann über 25 Jahre gelagert werden – dabei reift es und entfaltet sein Aroma.

YELLOW HAMMER
BITTER 4,2 VOL.-%
Hellgelb; in der Nase viele Fruchtaromen, die sich bis zum eher bitteren Nachklang fortsetzen.

DR. OKELL'S IPA
INDIA PALE ALE 4,4 VOL.-%
Potenzielle Süße, kompensiert durch viel Hopfen; spritzig durch Zitronennoten.

OKELL'S BITTER
BITTER 3,7 VOL.-%
Hell; komplexe Aromen mit Anklängen an Honig; lang anhaltender, trockener Abgang.

BARN ALE
STRONG BITTER 4 VOL.-%
Sehr aromatisch durch englische Hopfensorten, darüber eine Schicht schmackhafter Trockenfrüchte.

BARN ALE SPECIAL
BEST BITTER 4,4 VOL.-%
Am Gaumen viel Malz und Frucht, ausgewogen durch einen trockenen, zitrusbetonten Nachklang.

ORKNEY

Quoyloo Sandwick, Stromness, Orkney, Scotland KW16 3LT
www.orkneybrewery.co.uk

Das Brauchwasser von Orkney wird durch zwei Seen gefiltert, die Fischen und Wasservögeln einen Lebensraum bieten. Die Brauerei wurde 1988 gegründet und 1994 von Grund auf modernisiert. Neue Expansionspläne sehen ein Besucherzentrum, einen Laden und die Erhöhung der Produktionsmenge vor.

DARK ISLAND
Strong Bitter 4,6 Vol.-%
Weinrot und geheimnisvoll, in der Nase schwarze Johannisbeere, am Gaumen viele Röstaromen.

SKULL SPLITTER
Barley Wine 8,5 Vol.-%
Nachdrücklich malzig in der Nase; im komplexen Geschmack Anklänge an Apfel, würzigen Hopfen und Nuss.

OSSETT

Low Mill Road, Ossett, West Yorkshire, England WF5 8ND
www.ossettbrewery.co.uk

Nach einer langen Karriere in einigen anerkannten Brauereien war Bob Lawson gut vorbereitet, 1997 seine eigenen Biere zu brauen. Die Nachfrage nach seinen hellen, geschmackvollen Ales war so groß, dass Lawson eine neue Brauanlage bauen lassen und seine Pub-Kette erweitern konnte.

EXCELSIOR
Strong Bitter 5,2 Vol.-%
Frische, florale Zitrusfruchtaromen gehen über in Toffee; aromatischer, trockener Nachklang.

PALE GOLD
Bitter 3,8 Vol.-%
Leicht und erfrischend mit floral-würzigem Aroma, das den amerikanischen Hopfen zur Geltung bringt.

PALMERS

West Bay Road, Bridport, Dorset, England DT6 4JA
www.palmersbrewery.com

Palmers braut seit über 200 Jahren an der ursprünglichen Stelle Bier. Äußerlich hat sich die Brauerei nur wenig verändert, aber sie ist technisch auf der Höhe der Zeit und stellt eine ganze Reihe von Ales her.

Braugeheimnis: Die Fruchtigkeit der Biere entsteht durch Maris Otter Malz und Goldings Hopfen.

TRADITIONAL BEST BITTER
Best Bitter 4,2 Vol.-%
Im Stil eines India Pale Ale; mit köstlichen Hopfenaromen, dabei Untertöne von Frucht und Malz.

TALLY HO!
Strong Bitter 5,5 Vol.-%
Dunkel und nussig; die Komplexität entsteht allmählich, dauert aber an bis zum lang anhaltenden Nachklang.

RCH

West Hewish, Weston-Super-Mare, Somerset, England BS24 6RR
www.rchbrewery.com

Die Brauerei RCH nahm ihren Betrieb in den frühen 1980er-Jahren im Royal Clarence Hotel auf. Ein Umzug wurde nötig, weil die Brauerei so viel Wasser benötigte, dass die Gäste nicht immer duschen konnten. Heute wird das Gebäude einer ehemaligen Cider-Fabrik mit einer 4900-l-Anlage genutzt.

P.G. STEAM BITTER
Bitter 3,9 Vol.-%
Komplex mit vielschichtigen Hopfenaromen und einem auf Malz und Frucht konzentrierten Geschmack.

HEWISH IPA
India Pale Ale 3,6 Vol.-%
Leicht florale Hopfenaromen mit subtiler Süße in der Nase, am Gaumen Malz und Frucht.

BRAUEREI

RINGWOOD

138 Christchurch Road, Ringwood,
Hampshire, England BH24 3AP
www.ringwoodbrewery.co.uk

Eine Brauerei mit der besten Geburtsurkunde: Sie wurde 1978 von Peter Austin, dem »Vater der britischen Mikrobrauerei«, gegründet. Die Ringwood-Biere wurden in der Region derart enthusiastisch aufgenommen, dass sich die Brauerei bald vergrößern konnte. 2007 wurde sie von Marston's aufgekauft.

ROBINSON'S

Stockport, Cheshire,
England SK1 1JJ
www.frederic.robinson.co.uk

1838 kaufte William Robinson das Unicorn Inn in Stockport und legte damit den Grundstein für eine der größten Regionalbrauereien der Britischen Inseln. Stets wird darauf geachtet, auf dem neuesten Stand zu bleiben.

BRAUGEHEIMNIS: Bei Robinson's verwendet man noch Hefekulturen, die aus den 1920er-Jahren stammen.

ROOSTER'S

Unit 3, Grimbald Park, Wetherby Road
Knaresborough, North Yorkshire,
England HG5 8LJ
www.roosters.co.uk

Das Prinzip ist einfach: Die Auswahl der Rohmaterialien wird sehr sorgfältig getroffen, was sich im Geschmack der Biere niederschlägt. Bier ist für Braumeister Sean Franklin nicht einfach nur eine Handelsware, sondern ein sinnliches Produkt, für das dem Hopfen Aromen von Litschis, Rosen, Kaffee, Grapefruit und Schokolade entlockt werden.

RUDGATE

Tockwith, York,
England YO26 7QF
www.rudgate-beers.co.uk

Mehr als 9800 l wöchentlich produziert diese Brauerei auf dem Gelände des nicht mehr genutzten Militärflughafens Marston Moor bei York. Jeden Monat werden dort auch »Gastbiere« gebraut, u. a. in der Serie Brewer's Choice, bei der mit dem Geschmack und den Eigenheiten von Hopfen experimentiert wird.

BIER

OLD THUMPER
Strong Bitter 5,6 Vol.-%
In der Nase pfeffrig-würzig mit Apfel, im Geschmack Malz und Karamell – bis zum fruchtigen Nachklang.

BEST BITTER
Best Bitter 3,8 Vol.-%
Duft nach Zitrusfrucht; im Geschmack herb, fruchtig und trocken, dabei malzig-süße Untertöne.

OLD TOM STRONG ALE
Barley Wine 8,5 Vol.-%
Körperreich; in Duft und Geschmack eine Verbindung von Malz, Schokolade, Frucht und Portwein.

UNICORN
Best Bitter 4,2 Vol.-%
Goldfarben, in der Nase würziger Hopfen und Malz, als Gegengewicht bittersüße Noten.

ROOSTER'S YANKEE
Bitter 4,3 Vol.-%
Weiche Bitterkeit, Aromen von exotischen Früchten und Muskat-Trauben neben würzigem Malz.

OUTLAW WILD MULE
Bitter 3,7 Vol.-%
Hopfen aus Neuseeland sorgt bei diesem Bier für einen Charakter, der an einen Sauvignon Blanc erinnert.

VIKING
Bitter 3,8 Vol.-%
Durch seine Malzbasis üppig und wärmend; dann entwickeln sich Hopfen- und Fruchtaromen.

BATTLEAXE
Bitter 4,2 Vol.-%
Deutlich hopfenbetont, dabei kaum wahrnehmbare Süße; komplexe Fruchtnoten, expressiver Nachklang.

ST AUSTELL

63 Trevarthian Road, St Austell, Cornwall, England PL25 4BY
www.staustellbrewery.co.uk

Mut und Unternehmergeist gehörten dazu, als Walter Hicks 1851 seinen Hof mit einer Hypothek belastete, um eine Brauerei zu gründen. Die Familie Hicks ist nach wie vor an dem Unternehmen beteiligt. Zu St Austell gehören 168 Pubs, und die Brauerei produziert weit mehr als 6,5 Mio. l Bier im Jahr.

TRIBUTE
BITTER 4,2 VOL.-%
Üppiges Keksaroma durch die Gerstensorte Cornish Gold, ausgeglichen durch intensive Fruchtnoten.

ST AUSTEL IPA
INDIA PALE ALE 3,4 VOL.-%
Hocharomatisch, voller frischer Hopfenaromen; am Gaumen gut abgerundet, Anklänge an Karamell.

ST PETER'S

St Peter South Elmham, Bungay, Suffolk, England NR35 1NQ
www.stpetersbrewery.co.uk

Die Brauerei arbeitet in ehemals landwirtschaftlich genutzten Gebäuden, die heute unter Denkmalschutz stehen. St Peter's ist seit 1996 in Betrieb und hat eine Kapazität von knapp 33 000 l pro Woche.

BRAUGEHEIMNIS: Die Brauerei arbeitet mit tennengemälzter Gerste aus der Region und Wasser aus eigener Quelle.

GOLDEN ALE
BITTER 4,7 VOL.-%
Robust mit kräftigen Hopfenaromen; deutlich erkennbar tschechisches Lagermalz; ausgewogene Fruchtaromen.

BEST BITTER
BEST BITTER 3,7 VOL.-%
Fruchtig mit Karamellnoten; körperreiche Komplexität und trockener, hopfenbetonter Nachklang.

SAMUEL SMITH

High Street, Tadcaster, North Yorkshire, England LS24 9SB
www.tadcaster.uk.com

In Tadcaster gibt es drei Brauereien, von denen »Sam's« die kleinste ist. Dafür ist sie aber die älteste in ganz Yorkshire. Das Brauwasser stammt aus der hauseigenen Quelle.

BRAUGEHEIMNIS: Die Gärung findet bis heute in den sogenannten Yorkshire Squares statt, was den Bieren ihren besonderen Charakter verleiht.

NUT BROWN ALE
BROWN ALE 5 VOL.-%
Eine haselnussbraune Bierspezialität, die im Geschmack an Bucheckern, Mandeln und Walnüsse erinnert.

OLD BREWERY BITTER
BEST BITTER 4 VOL.-%
Ein typisches, malzbetontes Bitter Ale aus dem Norden mit einer Prise Hopfen und Frucht am Gaumen.

SHARP'S

Rock, Cornwall, England PL27 6NU
www.sharpsbrewery.co.uk

Der Blick auf den Atlantik von der Küste Cornwalls aus beeinflusst mit Sicherheit die Sichtweisen und Ziele der dort lebenden Menschen. Die 1994 gegründete Brauerei arbeitet umweltschonend und mit erneuerbaren Energien. Sharp's ist heute der größte Hersteller von fassgereiften Bieren im Südwesten von Großbritannien.

DOOM BAR
BITTER 4 VOL.-%
Würzig-harzähnliche Hopfenaromen und süßes Malz, vermischt mit Trockenfrüchten und Bitterkeit.

ATLANTIC IPA
INDIA PALE ALE 4,8 VOL.-%
Gebraut mit vier Hopfensorten. Sie sorgen für einen Duft nach Zuckerwatte und frischen Geschmack.

BRAUEREI

SHEPHERD NEAME

17 Court Street, Faversham, Kent,
England ME13 7AX
www.shepherdneame.co.uk

Schon im 12. Jh. hatten Mönche entdeckt, dass sich aus dem Quellwasser von Faversham und gemälzter Gerste gute Ales brauen ließen. 1698 wurde Shepherd Neame vom Bürgermeister der Stadt gegründet und ist damit die älteste noch existierende Brauerei in England. Erst 1864 erhielt sie ihren Namen, und bis heute wird sie von der Familie Neame geführt. Reiches Erbe und Tradition gehen hier Hand in Hand mit zeitgemäßer Brautechnologie und Unternehmensführung.

BRAUGEHEIMNIS: Die Brauerei arbeitet bis heute mit Maischebottichen aus russischem Teakholz, die 1914 in Betrieb genommen wurden.

SLATER'S ALES

St Alban's Road, Common Road Ind. Estate, Stafford, Staffordshire,
England ST16 3DR
www.slatersales.co.uk

Mit fast zehn Jahren Erfahrung wurde das familiengeführte Unternehmen 2004 umfangreich ausgebaut. Seither hat sich die Produktionsmenge verdreifacht. In den vergangenen Jahren gewannen die Slater's Ales zahlreiche Preise. Das Top Totty wurde sogar als »Gastbier« in der Stranger's Bar des britischen Unterhauses verkauft.

SPRINGHEAD

Old Great North Road,
Sutton-on-Trent, Nottinghamshire,
England NG23 6QS
www.springhead.co.uk

Die Brauerei war bei ihrer Gründung 1990 die kleinste Mikrobrauerei Englands. Seither hat es bei Springhead bedeutende Veränderungen gegeben, und die Brauerei arbeitet heute mit einer 8300-l-Anlage, was zeigt, wie günstig der britische Markt für traditionelle »Real« Ales gegenwärtig ist.

BIER

BISHOP'S FINGER

Strong Bitter 4,5 Vol.-%

Üppig fruchtig, dabei Banane und Birne vorherrschend; im Geschmack keksartiges Malz und Trockenfrüchte.

SPITFIRE

Premium Bitter 4,5 Vol.-%

Malzige Untertöne in Kombination mit subtilen Anklängen an Toffee und sehr fruchtig-zitronigem Hopfen.

WHITSTABLE BAY ORGANIC ALE

Bitter 4,5 Vol.-%

Bio-Gerste und Hopfen aus Neuseeland bringen elegante, bittersüße und florale Aromen zur Geltung.

MASTER BREW BITTER

Bitter 3,7 Vol.-%

Deutlich hopfenbetont, gut ausgewogen, mit einem Hauch Süße und leichter Bitterkeit gegen Ende.

TOP TOTTY

Best Bitter 4 Vol.-%

Der verführerische Duft geht über in komplexere Hopfennoten, üppige Fruchtigkeit und viel Malz.

SLATER'S ORIGINAL

Bitter 4 Vol.-%

Ansprechender Malzduft, am Gaumen üppig, als Gegengewicht dazu bitterer, pfefferwürziger Hopfen.

PURITANS' PORTER

Porter 4 Vol.-%

Dieses dunkle Bier sieht schwerer aus, als es ist: Es bietet eine durch Röstmalz geprägte Weichheit.

SPRINGHEAD BITTER

Bitter 4 Vol.-%

Ein kupferfarbenes, süffiges, hopfenbetontes Ale; Malzaromen, leichte Fruchtigkeit und bitterer Nachklang.

TETLEY

PO Box 142, Hunslet Road, Leeds,
West Yorkshire, England LS1 1QG
www.carlsberg.co.uk

Die Brauerei gehört seit 1998 zur Carlsberg A/S. Tetley wurde im 20. Jh. die wichtigste Brauerei, die Ales im Fass für Allied Brewers herstellt. Leider sind Tetley-Biere außerhalb von Yorkshire nur schwer zu finden.

BRAUGEHEIMNIS: Auch bei Tetley arbeitet man bei der Gärung mit dem traditionellen Yorkshire-Square-System.

TETLEY MILD
MILD 3,3 VOL.-%
Leichter Duft nach Malz und Karamell; die Geschmacksstruktur entwickelt eine ansprechende Bitterkeit.

TETLEY CASK BITTER
BITTER 3,7 VOL.-%
In der Nase maßvolle Malz- und Hopfenaromen, am Gaumen ein Hauch von Fruchtkompott.

THEAKSTON

Masham, Ripon, North Yorkshire,
England HG4 4YD
www.theakstons.co.uk

Mehrfache Besitzerwechsel bescherten der 180 Jahre alten Brauerei eine unruhige Vergangenheit. Heute ist sie wieder im Besitz der Familie Theakston, untersteht aber dem Management von Scottish & Newcastle. Das Logo zeigt das Siegel des Peculiar Court of Masham (ein unabhängiges Dorfgericht) aus dem 12. Jh.

OLD PECULIER
STRONG BITTER 5,6 VOL.-%
Dunkel rubinrot; weicher, fruchtiger Duft, im Geschmack vollmundig-malzig.

BLACK BULL BITTER
BITTER 3,9 VOL.-%
Hell bernsteinfarben; am Gaumen trocken und spröde, im Geschmack Zitrusfrüchte.

THORNBRIDGE

Ashford in the Water, Derbyshire
England DE45 1NZ
www.thornbridgebrewery.co.uk

Die oberste Maxime der Brauerei lautet, »niemals gewöhnlich« zu sein – und sie ist damit sehr erfolgreich. Thornbridge arbeitet in dem herrschaftlichen Anwesen Thornbridge Hall, wo 2005 das erste Bier gebraut wurde. Die Freude an der Entwicklung neuer Biersorten bestimmt den Arbeitsstil bei Thornbridge.

JAIPUR
INDIA PALE ALE 5,9 VOL.-%
Sehr komplex mit zitrusartigem Hopfen; im langen Nachklang gegen Ende Bitterkeit.

LORD MARPLES
BITTER 4 VOL.-%
Ein süffiges Bitter Ale mit Anklängen an Honig und Karamell; langer, bitterer Nachklang.

THWAITES

Penny Street, Blackburn, Lancashire,
England BB1 5BU
www.thwaites.co.uk

Thwaites wurde 1807 gegründet und wird heute von Daniel Thwaites, einem Nachfahren des Gründers, geführt. Bis heute arbeitet man mit traditionellen, offenen Gärbottichen. Zum Unternehmen gehören mehr als 400 Pubs von den Midlands bis hin nach Cumbria.

LANCASTER BOMBER
BEST BITTER 4,4 VOL.-%
Einladender, malzbetonter Duft, im Geschmack floraler Hopfen und Frucht.

ORIGINAL
BITTER 3,6 VOL.-%
Ein klares, bernsteinfarbenes Bier, im Geschmack bitter mit Zitrusfruchtaromen und stabiler Malzbasis.

Thornbridge

Thornbridge Hall, Ashford in the Water, Derbyshire DE45 1NZ

Die Idee, eine Brauerei zu gründen, kam Jim Harrison, bald nachdem er gemeinsam mit seiner Frau Emma Thornbridge Hall gekauft hatte – ein herrschaftliches Anwesen in einem 100 Hektar großen Park mitten im Peak District (Derbyshire). »Der nächste Schritt war, mein Bier in meiner eigenen Bar auszuschenken und damit die Tradition solcher Landsitze fortzusetzen.«

Viele der neueren Mikrobrauereien in Großbritannien beschränken sich darauf, traditionelle Bitter Ales zu brauen, doch normale Biere gehören bei Thornbridge nicht zum Sortiment. Chefbrauer ist der Italiener Stefano Cossi, und das gesamte Brauereiteam ist international zusammengesetzt. Jeder bringt eigene Erfahrungen und besondere Kenntnisse über bestimmte Zutaten mit – von Kräutern und Früchten bis hin zu faszinierenden Hopfensorten. Ein Beispiel ist die fruchtig-aromatische Sorte Nelson Sauvin aus Neuseeland, die für den saftigen Charakter des Kipling South Pacific Pale Ale verantwortlich ist.

Die Arbeitsweise bei Thornbridge ist experimentell und unkonventionell, und die Ergebnisse sind geradezu spektakulär – die Biere erhalten immer wieder Auszeichnungen und Preise.

▲ **THORNBRIDGE HALL** Das Herrenhaus repräsentiert eindrucksvoll die Brauerei und beherbergt die dazugehörige Bar, die Raum für besondere Veranstaltungen bietet.

▶ **DIE BRAUEREI** Gebraut wird in der ehemaligen Werkstatt eines Steinmetz und Tischlers auf dem Gelände von Thornbridge Hall.

◀ **DER LAGERKELLER** In den Lagertanks – die teilweise gebraucht von Scottish & Newcastle übernommen wurden – kommt das Bier zur Ruhe und reift zwischen einer und zwei Wochen. Bei Thornbridge wird auch mit weit längeren Lagerzeiten experimentiert: Der Barley Wine Alliance z. B. reift zwölf Monate lang.

▶ **DAS BRAULABOR** Einige der innovativsten Biere Großbritanniens stammen von Thornbridge. Das kleine Team besteht zum großen Teil aus Lebensmitteltechnikern, die beim Brauen wissenschaftliche Methoden anwenden. Eine Vergrößerung der Thornbridge-Anlage ist in Planung. Die jetzige Brauerei würde dann zu einem Labor, wo mit neuen Biersorten experimentiert werden könnte.

▲ **DER KRÄUTERGARTEN** Thornbridge braut nach der Maxime, kleine Chargen aus besten Zutaten herzustellen. Manchmal gehören dazu auch Früchte aus der Region, Kräuter wie Salbei und Brennnesseln oder auch Holunderblüten, die für ganz neue Geschmacksrichtungen sorgen. Zur Brauerei gehört auch ein Garten, wo zu diesem Zweck u. a. Kräuter gezogen werden.

▲ **FASSREIFUNG** Eines der jüngeren Projekte von Thornbridge ist die Reifung von Bieren in hölzernen Fässern, in denen zuvor Whisky gelagert wurde. Das Saint Petersburg's Imperial Russian Stout wurde in Whiskyfässern aus drei verschiedenen Regionen gelagert. Das Speyside Reserve ist trocken mit kräuterartigen Noten und adstringierendem Nachklang, das Highland Reserve hat einen grasigeren, süßeren Gaumen und das Islay Reserve hat einen kräftig torfigen und wunderbar rauchigen Nachklang.

◀ **THE CRICKET INN** Thornbridge betreibt als Pächter einige Pubs, darunter The Cricket Inn in Totley bei Sheffield. Dort werden neben gutem Essen auch Thornbridge-Biere serviert – z. B. das preisgekrönte Jaipur IPA, das fruchtigere Kipling, das eher bittere Lord Marples und speziell in diesem Pub das Bitter Ale Cricketers.

BRAUEREI

TIMOTHY TAYLOR

Keighley, West Yorkshire, England BD21 1AW
www.timothy-taylor.co.uk

Die 1858 gegründete Brauerei ist bis heute im Besitz der Familie Taylor.

BRAUGEHEIMNIS: Gebraut wird mit Wasser aus der eigenen Quelle und der Gerstensorte Golden Promise, die in erster Linie zu Whiskymalz verarbeitet wird – aus der Kombination ergibt sich der typisch Taylorsche Geschmack.

TITANIC

Burslem, Staffordshire, England ST6 1JL
www.titanicbrewery.co.uk

Titanic nahm den Betrieb 1985 auf und bewies, dass man mit offenem Holzfeuer gute Biere brauen kann. Heute liegt der jährliche Ausstoß bei knapp 1 Mio. l pro Jahr. Bei der Produktion wird auf Umweltverträglichkeit geachtet. Der Name erinnert an das berühmteste Passagierschiff der Welt, dessen Kapitän John Edward Smith in der Nähe geboren wurde.

TRADITIONAL SCOTTISH ALES

Unit 7c, Ind. Estate, Throsk, Bandeath, Stirling, Scotland FK7 7NP
www.traditionalscottishales.com

TSA ist wohl die einzige Brauerei, die das Gebäude einer ehemaligen Torpedo-Fabrik nutzt. Sie entwickelte sich aus der Bridge of Allan Brewery.

BRAUGEHEIMNIS: König Jakob IV. von Schottland kaufte für die Krönungsfeierlichkeiten Bier bei der damaligen Brauerei Tullibardine.

TRAQUAIR

Innerleithen, Peeblesshire, Scotland EH44 6PW
www.traquair.co.uk

Die Brauanlage aus dem 18. Jh. in Traquair House, das ursprünglich Bonnie Prince Charlie als Jagdschloss diente, wurde erst 1965 wiederentdeckt. Seither wird sie genutzt, um Bier im Stil jener Zeit zu brauen.

BRAUGEHEIMNIS: Das Bier gärt in Bottichen aus Eichenholz, und der Gärungsprozess dauert sieben Tage.

BIER

LANDLORD
PALE ALE 4,3 VOL.-%
Komplexer Hopfenduft, Aromen von Gewürz und Zitrusfrucht, dabei immer wieder keksartiges Malz.

BEST BITTER
BITTER 4 VOL.-%
Dieses Yorkshire-Bitter zeichnet sich durch viel Malz aus, dem zitrusartige Hopfenaromen folgen.

TITANIC STOUT
STOUT 4,5 VOL.-%
In der Nase Röstnoten und eingelegte Früchte; Betonung von Frucht- und Lakritznoten.

BEST BITTER
BITTER 3,5 VOL.-%
Strohfarben, in der Nase Anklänge an Schwefel, lange nachklingende Hopfenaromen.

BEN NEVIS ORGANIC
SCOTTISH HEAVY 4 VOL.-%
Ein weinrotes, traditionelles 80-Shilling-Ale mit üppigem Malz, ausgeglichen durch leichte Hopfenaromen.

1488 WHISKY ALE
SPECIALITY STRONG BITTER 7 VOL.-%
In Whiskyfässern gereift; pfeffrig und leicht rauchig, im Geschmack ist der Whisky erkennbar.

TRAQUAIR HOUSE ALE
BARLEY WINE 7,2 VOL.-%
Ein dunkles Wintergetränk mit Eichenaromen, Noten von Malz, Obstkuchen und Süßkirschen.

JACOBITE ALE
BARLEY WINE 8 VOL.-%
Bittersüßer Geschmack von Schokolade und Portwein, gewärmt durch Kräuternoten von Koriander,.

TRING

81–82 Akeman Street, Tring, Hertfordshire, England HP23 6AF
www.tringbrewery.co.uk

Seit 1992 arbeitet die Brauerei mit großem Erfolg. Gebraut wird traditionell, aber mit höchsten Ansprüchen. Die Namen sind kurios: Side Pocket for a Toad (»Seitentasche für eine Kröte«) z. B. ist der Ausdruck für etwas Nutzloses.

BRAUGEHEIMNIS: Neben den Saisonbieren produziert Tring monatliche »Specials«, wo neue Rezepte ausprobiert werden.

WADWORTH

New Park Street, Devizes, Wiltshire, England SN10 1JW, www.wadworth.co.uk

Die Brauerei wurde 1875 von Henry Wadworth gegründet und musste schon zehn Jahre später ein neues, größeres Gebäude beziehen. Der ursprüngliche Sudkessel aus Kupfer ist noch in Betrieb. Für die Kunden vor Ort wird das Bier in Holzfässer abgefüllt. Ein Böttcher und die Auslieferung der Fässer mit Pferdefuhrwerken halten die Traditionen aufrecht.

WELLS & YOUNG'S

Havelock Street, Bedford, Bedfordshire, England MK40 4LU
www.charleswells.co.uk
www.youngs.co.uk

Wells & Young's ging 2006 aus der Vereinigung der Londoner Brauerei Young's und der in Bedford ansässigen Brauerei Charles Wells hervor und ist heute einer der größten Fassbier-Produzenten in Großbritannien. Charles Wells gründete seine Brauerei 1876, und sie ist auch fünf Generationen später noch in Familienbesitz. Young's, ebenfalls ein Familienbetrieb, wurde 1831 gegründet. Das Sortiment von Wells & Young's ist riesig, und das nicht erst seit 2007, als aufgrund eines Abkommens mit Scottish & Newcastle noch die Marke Courage (Best Bitter und Directors Bitter) hinzukam.

BRAUGEHEIMNIS: Das Bombardier wird mit Crystal Malz und den Hopfensorten Challenger und Golding gebraut, die für würzigen Duft und Frucht am Gaumen sorgen.

SIDE POCKET FOR A TOAD

BITTER 3,6 VOL.-%
Zitrusfruchtnoten neben floralen Aromen, am Gaumen knackig-trocken und gut ausgewogen.

JACK O'LEGS

BEST BITTER 4,2 VOL.-%
Vier Malz- und zwei Hopfensorten unterstützen den vollen Fruchtgeschmack und die Bitterkeit.

WADWORTH 6X

BEST BITTER 4,3 VOL.-%
In der Nase Frucht und Malz mit verhaltenen Hopfenaromen, die am Gaumen mehr Intensität entwickeln.

JCB

STRONG BITTER 4,7 VOL.-%
Ein Schwung exotischer Früchte in der Nase, auf der Zunge viel Malz, am Gaumen dann nussig-süß.

WELLS BOMBARDIER

PREMIUM BITTER 4,3 VOL.-%
Kräftiger, zitrusartiger Hopfenduft vereint sich in einer Mischung von Malz und Trockenfrüchten.

WELLS EAGLE IPA

INDIA PALE ALE 3,6 VOL.-%
Zu viele Aromen, darunter Malz, das an reife Äpfel erinnert und nicht zum relativ geringen Alkoholgehalt passt.

YOUNG'S BITTER

BITTER 3,7 VOL.-%
Gut ausgewogen mit zitrusfruchtigen Hopfennoten und ausreichend Malz für einen blumig-brotigen Nachklang.

YOUNG'S SPECIAL

BEST BITTER 4,5 VOL.-%
Süßlicher Hopfenduft; im Geschmack setzt sich eine Mischung von Malz und Hopfen gegen Toffee durch.

BRAUEREI

WENTWORTH

The Powerhouse Gun Park, Wentworth
Rotherham, South Yorkshire,
England S62 7TF
www.wentworth-brewery.co.uk

Das Brauwasser stammt aus der hauseigenen Quelle, das von Wentworth auch als Mineralwasser abgefüllt wird. Das Sortiment ist sehr umfangreich und umfasst alle gängigen Bierarten. Monatlich erscheinende »Saisonbiere« fallen durch die Gestaltung der Etiketten auf. Seit 2006 konnte die Produktion deutlich erhöht werden.

WICKWAR

Station Road, Wickwar, Gloucestershire,
England GL12 8NB
www.wickwarbrewing.co.uk

Dank der Investition von ca. 1,3 Mio. Euro konnte Wickwar den Status als Mikrobrauerei hinter sich lassen und seine Kapazität fast vervierfachen. Die Biere reifen in den unterirdischen Gewölben der ehemaligen Brauerei Arnold Perret & Co. Der Export nimmt stetig zu, und die Absatzzahlen in Europa sind vielversprechend.

WILLIAMS

Kelliebank, Alloa, Clackmannanshire,
Scotland FK10 1NT
www.heatherale.co.uk

Alloa war einmal die Nummer zwei hinter dem Brauzentrum Burton-upon-Trent. Historische Rezepturen werden hier mit traditionellen Methoden kunstvoll umgesetzt.

BRAUGEHEIMNIS: Das Fraoch Heather Ale wird mit blühendem Heidekraut anstelle von Hopfen gebraut, was auf ein altes, keltisches Rezept zurückgeht.

WOODFORDE'S

Woodbastwick, Norwich, Norfolk,
England NR13 6SW
www.woodfordes.co.uk

Seit der Gründung 1981 musste Woodforde's schon zweimal umziehen und steigert weiterhin die Produktion unter Beibehaltung der hohen Qualität der Biere. Woodforde's hat sich einen treuen Kundenstamm aufgebaut und die wichtigsten nationalen Preise eingeheimst. Schlüssel zum Erfolg ist das hochwertige Brunnenwasser auf dem Woodforde's-Gelände.

BIER

WPA (WOPPA)
PALE ALE 4 VOL.-%
Ein Bier im Stil eines India Pale Ale, deutlich hopfenbetont, die Bitterkeit hat fast adstringierende Wirkung.

OATMEAL STOUT
STOUT 4,8 VOL.-%
Dieser köstliche, dunkle Verführer schwelgt in Aromen von Malz, Toffee und Schokolade.

STATION PORTER
PORTER 6,1 VOL.-%
Üppig-weich mit Noten von Röstkaffee, Schokolade und Trockenfrüchten; komplexe Gewürznoten.

IKB
BEST BITTER 4,7 VOL.-%
Schwungvoll durch vielfältige Malzaromen, dazwischen üppige Kirsch- und Pflaumennoten erkennbar.

FRAOCH HEATHER ALE
SPECIALITY BITTER 4,1 VOL.-%
Blumig und aromatisch im Überfluss, malziger Charakter, leicht minzeartige Schärfe und ein Hauch Torf.

KELPIE SEAWEED ALE
SPECIALITY BITTER 4,4 VOL.-%
Verführerische Aromen durch die Verwendung von an der Küste angebautem Bio-Weizen und Blasentang.

WHERRY BEST BITTER
BEST BITTER 3,8 VOL.-%
Duft nach Blüten und Zitrusfrucht, malzbetonter Mittelteil und lang anhaltender Nachklang.

NORFOLK NOG
BITTER 4,6 VOL.-%
Dunkelrot; Röstmalz-Noten im Hintergrund entwickeln sich hin zu Lakritz- und Trockenfrucht-Nuancen.

WORTHINGTON'S WHITE SHIELD

137 High Street, Burton-upon-Trent, Staffordshire, England DE14 1YQ
www.worthingtonswhiteshield.com

Worthington's White Shield wurde erstmals 1829 gebraut. 2003 erhielt das Bier eine Goldmedaille beim International Beer Competition.

BRAUGEHEIMNIS: White Shield ist ein Geheimtipp für Bierliebhaber, da es in der Flasche »lebt« und sich durch Lagerung noch verbessert.

WHITE SHIELD
India Pale Ale 5,6 Vol.-%
Seine Anhänger schätzen die Hopfen-»Attacke«, die Rauchnoten, die sirupartige Toffee-Süße, den Hauch Paprika, die Anklänge an frittierte Bananen, an Stilton-Käse und an aufgeschnittenen Apfel.

WYCHWOOD

The Crofts, Witney, Oxfordshire, England OX28 4DP
www.wychwood.co.uk

Mit bemerkenswerten Bieren und ebensolchen Etiketten war Wychwood schnell erfolgreich und eroberte den Markt für traditionelle Ales – vor allem als das Hobgoblin 1996 in Flaschen zu haben war. Die ursprüngliche Eagle Brewery wurde 1990 in Wychwood umbenannt und produziert pro Jahr etwa 8 Mio. l traditionell gebraute Ales.

HOBGOBLIN
Strong Bitter 5 Vol.-%
Röstnoten und Aromen von Schokolade und Toffee gleichen die Hopfenbitterkeit und Fruchtigkeit aus.

FIDDLER'S ELBOW
Best Bitter 4,5 Vol.-%
Schöne Kombination von Zitrusfrucht- und Blütenaromen, herbe Frucht; hopfenbetonter Nachklang.

WYLAM

South Houghton, Heddon on the Wall, Northumberland, England NE15 0EZ
www.wylambrew.co.uk

Die 2000 gegründete Hausbrauerei konnte dank einiger Investitionen ihre Kapazität sechs Jahre später mit einer 3200-l-Anlage verdreifachen. Wylam liefert den Beweis dafür, dass ein Dampfgenerator aus dem 19. Jh. mit modernster Technologie vereinbar ist. Die Anlage wurde mit mehreren Industriepreisen ausgezeichnet.

WYLAM ROCKET
Strong Bitter 5 Vol.-%
Ein kupferfarbenes Bitter Ale mit erstaunlicher Malzfruchtigkeit und lang anhaltender Hopfenbitterkeit.

WYLAM GOLD TANKARD
Bitter 4 Vol.-%
Üppig gehopftes Golden Ale mit üppigem Malzaroma und Anklängen an Zitrusfrucht im Nachklang.

YORK

Middlegate, York, North Yorkshire, England YO1 6JT
www.yorkbrew.co.uk

Im Mittelpunkt der Firmenphilosophie stehen »Professionalität und Spaß«: York ist eine besonders gut geleitete Brauerei und zugleich eine Touristenattraktion. Von besucherfreundlichen Galerien aus überschaut man die ausgedehnte Brauanlage mit einer Kapazität von 3200 l, fünf Gärtanks und zehn Lagertanks.

YORKSHIRE TERRIER
Bitter 4,2 Vol.-%
Deutliche Bitterkeit, gemildert durch kühne Frucht- und Hopfenaromen; hopfenbetonter Nachklang.

CENTURION'S GHOST ALE
Strong Bitter 5,4 Vol.-%
Dunkel rubinrot, weich und wärmend mit viel Röstmalz, aufgepeppt durch Aromen von Herbstfrüchten.

Das Worthington's White Shield ist Kult – ein flaschenvergorenes britisches Pale Ale.

Bosteels
Sint Bernardus

BELGIEN

Die Auswahl an verschiedenen Bierarten in Belgien ist enorm, wenn man bedenkt, dass es sich um ein kleines Land handelt: Man kann wählen zwischen Abteibier, Witbier, Lambic, Gueuze, Kriek und vielen regionalen Variationen. Die Belgier sind Feinschmecker und gehen bei der Auswahl des richtigen Biers ähnlich vor wie die Franzosen bei der Auswahl ihrer Weine – für jeden Anlass gibt es ein passendes Bier. In Belgien wird Bier auch zu gehobenem Essen getrunken. Die Kästen verweisen auf Orte mit mehr als einer Brauerei.

Bellevaux

BRAUEREI

ABBAYE DES ROCS

Chaussée Brunehault 37,
7387 Montignies-sur-Roc
www.abbaye-des-rocs.com

Seit Jean-Pierre Eloir, ein ehemaliger Steuereinnehmer, 1979 mit dem Brauen begann, hat sich sein Geschäft vergrößert. Inzwischen werden auch Biere extra für den Export entwickelt.

BRAUGEHEIMNIS: Das Kernsortiment bleibt den würzigen, körperreichen Bieren, wie sie für Wallonien üblich sind, treu. Die Fassbiere sind oft ungefiltert.

ACHELSE KLUIS

Sint Benedictusabdij – De Achelse Kluis
De Kluis 1, 3930 Hamont-Achel
www.achelsekluis.org

Zu einer Zeit, als in Belgien viele Brauereien schließen mussten, gab es auch einen Lichtblick: In der Abtei Achelse Kluis nahe der holländischen Grenze begann man 1998 nach mehr als 84 Jahren wieder zu brauen. Es gibt auch einen Brauereigasthof, der viele Gäste anzieht.

ACHOUFFE

Route du Village 32
6666 Wibrin-Achouffe
www.achouffe.be

Achouffe ist eine der ersten belgischen Mikrobrauereien. Sie wurde 1982 von einem Flamen und einem Wallonen, die miteinander verschwägert sind, gegründet. Die Brauerei war sehr erfolgreich und hatte sich auch ausländische Märkte erschlossen, wurde aber schließlich von Duvel Moortgat übernommen.

AFFLIGEM

Affligem Brouwerij BDS, Ringlaan 18,
1745 Opwijk
www.affligembeer.be

Die Brauerei wurde 1790 von der Familie De Smedt gegründet. 1970 erwarb sie die Rechte an den Affligem-Abteibieren. Aufgrund des großen Erfolgs kaufte Heineken 1999 die gesamte Brauerei auf und benannte sie in Affligem BDS um.

BRAUGEHEIMNIS: Das Hauptprodukt ist das Affligem Blond, Kenner bevorzugen aber die Paters'-Vat-Biere.

BIER

BLANCHE DES HONNELLES
BELGISCHES WEIZENBIER 6 VOL.-%
Kein gewöhnliches Weizenbier, sondern aus Gersten- und Weizenmalz sowie gemälztem Hafer hergestellt.

ABBAYE DES ROCS BRUNE
DUNKLES STARKBIER 9 VOL.-%
Ein würziges, stärkendes Bier, das recht gehaltvoll ist. Erstaunlich vollmundiger Charakter.

ACHEL TRAPPIST »8«
TRAPPISTENBIER 8 VOL.-%
Mehr noch als die Schankbiere ein typisches Trappistenbier: schwer, mit vielen Estern, sättigend.

ACHEL BRUNE EXTRA
TRAPPISTENBIER 9,5 VOL.-%
Der Favorit von Braumeister Knops, der sich weigert, etwas anderes zu trinken – üppig und lohnend.

MC CHOUFFE BRUNE
SCOTCH ALE 8,5 VOL.-%
Ein traditionelles wallonisches Bier, die belgische Version eines Scotch Ale. Recht stark und würzig.

LA CHOUFFE
HELLES STARKBIER 8 VOL.-%
Ein flaschenvergorenes Bier: süßlich, dabei leicht bitter und würzig. Ein echter Klassiker – sehr erfolgreich.

POSTEL DUBBEL
ABTEIBIER 7 VOL.-%
Dieses esterreiche braune Abteibier ist voller Schokoladennoten, der Nachklang ist trocken.

AFFLIGEM PATERS' VAT
ABTEIBIER 6,8 VOL.-%
Nicht immer leicht zu finden, aber die Suche lohnt sich. Stärker gehopft als andere Abteibiere.

ALVINNE

Mellestraat 138, 8501 Heule
www.alvinne.be

Davy Spiessens und Glenn Castelein begannen als Heimbrauer. Als sie ihr Hobby zum Beruf machten, geschah dies denkbar bescheiden, nämlich in einer Gartenhütte. Es sprach sich schnell herum, dass sie gutes Bier brauten, und 2007 konnten die beiden das jetzige größere Gebäude beziehen. Alvinne braut auch im Auftrag von Kneipen aus der Region.

GASPAR
Belgisches IPA 8 Vol.-%
Ein Bier für den Kenner – kräftig gehopft und ziemlich stark.

PODGE BELGIAN IMPERIAL STOUT
Imperial Stout 10,5 Vol.-%
Pechschwarz und sehr stark; die Rezeptur stammt von einem Briten, der eine Vorliebe für belgische Biere hat.

HET ANKER

Guido Gezellelaan 49, 2800 Mechelen
www.hetanker.be

Eine Brauerei mit einer langen Geschichte, die angeblich bis 1369 zurückreicht. Die neuere Geschichte begann 1873 mit der Übernahme durch die Familie Van Breedam. In den 1990er-Jahren schien das Ende des Klassikers Gouden Carolus nahe, doch die Marke kam noch auf Erfolgskurs: 2004 erhielt das Gouden Carolus Christmas beim World Beer Cup eine Silbermedaille.

GOUDEN CAROLUS CLASSIC
Belgisches Starkbier 8,5 Vol.-%
Gebraut mit dunklen Malzen, daher Aromen von Rosinen in Portwein. Ein typisch belgisches Starkbier.

GOUDEN CAROLUS CHRISTMAS
Belgisches Starkbier 10,5 Vol.-%
Aromen von Rosinen und Melasse wie beim Classic, aber deutlicher erkennbarer Alkohol.

BAVIK

Rijksweg 33, 8531 Bavikhove
www.bavik.be

Die Brauerei, zu der auch einige Kneipen gehören, wird heute in der vierten Generation von der Familie De Brabandere betrieben.

Braugeheimnis: Abteibiere und Pilsener machen einen Großteil der Gesamtproduktion aus (vor allem für die Supermärkte), interessanter sind aber die Oud-Bruin-Biere.

PETRUS OUD BRUIN
Oud Bruin 5,5 Vol.-%
Dieses weinartige Bier reift in riesigen Holzfässern, die die Brauerei kürzlich angeschafft hat.

PETRUS AGED PALE
Oud Bruin 7,3 Vol.-%
Helles Bier in neuen Fässern, das mehrere Jahre reift, um seine säuerlichen Fruchtnoten zu entwickeln.

DIE BEKANNTESTEN BELGISCHEN BIERE

Kenner wissen, dass es in Belgien einzigartige, wunderbare Biere zu entdecken gibt, doch der Massenmarkt wird von untergärigen Lagerbieren – bekannt als Pils – bestimmt.

Im Ausland ist das Stella Artois am bekanntesten, in Belgien wird vor allem Jupiler getrunken. Beide stammen vom Giganten Anheuser-Busch InBev, der 2008 aus dem Zusammenschluss von Anheuser-Busch (USA) und InBev (Belgien) hervorgegangen ist. Anheuser-Busch InBev besitzt überall auf der Welt Brauereien. Die größten in Belgien befinden sich in Löwen und Jupille-sur-Meuse. Neben dem eher langweiligen Pilsener stellen sie auch die Leffe-Abteibiere her und die Belle-Vue-Biere (Gueuze bzw. Lambic). Da die belgischen Anheuser-Busch-InBev-Biere fast überall erhältlich sind, gelten sie im Ausland, aber auch in Belgien selbst, fälschlicherweise oft als die besten belgischen Biere. Die populären Grimbergen-Biere gehören der Brauereigruppe Alken-Maes.

Jupiler (Pilsener 5,2 Vol.-%) *links*
Stella Artois (Pilsener 5,2 Vol.-%)
Leffe (Abteibier 6,6 Vol.-%) *Mitte*
Bellevue Extra Kriek (Kirsch-Lambic 4,3 Vol.-%) *rechts*
Belle-Vue Gueuze (gefilterte Gueuze 5,2 Vol.-%)
Grimbergen Blond (Abteibier 6,7 Vol.-%)
Grimbergen Dubbel (Abteibier 6,5 Vol.-%)

BRAUEREI

BELLEVAUX

Brasserie de Bellevaux, Bellevaux 5,
4960 Malmedy
www.brasseriedebellevaux.be

Der Name gibt keinen Hinweis darauf, aber der aktuelle Besitzer dieser wallonischen Brauerei ist ein Niederländer. Die wunderschön gelegene Brauerei ist noch gar nicht alt und arbeitet mit einer hochmodernen Brauanlage. Was Wil Schuwer tut, tut er ganz: Seine Biere sind das Ergebnis umfangreicher, sorgfältig durchgeführter Experimente.

LA BINCHOISE

Faubourg Saint Paul 38
7130 Binche
www.brasserielabinchoise.com

La Binchoise liegt in der Provinz Hennegau und wurde 1987 von André Graux gegründet. 2001 wechselte die Geschäftsführung, und obwohl jetzt die Wirtschaftlichkeit im Vordergrund steht, ist die Brauerei nach wie vor einen Besuch wert – auch wegen der Kneipe, wo man das ständig wachsende Sortiment probieren kann.

DE BLAUGIES

Rue de la Frontière 435, 7370 Blaugies
www.brasseriedeblaugies.com

Die Brasserie De Blaugies liegt direkt an der Grenze zu Frankreich. Die 1988 gegründete Brauerei wird in zweiter Generation als Familienbetrieb geführt. Das Ziel von De Blaugis ist die Produktion regionaltypischer Biere, doch dabei entstehen oft sehr ungewöhnliche Sorten.

BOCKOR

Kwabrugstraat 5, 8510 Bellegem
www.bockor.be

Bockor ist vor allem für seine Jacobins-Biere (spontangärige Fruchtlambics) bekannt. Doch die Brauerei produziert auch ganz andere Biere, z. B. ein Oud Bruin, das vom ehemaligen Chefbrauer Omer Vander Ghinste kreiert wurde. Zurzeit arbeitet Bockor daran, das Sortiment auf Vordermann zu bringen.

BIER

BELLEVAUX BLACK

Old Ale 6,3 Vol.-%

Wer die Bellevaux-Biere verkostet, wird zustimmen, dass dies das interessanteste im Sortiment ist. Es hat einen fruchtigen Charakter, ist aber zugleich sehr trocken.

BIÈRE DES OURS

Helles, aromatisiertes Bier 8,4 Vol.-%

Bären wissen, was gut ist: Honig! Eine traditionelle Zutat in belgischen Bierspezialitäten.

LA BELGE

Amberbier 5 Vol.-%

Ein leichtes, erfrischendes Ale, bekannt als »Spéciale«; dies war früher *das* belgische Bier.

LA MONEUSE

Saisonbier 8 Vol.-%

Ein bodenständiges, würziges Bier: viel Hefe, viele Ester, sehr stark, metallischer Geschmack.

BIÈRE DARBYSTE

Saisonbier 5,4 Vol.-%

Feigensaft? Die alkoholische Variante des alkoholfreien Yesteryear. Nur süß, wenn es kalt ist.

BELLEGEMS BRUIN

Flämisches rotes Bier 5,5 Vol.-%

Ein traditionelles Oud Bruin, das mit einem Lambic verschnitten wurde. Das Resultat ist ein hocharomatisches Bier, das nach Beeren, Holz und etwas nach Milchsäure schmeckt.

DU BOCQ

Rue de la Brasserie 4, 5530 Purnode-Yvoir
www.bocq.be

Die Brasserie du Bocq gehört zu den wenigen Brauereien in der Provinz Namur und ist eine der größten belgischen Regionalbrauereien. Dort wird auch im Auftrag von Vertragsbrauern produziert. Einige Bocq-Biere sind in Belgien sehr verbreitet, z. B. die Gauloise-Reihe, das Saison Regal und das Weizenbier der Brauerei.

LA GAULOISE AMBRÉE
Belgisches Spezialbier 5,5 Vol.-%
Aromen von Lakritze und Zitrusschalen in Verbindung mit Hopfen offenbaren hier das Wallonische.

CORSENDONCK AGNUS
Abteibier Triple 7,5 Vol.-%
In der Nase zitrusartiger Hopfen; im Geschmack erst getreidig, blumiger Nachklang mit Zitrusfrucht.

BOON

Fonteinstraat 65, 1520 Lembeek
www.boon.be

Als die Lambic-Biere 1975 kurz vor dem Untergang standen, übernahm Frank Boon das Programm von De Vit. Viele hielten ihn für verrückt, doch Boon behielt recht: Sein Geschäft floriert noch immer.

Braugeheimnis: Die meisten Boon-Biere sind »oud«, d. h., sie werden »im alten Stil« unverfälschter Lambics gebraut.

GEUZE BOON MARIAGE PARFAIT
Gueuze 8 Vol.-%
Beim diesem Lieblingsbier des Brauers sind die Lambic-Biere eine »perfekte Ehe« eingegangen.

BOON OUDE KRIEK
Kriek 6,5 Vol.-%
Ein ungesüßtes Lambic mit Kirscharoma, was dieses Bier zu einem Genuss für Zunge und Augen macht.

BOSTEELS

Kerkstraat 96, 9255 Buggenhout
www.bestbelgianspecialbeers.be

Das Unternehmen wird heute von der siebten Generation der Familie Bosteels geführt, die zugleich auch Eigentümerin ist. In den vergangenen Jahren ist die Brauerei auf einigen Gebieten mit der Mode gegangen.

Braugeheimnis: Das Tripel Karmeliet, eins der Flaggschiff-Biere der Brauerei, wird aus drei Getreidesorten gebraut: Gerste, Weizen und Hafer.

TRIPEL KARMELIET
Triple 8 Vol.-%
Rauch- und Gewürznoten in der Nase kündigen ein malzbetontes Bier mit Röstcharakter an.

DEUS BRUT DES FLANDRES
Belgisches Starkbier 11,5 Vol.-%
Die Flasche ähnelt der eines Dom Pérignon. Das Bier ist trocken und spritzig.

BRUNEHAUT

Rue des Panneries 17,
7653 Rogny-Brunehaut
www.brunehaut.com

In Brunehaut gab es bis 1990 die Brasserie Allard & Groetembril. Schon weniger als ein Jahr nach der Schließung wurde eine Brauerei im Stadtteil Rogny eröffnet. Sie produziert eine große Auswahl an Regionalbieren und wagt sich mit der Reihe »b.« und den Terroir-Bieren ab und zu in den Bereich der Bio-Biere vor.

LA RAMÉE BLONDE
Abteibier 8 Vol.-%
Ein Starkbier, das aufgrund des likörartigen Nachklangs noch stärker erscheint.

NE KOPSTOOT
Biermischgetränk 7 Vol.-%
Dieses Bier ist mit Jenever versetzt, was es stark und hocharomatisch macht.

BIERARTEN

SPONTAN-GÄRIGE BIERE

In der belgischen Brauerei Cantillon scheint die Zeit stehen geblieben zu sein – hier findet man keine glänzenden Edelstahltanks, aus denen Millionen von Litern Bier fließen. Bei Cantillon werden spontangärige Biere mit »wilden Hefen« gebraut – so wie es schon die allerersten Bierbrauer gemacht haben. Die fertige Würze bleibt über Nacht in offenen Kühlschiffen unter dem Dach der Brauerei. Durch das Dach finden die natürlichen Hefen aus der Luft den Weg in die Würze und setzen den Gärprozess in Gang. Zu einem bestimmten Zeitpunkt wird das Bier in Fässer aus Eichen- oder Haselholz abgefüllt, die in einem dunklen, muffig riechenden Raum gelagert werden, wo das Bier »ruhen« und reifen kann. Diese altehrwürdige Brautradition ist noch im Payottenland in der Region Brüssel lebendig, und die Biere bezeichnet man als Lambics.

In der großen Familie der verschiedenen Bierarten sind die Lambics und ihre spontangärigen Cousins so etwas wie die schwarzen Schafe. Vielen Brauern ist die Vorstellung, dass wilde Hefen *(Brettanomyces)* auf die frisch hergestellte Würze einwirken, ein Graus. In der Tat ist der Prozess nur schwer zu kontrollieren, doch das Ergebnis sind Biere mit faszinierenden, säuerlichen Aromen. Spontangärige Biere werden nicht nur in dieser kleinen Region von Belgien hergestellt, sondern stellen inzwischen für viele Brauer überall auf der Welt eine Herausforderung dar.

LAMBIC Lambics gehören zu den faszinierendsten Bieren überhaupt. Wenn sie jung sind, schmecken sie leicht scharf und säuerlich, die schön gereiften Varianten dagegen haben komplexe, erdige und pikante Aromen von Toast und Frucht und gut spürbare Säure. Einige Lambics weisen deutliche Grapefruit-Aromen auf.

GUEUZE Gueuze (auch »Brüsseler Champagner«) entsteht durch den Verschnitt verschiedener Lambics und anschließender zweiter Gärung in der Flasche. Zum Verschnitt werden in Holz gereifte Lambics verwendet.

AMERIKANISCHES WILD ALE
Auch Brauer in den USA arbeiten mit wilden Hefen und lassen ihre Biere in Holzfässern reifen. Sie sind noch spritziger und saurer als ihre Kollegen aus Belgien. Hersteller von spontangärigen Bieren sind z. B. Glacier Brewhouse in Alaska und Russian River in Kalifornien.

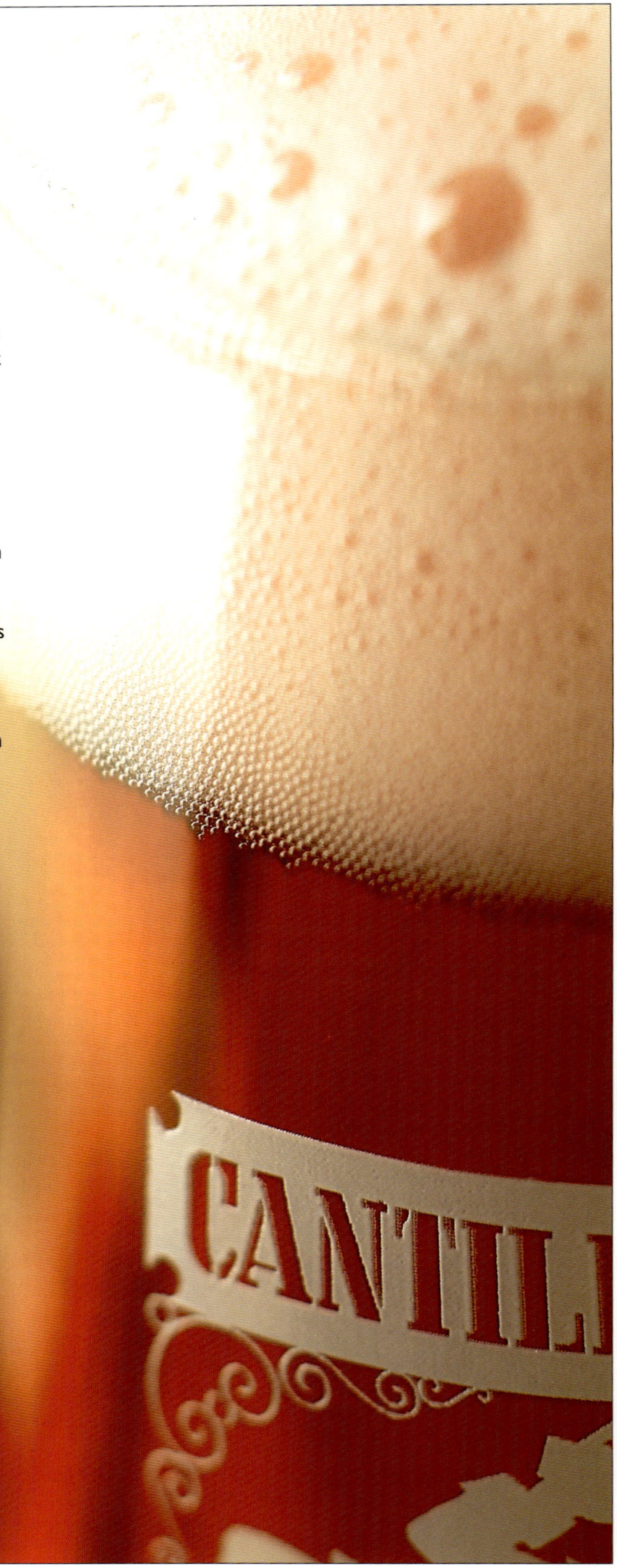

Im Delirium Café in Brüssel gibt es an die 2000 verschiedene Biere aus aller Welt, 400 davon stammen aus Belgien.

BRAUEREI

CANTILLON

Gheudestraat 56,
1070 Brussel/Anderlecht
www.cantillon.be

Schon im Jahr 1900 besaß die Familie Cantillon an der Stelle der heutigen Brauerei die Räume und Gerätschaften zum Verschneiden von Bier. 1970 übernahm Jean-Pierre Van Roy, der in die Familie eingeheiratet hat, das Geschäft. Er ist ein überzeugter und kompromissloser Verfechter traditioneller Braustile. Doch sein Sohn Jean hat in den vergangenen Jahren bewiesen, dass die Brauerei trotzdem offen ist für Experimente. In diesem Sinne wurde z. B. mit frischem Hopfen und mit amerikanischem C-Hopfen gebraut, was der Lambic-Tradition eigentlich entgegensteht.

BRAUGEHEIMNIS: In der Nase Zitrusfrucht, Pferdedecke, Holz und Heu; im Geschmack wieder Holz mit grünem Obst und etwas Schwefel; saures, scharfes Mundgefühl.

CARACOLE

Côte Marie-Thérèse 86, 5500 Falmignoul
www.brasserie-caracole.be

Die Anfänge gehen auf das Jahr 1990 zurück, als François Tonglet in einem Schuppen in Namur mit dem Brauen begann. Wenige Jahre später bezog die Brauerei das heutige Gebäude. Es werden Bio-Biere und »normale« Biere hergestellt. Caracole bedeutet Schnecke – Schnelligkeit und maximale Effizienz sind sekundär. Caracole-Biere werden auch exportiert.

CHIMAY

Route Charlemagne 8,
6464 Baileux
www.chimay.com

Die Flaschenabfüllung findet in Baileux statt, gebraut wird aber nach wie vor im Kloster in Forges-les-Chimay. Schon 1862 stellten die Trappistenmönche des Klosters Bier und Käse für den Eigenbedarf her. In der ersten Hälfte des 20. Jh. belegte Pater Théodore Seminare an der Universität in Löwen, um Brauwissenschaften zu studieren.

BIER

CANTILLON GUEUZE

BIO-LAMBIC 5 VOL.-%

In der Nase Zitrusfrucht, Pferdedecke, Holz und Heu; im Geschmack Holz mit grünem Obst und Schwefel; saures, scharfes Mundgefühl.

LOU PEPE FRAMBOISE

FRUCHTBIER 5,5 VOL.-%

Ein Lambic, das mit Zuckersirup versetzt ist. Eines der intensivsten Fruchtbiere, die es gibt.

CANTILLON IRIS

BELGISCHES SPEZIALBIER 5 VOL.-%

In der Nase käsiger, frisch aromatischer Hopfen. Ziemlich fruchtig, hopfenbetonter Nachklang.

CANTILLON ST LAMVINUS

FRUCHTBIER 5,5 VOL.-%

Aromen von feuchtem Holz, Obst und Pferdedecke. Frucht vorherrschend, die Trauben sind aber nur schwer erkennbar.

TROUBLETTE BIO

WITBIER 5 VOL.-%

Ein belgisches Bio-Weizenbier mit etwas Koriander; erfrischender, zitrusfruchtiger Nachklang.

NOSTRADAMUS

DUNKLES BELGISCHES STARKBIER 9,5 VOL.-%

Dieses starke, dunkle Bier bietet eine Mischung von Röstaromen, Frucht und Malz sowie viel Alkohol.

LA CHIMAY BLEUE

TRAPPISTENBIER 9 VOL.-%

Röstmalz mit vorherrschender Bitterkeit; dunkle, reife Früchte (Pflaumen, Trauben) und Birnen.

LA CHIMAY TRIPLE

TRAPPISTENBIER TRIPLE 8 VOL.-%

Im Geschmack süße Trauben, bitterer Hopfen und Kräuternoten; ähnelt etwas einem trockenen Weißwein.

CONTRERAS

Molenstraat 110, 9890 Gavere
www.contreras.be

Die Brauerei Contreras gibt es seit 1918. Als Willy Contreras sich aus dem Geschäft zurückzog, übernahm sein Schwiegersohn Frederik De Vrieze 2001 die Leitung. Er arbeitet an der Modernisierung der Brauerei, und das erste Bier aus der »neuen Ära« ist das Mars.

DE BLOCK

Nieuwbaan 92,
1785 Peizegem
www.satanbeer.com

Auch dies ist eine Familienbrauerei, die gewissermaßen durch den Schwiegersohn »gerettet« wurde (der in diesem Fall seine Qualitäten erst einmal unter Beweis stellen musste!). Die Geschichte der Brauerei ist in dem dazugehörigen Museum gut dokumentiert. Eine sehr leise, aber genauso interessante Brauerei.

DE DOLLE BROUWERS

Roeselarestraat 12B,
8600 Esen
www.dedollebrouwers.be

Kris Herteler erwarb 1980 die Brauerei Costenoble in Esen (im Westen von Belgien) und sorgte für ihre Renovierung. Ohne es zu ahnen, lösten Kris Herteler und seine beiden Brüder mit De Dolle Brouwers eine Mikrobrauer- Revolution in Belgien aus. Ihr Ruf verbreitete sich schnell bis über die Landesgrenzen hinaus. De Dolle Brouwers haben nie nach einfachen Lösungen, Bequemlichkeit oder dem schnellen Geld gesucht. »Die Qualität macht's«, lautet das Motto von Kris Herteler, der inzwischen ohne seine Brüder arbeitet. Auch die Namen der Biere sind etwas Besonderes – Wortakrobatik auf Flämisch.

BRAUGEHEIMNIS: Von einigen Bieren gibt es auch in Eiche gereifte Versionen, die dann »Réserva« heißen. Sie sind sehr teuer, nur begrenzt erhältlich und überhaupt schwierig zu bekommen.

MARS ESPECIAL

SAISONBIER 6,5 VOL.-%

Mars wird mit »Märzwasser« gebraut, das dann angeblich in »voller Blüte« steht und für ein qualitativ hochwertiges Bier sorgt. Früher war das Mars ein trockenes, metallisch schmeckendes Oud Bruin, heute ist es ein klassisches belgisches Amber Ale mit mäßiger Säure auf malziger Süße. Cremig, aber nicht körperreich.

KASTAAR

AMBERBIER 6 VOL.-%

Ein dunkleres »Belge Spéciale« mit viel Karamell und etwas Koriander als Gewürz. Die Exportversion hat den originellen Namen K.-Star.

ARABIER

BELGISCHES STARKBIER 8 VOL.-%

Ein trockengehopftes Bier mit Zitrusfruchtaromen.

STILLE NACHT

SAISONBIER 12 VOL.-%

Aromen von überreifen Trauben und Trockenfrüchten. Süßes Malz, dahinter hopfenbittere Aromen, etwas Säure sorgt für Ausgewogenheit.

OERBIER

DUNKLES BELGISCHES STARKBIER 9 VOL.-%

Durchgehend Frucht. Weinartiger Charakter, Trauben erkennbar.

OERAL

BELGISCHES PALE ALE 6,5 VOL.-%

Ein altes Bier mit neuem Namen; cremig und hopfenbetont.

ALLES ÜBER ...

GLÄSER

Es herrscht Einigkeit darüber, dass man Cognac aus Schwenkern trinkt und bei Feiern spezielle Gläser für Champagner, Burgunder, Bordeaux usw. bereithält. Aber woraus trinkt man Bier? Im Idealfall wählt man das Glas, das die jeweiligen Eigenheiten am besten zur Geltung bringt. Jedes Land hat typische Gläser, manchmal gilt das auch für einzelne Städte und Brauereien. Es gibt ganz schlichte Gläser wie z. B. die »Stangen« für das Kölsch oder in Großbritannien das Pintglas. Andere machen mehr her, z. B. das auffällige Kwak-Glas. Es gibt ein speziell für das Boston Lager von Samuel Adams entworfenes Glas, das so gestaltet ist, dass die Temperatur gleich bleibt und Duft und Aromen sich entfalten können. Die immer raffinierter werdende Gestaltung von Biergläsern bezieht auch solche Kriterien mit ein.

SNIFTER Für Starkbiere ist der Snifter, der aussieht wie ein kleiner Cognacschwenker, die beste Wahl. Die Form verhindert ein Entweichen der Aromen, und weil das Glas nicht zu groß ist, eignet es sich speziell für starke Biere wie das österreichische Samichlaus.

WEIZENBIERGLAS Weizenbier wird in besonders geformten hohen, schlanken Gläsern serviert. Aufgrund der Form können die Kohlensäureperlen lange nach oben steigen, und das Bier bleibt schön frisch.

BALLON Duvel wird in tulpenförmigen Ballongläsern mit breitem Fuß serviert. Auf diese Weise kommt die weiche Schaumkrone besonders gut zur Geltung und die Aromen können sich wunderbar entfalten.

KELCHGLAS In Belgien bekommt man jedes Bier in einem speziellen Glas serviert. Es ist schon vorgekommen, dass Gäste das gewünschte Bier nicht bekommen haben, weil das entsprechende Glas nicht vorrätig war. Trappistenbiere wie Orval und Westmalle sollten aus Kelchgläsern getrunken werden.

TUMBLER Anders als deutsche Weizenbiere werden belgische Witbiere in robusteren, kompakten Tumblern ausgeschenkt. Sie fanden vor allem durch die Brauerei Hoegaarden Verbreitung.

TULIP-GLAS Wenn man in Großbritannien ein Pint Bier verlangt, bekommt man es höchstwahrscheinlich in einem Nonic-Becher (geradwandig, mit einer kleinen Ausbuchtung im oberen Drittel) oder in einem Tulip-Glas (mit runderer Form). Der traditionelle Pint-Pot (Henkelkrug) wird seit 2001 nicht mehr hergestellt.

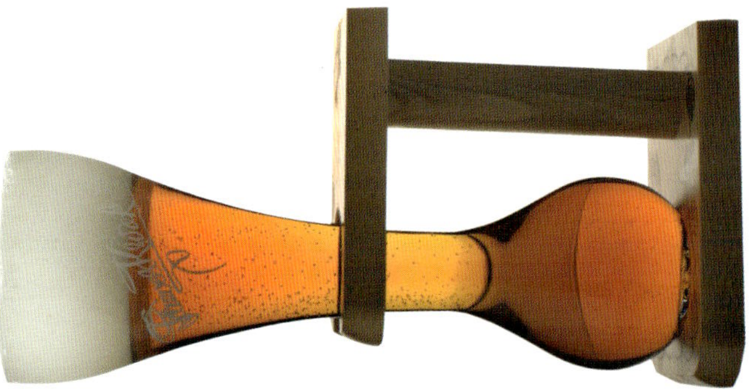

KWAK-GLAS Das Kwak-Glas (oder auch Kutscherglas) ist schon etwas Besonderes. Da es unten rund ist, kann es nur in einem Holzständer stehen – und erinnert daher an ein Reagenzglas.

KÖLSCH-STANGE Kölsch wird in sogenannten Stangen serviert – hohen, schmalen, dünnwandigen Gläsern. Darin kommt der Schaum am besten zur Geltung.

BRAUEREI

DE KONINCK

Mechelsesteenweg 291,
2018 Antwerpen
www.dekoninck.be

In Antwerpen ist Bier von De Koninck Kult – und die Antwerpener sind sehr stolz darauf. Vor allem das bernsteinfarbene Bolleke gibt es fast überall. Das Glas, in dem es serviert wird, heißt ebenfalls Bolleke.

BRAUGEHEIMNIS: Die Schankbierversion ist nicht pasteurisiert und wird am besten vor Ort getrunken.

DE LANDTSHEER

Mandekensstraat 179,
9255 Buggenhout
www.malheur.be

Die Brauerei hat den Familiennamen beibehalten, bekannter ist aber der Markenname Malheur. Der steile Aufstieg des Unternehmens hat die Konkurrenz ratlos zurückgelassen. Einer der Verantwortlichen von De Landtsheer arbeitete früher im Vertrieb bei Westmalle und verfügt über die entsprechenden Kontakte.

DE RANKE

Brugstraat 43,
8560 Wevelgem
www.deranke.be

Eine urbelgische Brauerei: Die Brauer stammen aus Flamen, die Brauanlage aus Wallonien, und ein weiterer Brauer aus Brüssel wurde zur Unterstützung hinzugezogen. Der Schwerpunkt liegt auf Lambics, und die Biere zeichnen sich durch hohe Qualität und interessante Geschmacksprofile aus.

DE REGENBOOG

Astridlaan 134,
8310 Assebroek-Brugge

John Brandt arbeitet zurzeit in sehr beengten Verhältnissen, denn er benötigt auch Platz für seinen Wein und seine Bienen. Eine neue Brauerei befindet sich im Bau und zeigt, dass er noch viel vorhat. Seine Biere sind ausgesprochen charaktervoll und manchmal wirklich etwas Besonderes.

BIER

DE KONINCK

BELGISCHES SPEZIALBIER 5 VOL.-%

Amber Malz, Restzucker und Hopfen geben diesem feinen Bier seine Ausgewogenheit. Es lässt Aromen von Schwefel und Keks erkennen. Besonders gut ist das De Koninck vom Fass.

MALHEUR BIÈRE BRUT

BELGISCHES STARKBIER 11 VOL.-%

In der Flasche vergorenes Bier. In der Nase Alkohol und süßliche Noten, im Geschmack bitter-fruchtig.

MALHEUR DARK BRUT

BELGISCHES STARKBIER 12 VOL.-%

Die dunkle Version, aber noch komplexer; weinartige Noten mit Aromen von Schokolade, Frucht und Tanninen.

XX BITTER

BITTER 6,2 VOL.-%

Inspiriert durch englische Bitter-Biere, doch der Alkoholgehalt ist belgisch! Erfrischend-hopfig.

KRIEK DE RANKE

FRUCHTBIER 7 VOL.-%

Hergestellt aus Lambic und Kirschen. Dieses säuerlich-fruchtige Bier ähnelt einem Fruchtlambic – und ist doch ganz anders.

'T SMISJE SLEEDOORN

FRUCHTBIER 7 VOL.-%

Dieses Bier wird mit Schlehen gebraut, die von der Familie Brandt selbst gepflückt werden. Sie verleihen dem Bier einen scharf-fruchtigen Geschmack. Normalerweise liegt der Alkoholgehalt bei 6 Vol.-%, die Extra-Version allerdings hat 7 Vol.-%.

DE RYCK

Kerkstraat 24, 9550 Herzele
www.brouwerijderyck.be

Braumeisterin An de Ryck hat dafür gesorgt, dass dieser Familienbetrieb in den letzten Jahren gründlich modernisiert wurde. Gegründet wurde die Brauerei 1886. Erst seit den 90er-Jahren produziert de Ryck auch Flaschenbiere. Bekannt ist die Brauerei für ihre unpasteurisierten Biere.

BRAUGEHEIMNIS: De Ryck stellt auch einen Bierschnaps mit 40 Vol.-% Alkohol her.

AREND WINTER

BELGISCHES SPEZIALBIER 6,3 VOL.-%
Früher hieß dieses Bier Christmas Pale Ale und galt als Spezialbier für die Weihnachtszeit. In der Nase Aromen von braunem Zucker und Kräutern. Am Gaumen recht süß mit Karamellnoten; die Hopfenaromen variieren von Jahrgang zu Jahrgang.

DE STRUISE BROUWERS

Noordhoek 13,
8647 Lo-Reninge
www.struise.noordhoek.com

Die Biere von De Struise Brouwers werden bei der Brauerei Deca gebraut, die anderen Unternehmen die Möglichkeit gibt, ihre Brauanlage zu nutzen – und dafür 60 % des Ausstoßes einbehält. Das Urbain Cotteau und das Carlo Grootaers haben die komplexen, hocharomatischen Biere zum Vorbild, die in den USA, Dänemark und Schweden sehr erfolgreich sind.

PANNEPOT

BELGISCHES STARKBIER 10 VOL.-%
Fruchtig, weinartig und würzig. Dieses Bier war aufgrund seiner Komplexität sofort ein Erfolg.

AARDMONNIK

OUD BRUIN 8 VOL.-%
Etwas leichter als das Pannepot, im Geschmack milchig, erdig, weinartig und unglaublich vielschichtig.

DOMUS

Tiensestraat 8, 3000 Leuven
www.domusleuven.be

Die erste Gasthausbrauerei in Belgien wurde 1985 ausgerechnet in der Heimatstadt des Riesen Stella Artois gegründet, nämlich in Löwen (Leuven). Die Brauweise bei Domus mag etwas planlos erscheinen, aber das ungefilterte Pilsener ist einfach wunderbar – dank der Hopfenkünstler Mark Knops und Sam Croonen.

CON DOMUS

PILSENER 5 VOL.-%
Ein ungefiltertes, trübes Pilsener, das besonders gut vom Fass schmeckt. In der Nase grasige, malzige Noten, die den Auftakt zu kräuterartigen, pfeffrigen und grasigen Geschmacksnoten mit viel Bitteraromen bilden.

DRIE FONTEINEN

Hoogstraat 2A, 1650 Beersel
www.3fonteinen.be

Armand Debelder, der zunächst Biere verschnitt und später auch selbst braute, wurde durch die Brauerei Drie Fonteinen in der Bierwelt bekannt. Debelder ist die treibende Kraft in dieser Mikrobrauerei. Andere Gueuze-Steker (Verschneider) und Anhänger dieser Bierart halfen ihm, ein paar schwierige Jahre zu überstehen.

OUDE GEUZE

GUEUZE 6 VOL.-%
Eine Gueuze von Spitzenqualität: Aromen von Pferdedecke, Lederfett, Zitronensaft – und Estragon.

HOMMAGE

FRUCHTLAMBIC 6,5 VOL.-%
Diese Mischung von Himbeeren und Sauerkirschen ist eine Hommage an Gaston Debelder, den Gründer von Drie Fonteinen.

BRAUEREI

DUBUISSON

Chaussée de Mons 28,
7904 Pipaix-Leuze
www.br-dubuisson.com

In Leuze gibt es drei Brauereien, zwei davon im Stadtteil Pipaix. Dubuisson ist vielleicht die dynamischste, und dank der Lage der Brauerei an einer Hauptstraße floriert auch die zugehörige Kneipe. Dubuisson ist bekannt für alkoholstarke Biere, die man mit Vorsicht genießen sollte.

DUPONT

Brasserie Dupont, Rue Basse 5,
7904 Tourpes-Leuze
www.brasserie-dupont.com

Im Westen der Provinz Hennegau sind die Böden sehr fruchtbar und die Bauernhöfe entsprechend groß. Es war üblich, dass die Bauern den Winter über Bier brauten, das dann vor allem im Sommer getrunken wurde (daher die Bezeichnung Saisonbier). Dupont konzentrierte sich irgendwann auf das Bierbrauen, doch Eigentümer Olivier Dedeycker knüpfte dann doch wieder an die Tradition an, sodass die Brauerei heute etwas Ackerbau betreibt und auch Käse produziert. Nicht ohne Grund eine der besten Brauereien in Belgien.

BRAUGEHEIMNIS: Früher schmeckten viele Saisonbiere etwas nach Eisen, was am Wasser der Region liegt. Auch hier war Dupont schon immer eine Ausnahme, da die Quelle der Brauerei sehr weiches Wasser liefert. Dupont-Biere sind bekannt für ihre verhaltenen Gewürzaromen.

DUVEL MOORTGAT

Breendonkdorp 58–66,
2870 Breendonk-Puurs
www.duvel.be

Die Brauerei wurde unter dem Namen Moortgat als kleiner Familienbetrieb gegründet, der zu einer Zeit obergärige Biere produzierte, als alle Welt nach Lagerbieren verlangte. Das Moortgat-Bier entwickelte sich zu dem rebellischen Duvel und wurde so populär, dass sich die Brauerei-Gruppe entsprechend umbenannte.

BIER

BUSH PRESTIGE
BELGISCHES STARKBIER 13 VOL.-%
Diese in Eiche gereifte Version des Ambrée ist sehr ausgewogen, trotz des hohen Alkoholgehalts.

BUSH AMBRÉE
BELGISCHES STARKBIER 12 VOL.-%
Wird auch unter dem Namen Scaldis verkauft. Eine gefährlich süffige Alkoholbombe!

BONS VŒUX
SAISONBIER 9,5 VOL.-%
Ursprünglich wurde dieses Bier nur für den Winter gebraut, war aber so erfolgreich, dass es ins reguläre Sortiment aufgenommen wurde. Der erdige Duft erinnert an Bauernhof und mischt sich mit Aromen von Zitrusschalen. Im Geschmack getreidig: frisches Weißbrot mit Nüssen, Gewürzen und Walnussöl.

SAISON DUPONT
SAISONBIER 6,5 VOL.-%
Ursprünglich wurde das Saison mit Blick auf die heißen Monate gebraut – trocken, erfrischend-leicht.

MOINETTE BLONDE
BELGISCHES STARKBIER 8,5 VOL.-%
Vom Stil her ähnlich wie das Saison, aber stärker und würziger – hier spielen Paradieskörner eine Rolle.

DUVEL
BELGISCHES STARKBIER 8,5 VOL.-%
Dieses ultratrockene Bier verbirgt seinen hohen Alkoholgehalt wie kein anderes.

MAREDSOUS 8°
ABTEIBIER 8 VOL.-%
Wohl das beste Bier der Maredsous-Abteibiere: voller Ester und Noten von Frucht und Tabakblättern.

D'ECAUSSINNES

Rue Restaumont 118,
7190 Ecaussinnes
www.brasserieecaussinnes.be

Das Ehepaar Van Poucke und die Mikrobrauerei Brasserie d'Ecaussines sind seit 2000 fester Bestandteil der belgischen Brauszene. Ihr Aufstieg war kometenhaft – die Brauerei ist heute längst keine Mikrobrauerei mehr. Ein Großteil der Gesamtproduktion ist für den Export bestimmt, ein Bier ist speziell für den australischen Markt.

ULTRADÉLICE

Belgisches Starkbier 8 Vol.-%
Die Biere von d'Ecaussines sind eher süß, und dies trifft auch hier zu. Doch dieses Bier mit Zimtaromen ist komplexer als die meisten anderen.

FANTÔME

Rue Préal 8, 5454 Soy-Erezée
www.fantome.be

Dany Prignon begann 1988 in einer kleinen Hütte in den Ardennen mit dem Brauen. Auch wenn die Fantôme-Biere heute in zahlreiche Länder exportiert werden, hat sich der Sitz der Brauerei nicht verändert – nur die Ausstattung hat sich verbessert.

BRAUGEHEIMNIS: Hier entstehen regelrechte Kunstwerke, und selten wird ein Bier zweimal auf gleiche Weise gebraut.

FANTÔME

Saisonbier 8 Vol.-%
Das gängigste Bier der Brauerei: goldfarben, fruchtig-milchig und variabel; ein typisches Saisonbier.

BLACK GHOST

Belgisches Starkbier 8 Vol.-%
Eines der wenigen regulären Biere der Brauerei: malzig, fruchtig, dabei Aromen von Zypressen und Kiefern.

GIRARDIN

Lindeberg 10–12,
1700 Sint-Ulriks-Kapelle
www.brouwerijgirardin.com

Die Brauerei ist denkbar rustikal und erinnert eher an einen Bauernhof als an eine Brauerei. Außerdem hat dieser authentische Lambic-Hersteller und Gueuze-Steker keine Zeit für neugierige Besucher. Wenn Sie sich allerdings mit Lambic eindecken wollen, wird man Ihnen gern zu diesem zitrusfruchtigen, spontangärigen Gebräu verhelfen.

FARO GIRARDIN

Lambic-Verschnitt 5 Vol.-%
Aromen von Karamell, aber auch Fleisch und Holz, dabei leichte Säure. Gefiltert.

GIRARDIN FOND GUEUZE

Gueuze 5 Vol.-%
Diese köstliche, ungefilterte Gueuze schmeckt markant nach Grapefruit.

GRAIN D'ORGE

Centre 16, 4852 Hombourg
www.brasserie-graindorge.be

Benoît Johnen begann 2002 professionell zu brauen, und zwar in seiner Heimatstadt in der Nähe des Dreiländerecks Belgien-Deutschland-Niederlande. Seine kleine, aber wandlungsfähige Brauanlage ermöglicht es ihm, den Ausstoß der Nachfrage anzupassen. Die meisten Biere tragen Namen mit Bezug auf die Region Hombourg in Wallonien.

BRICE

Helles belgisches Starkbier 7,5 Vol.-%
Dieses leicht würzige, trockene Blonde kaschiert seine Stärke gut.

3 SCHTÉNG

Dunkles belgisches Starkbier 6 Vol.-%
Rustikale Aromen herrschen vor: Kiefer, Wurzeln und Gewürze; angenehmes Mundgefühl wegen des moderaten Alkoholgehalts.

Hoegaarden

Stoopkenstraat 46,
3320 Hoegaarden

Hoegaarden ist eine Gemeinde in der niederländischsprachigen Provinz Flämisch-Brabant. Erste urkundliche Erwähnungen über brauende Mönche in Hoegaarden stammen aus dem Jahr 1445, doch diese Tradition starb Mitte des 20. Jh. aus.

In den 60er-Jahren erlebte die Braukunst in Hoegaarden durch Pierre Celis eine Renaissance. Celis begann, auf seinem Heuboden zu brauen, und zwar das Witbier, das er aus seiner Jugend kannte. 1965 gründete er die Brauerei De Kluis.

Seine Biere erreichten schnell Kultstatus, vor allem bei jüngeren Leuten. In den 80er-Jahren kaufte Celis eine Fabrik für Softdrinks auf und machte daraus eine Brauerei. Die Brauerei wurde 1985 durch einen Brand komplett zerstört, was Celis dazu brachte, finanzielle Unterstützung von Interbrew (heute Anheuser-Busch InBev) anzunehmen. Aus dem Unterstützer wurde mit der Zeit der Eigentümer, und die Beziehungen verschlechterten sich. Interbrew wollte den Massenmarkt bedienen, während Celis auf kleine Mengen und hohe Qualität setzte. Schließlich verließ Celis das Unternehmen und ließ sich in Austin (Texas) nieder. Celis Beer arbeitet heute sehr erfolgreich: Das Bier wird weltweit verkauft, und zwar mehr als 120 Mio. l pro Jahr.

▲ **HAUPTZUTATEN** Celis braute mit den traditionellen Zutaten für ein Witbier: Wasser, Hefe, Rohweizen, gemälzte Gerste, Hopfen, Koriandersamen und getrocknete Schalen von Bitterorangen.

▲ **DIE BIERE** Die kupfernen Sudkessel in Hoegaarden werden heute nicht nur für Witbier genutzt. Das Spéciale ist eine etwas stärkere Version, während das Grand Cru nur mit Gerste gebraut wird – als flaschenvergorenes Bier verbessert es seine Qualität durch mehrjährige Lagerung. Es gibt auch ein Bier, das nach einem alten deutschen Rezept gebraut wird und De Verboden Vrucht (die verbotene Frucht) heißt. Es ist körperreich, süß und malzbetont.

▼ BESUCHERZENTRUM Es gibt kaum einen besseren Ort für ein Hoegaarden-Bier als die zur Brauerei gehörende Kneipe bzw. das Restaurant.

▲ HOEGAARDEN BLEIBT In der Geschichte dieses obergärigen Bieres spielt die Tradition eine wichtige Rolle. Als InBev 2005 die Brauerei in Hoegaarden schließen und die Produktion nach Jupille verlagern wollte, rief dies nicht nur in Belgien heftigen Protest hervor. Im September 2007 schließlich verkündete InBev, dass Hoegaarden bleiben und von dem 60 Mio. Euro schweren Investitionsplan für die belgischen InBev-Brauereien profitieren würde.

◀ DIE MARKE HOEGAARDEN Celis wollte die Rezeptur für sein Hoegaarden-Bier immer wieder anpassen und verbessern, während es Interbrew (heute Anheuser-Busch InBev) um ein Bier von konstanter Qualität für den internationalen Vertrieb ging.

BRAUEREI

DE HALVE MAAN

Walplein 26, 8000 Brugge
www.halvemaan.be

Die aus dem 16. Jh. stammende Brauerei brachte 1981 ein Spezialbier heraus, das großen Erfolg hatte. Dennoch geriet sie in finanzielle Schwierigkeiten und wurde 1988 von Riva N. V. aufgekauft. Nach einer Unterbrechung wird seit 2005 wieder in Brügge gebraut, und die Dilemma-Biere kamen auf den Markt. Das jüngste Produkt der Brauerei ist das Brugse Zot.

HANSSENS ARTISANAAL

Vroenenbosstraat 15, 1653 Dworp
www.proximedia.com

Bei Hanssens Artisanaal handelt es sich nicht um eine Brauerei, sondern um einen Gueuze-Steker, der Lambics zu Gueuze verschneidet. Das Städtchen Dworp blickt auf eine lange Tradition von Lambic- und Gueuze-Herstellern zurück, die jetzt von Hanssens Artisanaal fortgesetzt wird. Das Unternehmen stellt u. a. ein Erdbeer-Lambic her.

HOEGAARDEN

Stoopkensstraat 46,
3320 Hoegaarden
www.inbev.com

Die Marke Hoegaarden, das geistige Kind von Pierre Celis, gehört heute zum riesigen Portfolio von Anheuser-Busch InBev. In der Hoegaarden-Brauerei herrscht nach wie vor der Geist von Celis, der mit seinem Witbier in Belgien geradezu eine Revolution ausgelöst hat. Pläne, die Brauerei zu schließen, stießen 2005 auf erbitterten Protest.

HUYGHE

Geraardsbergse Steenweg 14b,
9090 Melle
www.delirium.be

Huyghe ist eine große Regionalbrauerei, die sowohl ober- als auch untergärige Biere produziert. In den vergangenen Jahren hat Huyghe viel für Vertragsbrauer gebraut, u. a. glutenfreie Biere, Biere für den fairen Handel und Biere mit ungewöhnlichen Zutaten (Kokosnüsse, Palmöl). Huyghe braut auch Fruchtbiere mit wenig Alkohol.

BIER

BRUGSE ZOT
Belgisches Ale 6 Vol.-%
Beim Brugse Zot (»der Verrückte aus Brügge«) dominieren in der Nase Aromen von Frucht und Hefe. Im Geschmack deutlich zitrusfruchtig, daher auch leicht sauer, dabei aber trocken.

HANSSENS OUDE GUEUZE
Gueuze 6 Vol.-%
Aromen von Pferdedecke und Zitrusfrucht, dabei Tannine und milchige Anklänge. Eher herb als sauer.

HANSSENS OUDE KRIEK
Kriek 6 Vol.-%
Ebenfalls herb, doch durch die Kirschen auch schwere, süßliche Aromen im Hintergrund.

HOEGAARDEN WIT
Witbier 4,9 Vol.-%
Schon Anfang des 18. Jh. wurden Bitterorangen nach Hoegaarden importiert. Die Schalen werden getrocknet und mit Koriandersamen gemischt, was dem Hoegaardener Witbier seinen fruchtig-würzigen Charakter verleiht.

DELIRIUM TREMENS
Belgisches Starkbier 8,5 Vol.-%
In der Nase Fruchtester; scharfer Alkoholgeschmack, Aromen von Pastete, Orangenschale und Aprikose.

DELIRIUM NOËL
Belgisches Starkbier 10 Vol.-%
Ein köstlich duftendes Bier; der Alkohol intensiviert den ohnehin süßen Geschmack. Würzig (Koriander, Waldmeister, Wacholder).

KERKOM

Naamsesteenweg 469,
3800 Kerkom bij Sint Truiden
www.brouwerijkerkom.be

Die Familie Clerinx begann 1878 in Kerkom zu brauen. 1988 eröffnete Jean Clerinx als Ruheständler eine neue, kleine Brauerei und begann nach traditionellen Methoden mit der Bierherstellung. Elf Jahre später übernahm Marc Limet die Führung, und seither entwickelt sich die Brauerei stetig weiter.

LEFÈBVRE

Rue du Croly 54,
1430 Quenast
www.brasserielefebvre.be

Die Brauerei wurde 1876 von Jules Lefèbvre gegründet. Heute ist mit Paul Lefèbvre die sechste Generation am Zug.

BRAUGEHEIMNIS: Für ein Familienunternehmen hat Lefèbvre hochgesteckte Ziele: 80 % der Gesamtproduktion gehen in den Export.

LÉGENDES

Brasserie des Légendes,
Rue du Castel 19, 7801 Irchonwelz;
und 75 Guinaumont, 7890 Ellezelles
www.brasseriedeslegendes.be

Als Philippe Gérard, Eigentümer und Brauer der Brasserie Ellezelloise, das Alter herannahen fühlte, tat er sich 2006 mit der Mikrobrauerei Brasserie des Géants zusammen, die von Pierre Delcoigne und seiner Frau Vinciane geführt wird. Trotz des Zusammenschlusses unter dem Namen Brasserie des Légendes wird nach wie vor in beiden Brauereien gearbeitet, daher auch die zwei Anschriften oben. Die Brasserie des Géants ist in einem ehemaligen Bauernhof untergebracht, wo mit einer Kombination aus hochmoderner Technik und einem Maischebottich von 1890 und einem Sudkessel von 1930 gebraut wird. Neben dem Saisonbier werden hier klassische Starkbiere hergestellt. Das Portfolio von Ellezelloise ist etwas breiter: Auch hier gibt es ein regionaltypisches Saisonbier, aber auch modernere Biere wie das berühmte Hercule Stout.

BINK BLOND

BELGISCHES HELLES 5,5 VOL.-%

In der Nase süße, zitrusartige Aromen; im Geschmack bitter, Hopfen- und Zitrusfruchtschale.

KERKOMSE TRIPEL

ABTEIBIER TRIPLE 9 VOL.-%

Das Triple von Marc Limet ist stark gehopft, ultratrocken und hat einen beachtlichen Alkoholgehalt.

FLOREFFE DOUBLE

ABTEIBIER DOUBLE 6,3 VOL.-%

Ein malzig-schokoladiges Bier, das durch Lagerung noch Aromen von Madeira und Portwein bekommt.

SAISON 1900

SAISON 5,2 VOL.-%

Eines der wenigen Biere mit langer Tradition; delikate Bauernhof- und Rosenwasseraromen.

ELLEZELLOISE HERCULE STOUT

IMPERIAL STOUT 9 VOL.-%

Gilt als das erste belgische Imperial Stout – ein feines, tiefschwarzes und ungewürztes Stout.

ELLEZELLOISE SAISIS

WITBIER 6,2 VOL.-%

Ein würzig-zitrusfruchtiges Witbier aus der Region Hennegau. Viel Weizen, noch mehr Alkohol.

DES GÉANTS SAISON VOISIN

SAISONBIER 6 VOL.-%

Knüpft an ein Saisonbier aus dem benachbarten Flobecq an: Bauernhofaromen und Anklänge an Eisen.

ELLEZELLOISE QUINTINE AMBRÉE

BELGISCHES STARKBIER 8,5 VOL.-%

Unter der Schaumkrone verbirgt sich ein Starkbier mit zitrusfruchtigen, würzig-malzigen Aromen.

BRAUEREI

LIEFMANS

Aalststraat 200,
9700 Oudenaarde
www.liefmans.be

Liefmans musste Ende 2007 Konkurs anmelden und wurde im Sommer 2008 von Duvel Moortgat übernommen. Duvel Moortgat will zumindest vorläufig die Produktion der Liefmans-Biere beibehalten.

BRAUGEHEIMNIS: Liefmans-Biere sind typische Vertreter des inzwischen seltenen Ouid Bruin aus Oudenaarde.

LINDEMANS

Lenniksebaan 1479, 1602 Vlezenbeek
www.lindemans.be

Wenn man an Lambics denkt, hat man Bilder von kleinen Bauernhofbrauereien im Kopf. Zunächst scheint Lindemans dieser Vorstellung zu entsprechen, doch die Brauerei gehört zu den zehn größten in Belgien. Bekannt ist sie für ihre süßlichen Fruchtbiere. Fast die Hälfte der Gesamtproduktion geht in den Export.

LOTERBOL

Michel Theysstraat 58a, 3290 Diest
www.loterbol.be

Wo sich heute Loterbol befindet, wurde schon im 18. Jh. gebraut, die Brauerei hieß damals allerdings Duysters. In den 70er-Jahren des 20. Jh. dümpelte das Unternehmen vor sich hin. Erst 1995, als dort das »Café« Loterbol eingerichtet wurde, kam das Braugeschäft wieder in Fahrt. Der Eigentümer handelt mit Trappistenbieren und ist ein guter Bierkenner.

MORT SUBITE

Lierput 1, 1730 Kobbegem
www.alken-maes.be

1970 kaufte die Brauerei De Keesmaeker die berühmte Brüsseler Bar »A la Mort Subite« (»Plötzlicher Tod«; benannt nach einen Würfelspiel). In erster Linie wurden dort Lambic und Gueuze getrunken. Seither liegt die Stärke der Brauerei in spontangärigen Bieren. Nacheinander wurde sie von Alken-Maes, Scottish & Newcastle und schließlich von Heineken übernommen.

BIER

LIEFMANS GOUDENBAND

OUD BRUIN 8 VOL.-%

Eine starke Variation dieses Stils. Durch die feine Säure hat das Bier ein gutes Potenzial zur Reifung.

LIEFMANS KRIEK

KRIEK 6 VOL.-%

Bei der Nachgärung werden Kirschen zugesetzt. Die ungesüßte Version vom Fass ist ausgezeichnet.

GUEUZE CUVÉE RENÉ

GUEUZE 5 VOL.-%

Diese Gueuze mit Aromen von Karamell und sauren Äpfeln war zunächst für den Export bestimmt.

KRIEK CUVÉE RENÉ

KRIEK 5 VOL.-%

Dieses Flaschenbier ist noch ein Stück trockener als die süßere Fassversion.

TUVERBOL

VERSCHNITT 11 VOL.-%

Ein Verschnitt von Loterbol Blond und Lambic von Drie Fonteinen. Noten von Zucker, Karamell, Lakritz und Honig bilden ein Gegengewicht zu Pferdedecken-Aromen und herben Lambic-Aromen.

MORT SUBITE GUEUZE

GUEUZE 7,2 VOL.-%

Eine holzbetonte Gueuze mit Noten von grünem Apfel und Grapefruit. Säuerlich, dabei Milchsäure vorherrschend, was das Bier beinahe weich macht; deutlich ausgeprägter Weizencharakter.

ORVAL

Abbaye de Notre-Dame d'Orval 2,
6823 Villers devant Orval
www.orval.be

Das Trappistenbier Orval steht gewissermaßen für das gesamte Kloster: eines der besten Biere aus dem frühen 20. Jh., hergestellt in dem mittelalterlichen Ambiente des Klosters. Die Flaschen, aber auch die Gläser und alles andere strahlen Ruhe und Schönheit aus. Das Kloster kann man besichtigen, die Brauerei dagegen leider nicht.

PALM

Steenhuffeldorp 3,
1840 Steenhuffel
www.palm.be

Palm ist eine der größten unabhängigen Brauereien in Belgien, die als Familienbetrieb geführt werden. Zu Palm gehören zahlreiche Brauereien im In- und Ausland. Die Biere aus dem Muttersitz in Steenhuffel sind ganz traditionell: recht mild und beinahe farblos.

PROEF

Doornzelestraat 20
9080 Lochristi-Hijfte
www.proefbrouwerij.com

Die Brauerei wurde 1996 errichtet. Sie stellt eigene Biere her, arbeitet aber vor allem unter Lizenz für verschiedene Auftraggeber. Dirk Naudts experimentiert gern mit ungewöhnlichen Zutaten bis hin zu Shiitakepilzen und Kakaopulver. Bei internationalen Wettbewerben werden seine Biere regelmäßig mit Preisen ausgezeichnet. Naudts arbeitet als Dozent für Brauwissenschaften in Gent und Löwen. Eine Gruppe von Studenten, die sich die Musketiere nannte, wollte einmal ihr eigenes Bier herstellen: Heraus kam das Troubadour Obscura. Auch Kunden können hier versuchsweise ihr Bier brauen, bis klar ist, welche Rezeptur und welche Hefekulturen die besten sind.

ORVAL

Amberbier 6,2 Vol.-%

Ein extrem trockenes Bier, das seinen Charakter im Wesentlichen den *Brettanomyces*-Hefekulturen verdankt (ähnlich denen, die für Lambics verwendet werden) und einer hohen Dosis von Bitterhopfen.

BRUGGE TRIPEL

Helles Abteibier 8,2 Vol.-%

Diese Bierart stammt aus Brügge. Der Alkohol ist deutlich erkennbar, dabei Karamellnoten.

DOBBEL PALM

Saisonbier 5,5 Vol.-%

Ein Bier für die Weihnachtszeit: dunkler und stärker als das gewöhnliche Palm, mit Noten von Ingwer.

VICARIS GENERAAL

Dunkles Abteibier 8,8 Vol.-%

Im Stil eines dunklen Abteibiers gebraut, beliebt bei Bierfesten.

VLAAMSE PRIMITIEF

Spontangäriges Bier 9 Vol.-%

In der Nase Frucht – fast reife Pfirsiche oder Nektarinen – und Buttermilch. Im Geschmack bitterere, brandige und gummiartige Noten.

TROUBADOUR OBSCURA

Dunkles Starkbier 8,5 Vol.-%

Das Obscura steht zwischen einem Stout und einem belgischen Starkbier.

REINAERT GRAND CRU

Helles Starkbier 9,5 Vol.-%

Eines der wenigen Biere, die nicht unter Lizenz gebraut werden. Süß, aber komplex.

BIERTOUR

BRÜSSEL

»B« steht für Belgien, Brüssel und Bier. Heute kann man belgische Biere eigentlich überall auf der Welt trinken, am besten schmecken sie aber in den Cafés, Bars und Brauereien von Brüssel.

TOUR-INFO
2 Stunden plus Zeit für ein Bier
10 km

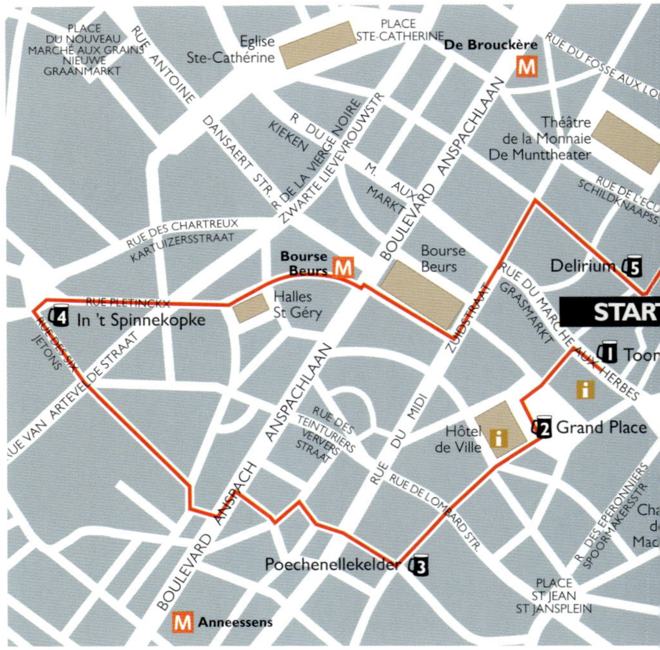

TOONE
De Bier Tempel (*Rue Marché aux Herbes 56*) ist eines der besten Biergeschäfte überhaupt. Dort bekommt man fast alle traditionell handwerklich hergestellten belgischen Biere. Er liegt ganz in der Nähe des Théâtre de Toone, eines Marionettentheaters mit Bar. Die Wände dort sind mit Marionetten behängt, und die Atmosphäre ist ebenso gut wie das Kwak, das dort serviert wird – im richtigen Glas natürlich. *(Impasse Ste Pétrouille, Rue du Marché aux Herbes 66)*

POECHENELLEKELDER
Gegenüber dem Manneken Pis befindet sich die Bar Poechenellekelder. Sie wird auch von Einheimischen stark frequentiert. Man bekommt dort 90 verschiedene Biere – ein guter Einstieg, um belgische Biere kennenzulernen. *(Rue du Chêne 5)*

GRAND PLACE
An der berühmten Grand Place in Brüssel liegt die Maison des Brasseurs. Heute beherbergt das Haus die belgische Brauervereinigung und ein Brauereimuseum. Der Platz ist gesäumt von Bars und Kneipen. Jedes Jahr im September wird dort ein Bierfest gefeiert.

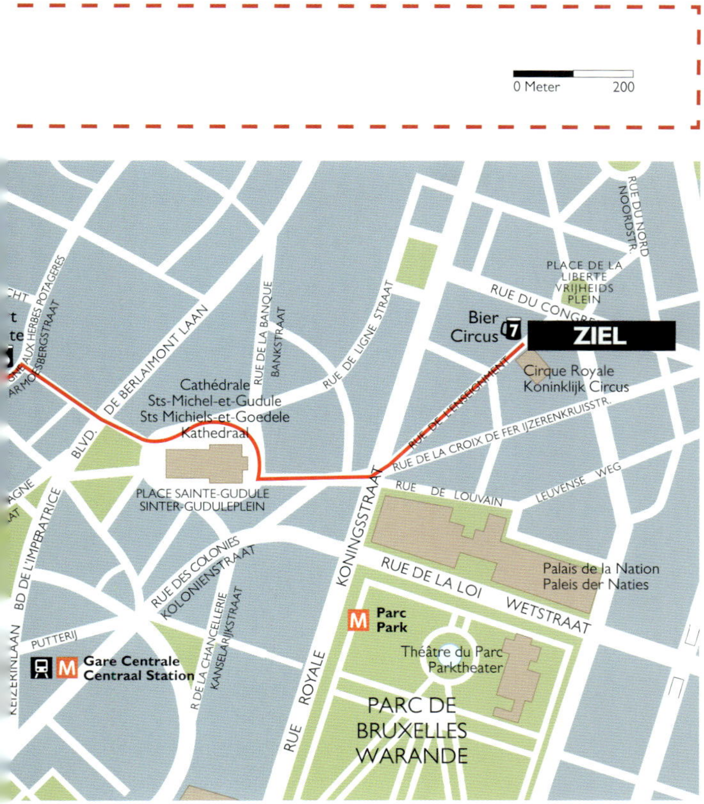

4 IN 'T SPINNEKOPKE

In 't Spinnekopke liegt etwas abseits, aber nicht zu weit von der Grand Place entfernt. Authentischer geht es nicht. Das »Spinnenköpfchen« ist eine der besten Adressen, um ein gutes Bier zu gutem Essen zu genießen. Küchenchef Jean Rodriguez dazu: »Wer trinkt denn noch Wein, wenn er ein Lambic vom Fass zu einem Muschelgericht haben kann?« *(Place du Jardin aux Fleurs 1)*

5 DELIRIUM

In dem Viertel Ilôt Sacré gibt es viele idyllisch gelegene Restaurants mit sehr eifrigen Kellnern. In einer der kleinen Sträßchen liegt auch das Delirium. Warten Sie nicht darauf, am Tisch bedient zu werden, sondern holen Sie sich Ihr Bier an der Theke: Sie können zwischen mehr als 2000 verschiedenen Bieren auswählen. *(Impasse de la Fidélité 4a)*

6 A LA MORT SUBITE

Ganz in der Nähe des Einkaufszentrums Saint Hubert mit seinen überdachten Galerien befindet sich die Bar A la Mort Subite. Sie ist ganz im Art-Nouvau-Stil gehalten und die vielleicht berühmteste Bar aus dem Fin-de-siècle, die noch geöffnet ist. Am besten trinkt man hier ein Lambic oder eine Gueuze – und bestellt gleich noch eines der traditionellen Brüsseler Gerichte dazu. *(Rue Montagne aux Herbes Potagères 7)*

7 BIER CIRCUS

Geht man vom Hauptbahnhof aus bergan, gelangt man bald zum Bier Circus. In dieser wuseligen Kneipe kann man hervorragende traditionell handwerklich gebraute Biere probieren und dabei die ganze Vielfalt belgischer Braukunst entdecken. Vielleicht bringen Sie ein paar Freunde mit, denn in der Regel werden nur 0,75-l-Flaschen serviert. *(Rue de l'Enseignement 89)*

GUEUZE
Mort Subite

Das A la Mort Subite in Brüssel ist berühmt für seine Jugendstil-Einrichtung und die Auswahl an belgischen Bieren.

BRAUEREI

ROCHEFORT

Abbaye Notre-Dame de Saint-Remy
5580 Rochefort
www.trappistes-rochefort.com

Das Trappistenkloster stammt aus dem Jahr 1230, und seit 1595 wird hier gebraut. Doch erst seit 1998 haben die Flaschen der Brauerei überhaupt Etiketten. Die Brauerei ist klein – die kleinste Trappisten-Brauerei in Wallonien, dennoch ist man an Innovationen und Neuerungen interessiert. Vor Kurzem haben die Mönche den Braumeister Gumer Santos engagiert, der einen neuen Lagerraum in der Nähe der Kirche plant. Den wenigen Besuchern, die das Kloster besichtigen dürfen, zeigt man stolz den neuen Verkostungsraum.

BRAUGEHEIMNIS: Alle Rochefort-Biere werden nach einem Basisrezept gebraut und variieren vor allem im Alkoholgehalt. Wie in anderen Trappisten-Brauereien auch hält man in Rochefort die Produktion bewusst gering.

RODENBACH

Spanjestraat 133–141,
8800 Roeselare
www.rodenbach.be

Die Familie Rodenbach braute schon 1821 in Roeselare. Seit 1998 gehört die Brauerei zu Palm und wurde grundlegend renoviert, dennoch legt man nach wie vor großen Wert auf Tradition.

BRAUGEHEIMNIS: Die »Kathedrale« der hölzernen Gärbehälter ist wirklich sehr beeindruckend.

ROMAN

Hauwaart 105, 9700 Mater-Oudenaarde
www.roman.be

Die Brauerei liegt am Stadtrand von Oudenaarde. Ihre Produkte sind vor allem Lagerbiere und Pilsener für den Geschmack der breiten Masse. Die Abteibiere der Ename-Reihe sind sehr leise Vertreter dieses Stils, und das trifft auch für die Oud-Bruin-Biere zu, die weniger schwergewichtig sind als vergleichbare Biere von kleineren Herstellern.

BIER

ROCHEFORT 6 (ROT)

TRAPPISTENBIER 7,5 VOL.-%

Die 6 bezieht sich auf die Dichte (und damit indirekt auf den Alkoholgehalt) des Biers. Rochefort 6 ist das leichteste und seltenste der Biere aus diesem Kloster. Es schmeckt sehr fruchtig.

ROCHEFORT 8 (GRÜN)

TRAPPISTENBIER 9,2 VOL.-%

Über dem Fruchtgeschmack Aromen von Brot und dunkel geröstetem Malz – ein sehr nahrhaftes Bier.

ROCHEFORT 10 (BLAU)

TRAPPISTENBIER 11,3 VOL.-%

Ein sehr gutes Trappistenbier mit Aromen von Toffee, Schokolade, Rosinen und Portwein. Komplex.

RODENBACH CLASSIC

OUD BRUIN 5 VOL.-%

Die zweifache Gärung und die Reifung in Holz sind gut spürbar: weiniger Charakter, erfrischend.

RODENBACH GRAND CRU

OUD BRUIN 6,5 VOL.-%

Ein säuerliches Bier, das in Holzfässern reift, hart und trocken; ein Bier für Kenner.

ENAME 974

ABTEIBIER 7 VOL.-%

Dieses rötlich braune Bier gehört zur Ename-Reihe. Es ist schön würzig und schmeckt nach Weizen.

ROMAN OUDENAARDS

OUD BRUIN 5 VOL.-%

Dieses Bier ist eher brotig, nussig und malzig als säuerlich, wie es für diese Bierart typisch ist.

RULLES

Brasserie Artisanale de Rulles,
Rue Maurice Grevisse 36, 6724 Rulles
www.larulles.be

Die Brasserie Artisanale de Rulles, die im Jahr 2000 gegründet wurde, ist sehr erfolgreich. Die Biere von Grégory Verhelst sind sehr charaktervoll, und auch die Etiketten sind beachtlich.

BRAUGEHEIMNIS: Grégory Verhelst lässt sich bei der Entwicklung seiner Biere durch den Braumeister von Orval unterstützen.

LA RULLES TRIPLE

Belgisches Starkbier 8,4 Vol.-%
Ein körperreiches Bier, am Gaumen kräuterartige, trockene Bitterkeit: eine ideale Komposition. Stark.

LA RULLES ESTIVALE

Saisonbier 5,2 Vol.-%
Ein erfrischendes, zitrusfruchtiges und blumiges Sommerbier – eines der besten seiner Art.

SAINTE-HÉLÈNE

Rue de la Colinne 21,
6760 Ethe-Belmont
www.sainte-helene.be

Nach einem hektischen Beginn geht bei Sainte-Hélène seit der Installation der neuen Brauanlage 2005 alles seinen Gang. Der Südwesten von Belgien scheint zum Brauen besonders günstig zu sein, denn dort eröffneten in letzter Zeit mehrere Brauereien. Die Biere von Sainte-Hélène sind bei den zahlreichen belgischen Bierfesten regelmäßig vertreten.

LA SAINTE HÉLÈNE AMBRÉE

Belgisches Starkbier 8,5 Vol.-%
Ähnelt im Charakter dem Triple, hat aber mehr Karamell- und Tabaknoten; gut ausgewogen.

LA DJEAN TRIPLE

Belgisches Starkbier 9 Vol.-%
Ein Bier mit vielen verschiedenen Aromen: von phenolisch bis fruchtig und von trocken bis cremig.

DE LA SENNE

www.brasseriedelasenne.be

Bisher hat die Brasserie de la Senne keine eigene Anschrift. Yvan Debaets und Bernard Leboucq brauen ihre Biere bei De Ranke. Leboucq hatte eine Brauerei, in der er arbeiten konnte, bis der Pachtvertrag auslief. Hoffentlich findet er bald eine neue Heimat für seine Biere, die wirklich hervorragend sind.

TARAS BOULBA

Helles Saisonbier 4,5 Vol.-%
Ein blondes, sehr süffiges Sommerbier mit grasigen und malzigen Noten; trocken-bitterer Nachklang.

STOUTERIK

Stout 4,5 Vol.-%
Dieses Stout ist komplexer als viele andere; gebraut mit amerikanischem Hopfen; Aromen von Petersilie, Tabak, Pilzen und Pfeffer.

SILENRIEUX

Rue de Noupré, 5630 Silenrieux
http://users.belgacom.net/gc195540/

Silenrieux wurde 1991 gegründet und ist damit eine der ersten Mikrobrauereien in Wallonien. Zwei Bio-Biere aus dem Sortiment haben das europäische Öko-Label »Ecocert« verliehen bekommen.

BRAUGEHEIMNIS: Von Anfang an lag der Schwerpunkt auf dem Einsatz seltenerer Getreidesorten wie Dinkel und Buchweizen.

SARA BRUNE BIOLOGIQUE

Buchweizenbier 6 Vol.-%
Gebraut aus biologisch angebautem Buchweizen. Leicht säuerlich, Anklänge an Lösungsmittel.

NOËL DE SILENRIEUX

Saisonbier 6 Vol.-%
Ein Winterbier mit rauchigen Obertönen und Noten von Frucht und Nüssen. Enthält Buchweizen.

BRAUEREI

SILLY / MYNSBRUGHEN

Brasserie de Silly, Rue Ville Basse 2, 7830 Silly
www.silly-beer.com

Dieser Familienbetrieb aus dem 19. Jh. beschreitet auf der Suche nach Marktnischen den schmalen Grat zwischen Tradition und technischem Fortschritt. Zum Sortiment gehört das Saison, das es in Flaschen abgefüllt oder – noch besser – vom Fass gibt. Vor Kurzem kam ein Bier heraus, das mit Rum versetzt wird: La Cré Tonnerre.

SINT BERNARDUS

Trappistenweg 23, 8978 Watou
www.sintbernardus.be

Gebraut wird bei St. Bernardus seit 1946, seit die Brauerei die Lizenz für die St.-Sixtus-Biere von dem gleichnamigen Kloster erhalten hatte. Diese vertragliche Vereinbarung lief 1992 aus, und heute werden bei St. Bernardus ganz unterschiedliche Biere, einige davon im Stil von St. Sixtus, hergestellt. Seit der durch Pierre Celis (Gründer von Hoegaarden) ausgelösten »Revolution« hat sich auch bei St. Bernardus einiges verändert. Die Biere sind vor allem in Dänemark sehr populär, und einige St.-Bernardus-Biere sind speziell auf den dänischen Markt ausgerichtet.

BRAUGEHEIMNIS: Bei St. Bernardus kommen Hefekulturen zum Einsatz, die aus der Brauerei des Trappistenklosters Westvleteren stammen.

SLAGHMUYLDER

Denderhoutembaan 2, 9400 Ninove
www.witkap.be

Slaghmuylder übernahm 1979 die Herstellung der Witkap-Biere der Brauerei Verlinden und kaufte 1981 die Marke »Witkap Pater Trappistenbier« auf. Es kam zu einem Rechtsstreit mit Westmalle über die Bezeichnung »Trappistenbier«, in der Slaghmuylder unterlag.

BIER

SAISON SILLY
Saisonbier 5,2 Vol.-%
Fruchtig, etwas wie Madeira. Selbst jung ähnelt es eher einem Oud Bruin als einem Saisonbier.

SCOTCH SILLY
Scotch Ale 8 Vol.-%
Solche Biere haben in Wallonien Tradition. Dieses ist malzig-dunkel, körperreich; leicht süß und fruchtig.

ST. BERNARDUS WITBIER
Witbier 5,5 Vol.-%
Eines der besten Witbiere überhaupt, Pierre Celis' Einfluss ist deutlich erkennbar. Süß und säuerlich.

ST. BERNARDUS BOCK
Bock 6,5 Vol.-%
Ein obergäriges Bier mit Noten von Honig und Karamell, dabei erdige Noten und Röstaromen.

ST. BERNARDUS TRIPEL
Abteibier Triple 8 Vol.-%
Spezialmalze, Koriander und viele süße Aromen charakterisieren dieses helle Abteibier.

ST. BERNARDUS ABT
Abteibier 10,5 Vol.-%
Das Flaggschiff der Brauerei; erinnert an Baba au Rum oder an Sachertorte mit zusätzlichen Früchten.

WITKAP PATER TRIPEL
Abteibier Triple 7,5 Vol.-%
Ein Triple mit sehr weinigem Charakter, wie ein trockener Weißwein; für seine Stärke gut trinkbar.

WITKAP PATER STIMULO
Abteibier 6 Vol.-%
Fruchtig-würzig; floral durch die Verwendung regional angebauten Hopfens. Sehr gutes Session-Bier.

TIMMERMANS

Kerkstraat 11, 1701 Itterbeek
www.anthonymartin.be/Public/

Timmermans war ursprünglich eine traditionelle Lambic-Brauerei, gehörte aber zu den Ersten, die obergärige Biere in ihre Verschnitte gaben. Einer der Schwerpunkte sind mit Sirup versetzte Lambics, die vor allem ein jüngeres Publikum ansprechen sollen. Die Produkte von Timmermans, auch die Tradition Gueuze, sind in belgischen Supermärkten erhältlich.

TRADITION GUEUZE

Gueuze 5 Vol.-%

Einst hieß dieses Bier »Caveau«. Es ist eine Mischung aus Tradition und Zugeständnissen an den Geschmack der Zeit: Mehr Ananas als Zitrusfrucht, eher kräuterartige Noten als solche von Pferdedecke.

URTHEL

Krommekeerstraat 21,
8755 Ruiselede
www.urthel.com

Obwohl die Braumeisterin Hilde Van Ostaden in Belgien lebt, wurde die Produktion der Urthel-Biere von Van Steenberge in die niederländische La Trappe-Brauerei (in einem Trappistenkloster) verlegt. Die Biere sind in Belgien gut erhältlich. Die Zwerge auf den Etiketten stammen von Bas Van Ostaden und haben sicher zur Popularität des Biers beigetragen.

URTHEL SAMARANTH 12

Belgischer Barley Wine 11,5 Vol.-%

Ein Barley Wine im belgischen Stil mit Noten von Kuchen, Frucht und Likör; gut als Digestif.

URTHEL PARLUS MAGNIFICUM

Belgisches Starkbier 7,5 Vol.-%

Wärmend; erinnert im Geschmack etwas an Schokolade und Brot, was an ein Bockbier denken lässt.

VAL-DIEU

Brasserie de l'Abbaye du Val-Dieu,
Val-Dieu 225, 4480 Aubel
www.val-dieu.com

Benoît Humble richtete diese Brauerei 1997 in den ehemaligen Landwirtschaftsgebäuden des Zisterzienserklosters Val-Dieu ein. Seither hat Humble einige Abteibiere hervorgebracht, die den Respekt vor den handwerklichen Traditionen der Region deutlich erkennen lassen. Bei Val-Dieu legt man großen Wert auf gleichbleibende Qualität.

VAL-DIEU BLONDE

Helles Abteibier 6 Vol.-%

Ein blondes Bier mit vegetalen, getreidigen Aromen, dabei durchgehend Weizen vorherrschend.

VAL-DIEU GRAND CRU

Belgisches Starkbier 10,5 Vol.-%

Im Geschmack Aromen von Röstmalz und Gewürz, süßes Malz wird von bitteren Noten überlagert.

VAN DEN BOSSCHE

St Lievensplein 16,
9550 St-Lievens-Esse
www.paterlieven.be

Van den Bossche ist ein alteingesessener Familienbetrieb in einem Teil von Flandern, wo es sehr viele Brauereien gibt. Das Unternehmen profitierte lange von dem Buffalo-Bier und den Geschichten, die sich um seine Entstehung ranken. Veränderungen auf dem Markt führten dazu, dass die Pater-Lieven-Reihe ausgebaut wurde.

PATER LIEVEN BLOND

Abteibier 6,5 Vol.-%

Blumige Aromen; der Hopfen, der sich in der Nase ankündigt, entfaltet sich am Gaumen.

BUFFALO BELGIAN STOUT

Stout 9 Vol.-%

Dieses Bier für den Export hat mehr Alkohol und Noten von Röstmalz als das legendäre Buffalo Spéciale.

Orval

Abbaye de Notre-Dame d'Orval 2,
6823 Villers devant Orval

Es gibt viele wunderbare Biere, und zu den besten gehören ohne Zweifel die Trappistenbiere. Die Bezeichnung Trappistenbier ist eine Herkunftsbezeichnung mit strengen Kriterien: Trappistenbiere müssen von oder unter Aufsicht von Trappistenmönchen gebraut werden. Zurzeit gibt es sieben Trappistenbrauereien, sechs in Belgien (Achel, Chimet, Orval, Rochefort, Westmalle, Westvleteren) und eine in den Niederlanden (La Trappe). Die Brautradition der Mönche reicht bis ins Mittelalter zurück, allerdings hat es auch Zeiten der Säkularisation gegeben, in denen die Klöster verlassen waren.

1887 kaufte die Familie de Harenne die Überreste des Klosters Orval samt den zugehörigen Ländereien auf und überließ 1926 alles dem Zisterzienserorden. Das war der Neubeginn klösterlichen Lebens in Orval. 1931 begannen die Mönche des Klosters der Tradition entsprechend wieder mit dem Brauen. Wie es die Ordensregel verlangt, dient ein Großteil des Erlöses sozialen Zwecken, z. B. der Unterstützung karitativer Einrichtungen vor Ort.

▲ **DAS KLOSTER** Das Kloster Orval ist für Besucher geöffnet, die Brauerei bedauerlicherweise nicht. Das Petit Orval (das Bier für die Mönche) ist aber in der Klostergaststätte Ange Gardien (»Schutzengel«) erhältlich.

▲ **MODERNISIERUNGEN** Auch in Orval ist man gezwungen, mit der Zeit zu gehen. Gegenwärtig werden die alten Maischetonnen ausgetauscht.

▲ **LANGFRISTIGE PLANUNG** Alle Klosterbrauereien legen großen Wert auf Qualität, das gilt nicht nur für die Zutaten. In den Trappistenbrauereien ist auch die technische Ausstattung vom Feinsten. François de Harenne, der im Auftrag der Mönche die Brauerei leitet: »Die Mönche planen langfristig und legen großen Wert auf eine gute Ausstattung. Traditionell wird mit hochwertigen Gerätschaften gearbeitet. Wir haben bereits ein hohes Qualitätsniveau, das wir halten müssen.«

▼ DIE SUDKESSEL Die Mönche halten ihre Brauanlage in gutem Zustand, was diese glänzenden Kupferkessel aus den 30er-Jahren des 20. Jh. beweisen. Wie alle Trappistenbiere ist auch das aus Orval obergärig und recht stark. Es durchläuft eine zweite Gärung in der Flasche und ist hefigfruchtig und dabei hocharomatisch.

▲ HOPFENSTOPFEN Während der zweiten Gärung werden dem Bier Säcke mit getrocknetem Styrian Goldings Hopfen zugegeben (Hopfenstopfen). Dies sorgt für Ausgewogenheit und üppige, erdig-süße Aromen.

▲ DIE FORELLE VON ORVAL Einer Legende nach soll eine Gräfin Mathilde in einem See ihren goldenen Ring verloren haben. Sie gelobte, in diesem Tal ein Kloster zu errichten, wenn sie den Ring wiederfände. Eine Forelle brachte ihr den Ring wieder, der jetzt die Kronkorken der Orval-Biere ziert.

▲ DAS BIER Viele Trappistenbiere sind dunkel und körperreich, das aus Orval allerdings ist hell orangefarben und trocken. Es passt wunderbar zu dem Käse, der ebenfalls im Kloster hergestellt wird. Gebraut wird es aus drei verschiedenen Malzen und Rohrzucker.

BRAUEREI

VAN EECKE

Douvieweg 2, 8978 Watou
www.brouwerijvaneecke.tk

Der Familie Van Eecke, die diese Brauerei im sehr ländlich gelegenen Watou besitzt, gehört noch eine weitere Brauerei, nämlich Leroy. Van Eecke hat sich auf Abteibiere und Edelmarken spezialisiert, während bei Leroy Lagerbiere und Stouts hergestellt werden.

BRAUGEHEIMNIS: Die Het-Kapittel-Biere hatten ursprünglich den Stil eines Oud Bruin, heute sind es eher Abteibiere.

BIER

HET KAPITTEL PRIOR
ABTEIBIER 9 VOL.-%
Dunkel und stark, heute mit bittersüßem Charakter. Üppig, wie Obstkuchen in flüssiger Form.

HET KAPITTEL ABT
ABTEIBIER 10 VOL.-%
Ein sehr starkes Blondes mit trocken-würzigem Charakter, dabei süße, alkoholische Obertöne.

VAN HONSEBROUCK

Kasteelbrouwerij Vanhonsebrouck,
Oostrozebekestraat 43,
8770 Ingelmunster
www.vanhonsebrouck.be

Jemanden als »Nischen-Springer« zu bezeichnen, ist zunächst einmal wenig schmeichelhaft. Doch Luc Van Honsebrouck beschreibt seine Brauerei selbst so. Ihre Stärke liege darin, sehr flexibel auf Marktveränderungen zu reagieren und schnell von Nische zu Nische springen zu können – viel besser, als das den Braugiganten gelingt.

KASTEEL BLOND
BELGISCHES STARKBIER 11 VOL.-%
Ein ungefiltertes, starkes Blondes mit Sultaninen- und Alkoholaromen.

ST. LOUIS GUEUZE FOND TRADITION
GUEUZE 5 VOL.-%
Gibt es Gueuze aus Westflandern? Dieses zitrusfruchtige, ungefilterte frische Bier kommt dem sehr nahe.

VAN STEENBERGE

Lindenlaan 25, 9940 Ertvelde
www.vansteenberge.com

Van Steenberge ist eine ziemlich große Regionalbrauerei: Die jährliche Produktionsmenge liegt bei 55 000 hl, davon sind 30 % Pilsener und 70 % obergärige Biere.

BRAUGEHEIMNIS: Die Rezepte für die Abteibiere der Brauerei wurden zusammen mit einem Braumeister aus Litauen ausgearbeitet.

AUGUSTIJN GRAND CRU
BELGISCHES STARKBIER 8 VOL.-%
Die »edlere« Version des Augustijn, etwas heller und stärker. Trocken, dabei süß; Zitrusfrucht und -schale.

BIOS VLAAMSE BOURGOGNE
OUD BRUIN 5,5 VOL.-%
Ein hervorragendes Oud Bruin; spritzig-sauer, erinnert an Balsamico-Essig. Samtig weich und erfrischend.

VAPEUR

Rue du Maréchal 1,
7904 Pipaix-Leuze
www.vapeur.com

Jean-Louis Dits übernahm 1985 gemeinsam mit seiner Frau (beide sind Lehrer) eine kurz zuvor stillgelegte Brauerei. Heute ist sie eine der wenigen noch mit Dampfkraft arbeitenden Brauereien.

BRAUGEHEIMNIS: Jean-Louis Dits braut nur jeden letzten Sonntag im Monat und hält sich an ökologische Vorgaben.

SAISON DE PIPAIX
SAISON 6 VOL.-%
Gebraut nach einem alten Rezept. Die Version von Dits ist herb und zitrusfruchtig; mit der metallischen Note eines typischen Saisonbiers.

VAPEUR EN FOLIE
SAISON 8 VOL.-%
Eine würzige, malzige und alkoholstarke Version eines Saisonbiers mit erstaunlichem Reifungspotenzial.

VERHAEGHE

Beukenhofstraat 96,
8570 Vichte
www.proximedia.com

Die Aussichten für eine Familienbrauerei, die sich auf Oud Bruin und Pilsener spezialisiert hat und die Kneipen im Umkreis beliefert, sind auf den ersten Blick nicht rosig. Doch das gilt nicht für Verhaeghe: Das Sortiment an Oud-Bruin-Bieren ist beachtlich, und das Duchesse de Bourgogne z. B. ist Kult – und zwar auf den neuen Märkten, besonders in den USA.

VICHTENAAR
OUD BRUIN 5,1 VOL.-%
Das einfachste der Oud-Bruin-Biere von Verhaeghe: herb, erfrischend und mit komplexen Aromen.

ECHT KRIEKENBIER
OUD BRUIN 6,8 VOL.-%
Ein Oud Bruin, dem Sauerkirschen zugesetzt wurden. Das Ergebnis sind fruchtige, herbe Aromen.

WESTMALLE

Brouwerij der Trappisten van Westmalle
Antwerpsesteenweg 496, 2390 Malle
www.trappistwestmalle.be

Die Trappistenmönche brauen seit 1836 in dem Kloster in Westmalle. Zunächst wurde das Bier nur für den Eigenbedarf hergestellt. In Westmalle wird mit einer hochmodernen Anlage gebraut, und das Dubbel und das Tripel setzen den Standard für das, was ein gutes Trappistenbier ist. Das Extra könnte bei richtiger Vermarktung auch international sehr erfolgreich sein.

WESTMALLE DUBBEL
TRAPPISTENBIER 7 VOL.-%
Dunkel und weinartig mit aufkommender Süße; überraschend hopfig. Ein Klassiker.

WESTMALLE TRIPEL
TRAPPISTENBIER 9,5 VOL.-%
Dieses goldfarbene Bier ist süßlich-fruchtig mit hopfenbetontem Nachklang.

WESTVLETEREN

Sint-Sixtusabdij van Westvleteren
Donkerstraat 12, 8640 Vleteren
www.sintsixtus.be

Muss man diese Brauerei wirklich vorstellen? Sie genießt Weltruhm, scheut aber die Öffentlichkeit. Um an das Bier zu gelangen, muss man telefonisch einen Termin im Kloster vereinbaren – und man hat den Eindruck, dass der nur unwillig gewährt wird. An Käufer werden maximal zwei Kisten à 24 Flaschen abgegeben. Dazu Bruder Joris, der die Brauerei leitet: »Wir wollen vermeiden, uns in eine endlose Spirale zu begeben, die damit beginnt, dass wir mehr produzieren, dann auch mehr verkaufen müssen, mehr Brüder für die Arbeit in der Brauerei benötigen oder schließlich vielleicht sogar Außenstehende in der Brauerei beschäftigen müssen.«

BRAUGEHEIMNIS: Die Bierflaschen haben keine Etiketten; der Inhalt ist nur an der Farbe der Kronkorken zu erkennen.

WESTVLETEREN BLOND
TRAPPISTENBIER 5,8 VOL.-%
Dieses blonde Bier beginnt mit vielen getreidigen Aromen, denen imposanter, bitterer Hopfen folgt.

WESTVLETEREN EXTRA 8°
TRAPPISTENBIER 8 VOL.-%
Dunkel: Röstnoten, schwache Bitternoten, Birnen-, Pflaumen-, Haselnuss und Kaffee-Aromen.

WESTVLETEREN ABT 12°
TRAPPISTENBIER 10,2 VOL.-%
Ein gewaltiges, dunkles Trappistenbier: überaus angenehm im Mund, perfekte Balance zwischen süßen und bitteren Noten.

NOCH MEHR BIERE AUS

BELGIEN

Es gibt noch weitere Mikrobrauereien, die charaktervolle Biere herstellen, doch ihr Vertrieb ist regional begrenzt, und oft sind die Biere nur saisonal erhältlich. Es ist schwierig, an sie heranzukommen, doch die Mühe lohnt sich. Einige haben sogar Preise gewonnen.

BRABANT

Brauerei

La Brasserie du Brabant,
Rue Banterlez 59, 1470 Baisy-Thy
www.labrasseriedubrabant.tk

Frédéric Magerat hatte sich schon länger an der Bierherstellung versucht, bevor er 2003 professioneller Brauer wurde. Sein Ziel ist die Wiederbelebung lokaler Brautraditionen in einer Gegend Flanderns, in der es nur wenige Brauereien gibt. Einige seiner Biere tragen die Namen früherer Brauereien aus der Region.

Bier

ARCHIDUC-DUVIEUSART
Saisonbier 6,5 Vol.-%
Ein modernes Saisonbier, das alle charakteristischen Aromen aufweist: Landwirtschaft, Gewürze und Kräuter. Der Name bezieht sich auf eine frühere Brauerei.

BROOTCOORENS

Brauerei

Rue de Maubeuge 197, 6560 Erquelinnes
www.brasserie-brootcoorens-erquelinnes.be

Alain Brootcoorens gründete seine Mikrobrauerei Ende 1999. Seine Hauptbiere – Angélus und La Sambresse – bekommt man in der zur Brauerei gehörenden Kneipe, inzwischen zunehmend auch anderswo.

BRAUGEHEIMNIS: Die Brauerei arbeitet auch auf persönliche Bestellung.

Bier

ANGÉLUS BLONDE
Helles belgisches Bier 7 Vol.-%
Ein Bier mit blumigen und deutlich würzigen Aromen, dabei delikat und erfrischend.

CAZEAU

Brauerei

67 Rue de Cazeau,
7520 Templeuve
www.brasseriedecazeau.be

2004 sorgten Laurent Agache und Quentin Mariage für die »Wiederauferstehung« der Brauerei Cazeau. Sie wurde Mitte des 18. Jh. gegründet, aber unter Agaches Vater 1996 stillgelegt.

BRAUGEHEIMNIS: Das Saisonbier zeigt, dass die beiden Brauer auf der Suche nach neuen Bieren mit komplexeren und raffinierteren Aromen sind.

Bier

SAISON CAZEAU
Saisonbier 4,8 Vol.-%
Ein leichtes, erfrischendes Saisonbier. Holunderblüten als Gegengewicht zu Gewürznoten.

TOURNAY DORÉE
Belgisches Starkbier 7,2 Vol.-%
In der Nase Honig und überreife Banane; im Geschmack bittersüß; säuerliche Orangenschalen-Noten.

CNUDDE

Brauerei

Fabrieksstraat 8,
9700 Eine

Als Louis Cnudde 1995 starb, hätte niemand einen Cent auf die Zukunft der Brauerei gewettet. Doch die Brauerei wird von seinen drei Söhnen weitergeführt, wenn auch nur als Nebenerwerb. Cnudde versorgt die Kneipen vor Ort mit seinem Cnudde Bruin.

Bier

LOUIS V OUD BRUIN
Oud Bruin 4,7 Vol.-%
Eines der jüngsten Biere dieser Art, die in Oudenaarde und Umgebung gebraut werden. Leicht säuerlich, milchig und metallisch, ausbalanciert durch Aromen von Lakritz und süßem Malz. Nur vom Fass.

DE CAM

Brauerei

Dorpstraat 67A, 1755 Gooik
www.decam.be

Karel Goddeau arbeitet als Braumeister bei Slaghmuylder. In seiner Freizeit verschneidet er Lambics zu Gueuze, die er unter dem Namen De Cam verkauft. Die Lambics bezieht er von unterschiedlichen Brauereien. Nach dem Verschnitt lagert das Bier in Fässern, die aus der berühmten tschechischen Brauerei stammen, die das Pilsner Urquell herstellt.

Bier

DE CAM OUDE GEUZE
Gueuze 6,5 Vol.-%
Herb mit Noten von Joghurt, Holz, Grapefruit und Pferdedecke – eine klassische Gueuze.

DE CAM OUDE KRIEK
Fruchtlambic 5 Vol.-%
Überbordende Fruchtaromen, dabei auch Noten von den Kirschsteinen – ein spritziges Kriek ohne Schaum.

GLAZEN TOREN

Brauerei

Glazen Torenweg 11,
9420 Erpe-Mere
www.glazentoren.be

Hier haben sich drei Freunde zusammengetan und aus ihrem Hobby einen Beruf gemacht. Das Ergebnis ist eine hochmoderne Mikrobrauerei, bei der Originalität ganz oben steht.

BRAUGEHEIMNIS: Bei Glazen Toren werden traditionelle Bierarten sehr individuell interpretiert; Beispiele: Saison, Abteibier (Triple) und Witbier.

Bier

ONDINEKE OILSJTERSEN TRIPEL
Helles Abteibier 8,5 Vol.-%
Den Namen können nur die Einheimischen aussprechen. Fruchtig, ausgewogen – und gefährlich süffig.

JAN DE LICHTE
Witbier 7,5 Vol.-%
Gute Balance zwischen süß und sauer; unverkennbare Würzigkeit durch Koriander.

SINT CANARUS

Brauerei

Polderweg 2, 9800 Deinze-Gottem
http://users.telenet.be/SintCanarus/home_EN.htm

Piet Meirhaeghe begann 2002 im Schatten der Kirche von Gottem zu brauen. Die Nachfrage nach seinen Bieren ist so groß, dass ein Teil der Produktion in die Brauerei Proef ausgelagert wurde. Die Brauerei Sint Canarus kann an Wochenenden besichtigt werden.

Bier

POTTELOEREKE
Dunkles belgisches Starkbier
8 Vol.-%
Leicht süß und körperreich, mit Noten von Ingwer, Karamell und Birnenbonbons.

STRUBBE

Brauerei

Markt 1, 8480 Itegem
www.brouwerij-strubbe.be

Marc Strubbe hat diese 1830 gegründete Brauerei geerbt. Er legt großen Wert auf die Verbindung moderner Technologie mit traditionellen Arbeitsweisen. Strubbe arbeitet auf Bestellung und unter Lizenz.

BRAUGEHEIMNIS: Strubbe war die erste belgische Brauerei, die 1998 ein alkoholfreies Bier auf den Markt brachte, bevor die große Konkurrenz nachzog.

Bier

ICHTEGEM'S GRAND CRU
Oud Bruin 6,5 Vol.-%
Das neueste Bier im Sortiment und eine interessante, starke Variation eines Oud Bruin: dunkel, seidig und mit Aromen von Holz.

BIERARTEN

FRUCHTBIERE

Es ist natürlich nichts Neues, Biere mit Früchten zu brauen. Schon seit Jahrhunderten sorgen Himbeeren, Brombeeren, Pfirsiche, Aprikosen, Pflaumen, Zitronen, Bananen und sogar Kokosnüsse für einzigartige, ungewöhnliche Aromen im Bier. In Kent (England) gibt es das traditionelle Cherry Ale mit Kirschen, doch seit die Kirschbäume immer weniger werden, wird auch das Cherry Ale seltener. Vor allem in Belgien sind Fruchtbiere sehr beliebt. Schon seit Jahrhunderten werden in der Gegend von Brüssel Lambics mit Kirschen gebraut. Fruchtaromen erreicht man durch Fruchtpüree, Sirup oder Geschmacksstoffe. Die Zugabe von frischen Früchten dagegen sorgt dank der Hefekulturen auf den Fruchtschalen für eine zweite Gärung des Biers.

FRUCHTLAMBIC Für authentische belgische Fruchtlambics werden frische Früchte in Lambic mazeriert, z. B. Kirschen (Kriek) oder Himbeeren. Gute Beispiele für solche Fruchtlambics sind das Kriek von Cantillon und das Oude Kriek von Oud Beersel.

FLÄMISCHES BRAUNBIER
Auch das Flämische Braunbier wird traditionell mit Früchten versetzt. Die attraktiv verpackten Flaschen mit Liefmans Kriek und Liefmans Frambozen sind gute Beispiele dafür.

AMERIKANISCHE BIERE
Auch amerikanische Craft Brewers stellen zunehmend Fruchtbiere her. Das Raspberry Tart von New Glarus z. B. ist ganz im Stil eines belgischen Framboise gebraut. Weitere Fruchtbiere aus den USA sind das Cherry Wheat von Samuel Adams und das Frambozen von New Belgium.

BRITISCHE BIERE Auch in Großbritannien gibt es Fruchtbiere. Die Brauerei Melbourn Brothers stellt Kirsch-, Erdbeer- und Aprikosenbiere her. Von Old Luxters gibt es das Damson Ale, das mit Zwetschgen aus der Grafschaft Cumbria hergestellt wird.

Liefmans stellt das typisch flämische Oud Bruin her, das aus mehreren Jahrgängen verschnitten wird.

Budweiser Bürgerbräu

TSCHECHIEN

Die Tschechische Republik gehört zu den bedeutendsten Braunationen. Von dort stammt das erste goldfarbene Bier, das Pilsener, gebraut um die Mitte des 19. Jh. in der Stadt Pilsen. Und das böhmische Saaz (Žatec) ist das Zentrum eines der wichtigsten Hopfenanbaugebiete. Das Land ist zu Recht stolz auf dieses Erbe, und man legt entsprechenden Wert auf die Bewahrung der Tradition. Die Kästen verweisen auf Orte mit mehr als einer Brauerei.

BRAUEREI

BERNARD

5 Května č.1, 396 01 Humpolec
www.bernard.cz

Im Jahr 1991 übernahm Stanislav Bernard mit zwei Partnern die Brauerei in Humpolec, die aus dem 16. Jh. stammt. Sie trafen die mutige Entscheidung, traditionelle unpasteurisierte und mikrofiltrierte Biere zu brauen. Inzwischen produziert Bernard auch für den Export.

BRAUGEHEIMNIS: Bernard verfügt über eine eigene Tennenmälzerei.

BUDWEISER BUDVAR

Karolíny Světle 4, 370 21
České Budějovice
www.original-budweiser.cz

In der Stadt Budweis wird seit 1265 gebraut. Der Produktname Budweiser Budvar ist heute eine »geschützte Ursprungsbezeichnung«, d. h., das Bier darf nur in Budweis gebraut werden. Das Budweiser von Anheuser-Busch InBev, das in den USA vertrieben wird, heißt dort Czechvar.

BUDWEISER BÜRGERBRÄU

Lidická 51, 370 54,
České Budějovice
www.budweiser-burgerbrau.cz

Die meisten Biere der ältesten Brauerei in Budweis – sie erhielt 1795 das Braurecht – werden unter dem Namen Samson vertrieben. In den 90er-Jahren des 20. Jh. gab es umfangreiche Modernisierungen, durch die die Produktion bedeutend gesteigert werden konnte.

ČERNÁ HORA

Černá Hora 3/5, 679 21 Černá Hora
www. pivovarch.cz

Der Name der Brauerei geht auf den nahe gelegenen »schwarzen Berg« (Černá Hora) in Mähren zurück, einem der schönsten tschechischen Skigebiete. Urkunden belegen erste Brautätigkeiten im Jahr 1530. Mit traditionellen Methoden stellt Černá Hora Biere von exzellenter Qualität her, die immer wieder ausgezeichnet werden.

BIER

FESTLAGER/SVÁTEČNÍ LEŽÁK
PREMIUM LAGER 5 VOL.-%
Delikate, kräuterartige Hopfen- und Hefearomen überlagern pfeffrige Bitterkeit, grasige Noten im Nachklang.

BERNSTEIN LAGERBIER/ JANTAROVÝ LEŽÁK
LAGER 4,4 VOL.-%
Mit Karamellmalz gebraut, das für nussige Bitterkeit sorgt, ausgeglichen durch Toffeearomen und Honig.

PREMIUM LAGER
HELLES LAGER 5 VOL.-%
Schöne Schaumkrone; blumig-fruchtige Grapefruitnoten in der Nase, am Gaumen trocken, keksartiges Malz.

DARK LAGER
DUNKLES LAGER 4,7 VOL.-%
Der deutlich malzige Geschmack entwickelt Noten von Zimt, danach keksartige Untertöne.

SAMSON BUDWEISER BIER
PREMIUM LAGER 4,7 VOL.-%
In der Nase Butterscotch- und Zitrusaromen, am Gaumen süßer Honig, pfeffrig-hopfiger Nachklang.

B.B. BUDWEISER BIER ORIGINAL
PILSENER 5 VOL.-%
In der Nase Vanille, kräuterartiger Hopfen, im Mund bittersüß-malzig, abschließend Anklänge an Tabak.

MORAVSKÉ SKLEPNÍ NEFILTROVANÉ
PREMIUM LAGER 4 VOL.-%
Leichter Körper, lang anhaltender keksartig-malziger Nachklang.

GRANÁT
DUNKLES LAGER 4,8 VOL.-%
Ein presigekröntes, rötlich braunes Bier. Deutlicher Karamell am Gaumen ergänzt pflaumenartiges Aroma.

CHODOVAR

Pivovarská 107, 348 13 Chodová Planá
www.chodovar.cz

Einer Sage nach soll ein weißer Hund namens Albi die sehr ergiebige Quelle entdeckt haben, mit deren Wasser hier seit dem Mittelalter gebraut wird. Über Jahrhunderte wurde er verehrt und ziert seit 2000 das Logo der Brauerei.

BRAUGEHEIMNIS: Im historischen Keller des Brauhotels U Sládka gibt es ein Wellness-Zentrum, in dem man ein echtes Bierbad nehmen kann.

CHODOVAR PRESIDENT
VERSCHNITT 5 VOL.-%
Ein Verschnitt aus böhmischem Lagerbier und edlem Pilsener; voller Körper, bitterer Nachklang.

ZLATÁ JEDENÁCTKA
PREMIUM LAGER 4,5 VOL.-%
Goldglänzend; unverkennbare Hopfenaromen und seidig-malzige Fülle; weicher, bitterer Nachklang.

DĚTENICE

Pivovar Dětenice, 507 24 Dětenice
www.krcmadetenice.cz

Die Brauerei, die einst dem Prager Malteserorden gehörte, ist in einem mittelalterlichen Schloss untergebracht. 1955 wurde die Brauerei geschlossen und erst im Jahr 2000 wiedereröffnet.

BRAUGEHEIMNIS: Die Biere werden in direkt befeuerten Kesseln gebraut, durch Stroh gefiltert und gären in hölzernen Bottichen. Anschließend werden sie in Eichenfässern gelagert.

SVETLÉ DETENICKÉ PIVO 12°
PREMIUM LAGER 4 VOL.-%
Blumig-aromatisch, fein strukturierter Körper; süße Malz- und Honigaromen, hopfiger Nachklang.

TMAVÉ DETENICKE PIVO 13°
DUNKLES LAGER 4 VOL.-%
Ein typisches dunkles, körperreiches Lagerbier; malzig, würzig und gegen Ende leicht bitter.

EGGENBERG

Latrán 27, 38115, Český Krumlov,
www.eggenberg.cz

Die Brautradition in Krumau reicht bis ins Jahr 1336 zurück. Die Familie Eggenberg erwarb 1622 das Herrschaftsgut und damit auch die Brauerei. 1719 übernahm die Familie Schwarzenberg das Gut. Nach dem 2. Weltkrieg wurde der Betrieb verstaatlicht, 1989 privatisiert und 1991 von Dionex Inc. aufgekauft.

EGGENBERG SVĚTLÝ LEŽÁK
HELLES LAGER 5 VOL.-%
Blumig mit süßen Noten von Butterscotch; pikant, knackig und ausgewogen, bitterer Nachklang.

EGGENBERG TMAVÝ LEŽÁK
DUNKLES LAGER 4,2 VOL.-%
Ein dunkles Lager mit hopfiger Schärfe; bittersüße Noten von malzigem Karamell und Toffee.

GAMBRINUS

U Prazdroje 7, 304 97 Plzeň (Pilsen),
www.gambrinus.cz

Gambrinus (eigentlich Gambrivius) soll ein germanischer König gewesen sein, der die altägyptische Sonnengöttin Isis geheiratet und von ihr angeblich die Braukunst gelernt hat. Seither gilt Gambrinus als der Erfinder des Bierbrauens.

BRAUGEHEIMNIS: Gambrinus teilt sich die Mälzerei sowie die Filter- und Abfüllanlagen mit der Brauerei Pilsner Urquell.

GAMBRINUS PREMIUM
PILSENER 5 VOL.-%
Aromen von Gras und Zitrone mit Anklängen an Butter, die den malzigen Geschmack durchziehen.

GAMBRINUS SVĚTLÝ
PILSENER 4,1 VOL.-%
In der Nase Honig und Gras, am Gaumen Malz und Vanille, gefolgt von einem würzig-bitteren Finale.

BRAUEREI

HEROLD

262 72 Březnice
www.heroldbier.com

Die Brauerei ist in einem schön restaurierten Barockschloss in Březnice untergebracht. Sie ist auf Lagerbiere im Pilsener-Stil spezialisiert, die auf traditionelle Weise frei nach dem Motto »klein, aber fein« in geringen Mengen hergestellt werden.

BRAUGEHEIMNIS: Das Wasser stammt aus hauseigener Quelle, und das Getreide wird vor Ort gemälzt.

HOLBA

Pivovarská 261, 788 33 Hanušovice
www.holba.cz

Die im Jeseníky-Gebirge liegende Brauerei gehört zu den am besten ausgestatteten im ganzen Land. Bei Holba ist man stolz auf die Verwurzelung in der Region und auf die Unabhängigkeit als Bierproduzent. Die Brauerei stellt »edle Biere aus den Bergen« her, die einer aufwendigen Qualitätskontrolle unterzogen werden.

JANÁČEK

Neradice 369, 688 16 Uherský Brod
www.pivovar-janacek.cz

Im Jahr 1894 nahm František Janáček, bis dahin Pächter der Bürgerbrauerei der Familie Kaunic, eine eigene Brauerei in Betrieb. Sie galt schon bald als die beste im südlichen Osteuropa. Unter seinem Sohn Jaromír und dann unter seinem Neffen gab es umfangreiche Erweiterungen und Modernisierungen. Kennzeichnend ist die gelungene Verbindung von Tradition und Moderne.

JEŽEK

Vrchlického 2, 586 01 Jihlava,
www.pivovar-jihlava.cz

Schon von jeher belieferte die Brauerei das Königshaus in Österreich. In den 90er-Jahren des 20. Jh. erfolgten bedeutende Umbaumaßnahmen, die zu einer verbesserten und konstanteren Qualität der Biere führten, die heute zudem mit umweltfreundlichen Methoden produziert werden. Auf dem Brauereigelände befindet sich auch ein Restaurant.

BIER

BOHEMIAN BLACK LAGER
DUNKLES LAGER 4,1 VOL.-%
Ein Lagerbier im Schwarzbier-Stil; Aromen von Bitterschokolade und leichte, malzige Süße; langer, trockener und leicht rauchiger Nachklang.

PREMIUM BOHEMIAN LAGER
PREMIUM LAGER 5,1 VOL.-%
Körperreich, dabei weiche Textur; typischerweise cremiges Malz, spät aufkommender herber Hopfen.

HOLBA CLASSIC 10°
PREMIUM LAGER 4 VOL.-%
Ein milder, leicht bitter schmeckender Durstlöscher; Malz- und erdige Hopfenaromen.

HOLBA ŠERÁK
PILSENER 4,5 VOL.-%
Ein hopfenbitteres Bier mit üppigen Malzaromen. Laut Brauerei sollte es »jeden Tag mindestens eins« sein.

12% EXTRA
PREMIUM LAGER 5 VOL.-%
Üppig-robust und malzbetont, mit angenehmer, von frischem Hopfen geprägter Bitterkeit.

KVASNIČÁK 10°
PILSENER 4 VOL.-%
Ein ungefiltertes »Hefebier«, gehopft und mit erfrischender Kohlensäure; würzige, brotähnliche Aromen.

JIHLAVSKÝ GRAND 18%
EXTRA PREMIUM LAGER 8,1 VOL.-%
Ein honiggoldenes Bier. In der Nase Aromen von Malz und Brot, am Gaumen üppiges Malz.

JEŽEK 10% »DARK«
DUNKLES LAGER 4,1 VOL.-%
Ein typisches dunkles Lager (als »Frauenbier« vermarktet) mit Karamell und Kaffee; süßer Nachklang.

KOZEL

Ringhofferova 1, 251 69 Velké Popovice
www.bier-kozel.cz

Ein französischer Künstler entwarf das berühmte Logo mit der Ziege seinerzeit als Dank für die Gastfreundschaft. 1874 wurde in der neuen Brauerei in Velké Popovice das erste Bier gebraut. 1912 rühmten sich deutsche Gastwirte, das Kozel-Bier anbieten zu können. Seit 2002 gehört die Brauerei zu Plzeňský Prazdroj (in Besitz von SABMiller), was große Investitionen zur Folge hatte.

VELKOPOPOVICKÝ KOZEL PREMIUM
Premium Lager 5 Vol.-%
Florale Hopfenaromen, keksartiges Malz und Bitterkeit am Gaumen.

VELKOPOPOVICKÝ KOZEL DARK
Dunkles Lager 3,8 Vol.-%
Aromatischer Hopfen; dunkle Malze sorgen für würzige Karamellaromen.

KRUŠOVICE

270 53 Krušovice 1
www.pivo-krusovice.cz

Als der ursprüngliche Eigentümer Jiří Birka die Brauerei 1581 an Kaiser Rudolf II. verkaufte, war auf der Inventarliste zu lesen: »Der Sudkessel ist aus Stein gefertigt, sodass er sofort einsatzbereit ist.« Birka würde die heute vollautomatisierte Brauerei nicht wiedererkennen. Sie ist die fünftgrößte in der Tschechischen Republik.

KRUŠOVICE IMPERIAL
Premium Lager 5,5 Vol.-%
Trockene, strohige Aromen heben den bitteren Gaumen hervor; floraler Hopfen und Malz im Nachklang.

KRUŠOVICE CERNÉ
Schwarzbier 3,8 Vol.-%
Röstmalz und Karamell im Überfluss treffen auf erdige, nussige Noten; zitrusartiger Hopfen im Nachklang.

KUTNÁ HORA

U Lorce 11, 284 15 Kutná Hora,
www.drinksunion.cz

Die böhmische Stadt Kutná Hora (Kuttenberg) kaufte die Brauerei 1589 auf und blieb bis zu ihrer Verstaatlichung 360 Jahre lang Eigentümerin. 1992 gelangte die Brauerei erneut in den Besitz der Stadt und untersteht heute der Leitung der Drinks Union A. G. Kutná-Hora-Biere werden in vielen Kneipen in der Region ausgeschenkt.

DAČICKÝ (»ZEHNER«)
Pilsener 4,1 Vol.-%
Ein böhmischer Klassiker und sehr populär; malzbetont mit dazu passenden, gemäßigten Bitteraromen.

LOREC
Premium Lager 6,1 Vol.-%
Angenehm, aber unverkennbar hopfenbitter; aus den üppigen Malzschichten bildet sich Süße heraus.

LOBKOWICZ

Vysoký Chlumec 29, 262 52 Vysoký Chlumec
www.lobkowicz.cz

Diese kleine Brauerei befindet sich seit 1466 im Besitz der Familie Lobkowicz, einer der ältesten Adelsfamilien in Böhmen. Einige Biere werden als Premium Czech Lager exportiert *(s. Abb.)*.

Braugeheimnis: Die Brauerei setzt sich für umweltschonende Produktionsmethoden ein. Gebraut wird mit Wasser aus einer artesischen Quelle.

LOBKOWICZ KNÍŽE 12°
Pilsener 5 Vol.-%
Traditionell; in der Nase erdig-hopfige Noten, gefolgt von vielschichtigem Malz am bittersüßen Gaumen.

LOBKOWICZ BARON 12°
Dunkles Lager 4,7 Vol.-%
Ein dunkles Lagerbier mit Noten von Karamell und Schokolade, die vom süßen Malz stammen.

Das ganze Jahr über lassen es sich viele Besucher in den Straßencafés am Altstädter Ring in Prag gut gehen.

Pilsner Urquell
STAROMĚSTSKÁ RESTAURACE
Pilsner Urquell
Pilsner Urquell
Pilsner Urquell

BRAUEREI

NÁCHOD / PRIMÁTOR

Dobrošouska 130, 547 40 Náchod
www.primator.cz

Eine der technisch fortschrittlichsten Brauereien im Land. Das Brauwasser stammt aus dem Naturschutzgebiet Ardšpach-Teplice. Die Brauerei wurde 1872 gegründet und 1925 und 1930 jeweils erweitert. In jüngerer Zeit kam ein neues Sudhaus hinzu, und die Möglichkeiten zur Lagerung und zum Abfüllen wurden verbessert.

NOVOPACKÉ PIVO

Pivovarska 400, 509 01 Nová Paka
www.novopackepivo.cz

Dass es Vorteile hat, wenn Brauerei und Mälzerei dicht beieinander liegen, hat man bei Novopacké Pivo schon vor 500 Jahren erkannt. Auch bei der nach wie vor traditionellen Arbeitsweise heute bewährt sich diese Nähe. Die Brauerei im Art-Nouveau-Stil ist ein beliebtes Ziel für Touristen. 40 % der Produktion gehen in den Export.

NYMBURK

Pražská 581, 288 25 Nymburk,
www.postriziny.cz

Mitte des 19. Jh. wurde in Nymburk ein Monopol gebrochen, als in der Stadt Biere verkauft werden durften, die nicht dort hergestellt worden waren – sofern sie gut schmeckten. Das erste Bier der Brauerei Nymburk floss 1898 aus dem Zapfhahn. Der Autor Bohumil Hrabal stammt aus Nymburk und ist aus diesem Grund auf vielen Flaschenetiketten abgebildet.

OSTRAVAR

Hornopolní 57, 728 25 Ostrava 1,
www.ostravar.cz

Die Stadt Ostrava liegt näher am polnischen Kattowitz und an Wien als an Prag, daher behauptet die Brauerei von sich, anders als andere tschechische Brauereien zu sein. Die Ostravar-Biere spiegeln in der Tat die besondere geografische Lage wider. Seit 2000 ist die Brauerei allerdings im Besitz von InBev (heute Anheuser-Busch InBev).

BIER

PRIMÁTOR PREMIUM
Premium Lager 5 Vol.-%
Weicher, frischer Hopfenduft, am Gaumen deutlich bitter, übergehend in üppige Malznoten.

PRIMÁTOR DOUBLE 24°
Dunkles Lager 10 Vol.-%
Die süßen Malzaromen geben einen deutlichen Kick, es folgen Gewürz und Trockenfrüchte.

KUMBURÁK
Premium Lager 5 Vol.-%
In der Nase Zitrusfrucht, am Gaumen üppig bis hin zum bemerkenswert hopfigen Nachklang.

PODKRKONOŠSKY SPECIÁL
Schwarzbier 6,3 Vol.-%
Faszinierende schwarze Farbe, tiefgründige Aromen mit Noten von Schokolade und Kaffee.

POSTŘIŽINSKÉ ZLATOVAR
Premium Lager 4,7 Vol.-%
Auch die Flasche dieses vollen, malzigen und leicht bitteren Biers ziert das Porträt von Hrabal.

TMAVÝ LEŽÁK
Schwarzbier 4,5 Vol.-%
Sehr dunkel bernsteinfarben mit viel Kaffee und Karamell am Gaumen, Schokoladennoten im Nachklang.

OSTRAVAR PREMIUM
Premium Lager 5,1 Vol.-%
Üppige Schaumkrone, Aromen von Malz und Hopfen, körperreich, kräftige Bitternoten.

OSTRAVAR KELT
Stout 4,8 Vol.-%
Ein Stout im irischen Stil; am Gaumen durchgehend gut erkennbare Aromen von Hopfen und gerösteter Gerste.

PERNŠTEJN

Palackého 250, 530 33 Pardubice
www.pernstejn.cz

Im ausgehenden 19. Jh. war das immer wieder mit Preisen ausgezeichnete Porter der Brauerei in ganz Europa bekannt. Es gehört nach wie vor zum Sortiment der Brauerei, neben Fruchtgetränken und nicht alkoholischen Getränken – insgesamt ein beeindruckendes Portfolio.

PERNŠTEJN SVĚTLÝ LEŽÁK

Premium Lager 5,2 Vol.-%

Ansprechende dunkelgoldene Farbe; viel Malz, das die Hopfenbitterkeit gegen Ende perfekt ausbalanciert.

PARDUBICKÝ PORTER

Porter 8 Vol.-%

Noten von Gewürz und Kaffee verbinden sich mit süßem Malz – ein vollendetes, untergäriges Kraftpaket.

PILSNER URQUELL

U Prazdroje 7, 304 97 Plzeň (Pilsen)
www.pilsner-urquell.cz

Den Tschechen verdanken wir die Mikrowelle, weiche Kontaktlinsen und ein Bier, das die Welt verändert hat. Allerdings war es ein Bayer, der bei der Entstehung des Pilsner Urquells die Hauptrolle spielte, nämlich Josef Groll, der am 4. Oktober 1842 das erste Pilsener vorstellte. Seitdem hat das klare, goldfarbene Bier von ganz Europa Besitz ergriffen.

PILSNER URQUELL

Pilsener 4,4 Vol.-%

Die idealerweise 35 mm hohe Schaumkrone hinterlässt beim Trinken Spuren im Glas, die sogenannte Tapete – bei jedem Schluck dieses feinherben Biers, das würzig-süße Malzaromen entwickelt. Langer, hopfenbetonter Nachklang.

RADEGAST

739 51 Nošovice,
www.radegast.cz

Radegast, was übersetzt etwa »lieber Gast« heißt, war der slawische Gott der Fruchtbarkeit und der Ernte und wurde später auch zum Gott der Gastfreundschaft. Der Name ist alt, die Brauerei jung: Sie wurde erst 1970 gegründet. Bis heute gehört sie zu den technisch modernsten und bestausgestatteten Bierproduzenten des Landes.

RADEGAST ORIGINAL

Pilsener 4 Vol.-%

In der Nase Malz und würziger Hopfen, im Geschmack süßliches Malz, dabei spröde, getreidige Bitterkeit.

RADEGAST PREMIUM

Premium Lager 5 Vol.-%

Charakteristische kräuterartige Hopfennoten und mäßig süße Malznoten, die bei getreidigen Noten verweilen.

REBEL

Dobrovského 2027,
Havlíčkův Brod
www.hbrebel.cz

Im Jahr 1995 ging die Brauerei in den Besitz von Nachfahren der einstigen Besitzer von 1843 über. Die Brautradition in Havlíčkův hat trotz vieler Rückschläge – Zerstörung durch Hussiten, zwei Weltkriege, politische Umbrüche – überlebt. Der Name Rebel ist eine Hommage an den Nationalisten und Dissidenten Karel Havlíček Borovský.

REBEL TRADIČNÍ

Pilsener 3,9 Vol.-%

Leichter Körper, im Geschmack Zitrusfrucht, die den malzbetonten, hopfigen Nachklang ausbalanciert.

REBEL ORIGINAL PREMIUM

Premium Lager 4,8 Vol.-%

Duftig aromatisch mit viel Malz – klassisch tschechisch; trockener, hopfenbetonter Nachklang.

Pilsner Urquell

U Prazdroje 7,
304 97 Plzeň

Pilsener oder Pils sind Bezeichnungen für die weltweit bekannteste Art von Lagerbieren. Die Geburtsstadt dieses ersten klaren, goldfarbenen Biers ist die tschechische Stadt Pilsen (Plzeň). Vorher waren alle tschechischen Biere braun und wahrscheinlich auch trüb. Um die Qualität tschechischer Biere zu verbessern, gründeten brauberechtigte Bürger aus Pilsen das Bürgerliche Brauhaus (Plzeňský Prazdroj) und engagierten 1842 den Bayern Josef Groll als Braumeister. Groll gelang es, ein klares, goldfarbenes Bier zu brauen, das im Glas eine üppige, schneeweiße Schaumkrone ausbildet – das Pilsner Urquell. Die helle Farbe war durch technische Fortschritte beim Mälzen des Getreides möglich geworden. Gemälzt wurde jetzt mit heißer Luft, die besser zu kontrollieren ist und die Herstellung hellerer Malze ermöglicht.

Biere im Pilsener-Stil werden heute überall auf der Welt gebraut, aber kaum eins erreicht eine mit dem Pilsner Urquell vergleichbare Qualität. Mit 4,4 Vol.-% ist der Alkoholgehalt des Pilsner Urquell gemäßigt, während die meisten kontinentaleuropäischen Biere eher bei 5 Vol.-% liegen. Das Pilsner Urquell ist die Hauptmarke im Exportgeschäft der Pilsner Urquell AG, weitere bekannte Marken sind Gambrinus, Radegast und Kozel.

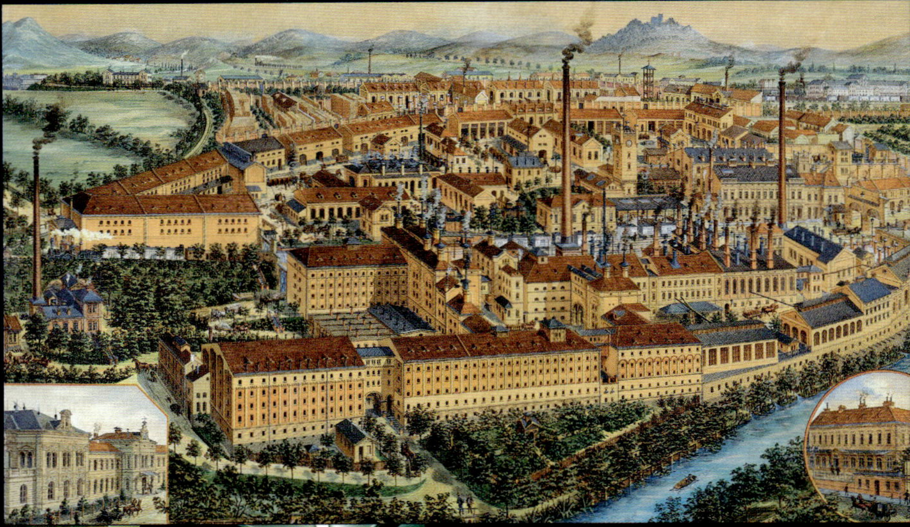

▲ **DIE BRAUEREI** Die Firmenansicht aus dem 19 Jh. zeigt die am Ufer der Radbusa gelegene Brauerei. Sie wurde auf Sandstein errichtet, in den lange Gänge gegraben wurden, um die Bierfässer zu lagern. In diesen kühlen, feuchten Kellern reift heute das junge Bier in mehr als 3500 Eichenfässern zu einem majestätischen Getränk heran.

▲ **EDELSTAHLTANKS** Ursprünglich wurde das Bier in offenen Bottichen aus böhmischer Eiche vergoren. Heute verwendet man Edelstahlbehälter. Braumeister Václav Berkais ist davon überzeugt, dass auch Josef Groll Edelstahl verwendet hätte, wenn das damals schon möglich gewesen wäre.

▲ **KALTVERGÄRUNG** Aufgrund der Kaltvergärung behält das Bier gut erkennbar die Aromen des Saazer Hopfens und des böhmischen bzw. mährischen Malzes. Der Hopfen sorgt für frische, kräuterartige Aromen und den klassischen Nachklang.

◀ **DAS TOR** Der majestätische Torbogen der Brauerei weckt Vertrauen in die gute Arbeit, die dahinter verrichtet wird. Der Wasserturm enthält Wasser aus den hauseigenen Quellen. Es ist leicht schwefel- und karbonathaltig und damit ideal für die Herstellung des Pilsner Urquells.

▼ **DAS SUDHAUS** Im Sudhaus von Pilsner Urquell stehen die hohen, glänzenden Sudkessel aus Kupfer. Gebraut wird nach dem Dreimaischverfahren: Zu unterschiedlichen Zeitpunkten – und das dreimal – wird ein Teil der Maische abgezogen, separat zum Kochen gebracht und dann der Hauptmaische wieder zugefügt. Auf diese Weise werden unerwünschte Geschmacksstoffe aus dem Korn gelöst.

◄ **MUSEUM MIT BESUCHER-ZENTRUM** In der Brauerei wird keineswegs nur gebraut. Das Besucherzentrum empfängt Gäste, und im Museum, das sich ebenfalls auf dem Gelände befindet, erfahren Besucher etwas über die zum Brauen notwendigen Zutaten und darüber, wie vor mehr als 100 Jahren gebraut wurde.

▲ **STEINKELLER** Ein Highlight für Besucher ist die Besichtigung der in den Sandstein gehauenen schummrigen, feuchten Keller. Hier lagern die gefilterten, aber unpasteurisierten Biere von Pilsner Urquell.

BRAUEREI

REGENT

Trocnovské náměstí 124, 379 01 Třeboň
www.pivovar-regent.cz

Der Name der Brauerei geht auf den Ritter Jakub Krčín aus dem 16. Jh. zurück, den Verwalter des Vilém von Rosenberg, des ungekrönten Herrschers des tschechischen Königreichs. Krčín war zugleich ein ausgezeichneter Braumeister. Die heutigen Gebäude stammen aus der zweiten Hälfte des 19. Jh. Seit 2002 ist die Brauerei Teil der Bohemia Regent AG.

STAROBRNO

Hlinky 160/12, 661 47 Brno
www.starobrno.cz

Die Brautradition in Brünn wurde durch Klöster begründet, vor allem durch Augustiner- und Zisterzienserorden. Die Brauerei Starobrno arbeitet seit jeher technisch auf dem neuesten Stand, wofür die Eigentümer, die Familien Mandell und Huzak, gesorgt haben. Dies hat ihr das Qualitätszertifikat »Czech Made« eingebracht. Starobrno gehört heute zu Heineken.

STAROPRAMEN

Nádražni 84, 150 54 Prag 5
www.staropramen.com

Staropramen begann 1871 mit der Bierherstellung, und zwar im Prager Arbeiterviertel, was den Absatz der Biere sicherte. Schon von Beginn an galt Staropramen als *die* tschechische Brauerei, was die Biere natürlich vor allem bei patriotisch gesinnten Landsleuten beliebt macht. Heute gehört Staropramen zu Anheuser-Busch InBev.

SVIJANY

Svijany 25, 463 46 Příšovice
www.pivovarsvijany.cz

Die Braukunst war schon lange vor der Gründung von Svijany 1564 ein bedeutender Wirtschaftsfaktor in der Region. Bis zur Verstaatlichung Mitte des 20. Jh. war die Geschichte der Brauerei durch mehrere Familiendynastien geprägt gewesen. Auch nach der Reprivatisierung 1998 gab es schon mehrere Eigentümer. Gegenwärtig ist Svijany auf Erfolgskurs.

BIER

BOHEMIA REGENT PREZIDENT
PREMIUM LAGER 6 VOL.-%
Überbordende Hopfenaromen bereiten den Gaumen auf schön abgerundete, süße Malzaromen vor.

BOHEMIA REGENT PREMIUM HELL
PILSENER 4,8 VOL.-%
Blumiges Aroma mit Spuren von Zimt, am Gaumen Toffee mit Anklängen an Honig.

STAROBRNO LEŽÁK
PREMIUM LAGER 4 VOL.-%
In der Nase Heu, Melone und Malz, gesteigert durch Spuren von Karamell am Gaumen.

STAROBRNO REZÁK
MISCHUNG AUS DUNKLEM UND HELLEM BIER 4 VOL.-%
Dunkel bernsteinfarben, leicht bitterer Hopfen und köstliches Malz.

STAROPRAMEN DARK
SCHWARZBIER 4,5 VOL.-%
Der leichte Körper umspielt malziges Karamell, Lakritz und Anissamen bis hin zum blumigen Nachklang.

STAROPRAMEN PREMIUM
PREMIUM LAGER 5 VOL.-%
Ein tiefgoldenes, vollmundiges und würzig-mildes Premiumbier mit zufriedenstellendem Nachklang.

SVIJANSKÝ RYTÍŘ
PILSENER 5 VOL.-%
Ein Bier im Pilsener-Stil, viele Aromen von Hefe und süßem Malz, lebhaft fruchtig.

SVIJANSKÝ KNÍŽE 13 %
LAGER 5,6 VOL.-%
Ein hopfenduftiges, leichtes Lagerbier mit vollem, süßem Malzkörper und bitterem Nachklang.

U MEDVÍDKŮ

Na Perštýně 7, 100 01 Prag 1
www.umedvidku.cz

Restaurant und Brauerei gehen auf das Jahr 1466 zurück, allerdings wurde in den letzten Jahren viel umgebaut und bei dieser Gelegenheit ein Drei-Sterne-Hotel eingerichtet. Es ist dank der restaurierten Dachstühle und der Deckengemälde aus der Renaissance einmalig. Das ursprüngliche Brauhaus wurde zu einem der größten Bierlokale in Prag umgebaut.

OLDGOTT BARIQUE LEŽÁK
PILSENER 5,2 VOL.-%
Erdige Aromen mit melonenfruchtigen Anklängen; hefig, entwickelt sich zu Röstmalz- und Karamell-Noten.

X-BIER
SPEZIALBIER 12,6 VOL.-% (VARIABEL)
Reift 28 Wochen in Eiche und entwickelt dabei süßliche Aromen und grenzenlose Komplexität.

ŽATEC

Žižkovo náměstí 81, 438 01 Žatec
www.zateckypivovar.cz

Saaz ist weltberühmt für seinen Hopfen, und schon seit dem 13. Jh. wird in der Stadt gebraut. In einem Traktat von 1585 wird das Bier für seinen »Geschmack, seine Stärke und seine Heilkraft« gelobt.

BRAUGEHEIMNIS: Zu den Neuerungen gehören die Renovierung der offenen Gärbehälter und neue Abfüllanlagen für Keg-Fässer und Flaschen.

ŽATEC BLUE LABEL
PREMIUM LAGER 4,6 VOL.-%
Anklänge an grasigen Hopfen und süßes Malz in der Nase, am Gaumen Banane und keksartiges Malz.

ŽATEC EXPORT
PILSENER 4,6 VOL.-%
Aromen von Brot, Kräutern und süßem Malz, delikat-würziger Hopfen und gemäßigte Apfelsäure.

ZLATOPRAMEN

Drážďanská 80, 400 07 Ústí nad Labem
www.zlatopramen.cz

Die Anfänge der Brauerei reichen bis ins 13. Jh. zurück, als die Stadt Aussig die Brauberechtigung erhielt. Anfang des 20. Jh. besuchte der österreichische Kaiser Franz Joseph I. die Stadt und die Brauerei, die bald darauf den kaiserlichen Adler verwenden durfte. Die Handelsmarke Zlatopramen gibt es seit 1967. Heute gehört die Brauerei zur Drinks Union A.G.

ZLATOPRAMEN 11°
PILSENER 4,7 VOL.-%
Ein schwaches, erdiges Hopfenaroma entfaltet sich zu vollem Keksgeschmack mit kräftiger Bitterkeit.

ZLATOPRAMEN 11°
DUNKELBIER 4,6 VOL.-%
Blumig-aromatisch, süßer Gaumen durch die Mischung von Gerstenmalzen, in Toffeenoten übergehend.

ZUBR

Komenského 35, 751 52 Přerov
www.zubr.cz

Die Marke mit dem Büffel *(zubr)* genießt hohes Ansehen. Die Brauerei hat schon mehr als 20 nationale und internationale Preise verliehen bekommen, was in der Tschechischen Republik einmalig ist. Zubr gehört zu den größten Brauereien im Land. 12 % der Gesamtproduktion werden in andere europäische Länder exportiert.

ZUBR CLASSIC 10°
PILSENER 4,1 VOL.-%
Aromen von hochwertigem Hopfen, süßlich-malzig bei mittlerem Körper, übergehend in harsche Bitterkeit.

ZUBR PREMIUM 12°
PREMIUM LAGER 5,1 VOL.-%
Goldfarben, hinterlässt Schaumrückstände im Glas; im Mund schön abgerundet, mäßig bitter.

NOCH MEHR BIERE AUS

TSCHECHIEN

Die Tschechische Republik hat eine lange, ruhmvolle Braugeschichte. Ganz anders als z. B. in den USA oder in Teilen Europas sind die meisten tschechischen Brauereien Traditionsbetriebe, die vor allem für einen lokalen Markt produzieren.

	FERDINAND	KLÁŠTER	LOUNY	PLATAN
BRAUEREI	Táborská 306, 256 01 Benešov, www.pivovarferdinand.cz Die Brautradition ist in Benešov fest verwurzelt, was schon Straßennamen wie Na Chmelnici (Am Hopfengarten) zeigen. Die Brauerei stammt von 1897 und kann seit Umbauarbeiten in den 1970er-Jahren ein stetiges Wachstum verzeichnen. Ferdinand gibt es seit 1992, und die Biere der Brauerei wurden schon mehrfach mit Preisen ausgezeichnet.	294 15 Klášter Hradiště nad Jizerou www.pivovarklaster.cz In dem Felsenkeller, der 1570 in den Stein geschlagen wurde, reifen unterhalb der kleinen Brauerei unpasteurisierte Biere. Die nach traditionellen Methoden gebrauten und gereiften Klášter-Biere sind schon mehrfach mit Preisen ausgezeichnet worden und werden auch von Kennern geschätzt. BRAUGEHEIMNIS: Einige Biere werden nach mittelalterlichem Rezept gebraut.	Husova 64, 440 01 Louny www.pivovarlouny.cz In der Königsstadt Louny (Laun) sind bis heute die massiven Stadtmauern aus dem 12. Jh. erhalten. Die Brauerei wurde 1892 von einem der Prinzen zu Schwarzenberg gegründet. Heute gehört sie der Drinks Union A. G. BRAUGEHEIMNIS: Die Brauerei war die erste in der Donaumonarchie, die eine Kühlanlage hatte. Sie verfügt über eine eigene Mälzerei.	Pivovarská 1, 398 12 Protivín www.pivo-platan.cz Platan verdankt ihren Namen der Platanenallee, die bis zur Brauerei führt. Gebraut wird hier seit 1598. Platan kam 1711 in den Besitz der Familie Schwarzenberg, die 1876 für einen kompletten Umbau sorgte. BRAUGEHEIMNIS: Das Schwarzenberske Knížecí ist mit 10,5 Vol.-% Alkohol eines der stärksten tschechischen Biere.
BIER	**LEŽÁK SVĚTLÝ PREMIUM** PREMIUM LAGER 5 VOL.-% Mittlerer Körper, kräftig und hopfenduftig, feine Ausgewogenheit zwischen Malz- und Bitteraromen. **LEŽÁK TMAVÝ** DUNKELBIER 4,5 VOL.-% Dunkel bernsteinfarben, im Geschmack süßlich und leicht würzig; langer, süßer Nachklang.	**LEŽÁK 11 % SVĚTLÉ PIVO** PREMIUM LAGER 4,6 VOL.-% Die getreidige Malztextur verbindet sich mit schwachen Hopfenaromen und einem bittersüßen Nachklang. **LEŽÁK 11 % TMAVÉ PIVO** DUNKELBIER 4,3 VOL.-% Dunkel bernsteinfarben, ähnlich gefärbte Schaumkrone, süße Karamellnoten und feine Hopfenbitterkeit.	**LOUNY HELL** HELLES SCHANKBIER 4,3 VOL.-% Beeindruckende Schaumkrone, mäßig malzig mit Noten von Trockenfrüchten, bittersüßer Nachklang. **LOUNY DUNKEL** DUNKLES SCHANKBIER 4,15 VOL.-% Hopfenbittere Aromen als Einstieg zu einem malzbetonten Mittelteil mit Anklängen an Gewürz und Lakritz.	**PLATAN JUBILEJNÍ** PREMIUM LAGER 5 VOL.-% Deutliche Hopfenaromen mit Frucht; getreidiges Malz, Röstnüsse und Vanille, dann Honigsüße. **PLATAN JEDENÁCT** PILSENER 4,9 VOL.-% Leichte Aromen festigen maisartige, delikate Aromen am Gaumen, der scharf und rein endet.

	POLIČKA	POUTNÍK	RYCHTÁŘ	U FLEKŮ
BRAUEREI	Pivovarská 151, 572 14 Polička www.pivovar-policka.cz In dem Städtchen Polička wird seit dem 16. Jh. gebraut. Teile der Ausstattung in der Brauerei gehen auf einen Umbau im Jahr 1865 zurück. BRAUGEHEIMNIS: Viele Polička-Biere kommen unpasteurisiert in den Handel (sämtliche Flaschen- und die meisten Fassbiere). Sie sind leicht erhältlich, und es lohnt sich wirklich, nach ihnen Ausschau zu halten.	Pivovarská 856, 393 17 Pelhřimov www.pivovarpoutnik.cz Pelhřimov kann auf eine jahrhundertealte Brautradition zurückblicken. Poutník-Biere sind hoch angesehen, allerdings gibt es Pountník als Handelsmarke erst seit 2003, seit die Brauerei der DUP Coop gehört. Die Produktion bei Pountník konzentriert sich auf unpasteurisierte Biere unterschiedlicher Art.	Resslova 260, 539 01 Hlinsko v Čechách www.rychtar.cz Die Brauerei wurde 1913 als »Gemeinschaftsbrauerei« gegründet. Heutiger Eigentümer ist die rein tschechische Gesellschaft IMEX Premium spol. s. r. o., die bedeutende Investitionen tätigte. BRAUGEHEIMNIS: Die Qualität der unpasteurisierten Biere wurde durch neue Kellerräume und eine Anlage zur Mikrofiltration noch verbessert.	Křemencova 11, 110 01 Prag www.ufleku.cz U Fleků ist mit Sicherheit das bekannteste Bierlokal des Landes. Es stammt aus dem Jahr 1499 und hat trotz aller Renovierungen sein altertümliches, urgemütliches Flair beibehalten. BRAUGEHEIMNIS: In der zugehörigen Brauerei wird mit Gärbottichen aus Eiche und traditionellen Kühlschiffen gearbeitet.
BIER	**HRADEBNÍ 10° SVĚTLÉ** PILSENER 3,9 VOL.-% Aromen von Brot, wenig Körper, aber erstaunlich viel Karamellmalz. **OTAKAR SVĚTLÝ LEŽÁK** PREMIUM LAGER 4,2 VOL.-% Ein mikrofiltriertes Bier mit entsprechenden natürlichen Aromen von blumigem bis fruchtigem Hopfen und bittersüßem Malz.	**POUTNÍK SVĚTLÝ LEŽÁK 12 %** PREMIUM LAGER 4,8 VOL.-% Unverkennbar malzig, aber gut ausgewogen mit erdigen Noten, gefolgt von einem bittersüßen Nachklang. **POUTNÍK SPECIÁL 14 %** PREMIUM LAGER 5 VOL.-% Abgerundet mit pflaumenartigen Aromen, die einen malzigen Körper ergänzen; bitterer Nachklang.	**RYCHTÁŘ KLASIK** PILSENER 4 VOL.-% Gilt als das »Alltagsbier« der Brauerei: hell, süffig, malzig und bittersüß. **RYCHTÁŘ PREMIUM** PREMIUM LAGER 5 VOL.-% Deutlich malzbetont, gut schäumend, entwickelt einen leicht scharfen, hopfigen Nachklang.	**FLEKOVSKY TMAVÝ LEŽÁK** DUNKELBIER 5,5 VOL.-% Ein klassisches dunkles Lagerbier, und zwar eines von Weltklasse: ungefiltert, komplexer Duft nach Kaffe und Sahne, am Gaumen bitter, würziger Hopfen, dann Anklänge an Kaffee und Lakritz.

In den Bierlokalen der Prager Altstadt haben die Gäste häufig Gelegenheit, Volksmusik-Kapellen zu lauschen.

BIERTOUR

PRAG

Prag ist für Bierliebhaber ein wichtiges Ziel. Und wo könnte man eine Biertour besser beginnen als am Altstädter Ring, am zentralen Marktplatz in der Altstadt? Dort kann man z. B. die Astronomische Uhr aus dem 15. Jh. besichtigen, eine der ältesten ihrer Art, die heute noch in Betrieb ist. Außerdem gibt es dort zahlreiche Straßencafés, die zum Verweilen einladen.

Wenige Schritte entfernt erhebt sich am Platz der Republik (Námestí Republiky) der Pulverturm, der 1475 gebaut wurde. Geht man noch ein Stückchen in die andere Richtung, gelangt man zur Karlsbrücke (Karlův most), einem der Wahrzeichen der Stadt. Wenn man die Brücke überquert, erreicht man Na Kampě, wo Tom Cruise als Agent Ethan Hunt in dem Film *Mission Impossible 3* ein Auto in die Luft gejagt hat. Auf dieser Seite der Moldau geht es etwa ruhiger zu, und doch haben hier in letzter Zeit einige neue Kneipen eröffnet.

1 ALTSTÄDTER RING
Hier kann man gemütlich draußen sitzen und die vielen Menschen beobachten, die vorbeiflanieren. Volkloregruppen sorgen mit Tanz und Musik für Unterhaltung.

TOUR-INFO
1 Stunde plus Zeit für ein Bier
5 km

2 U ZLATÉHO TYGRA
Eine der ältesten und gemütlichsten Kneipen in der Altstadt. Es gibt dort viele kleine Tische, die aber eigentlich immer besetzt sind – stellen Sie sich also darauf ein, stehen zu müssen. Es ist die Lieblingskneipe des Schriftstellers und ehemaligen Staatspräsidenten Václav Havel, und auch Bill Clinton soll schon hier gewesen sein. Das ungefilterte Pilsner Urquell hier ist angeblich das beste in ganz Prag. *(Husova 17)*

3 U PINKASŮ
U Pinkasů war 1843 das erste Lokal in Prag, das das Pilsner Urquell ausschenkte. Durch eine gründliche Renovierung im Jahr 2000 konnte die drohende Schließung verhindert werden. *(Jungmannovo nám, 16/15)*

4 NOVOMĚSTSKÝ PIVOVAR

Durch einen Eingangsbereich im Art-Déco-Stil gelangt man in die holzgetäfelte Restaurantbrauerei. Hier gibt es ungefilterte helle und dunkle Biere. Die Gerichte sind tschechisch, z. B. kann man dort Gulasch, eine Suppe mit Eingeweiden oder geröstete Schweinshaxe essen. *(Vodickova 29)*

5 PIVODUM

Die Restaurantbrauerei Pivodum ist ganz im Stil einer Brauerei eingerichtet. Man kann dort traditionelle tschechische Biere trinken, aber auch ungewöhnlichere Sorten, z. B. ein Kirschbier, ein Kaffeebier und Samp, ein Champagnerbier. Gruppen können acht Biere zum Preis von sieben bestellen, die dann in einer hohen Glassäule serviert werden. Einige Biere können auch verkostet werden. *(Ječná/Lípová 15)*

6 U FLEKŮ

Auch wenn es dort immer voll ist, gehört U Fleků zu einem Pragbesuch einfach dazu. Hier wird seit 1499 gebraut – angeblich ist das U Fleků das älteste Bierlokal der Welt. Es hat mehrere Räume, wovon einer Musikgruppen vorbehalten ist. Weiterhin gibt es ein Museum und Führungen durch die Brauerei. Die Hausmarke ist das hervorragende Flekovsky Pivo, ein Lagerbier, das es als helle und dunkle Version gibt. *(Kremencova 11)*

BIERE, DIE EINE REISE WERT SIND

WEITERE LÄNDER

EUROPA • AMERIKA • ASIEN • AUSTRALIEN & NEUSEELAND • AFRIKA

Fat Cat Brewery, Kanada

Desnoes and Geddes, Jamaika

Hue, Vietnam

Quilmes, Argentinien

WEITERE LÄNDER

Beba, Italien

Stiegl, Österreich

WEITERE LÄNDER

Die Welt des Biers expandiert. Selbst in Regionen, die man eigentlich weniger mit Brauen in Verbindung bringt, wächst der Markt, und in immer mehr Ländern nimmt die Anzahl kleiner, handwerklich arbeitender Brauereien zu. Besonders interessant ist Italien: Die Italiener brauen hocharomatische, experimentelle Biere und vermarkten sie in elegant gestalteten Flaschen. Das gilt in gewissem Maße auch für die skandinavischen Länder. Die Japaner dagegen brauen exzellente Variationen europäischer Biere mit ihrer ganz eigenen Auffassung von klassischem Design.

Herslev Bryghus, Dänemark

Ochakovo, Russland

Fujizakura Heights, Japan

ThaiBev, Thailand

Little Creatures, Australien

Mac's, Neuseeland

32, VIA DEI BIRRAI

Via Cal Lusent 41, 31040 Onigo di Pederobba (TV), Italien
www.32viadeibirrai.com

Der aus einer belgisch-italienischen Brauerfamilie stammende Fabiano Toffoli sammelte Erfahrungen als Brauer bzw. als Berater, bevor er 2006 seine Mikrobrauerei gründete.

BRAUGEHEIMNIS: Toffoli braut mit Wasser aus verschiedenen Quellen, um seinen Bieren jeweils einen besonderen Charakter zu verleihen.

OPPALE
BELGISCHES BLOND ALE 5,5 Vol.-%
Erfrischend und süffig, trüb; sehr angenehmer, trocken-bitterer Nachklang mit Noten von Schnittlauch.

AUDACE
BELGISCHES STRONG GOLDEN ALE 8,4 Vol.-%
Ein helles Starkbier mit vielen Estern. Wärmend, würzig und trocken; langer, zitrusbitterer Nachklang.

ALMOND 22

Via Dietro le Mura 36/38, 65010 Spoltore (PE), Italien
www.birraalmond.com

Die Mikrobrauerei in dem am Meer gelegenen Ort Spoltore in der Provinz Pescara wurde 2003 von dem schwedischstämmigen Italiener Jurij Ferri gegründet. Seine Biere im britischen bzw. belgischen Stil genießen hohes Ansehen, er braut aber auch experimentelle Biere mit Zutaten aus der Region.

TORBATA
BARLEY WINE 8,7 Vol.-%
Ein Bier mit torfigen, rauchigen Geschmacksnoten, das an einen Whisky erinnert. Gut zu trinken.

FARROTTA
DINKELBIER 5,7 Vol.-%
Ein trübes, goldfarbenes Bier, das mit Gerste und Dinkel gebraut wird; süffig, guter Durstlöscher.

LE BALADIN

Piazza V Luglio 15, 12060 Piozzo (CN), Italien
www.birreria.com

Der charismatische Pionier Teo Musso ist international als einer der erfindungsreichsten Brauer der Welt bekannt. Einige seiner Biere werden mit Wein- bzw. Whiskyhefen gebraut. Zu seinen Kreationen gehören Biertrüffel.

BRAUGEHEIMNIS: Musso spielt den Hefen während des Gärens Musik vor – er glaubt, dass sie darauf reagieren.

XYAUYÙ
BARLEY WINE 12 Vol.-%
Aromen wie bei einem Whisky. Ein seidiges »Gute-Nacht-Bier« – ein Meisterwerk.

NORA
GEWÜRZBIER 6,8 Vol.-%
Gebraut nach einem altägyptischen Rezept mit Kamut, Ingwer und Myrrhe. Die Bitterkeit stammt von äthiopischem Harz.

BARLEY

Via C. Colombo, 09040 Maracalagonis (CA), Sardegna, Italien
www.barley.it

Der erfahrene Heimbrauer Nicola Perra gründete seine Mikrobrauerei 2006 im Süden von Sardinien – eine echte Herausforderung, denn nirgendwo sonst in Italien wird so viel billiges Lagerbier getrunken.

BRAUGEHEIMNIS: Perra braut mit regionalen Zutaten wie Bio-Honig und Sapa (16 Stunden gekochter Traubenmost).

TOCCADIBÒ
BELG. STRONG GOLDEN ALE 8,4 Vol.-%
Ein wärmendes, würziges Bier, hopfenbetont und trocken mit faszinierendem Bittermandel-Aroma.

BB 10
BARLEY WINE 10 Vol.-%
Ein einzigartiges Bier, gebraut mit Sapa (s. o.) aus Cannonau-Trauben. Ein ganz besonderer Schlaftrunk.

BEBA

Viale Italia 11,
10069 Villar Perosa (TO), Italien
www.birrabeba.it

Die Brüder Alessandro und Enrico Borio brauen in ihrer 1996 gegründeten Mikrobrauerei in der Nähe von Turin eine breite Palette von Lagerbieren. In dem zur Brauerei gehörenden Gasthaus bekommt man sämtliche Beba-Biere vom Fass und dazu hervorragende Gerichte aus der Region.

MOTOR OIL

Starkes dunkles Lager 8 Vol.-%
Ebenholzfarben mit kräftigen Noten von Lakritz und Röstkaffee; langer, bitterer Nachklang. Ebenso viskos, wie es der Name suggeriert.

TALCO

Roggenbier 4,2 Vol.-%
Ein Saisonbier aus Roggen und Weizen. Ein guter Durstlöscher.

BIRRA DEL BORGO

Via del Colle Rosso,
02021 Borgorose (RI), Italien
www.birradelborgo.it

Der ehemalige Heimbrauer Leonardo Di Vincenzo erlernte seinen Beruf in einem Brauereigasthaus in Rom, bevor er 2005 die Brauerei in Borgorose eröffnete. Hier braut er exzellente Biere, oft inspiriert von britischen Stilen, experimentiert aber auch mit ungewöhnlichen Zutaten wie Tabak, Teeblättern und Enzianwurzeln.

KETO REPORTER

Tabakporter 5,5 Vol.-%
Dieses rauchig-pfeffrige Porter wird mit Kentucky-Tabak aromatisiert, ist aber dennoch erstaunlich süffig.

RE ALE EXTRA

India Pale Ale 6,4 Vol.-%
Reichlich gehopft mit den Sorten Amarillo und Warrior; mit süßem Karamell und Fruchtnoten.

BIRRIFICIO ITALIANO

Via Castello 51, 22070 Lurago
Marinon (CO), Italien
www.birrificio.it

Agostino Arioli gründete seine berühmte Gasthausbrauerei 1994 gemeinsam mit seinem Bruder und mit Freunden. Sein Pils und sein Bockbier erreichten schnell Kultstatus. Arioli braut mehrere Saisonbiere, z.B. ein sprudelndes Bier aus schwarzen Johannisbeeren und ein fassgereiftes Bier mit Zimt und Ingwer. Im Restaurant kann man hervorragend essen und Livemusik hören.

SCIRES

Kirschbier 7 Vol.-%
Ein fantastisches, saures Bier, gebraut mit Vignola-Kirschen, Milchsäurebakterien, wilder Hefe und Holzchips.

FLEURETTE

Aromatisiertes Bier 3,7 Vol.-%
Gebraut aus Gerste, Weizen und Roggen, aromatisiert mit Rosen und Veilchen, Holundersaft, schwarzem Pfeffer und Zitronenhonig.

DIE BEKANNTESTEN ITALIENISCHEN BIERE

Obwohl es in Italien immer mehr Mikrobrauereien gibt, sind die beliebtesten Biere die für den Massenmarkt bestimmten Lagerbiere von multinationalen Konzernen.

Heineken Italia besitzt die Marken Dreher, Von Wunster, Prinz und Birra Moretti aus Udine – wozu das klassische Moretti gehört, das Baffo d'Oro und das La Rossa.

Zu SABMiller gehören Wührer und, was noch wichtiger ist, die Brauerei Peroni in Rom, wo Biere wie Birra Peroni, das berühmte Nastro Azzurro und Peroni Gran Riserva hergestellt werden.

Carlsberg Italia besitzt die Marken Splügen und Birra Poretti, wozu das Poretti Premium sowie das helle Bockbier 1877 und das »rote« Bockbier 1877 gehören.

Der einzige große, unabhängige Bierproduzent ist Forst, der sowohl Lagerbiere als auch Qualitätsbiere wie VIP Pils und das Doppelbock Sixtus braut. Zu Forst wiederum gehört die Marke Menabrea mit dem Flaggschiff Menabrea 150° Anniversario.

1998 bildete sich Unionbirrai, ein Zusammenschluss kleiner traditionell arbeitender Brauereien, die ihre Unabhängigkeit bewahren wollen.

Birra Peroni (Lager 4,7 Vol.-%) *links*
Peroni Nastro Azzurro (Premium Pilsener 5,1 Vol.-%) *Mitte*
Birra Moretti (Lager 4,6 Vol.-%) *rechts*
Moretti La Rossa (Premium Lager 7,2 Vol.-%)
Menabrea 150° Anniversario (Premium Lager 4,8 Vol.-%)

BRAUEREI

BRÙTON

Via Lodovica 5135, 55100 San Cassiano di Moriano (LU), Italien
www.bruton.it

Dieser Gasthausbrauerei in der Toskana trägt den Namen, den, so heißt es, auch das Bier der Minoer im antiken Kreta hatte. Hier kann man regionale Gerichte genießen und dazu interessante Biere trinken, die den Minotauros auf dem Etikett tragen. Die Etiketten stammen von dem einstigen Heimbrauer Alessio Gatti.

CITABIUNDA

Via Moniprandi 1/a, Neive fraz. Bricco, 12052 Neive (CN), Italien
www.birrificiocitabiunda.it

Die Gasthausbrauerei Citabiunda (»blondes Mädchen«) ist in einer ehemaligen Schule untergebracht. Man kann dort originelle Biere trinken und sich köstliche Gerichte servieren lassen.

BRAUGEHEIMNIS: Marco Morengo lernte das Brauen bei Teo Musso von Le Baladin. Für seine Biere verwendet er Champagner-Hefen.

CITTAVECCHIA

Z.A. Stazione di Prosecco 29/E, 34010 Sgonico (TS), Italien
www.cittavecchia.com

Cittavecchia wurde 1999 in der Weinstadt Prosecco zwischen Triest und der slowenischen Grenze eröffnet. Der einstige Heimbrauer Michele Barro gab aus Leidenschaft für gutes Bier seinen Job als Designer auf und wurde Vollzeitbrauer. Seine Biere werden heute in den besten Restaurants und Bars in der Region ausgeschenkt.

DUCATO

Via G. Strepponi 50/a, 43010 Roncole Verdi Busseto (PR)
www.birrificiodelducato.it

Der junge Brauer Giovanni Campari gründete diese Mikrobrauerei 2007 ganz in der Nähe von Verdis Geburtsort (bei Parma). Von Anfang an stellte er mit den vier charaktervollen Bieren seines Sortiments sein Können unter Beweis. Ducato gilt heute als eine der vielversprechendsten Mikrobrauereien in Italien.

BIER

MOMUS
STRONG AMBER ALE 7,5 Vol.-%
Inspiriert durch belgische Abteibiere; Aromen von Millefiori-Honig. Trotz des Alkoholgehalts süffig.

LILITH
AMERICAN PALE ALE 5,5 Vol.-%
Gut ausgewogen, viele Karamellnoten; im Geschmack Grapefruit-Aromen, die von Cascade Hopfen stammen.

BIANCANEIVE
WITBIER 4,8 Vol.-%
Ein stark gewürztes Weizenbier – ein süffiger Durstlöscher; die blumigen Noten stammen von Champagner-Hefen.

SENSUALE
BELGISCHES ABTEIBIER 7 Vol.-%
Gut ausgewogenes, starkes Bier, das viele weinartige, zitrusfruchtige Noten aufweist; durchgehend süß.

FORMIDABLE
STRONG DARK ALE 8 Vol.-%
Ein starkes, fruchtiges Bier mit Lakritznoten. In den Krimis von George Simenon trinkt Kommissar Maigret sein Bier aus einem Formidable-Krug.

SAN NICOLÒ
GEWÜRZBIER 6 Vol.-%
Bernsteinfarben, mit Kardamom gewürzt; nur zum Nikolaustag gebraut.

NEW MORNING
SAISONBIER 5,6 Vol.-%
Ein erstaunliches Saisonbier, das mit Kamillenblüten versetzt ist. Süffig, mit schönen, erdigen Noten.

AFO
AMERICAN PALE ALE 5,2 Vol.-%
AFO (»Ale For the Obsessed«, Bier für Besessene) richtet sich besonders an Hopfenliebhaber. Schöne Aromen von Zitrusfrucht und Karamell.

GRADO PLATO

Viale Fasano 36/bis,
10023 Chieri (TO), Italien
www.gradoplato.it

Diese Gasthausbrauerei wurde 2003 von dem ehemaligen Heimbrauer Sergio Ormea in der Nähe von Turin eröffnet. Sein Sohn Gabriele hilft ihm im Gasthaus – man kann dort 20 verschiedene Schneckenrezepte kosten!

BRAUGEHEIMNIS: Die originellen Biere werden mit Zutaten wie Maronen und Gerste aus der Region gebraut.

CHOCARRUBICA
STOUT 7 Vol.-%
Ein originelles Stout, das Kakaobohnen und Carob aus Sizilien erkennen lässt. Am Gaumen seidigweich.

STRADA SAN FELICE
STRONG LAGER 8 Vol.-%
Ein dunkles, starkes Lagerbier mit Nüssen aus der Region, die für ein leicht rauchiges Maronenaroma sorgen. Leicht bitterer Nachklang.

LAMBRATE

Via Adelchi 5, 20131 Mailand, Italien
www.birrificiolambrate.com

Lambrate ist die erste Gasthausbrauerei in Mailand. Sie wurde 1996 von den Brüdern Davide und Giampaolo Sangiori mit Fabio Brocca gegründet, und zwar nach einem Besuch der Brouwerij t'IJ in Amsterdam. Kürzlich wurde das Sortiment um einige interessante Biere erweitert. Auf der Speisekarte stehen Biergerichte, z. B. in Biermaische geschmortes Schweinefleisch.

GHISA
RAUCHBIER 5 Vol.-%
Ebenholzfarben, mit cappuccinoartigem Schaum; leicht rauchige Aromen, süffig, mit Noten von Pflaumen; langer, hopfenbetonter Nachklang.

MONTESTELLA
BLOND ALE 4,9 Vol.-%
Das Flaggschiff; hell, frische Aromen von Heu und Hopfen; langer, trockener und reinigender Nachklang.

L'OLMAIA

Strada Foce e Fornace 22,
Podere Olmaia, 53042
Chianciano Terme (SI), Italien
www.birrificioolmaia.com

Diese kleine, feine Brauerei in der Nähe von Siena wurde 2005 gegründet. Der junge, enthusiastische Brauer Moreno Ercolani braut faszinierende, naturbelassene Biere und verwendet dafür oft Zutaten aus der Region, z. B. Honig, der von Ulmen stammt (*olmaia* ist das italienische Wort für Ulmen).

PVK
BELGISCHES WITBIER 6 Vol.-%
Ein helles Bier, das mit Hartweizen, Gerste, Hafer, rotem Pfeffer, Koriander und Orangenschale gebraut wird.

CHRISTMAS DUCK
BELG. STRONG DARK ALE 8,5 Vol.-%
Ein bemerkenswertes, wärmendes Winterbier, das mit Ulmenhonig gebraut wird, was dem Bier bittersüße, fruchtige Noten verleiht.

MALTUS FABER

Via Fegino 3,
16131 Genova-Rivarolo, Italien
www.maltusfaber.com

Diese ganz neue Brauerei steht auf dem Gelände einer ehemaligen Brauerei, das gewissermaßen ein Sinnbild für Bier in Genua ist. Maltus Faber wurde von den beiden Freunden Fausto Marenco und Massimo Versace gegründet. Beide haben eine große Vorliebe für belgische Biere, was sich an ihrem interessanten und vielversprechenden Sortiment erkennen lässt.

AMBRATA
BELGISCHES AMBER ALE ALE 6,5 Vol.-%
Viele Karamell- und Nussnoten, gut ausgewogen; langer, trocken-bitterer Nachklang.

BRUNE
BELGISCHES STRONG DARK ALE 8 Vol.-%
Ein komplexes, dunkles Bier mit kräftigen Noten von Kaffee, Schokolade und Lakritz. Trotz des hohen Alkoholgehalts gut trinkbar.

BRAUEREI

MONTEGIOCO

Frazione Fabbrica, 1
15050 Montegioco (AL), Italien
www.birrificiomontegioco.com

Riccardo Franzosi, einer der vielseitigsten Brauer in Italien, gab 2006 seinen Job im familieneigenen Bauunternehmen auf, um seine eigenen Biere herzustellen. Franzosi produziert reguläre und Saisonbiere mit Zutaten wie Kirschen, Pfirsichen und Blaubeeren.

BRAUGEHEIMNIS: Der Koriander stammt aus dem Garten des Nachbarn.

PANIL (TORRECHIARA)

Strada Pilastro 35,
43010 Torrechiara (PR), Italien
www.panilbeer.com

Der studierte Biologe Renzo Losi wurde im Jahr 2000 zum Brauer, als ihm sein Vater gestattete, auf dem Weingut der Familie südlich von Parma Bier zu brauen.

BRAUGEHEIMNIS: Losi stammt aus einer Winzerfamilie – er verwendet Spumante-Hefen und lässt seine Biere in Eichenfässern reifen.

PICCOLO BIRRIFICIO

Via IV Novembre, 20,
18035 Apricale (IM), Italien
www.piccolobirrificio.com

Diese Mikrobrauerei wurde 2005 gegründet. Sie bewirtschaftet eine ehemalige Ölmühle in dem mittelalterlichen Städtchen Apricale nahe der französischen Grenze. Lorenzo Bottoni produziert unter dem Namen Nüa (»nackt«) eine Reihe köstlicher Biere, darunter einige, die mit eher ungewöhnlichen Früchten und Pflanzen gebraut werden.

SCARAMPOLA

Via Apollo Sanguinetti 16/18,
17014 Cairo Montenotte, Italien

Die Gasthausbrauerei Scarampola wurde 2004 im Untergeschoss einer alten Villa eröffnet und ist inzwischen in ein nahe gelegenes Kloster umgezogen. Maurizio Ghidetti braut gern mit regionaltypischen Zutaten wie Maronen oder Bitterorangen. Seine Biere erhält man vom Fass in der Osteria del Vino Cattivo in der Nähe von Cairo Montenotte.

BIER

DOLII RAPTOR
Strong Ale 8,5 Vol.-%
Mehr als sechs Monate in Fässern von Barbera-Wein gereift, dann eine zweite Gärung mit Weißweinhefen.

QUARTA RUNA
Fruchtbier 7 Vol.-%
Für dieses Bier werden Volpedo-Pfirsiche erhitzt und dann mit vergoren. Die Säure im Bier stammt von den wilden Hefen auf den Pfirsichschalen.

PANIL BARRIQUÉE SOUR
Flämisches Rotbier 8 Vol.-%
Das Flaggschiff der Brauerei, drei Monate im Fass gereift; säuerlich, weinartig und kompromisslos.

DIVINA
Spontangäriges Bier 5,5 Vol.-%
Die Spontangärung findet in einem offenen Lastwagen statt, der über Nacht draußen stehen bleibt. Süßsauer, hefig und zitrusfruchtig.

SESONETTE
Belgisches Saisonbier 6,5 Vol.-%
In Chardonnay-Fässern gereift, mit Gewürzen und Schalen von Bitterorangen versetzt.

CHIOSTRO
Gewürzbier 5 Vol.-%
Mit Wermutkraut gewürzt; gebraut mit Hefen, wie sie für Trappistenbiere verwendet werden und die für komplexe Aromen sorgen.

IPA
Fruchtbier 7,6 Vol.-%
IPA ist hier nicht India Pale Ale, sondern Italian Pompelmo (Grapefruit) Ale. Gebraut mit Grapefruitschalen und Cascade Hopfen.

NIVURA
Maronenbier 7,5 Vol.-%
Eine neue Biersorte, die in Italien sehr populär ist. Rauchige Noten von gerösteten Maronen.

NOCH MEHR BIERE AUS ITALIEN

In Italien wächst die Zahl kleiner, traditionell arbeitender Brauereien, die mit verschiedenen Zutaten und Braumethoden experimentieren.

BRAUEREI

BI-DU

Via Confine 26,
22070 Rodero (CO), Italien
www.bi-du.it

Diese kleine Gasthausbrauerei eröffnete 2002 in dem Örtchen Rodero nahe der schweizerischen Grenze. Der Name geht auf ein Bier der Sumerer zurück. Beppe Vento ist einer der besten Brauer in Italien.

BRAUGEHEIMNIS: Vento braut lediglich in einem Stil, der ihm auch persönlich zusagt.

BIER

KÖLSCH
Kölsch 5 Vol.-%
Ein trüber, frischer Digestif mit angenehmen Bitternoten; entspricht ganz der Philosophie des Brauers.

ARTIGIANALE
Bitter 6,2 Vol.-%
Ein viel gelobtes Bitter; gute Ausgewogenheit zwischen Malz und Hopfen; langer, bitterer Nachklang.

MOSTO DOLCE

Via Frà Bartolomeo 211,
59100 Prato (PO), Italien
www.mostodolce.it

Diese Mikrobrauerei wurde 2003 von Francesca Torri und Elio Dall'Era gegründet. Francesca Torri stellt mit Leidenschaft ihr Sortiment an Ales und Lagerbieren her. Es gibt zwei schöne Kneipen, wo man ihre Biere probieren kann, eine in Prato (Via dell'Arco 6) und die andere in Florenz (Via Nazionale, 114 R).

BOCK
Bock 6,3 Vol.-%
Preisgekrönt. Mit fünf verschiedenen Malzen und viel Hopfen gebraut. Gut ausgewogen.

MARTELLINA
Honigbier 7,3 Vol.-%
Stark und kompromisslos, aber gut zu trinken. Durchschlagende Aromen von dem verwendeten Maronenhonig aus der Region.

BRAUEREI

TROLL

Strada Valle Grande 15/A,
12019 Vernante (CN), Italien
www.birratroll.it

Alberto Canavese machte 2002 aus seiner Bar in Vernante im Vermenaga-Tal eine Gasthausbrauerei. Brauer Daniele Meinero ist weithin bekannt dafür, dass er seine Biere mit ungewöhnlichen Kräutern und Gewürzen aromatisiert.

BRAUGEHEIMNIS: Meinero lernte seinen Beruf bei dem eigenwilligen Brauer Teo Musso von Le Balandin in Piozzo.

BIER

PALANFRINA
Maronenbier 9 Vol.-%
Intensive Aromen von Maronen aus der Region: getrocknet, geröstet und in Form von Honig.

SHANGRILA
Gewürzbier 8,5 Vol.-%
Ein dunkel bernsteinfarbenes Bier, das mit einer exotischen Gewürzmischung aus dem Himalaja aromatisiert ist.

ZAHRE

Via Razzo 50,
33020 Sauris di Sopra (UD), Italien
www.zahrebeer.com

Das friaulische Bergdorf Sauris liegt in der Nähe der österreichischen und der slowenischen Grenze und hieß in der Antike Zahre. Sandro Petro gründete die Mikrobrauerei Zahre 1999 und braut seine hoch geschätzten Biere mit frischem Quellwasser aus den Bergen.

AFFUMICATA
Rauchbier 6 Vol.-%
Ein dunkel rötliches, ausgewogenes Lager mit Aromen von geröstetem Gerstenmalz. Ein perfekter Begleiter zu dem regionalen rohen Schinken.

CANAPA
Aromatisiertes Bier 5 Vol.-%
Ein elegantes, delikates und süffiges Lagerbier, das mit Carmagnola-Hanfblüten aromatisiert wird.

VECCHIO BIRRAIO

Via Caselle 87, 3510 Marsango di Campo S. Martino (PD), Italien
www.vecchiobirraio.it

Der Bierliebhaber Stefano Sausa gründete diese Familienbrauerei 1995 ganz in der Nähe von Padua. Sein Anliegen ist die Produktion handwerklich hergestellter, naturbelassener und wohlschmeckender Biere. Der Erfolg seines Brauereigasthofes geht auch auf die hervorragenden Gerichte zurück, die dort serviert werden.

SAUSA PILS
Pilsener 5 Vol.-%
Das Flaggschiff: ein preisgekröntes Pils im tschechischen Stil mit langem, trocken-hopfigem Nachklang.

BLACK HORSE
Extra Stout 6,5 Vol.-%
Ein starkes, körperreiches Stout mit angenehmen Noten von Kaffee, Schokolade und Trockenfrüchten.

VILLA POLA

Via Batt. S. Pomini 3,
31050 Barcon di Vedelago (TV), Italien
www.villapola.com

Diese Gasthausbrauerei in einem beeindruckenden Herrenhaus aus dem 18. Jh. gibt es seit 2002. Der Brauer Paolo de Martin ist ein Liebhaber deutscher Biere, was an seinem Sortiment deutlich wird.

BRAUGEHEIMNIS: De Martin war der erste Brauer in Italien, der ein Maronenbier herstellte.

POLA PILS
Pilsener 4,7 Vol.-%
Ein ausgewogenes Pilsener deutscher Art mit langem, trockenem und hopfenbetontem Nachklang.

SOCI'S SCHWARZ
Schwarzbier 4 Vol.-%
Das nach einem Rezept der Heimbrauervereinigung gebraute Bier ist gut gehopft; Kaffee, Trockenfrüchte, Pflaumen, Schokolade und Lakritz.

ALLES ÜBER ...

AROMAZUSÄTZE

Das deutsche Reinheitsgebot schreibt vor, dass die Brauer für ihr Bier nur Malz, Hopfen, Hefe und Wasser verwenden dürfen. Doch wenn man z. B. in Belgien eine Brauerei besucht, findet man dort große Mengen an Gewürzen und Kräutern. Zerstoßene Koriandersamen und getrocknete Orangenschale verleihen einem Witbier wie Hoegaarden würzige, zitronenfruchtige Noten. In Belgien wird auch mit Ingwer, Anis, Kümmel und Sternanis gebraut. Dany Prignon experimentiert bei Fantôme mit Oregano – und stellt damit ein Bier her, das wunderbar zu Pizza schmeckt. In Belgien gibt es sogar Biere, die mit Tee, Honig oder Senf gebraut werden.

Pflanzliche Zutaten tauchen in der Braugeschichte schon sehr früh auf: Bevor mit Hopfen gebraut wurde, gab es Versuche mit Gagel, wildem Rosmarin, Gundelrebe und Sumpfmyrte. In Nordeuropa arbeitete man mit einer *gruit* genannten Kräutermischung. Durch die Kolonialisierung gelangten viele »exotische« Gewürze nach Europa und landeten auch im Sudkessel.

Heute arbeiten Brauer vermehrt mit aromatisierenden Zusätzen – nicht nur in Belgien. Der schottische Braumeister Bruce Williams z. B. hat dem Heather Ale zu neuem Auftrieb verholfen. Es handelt sich um ein sehr altes Bier der Pikten, das mit Heidekraut gebraut wird. Italienische Brauer dagegen experimentieren mit Maronen, Myrrhe und Tabak.

HEIDEKRAUT

Für das Fraoch von Williams wird neben etwas Hopfen auch Heidekraut in den Sud gegeben. In der Nase hat dieses Bier torfige, blumige Noten, der Nachklang ist trocken und adstringierend.

INGWER, MYRRHE UND HONIG

Italienische Brauer probieren würzige Zusätze aus. Das Nora von Le Baladin wird mit Ingwerwurzel und Myrrhe gebraut, das Erika dagegen mit Heidekraut. Honig wird traditionell für einige belgische Biere verwendet, etwa beim Bière des Ours von Binchoise.

MARONEN UND TABAK

Das Strada San Felice von Grado Plato wird mit Maronen gebraut, das Keto Reporter von Birra del Borgo enthält Kentucky-Tabak, der dem Porter einen pfeffrigen Charakter verleiht.

KAFFEE UND SCHOKOLADE

Die Meantime Brewery in London ist immer für ungewöhnliche Einfälle gut, z. B. werden dort Biere mit fair gehandelten Kaffeebohnen hergestellt. Das Chocolate Stout von Rogue Ales aus den USA ist ein schokoladig-alkoholischer Genuss. Sowohl Kaffee als auch Schokolade harmonieren wunderbar mit vergleichbaren Malznoten.

STACHELBEEREN, KIEFERN UND ALGEN

Bei Williams in Schottland werden Biere mit Stachelbeeren, Sumpfmyrte, Kiefern- und Fichtensprossen und sogar mit Algen hergestellt.

NOUGAT

In der französischen Brauerei Bourganel entstehen Biere aus regionalen Zutaten wie Maronen, Heidelbeeren und auch Nougat aus Montélimar, der dem Bier einen Mandelgeschmack verleiht.

BRAUEREI

ANNOEULLIN

5 Grand Place,
59112 Annoeullin, Frankreich
brasserie.annoeullin@wanadoo.fr

Diese kleine Brauerei wurde 1905 von der Familie Lepers gegründet und wird heute von der fünften Generation geführt. Bekannt ist die Brauerei für das L'Angelus, das eine Reproduktion von Jean-François Millets *L'Angelus* (1857) auf dem Etikett trägt. L'Angelus ist ein exzellentes Beispiel für ein lange gereiftes Bier, das als Bière de Garde bezeichnet wird.

AU BARON

2 rue du Piémont,
59570 Gussignies, Frankreich
www.lachope.com/baron.html

Diese Mikrobrauerei mit Restaurant liegt sehr lauschig an einem Flussufer. Sie gehört seit den 70er-Jahren der Familie Bailleux. Man kann sich dort nach der Besichtigung der Brauerei Fisch oder Fleisch vom Grill servieren lassen und dazu ein Bier trinken – z. B. die Cuvée des Jonquilles, deren Farbe ebenso strahlend ist wie die der Osterglocken, nach denen das Bier benannt ist.

BOURGANEL

7 avenue Claude Expilly,
07600 Vals les Bains, Frankreich
www.bieres-bourganel.com

Im Jahr 1997 beschloss der Getränkehändler Christian Bourganel, in Eigenregie handwerklich gebraute Biere aus regional angebauten Zutaten zu entwickeln.

BRAUGEHEIMNIS: Zu den ungewöhnlichen Zutaten gehören Maronen, Heidelbeeren, Nougat und der mit Eisenkraut aromatisierte Likör Verveine du Velay.

CASTELAIN

13 rue Pasteur,
62410 Bénifontaine, Frankreich
www.chti.com

Castelain ist ein Familienbetrieb, der 1926 gegründet wurde. 1978 übernahmen Yves und Annick Castelain das Geschäft von ihren Eltern. Sie entwickelten die Reihe Ch'ti, was im regionalen Dialekt so viel wie »ein Nordisches« heißt: kräftige, aber weiche Lagerbiere, die eine lange Zweitgärung durchlaufen.

BIER

L'ANGELUS

Bière de Garde 7 Vol.-%

Üppig, weich und wunderbar aromatisch mit Anklängen an Koriander und sirupartige Süße.

CUVÉE DES JONQUILLES

Bière de Garde 5 Vol.-%

Kräftig, aber trotzdem ein guter Durstlöscher voller köstlicher Aromen von Zitrus- und exotischen Früchten.

BOURGANEL AU NOUGAT

Aromatisiertes Lager 5 Vol.-%

Ein Bier mit einem unglaublichen Nougat-Bouquet; im Mund Geschmack nach gerösteten Mandeln.

BOURGANEL AUX MARRONS

Aromatisiertes Lager 5 Vol.-%

Ein bernsteinfarbenes Bier; elegant, sehr fruchtig und erfrischend mit Anklängen an Vanille und auch an Maronen.

MALTESSE

Premium Lager 7,7 Vol.-%

Ein blondes, reichhaltiges Bier, das nach Gerste schmeckt; im Nachklang sehr angenehme Bitternoten.

CH'TI BLONDE

Lager 6,4 Vol.-%

Körperreich, gerade genug Bitternoten, um erfrischend zu sein. Weich und schmackhaft.

LA CHOULETTE

16 rue des Écoles,
59111 Hordain, Frankreich
www.lachoulette.com

Die Bauernhofbrauerei La Choulette wurde 1885 gegründet und ist eine der wenigen überlebenden Brauereien, die Ende des 19. Jh. in Nordfrankreich existierten. Die handwerklich gebrauten Biere von Alain Dhaussy sind von hoher Qualität und entsprechend erfolgreich. Sie sind eng mit der nordfranzösischen Brautradition verbunden, haben aber auch innovative Züge.

CHOULETTE FRAMBOISE

Fruchtbier 6 Vol.-%

Erfrischend, leicht säuerlich. Die reifen Himbeeren sind gut zu erkennen, aber nicht aufdringlich.

PORTE DU HAINAUT AMBRÉE

Amber Ale 7 Vol.-%

Ein fruchtiges Bier mit mittlerem Körper; Aromen von gekochten Äpfeln, Birnen und Karamell; leicht bitter.

COREFF

2 place de la Gare,
29270 Carhaix, Frankreich
www.coreff.com

Mit der Gründung dieser bretonischen Brauerei 1985 begann die Renaissance handwerklichen Brauens in Frankreich. Coreff produziert Biere im britischen Stil. So gehören z. B. Stout und Porter zum Sortiment, aber ebenso Weizenbiere und andere helle Sorten.

BRAUGEHEIMNIS: Alle Biere von Coreff sind unpasteurisiert und ungefiltert.

COREFF AMBRÉE

Amber Ale 5 Vol.-%

Seit 1985 ein Klassiker – ein tiefgründiges, köstliches Bier mit Noten von braunem Zucker, Röstmalz und Karamell. Schöne Bitterkeit im Nachklang.

DUYCK

113 route Nationale, 59144 Jenlain, Frankreich
www.duyck.com

Duyck wurde 1922 als Bauernhofbrauerei gegründet und braut Bières de Garde – im Winter hergestellte und abgefüllte Biere, die bis zum Sommer lagern und dann getrunken werden können. In den 50er-Jahren begann die Familie Duyck, ihre Biere in recycelte Champagnerflaschen abzufüllen. Raymond Duyck führt das Geschäft heute in vierter Generation.

JENLAIN AMBRÉE

Amber Ale 7,5 Vol.-%

Körperreich mit anklingender Bitterkeit; durch das Röstmalz weich mit Noten von gedünsteten Pflaumen und Karamell. Kann sehr gut zum Essen getrunken, aber auch zum Kochen regionaler Gerichte wie Carbonnade Flamande (in Bier gegartes Rindfleisch) verwendet werden.

FISCHER

7 Rue de Bischwiller
67300 Schiltigheim, Frankreich
www.heineken-entreprise.fr

Fischer wurde 1822 gegründet und galt über viele Jahre als Inbegriff elsässischer Biere. Berühmt war auch das Logo mit dem kleinen Fischer, der aus einem großen Glas trinkt. 1996 wurde Fischer von Heineken aufgekauft, und alles sieht danach aus, als würde die Brauerei 2009 geschlossen. Das Adelscott von Fischer wird mit dem in Frankreich so beliebten Malt Whisky aromatisiert.

ADELSCOTT

Lager 5,8 Vol.-%

Rötlich braun; Aromen von Karamell in Verbindung mit torfigem Rauch, im Nachklang süßlich. Trotzdem erfrischend.

BRAUEREI

GAYANT

63 Faubourg de Paris,
59500 Douai, Frankreich
www.brasseurs-gayant.com

Der Familienbetrieb Brasseurs de Gayant wurde 1919 gegründet und war seit jeher offen für neue Braumethoden – von obergärigen Ales bis hin zu Celta, dem ersten alkoholfreien Bier.

BRAUGEHEIMNIS: Bei Gayant wird das stärkste Bier Frankreichs hergestellt, nämlich das Bière du Démon mit 12 Vol.-%.

KRONENBOURG

68 route Oberhausbergen,
67200 Straßburg
www.brasseries-kronenbourg.com

Diese ehemals kleine Gasthausbrauerei in Straßburg gibt es seit 1664. Im 20. Jh. entwickelte sich Kronenbourg zur größten Brauerei in Frankreich, was durch den weltweiten Verkauf erfrischender Lagerbiere zu günstigen Preisen möglich wurde. Seither sind die Absatzzahlen etwas zurückgegangen. Heute gehört Kronenbourg zur dänischen Carlsberg A/S.

LANCELOT

Site de la mine d'or
56460 Le Roc St André, Frankreich
www.brasserie-lancelot.com

Lancelot wurde 1990 gegründet und ist heute in dem aus dem 19. Jh. stammenden Gebäude einer inzwischen stillgelegten Zinn- und Goldmine untergebracht. Die Biere von Lancelot lassen – zumindest auf den Etiketten – die Verbundenheit mit bretonischen und keltischen Traditionen sowie der Artussage erkennen. Produziert wird ganz im Stil belgischer Brauereien.

BRASSEURS DE LORRAINE

3 rue du Bois le Prêtre,
54700 Pont à Mousson, Frankreich
www.brasseurs-lorraine.com

2003 taten sich drei Partner zusammen, um mitten in Lothringen eine Brauerei zu gründen. Ihr Ziel war es, die mehr oder weniger verschwundenen regionalen Brautraditionen wiederzubeleben. Die Brauerei stellt heute sechs Marken mit jeweils verschiedenen Bierarten her.

BIER

LA GOUDALE
ALE 7,2 VOL.-%
Goldfarben, dicht und voller Malzaromen, dabei leichte Bitterkeit durch flämischen Hopfen.

AMADEUS
WEIZENBIER 4,5 VOL.-%
Hellgelb und trüb; ein leichtes, erfrischendes Bier mit Aromen von Zitrusfrucht und Koriander.

1664
SPEZIAL-LAGER 5,5 VOL.-%
Ein goldfarbenes, weiches und erfrischendes Lagerbier: am Gaumen leicht bitter mit Anklängen an Malz.

BLANC
WEIZENBIER 5 VOL.-%
Ein knackig-erfrischendes Bier mit frischen, fruchtigen Aromen und Anklängen an Koriander.

MORGANE
ALE 5,5 VOL.-%
Ein angenehm erfrischendes und leichtes Bio-Bier.

CERVOISE
ALE 6 VOL.-%
Bernsteinfarben, im Geschmack fruchtig und malzbetont, dabei Anklänge an Honig und Gewürze.

ABBAYE DES PRÉMONTRÉS
ABTEIBIER 6 VOL.-%
Bernsteinfarben, malzbetont mit delikaten Bitternoten. Im Nachklang gedünstete Früchte und Karamell.

DUCHESSE DE LORRAINE
ROTBIER 5,5 VOL.-%
Malzig-würzig mit Anklängen an Trockenfrüchte; gebraut nach einem Rezept aus dem 18. Jh.

METEOR

6 rue du Général Lebocq,
67270 Hochfelden, Frankreich
www.brasserie-meteor.fr

Seit 1640 befindet sich die Brauerei Meteor in Hochfelden. Sie ist der älteste Familienbetrieb in Frankreich. Hier herrscht elsässische Tradition, aber auch neue Sorten entstehen hier. Meteor war die erste französische Brauerei, die von 1927 an ihre Biere mit Genehmigung durch tschechische Behörden als »Pils« bezeichnen durfte.

METEOR PILS
Pilsener 5 Vol.-%
Ein klassisches, helles Pilsener. Unpasteurisiert, weich und deutlich malzbetont, dabei recht bitter. Sehr erfrischend.

MICHARD

8 Place Denis Dussoubs,
87000 Limoges, Frankreich

Jean Michard, einer der Vorreiter bei der Wiedereinführung handwerklicher Braumethoden in Frankreich, eröffnete 1987 seine erste Gasthausbrauerei in Limoges. Auf der Grundlage bayerischer Stile entwickelte er gemeinsam mit seiner Tochter Julie eine Reihe gelungener Biere. Sie werden nur in der eigenen Gasthausbrauerei ausgeschenkt und haben daher Seltenheitswert.

MICHARD AMBRÉE
Amber Ale 5,5 Vol.-%
Strahlend kupferfarben; am Gaumen sehr weich, im Nachklang leichte Säure und Bitterkeit.

PIETRA

Route de la Marana,
20600 Furiani, Frankreich
www.brasseriepietra.com

Die erste korsische Brauerei überhaupt wurde 1996 eröffnet. Die beiden Brauer Armelle und Dominique Sialelli arbeiten mit Rohstoffen von der Insel, z. B. mit Kräutern aus dem mediterranen Buschwald und Maronenmehl, das in ihrem Bier Pietra mehr als nur ein Aromazusatz ist. Biera Corsa ist ungemein erfolgreich, und das nicht nur auf Korsika selbst.

COLOMBA
Weizenbier 5 Vol.-%
Schroff mit Aromen von Erdbeerbaum, Myrte und Wacholder. Ein erfrischendes Sommerbier.

PIETRA
Amber Lager 6 Vol.-%
Elegante Aromen von geröstetem Malz, nussig und etwas bitter.

ROUGET DE LISLE

Rue des Vernes,
39140 Bletterans, Frankreich
www.larougetdelisle.com

Die 2002 eröffnete Brauerei trägt den Namen des Komponisten der französischen Nationalhymne. Sie bringt jedes Jahr bis zu 15 neue Biere auf den Markt, von denen einige ohne Hopfen gebraut werden.

Braugeheimnis: Statt Hopfen werden u. a. Wermut, Löwenzahn, schwarze Johannisbeeren und Enzian verwendet.

FOURCHE DU DIABLE
Lager 5,4 Vol.-%
Bernsteinfarben; Aromen von Frühlingsblumen und ungewöhnliche Bitternoten durch Enzianwurzeln.

ABISINTHE
Lager 6 Vol.-%
Goldfarben; sehr erfrischend mit Aromen von Minze, Melisse und der besonderen Bitterkeit von Wermut.

BRAUEREI

SAINT GERMAIN

26 route d'Arras,
62160 Aix-Noulette, Frankreich
www.page24.fr

Es waren zwei junge, aber erfahrene Brauer, die 2003 die Brauerei eröffneten. Sie stellen obergärige Bières de Garde her, von denen eines nach Hildegard von Bingen (12. Jh.) benannt ist, der oft – fälschlicherweise – die Einführung von Hopfen in die Braukunst zugeschrieben wird.

SAINT SYLVESTRE

121 rue de la Chapelle,
59114 St-Sylvestre-Cappel, Frankreich
www.brasserie-st-sylvestre.com

In diesem Örtchen in Französisch-Flandern nahe der belgischen Grenze gibt es schon seit 1789 eine Brauerei. Die Familie Ricour braut hier seit vielen Generationen aus Gerstenmalz und Hopfen traditionelle Biere.

BRAUGEHEIMNIS: Die Brauerei arbeitet mit drei verschiedenen Hefekulturen, die für kräftige, üppige Aromen sorgen.

THEILLIER

11 rue de la Grande Chaussée,
59570 Bavay, Frankreich

Die Familie Theillier braut schon seit 1832 in dieser Kleinstadt nahe Valenciennes. Seither hat sich weder bei der Ausstattung noch bei den Braumethoden viel verändert. Die Biere gehören zu den besten in ganz Frankreich.

BRAUGEHEIMNIS: Eines der Geheimnisse von Brauer Michel Theillier ist, dass der Sud in den alten Kupferkesseln sehr lange gekocht wird.

THIRIEZ

22 rue de Wormhout,
59470 Esquelbecq, Frankreich
http://brasseriethiriez.iFrankreich.com

Bevor er 1996 Brauer wurde, hatte Daniel Thiriez als Lebensmittelgroßhändler gearbeitet. Er richtete seine Brauerei in einem alten Bauernhof in Französisch-Flandern ein und braut hier mit traditionellen Methoden.

BRAUGEHEIMNIS: Die ungefilterten Biere von Thiriez durchlaufen eine zweite Gärung in der Flasche.

BIER

RESERVE HILDEGARDE AMBRÉE

Amber Ale 6,9 Vol.-%

Goldfarben, üppige Nase mit Noten von Getreide, Gewürzen und Honig. Weich und bitter, langer Nachklang.

RHUBARBE

Rhabarberbier 5,9 Vol.-%

Goldfarben, blumige Aromen. Erfrischend mit besonderer Säure von dem verwendeten Rhabarber.

3 MONTS

Ale 8,5 Vol.-%

Strahlend goldfarben, üppige Nase mit viel Malz. Schön bitter und langer Nachklang.

GAVROCHE

Amber Ale 8,5 Vol.-%

Dunkel bernsteinfarben, Röstmalz und gedünstete rote Früchte; leicht bitter, langer Nachklang.

LA BAVAISIENNE

Amber Ale 6,5 Vol.-%

In der Nase getreidige Noten; ein bernsteinfarbenes, komplexes und malzbetontes Bier mit Aromen von braunem Zucker und Karamell; üppig bitter. Köstlich.

ÉTOILE DU NORD

Bière Blonde 5,5 Vol.-%

Sobald man die Flasche öffnet, steigt einem ein herrlicher Duft von frischem Hopfen in die Nase. Die erfrischende Bitterkeit des Biers harmoniert wunderbar mit den feinen Malzaromen.

1516 BREWING COMPANY

Schwarzenbergstraße 2,
1010 Wien, Österreich

Die 1516 Brewing Company ist ein Brewpub im amerikanischen Stil im Zentrum von Wien. Nicht alle Biere entsprechen dem deutschen Reinheitsgebot von 1516. Dieses Jahr gab zwar dem Unternehmen seinen Namen, aber Letzteres wurde erst 1998 gegründet.

BRAUGEHEIMNIS: 1516 hat sich auf stark gehopfte Biere spezialisiert, und die meisten sind auch ziemlich stark.

YANKEE STICKE
STICKE 7,3 VOL.-%
Sticke, ein Altbier, ist etwa so stark wie Bockbier. Es ist sehr bitter, da ganzer Hopfen verarbeitet wird.

HOP DEVIL
INDIA PALE ALE 6,5 VOL.-%
Orangefarben, intensiver Duft nach Grapefruit. Körperreich mit deutlichen Aromen von Cascade-Hopfen.

SCHLOSS EGGENBERG

Eggenberg 1,
4655 Vorchdorf, Österreich
www.schloss-eggenberg.at

In dem kleinen Schloss Eggenberg in Oberösterreich wird schon seit mehr als 500 Jahren gebraut. Hier werden zahlreiche Lagerbiere (auch ein alkoholfreies) für den heimischen Markt hergestellt, ebenso einige Bockbiere für den Export – darunter ein Urbock und eine helle Version des traditionellen dunklen Samichlaus Biers.

SAMICHLAUS BIER
DOPPELBOCK 14 VOL.-%
Intensiver Duft nach Malz und Alkohol. Süß und fruchtig (getrocknete Kirschen, Feigen und Pflaumen); kaum erkennbarer Hopfen.

HOPFENKÖNIG
PILSENER 5,1 VOL.-%
Hell, stabile Schaumkrone; würzige, heuartige Aromen. Leichter Körper, gefolgt von trockener Bitterkeit.

FORSTNER BIERE

Dorfstraße 52, 8401 Kalsdorf
bei Graz, Österreich
www.hofbraeu.at

Gerhard Forstner ist einer der experimentierfreudigsten Brauer Österreichs. Seit einiger Zeit versucht er sich an Bieren im belgischen oder amerikanischen Stil. Die Brauerei ist in einem ehemaligen Gehöft untergebracht. Einige der Biere werden von Slow Food anerkannt und bei Veranstaltungen dieser Organisation ausgeschenkt.

STYRIAN ALE
BITTER ALE 5,6 VOL.-%
Dunkelrot; in der Nase Röstnoten und Frucht (Grapefruit?); leicht herb, aber erfrischend; mäßig bitter.

TRIPLE 22
BELGISCHES TRIPLE 9,5 VOL.-%
Kupferfarben, Duft nach Papaya und Mango. Süß und körperreich, Nachklang würzig-bitter.

FREISTÄDTER

Promenade 7, 4240 Freistadt,
Österreich
www.freistaedter-bier.at

Diese Brauerei nahe der tschechischen Grenze besitzt die Rechtsform einer »Commune«, die auf das 18. Jh. zurückgeht, als die brauberechtigten Bürger von Freistadt sich zusammenschlossen. Bis heute sind diese Rechte erhalten geblieben, d.h., wer in der Stadt Immobilien besitzt, hält damit automatisch auch Brauereiaktien.

RAUCHBIER
RAUCHBIER 5,3 VOL.-%
Bernsteinfarben, in der Nase Rauchnoten; trocken und aromatisch, Balance zwischen Malz und Hopfen.

RATSHERRN TRUNK
EXPORT 5,1 VOL.-%
Stabiler Schaum, voller Körper; leichte Hopfenbitterkeit mit Anklängen an Gras im Nachklang.

BRAUEREI

GÖSSER

Brauhausgasse 1,
8707 Leoben-Göss, Österreich
www.goesser.at

Gösser ist eine der beliebtesten Marken in Österreich. Das meistverkaufte Bier ist das Gösser Märzen. Die Brauerei gehört heute zu Heineken.

BRAUGEHEIMNIS: Chefbrauer Andreas Werner braut das Reininghaus Jahrgangspils mit regional angebautem Fuggles Hopfen, bekannt als Styrian Goldings.

BIER

GÖSSER MÄRZEN

MÄRZEN 5,2 VOL.-%

In der Nase viel Malz mit Heu und Hopfen; süß und malzbetont, aber gut ausgewogen; kräftig bitter.

REININGHAUS JAHRGANGSPILS

PILSENER 4,9 VOL.-%

Duft nach Kräutern und Heu; trocken-hopfig mit Aromen von Frucht (reifer Apfel?) im Nachklang.

GUSSWERK

Söllheimer Straße 16,
5020 Salzburg, Österreich
www.brauhaus-gusswerk.at

Das kleine Brauhaus Gusswerk ist in einer ehemaligen Glockengießerei untergebracht. Zur Brauerei gehört eine stilvolle Kneipe, doch die Biere gibt es auch in Bio-Läden überall in Österreich zu kaufen.

BRAUGEHEIMNIS: Brauer Reinhold Barta hält sich strikt an die Demeter-Regeln für die Produktion von Bio-Bieren.

KATHARSIS

SPEZIALBIER 6,6 VOL.-%

Wenig Kohlensäure. In der Nase getrocknete Aprikosen; üppiger, voller Körper. Im Nachklang herb.

EDELGUSS

NATURTRÜBES VOLLBIER 5,1 VOL.-%

Goldfarben und leicht trüb. Getreidige Aromen mit Biskuit-Anklängen. Im Nachklang Noten von Kräutern.

HIRT

Hirt 9, 9322 Micheldorf, Österreich
www.hirterbier.at

Diese alte Brauerei, die 1270 in der südösterreichischen Provinz Kärnten gegründet wurde, stellt zahlreiche ganz unterschiedliche Biere her. Bekannt ist sie vor allem für ihre Pilsener, die auch im Ausland erhältlich sind. Das Weizen und das Märzen von Hirt sind dagegen viel schwerer zu finden.

HIRTER PRIVAT PILS

BÖHMISCHES PILSENER 5,2 VOL.-%

Hell goldfarben mit leichten, blumigen Hopfenaromen; milde Bitterkeit, die von einem eher malzig-süßlichen Körper eingehüllt ist.

BIO HANFBIER

AROMATISIERTES BIER 4,8 VOL.-%

Regional angebauter Hanf verleiht diesem hellen Lager ein nussiges Aroma.

KALTENHAUSEN

Salzburgerstraße 67, 5400 Hallein-Kaltenhausen, Österreich
www.edelweissbier.at

Obwohl die Geschichte von Kaltenhausen bis ins Jahr 1475 zurückreicht, ist der Braugasthof vor allem für sein Weißbier bekannt, das erst seit 1980 hergestellt wird. Das Edelweiss ist das meistverkaufte Weizen in Österreich.

BRAUGEHEIMNIS: Risse im Fels sorgen für kalten Luftzug, den sich die Brauerei für die Gärung zunutze macht.

EDELWEISS HOFBRÄU

BAYERISCHES WEIZENBIER 4,5 VOL.-%

Würzige, nelkenartige Aromen mit Anklängen an Banane. Spritzig-erfrischend, ziemlich leichter Körper.

GAMSBOCK

WEIZENBOCK 7,1 VOL.-%

Intensive Bananenaromen, gefährlich erfrischend für ein Bier mit so hohem Alkoholgehalt. Extrem trockener Nachklang.

MOHRENBRÄU

Dr.-Waibel-Straße 2,
6850 Dornbirn, Österreich
www.mohrenbrauerei.at

Mohrenbräu ist die westlichste Brauerei Österreichs und bekannt für ihre Starkbiere. Im Brauereigebäude ist auch ein kleines Museum untergebracht, das die Brautradition des Bundeslandes Vorarlberg dokumentiert.

BRAUGEHEIMNIS: Das Kellerbier ist am Gaumen so schön weich, weil es mit etwas Weizen gebraut wird.

KELLERBIER

LAGER 5,7 VOL.-%

In der Nase viel Frucht und viel Hefe; am Gaumen weich, kaum Bitteraromen.

BOCKBIER

BOCK 7 VOL.-%

Intensive, heuartige Hopfenaromen. Voller Körper, gut ausgewogen: nicht zu süß und nicht zu bitter.

SCHWECHATER

Mautner Markhof-Straße 11,
2320 Schwechat, Österreich
www.schwechater.at

Schwechater ist eine große Brauerei, die 1841 das erste Lagerbier gebraut hat – genauer gesagt, das Lager im Wiener Stil (Wiener Lager) von Anton Dreher. Die Produktion dieses Biers wurde Anfang des 20. Jh. eingestellt. Heute gehört die Brauerei zu Heineken und produziert helle Lagerbiere.

SCHWECHATER ZWICKL

ZWICKELBIER 5,5 VOL.-%

Kräuterartige Hopfenaromen mit Anklängen an Zitronenschale. Trockener, hopfenbetonter Nachklang.

SCHWECHATER BIER

HELLES LAGER 5 VOL.-%

Goldfarben, nach Malz duftend. Körperreich mit durchgehend markanten Hopfenaromen.

SIEBENSTERNBRÄU

Siebensterngasse 19,
1070 Wien, Österreich
www.7stern.at

Siebensternbräu war die erste Gasthausbrauerei in Österreich, in der Spezialbiere – z. B. mit Chili und Früchten aromatisierte IPAs – hergestellt wurden. Außerdem sorgte Inhaber Sigi Flitter für die Wiedereinführung vieler ur-österreichischer Biere. Das Sortiment ändert sich jede Saison, doch im Sommer gibt es immer Weizenbier und im Winter immer Rauchbier.

RAUCHBOCK

BOCK 7,9 VOL.-%

In der Nase viel Rauch; voller Körper mit Anklängen an Schokolade und Lakritz; rauchiger Nachklang.

PRAGER DUNKLES

DUNKLES LAGER 4,5 VOL.-%

Die meisten dunklen Biere in Österreich sind süß, dieses ist trocken. Intensive Röstnoten, kaum Hopfennoten. Im Nachklang Röstnoten.

STIEGL

Kendlerstraße 1,
5017 Salzburg, Österreich
www.stiegl.at

Von Stiegl stammt das erfolgreichste Bier in Österreich, das Goldbräu. Stiegl wurde 1492 gegründet und ist heute die größte unabhängige Brauerei im Land. Sie hat im Laufe ihrer Geschichte zahlreiche Exponate aus der »Brauwelt« gesammelt, die in dem zur Brauerei gehörenden Museum gesammelt sind – dem größten Braureimuseum Europas.

GOLDBRÄU

MÄRZEN 4,9 VOL.-%

Relativ wenig Bitteraromen, Anklänge an malzige Süße in der Nase und am Gaumen.

PARACELSUS ZWICKL

ZWICKELBIER 5 VOL.-%

Ein orangefarbenes und trübes Bio-Bier mit Aromen von Malz und Hefe; mittlerer Körper, kaum bitter.

ALLES ÜBER ...

BIER ZUM ESSEN

Ein Bier lässt sich gut »einfach nur so« trinken, passt aber auch hervorragend zum Essen. In der Vergangenheit galt aller kulinarischer Ruhm dem Wein, doch in den letzten Jahren entdecken immer mehr Küchenchefs und Feinschmecker, welch wunderbare Kombinationen von feinen Gerichten und Bier möglich sind.

In Deutschland wie in Belgien, Österreich und Ungarn kennt man dieses Geheimnis schon lange, und in diesen Ländern hat es nie Vorbehalte gegeben, Bier zum Kochen zu verwenden oder zum Essen zu servieren. Zur belgischen *cuisine à la bière* gehört z. B. in Kirschbier gegartes Kaninchen. In Tschechien serviert man zu traditionellen Gerichten wie Kartoffelpfannkuchen mit würzigem Schweinefleisch mit Sicherheit ein Bier. Ähnlich ist es in Bayern, wo Schweinefleischgerichte und Dunkel- bzw. Bockbiere gute Partner sind.

Diese Entwicklung lässt sich mittlerweile überall auf der Welt feststellen. Besonders in amerikanischen Brewpubs ist die Kombination von experimentellen Bieren und kreativen, modernen Gerichten heute selbstverständlich. Sowohl in der Küche als auch beim Essen selbst laufen Biere langsam, aber sicher dem Wein den Rang ab und genießen mittlerweile beinahe das gleiche Ansehen.

SÄUERLICHE BIERE
Säuerlich schmeckende Lambics und Rotbiere aus Flandern passen gut zu in Salz- oder Essiglake eingelegtem Gemüse, aber interessanterweise auch zu einem hocharomatischen, gut gereiften Käse.

BIER UND AUSTERN
Auf den Britischen Inseln schätzt man die Verbindung von Bier und Austern schon seit Langem – man denke nur an das Oyster Stout!

MALZBETONTE BIERE Das süßliche Malzaroma harmoniert besonders gut mit Schweinefleisch – eine köstliche Kombination. Biere mit rauchigem Röstmalzaroma schmecken hervorragend zu Fleisch vom Grill.

HOPFENBETONTE BIERE Biere mit einem pfeffrig-würzigen Nachklang passen besonders gut zu asiatischen Gerichten, wohingegen die Noten von Zitrusfrüchten und Orangenmarmelade in einem hopfigen Bier exzellent zu gutem Käse schmecken. Hopfenbittere Biere lassen sich auch gut zu fetthaltigem Essen trinken, da sie gewissermaßen den Mund »reinigen«.

BIER ZU »SCHWIERIGEN« GERICHTEN
Wo es schwierig wird, sich für den richtigen Wein zu entscheiden, serviert man heute auch gern ein Bier, z. B. zu Schokolade und zu Spargel. Zu einem mächtigen Schoko-Dessert ist ein belgisches Kriek einfach herrlich, und für gedämpften Spargel ist ein bayerisches Weißbier unbedingt die richtige Wahl. Ein Rauchbier schmeckt wunderbar zu Bratwürsten mit Spargel.

TASTING BOARDS Im Redoak Boutique Beer Café in Sydney gibt es sogenannte Tasting Boards, wo man kreative Gerichte häppchenweise mit verschiedenen Bieren probieren kann.

BRAUEREI

STIFTSBRAUEREI SCHLÄGL

Stift Schlägl, 4160 Schlägl 1, Österreich
www.stift-schlaegl.at

In dem Örtchen Schlägl nahe der tschechischen und der deutschen Grenze liegt die einzige österreichische Brauerei, die zu 100 % einem (Prämonstratenser-)Kloster gehört. In den vergangenen Jahren ist das Sortiment der Stiftsbrauerei beträchtlich angewachsen.

VITZTHUM

Uttendorf 25, 5261 Uttendorf, Österreich
www.uttendorf-bier.com

Der kleine Familienbetrieb Vitzthum ist in einem 100 Jahre alten Gasthaus an der Straße zwischen Salzburg und Braunau untergebracht. Schon allein das Gasthaus ist einen Besuch wert, da es dort gute regionale Gerichte gibt.

BRAUGEHEIMNIS: Die Brauerei hat sich mit kräftig gehopften Bieren einen guten Namen gemacht.

VILLACHER

Brauhausgasse 6, 9500 Villach, Österreich
www.villacher-bier.at

Die Brauerei wurde 1858 gegründet. Sie begann als regionale Brauerei, hat sich in den letzten 25 Jahren aber vergrößert und sogar einen Exportmarkt in Italien erschlossen. Die Biere werden unter der Marke Villacher verkauft; die Brauerei heißt offiziell Vereinigte Kärntner Brauereien. Zum Unternehmen gehören heute Schleppe sowie Piestinger aus der Nähe von Wien.

DIE WEISSE

Rupertgasse 10, 5020 Salzburg, Österreich
www.dieweisse.at

Die Gasthausbrauerei Die Weisse wurde 1901 gegründet und gilt damit als die älteste in Österreich. Bis Anfang der 90er-Jahre wurde das Bier ausschließlich im eigenen Gasthaus ausgeschenkt. Dann kam es in Mode und wird seither in vielen Kneipen und Restaurants in ganz Österreich verkauft. Das Sortiment wurde erweitert und umfasst heute auch Bockbiere und ein Märzen.

BIER

STIFTER BIER
AMBER ALE 5,7 VOL.-%
Malzig-süß mit erfrischend fruchtigen (Pfirsich und Melone) Untertönen. Nur leichte Anklänge an Hopfen.

DOPPEL BOCK
STARKBIER 8,3 VOL.-%
Schwere, malzbetonte Nase. Fruchtig (Pfirsich und Apfel) und süß, sehr ausgewogener Nachklang.

EINHUNDERT
PILSENER 5 VOL.-%
Angeblich das am stärksten gehopfte Pilsener der Welt: Der IBU-Wert liegt bei 100! Trockener Nachklang.

UTTENDORF BOCK DUNKEL
BOCK 7 VOL.-%
Ein untergäriges Bockbier mit Röstaromen, vollem Körper und leichter Süße. Trockener, bitterer Nachklang.

VILLACHER EDITION 07
WIENER LAGER 4,9 VOL.-%
Süßlicher Duft mit Anklängen an Frucht. Erfrischend, dabei voller Körper, durch Hopfen gut ausbalanciert.

VILLACHER GLOCKNER PILS
PILSENER 4,9 VOL.-%
Hell goldfarben, viel Kohlensäure; grasiger Duft nach Hopfen. Am Gaumen spröde und trocken; hopfenbetonter Nachklang.

DIE WEISSE
BAYERISCHES HEFEWEIZEN 5,2 VOL.-%
Goldfarben und trüb mit einer großen, weichen Schaumkrone. Intensiv-würzige Aromen und ein überraschend trockener, bitterer Nachklang.

BIERWERKSTATT WEITRA

Sparkasseplatz 160,
3970 Weitra, Österreich
www.bierwerkstatt.at

Die Bierwerkstatt Weitra hat wohl die ältesten Braurechte Österreichs inne – sie wurden 1321 verliehen. In jener Zeit gab es in Weitra viele Brauereien, heute nur noch die Bierwerkstatt und eine Gasthausbrauerei.

BRAUGEHEIMNIS: Die Brauerei ist auf Bio-Biere spezialisiert und arbeitet bis heute mit offenen Gärbehältern.

HADMAR

WIENER LAGER (BIO-BIER) 5,2 VOL.-%
In der Nase und am Gaumen süßliches Malz; Anklänge an bittere Röstnoten; variiert.

WEITRA HELL

LAGER 5 VOL.-%
Strohfarben, gut erkennbare Ester, wenig Kohlensäure; am Gaumen weich, mild gehopft.

ZILLERTAL BIER

Umfahrungsstraße 3,
6280 Zell am Ziller, Österreich
www.zillertal-bier.at

Diese Brauerei im Tiroler Zillertal gibt es seit mehr als 500 Jahren. Jedes Jahr im Mai richtet sie das Gauderfest aus, ein viertägiges Bierfest, dessen Tradition auf das Jahr 1482 zurückgeht.

BRAUGEHEIMNIS: Für das Gauderfest wird ein spezielles Bockbier gebraut, das nur an dem einen Wochenende erhältlich ist.

GAUDER BOCK

MAIBOCK 7,4 VOL.-%
Aromen von Vanille und Bergkräutern. Bitteraromen balancieren das Malz aus. Trockener Nachklang.

ZILLERTAL WEISSBIER

HEFEWEIZEN 5 VOL.-%
Aromen von Zitrusfrucht und Banane. Prickelnd und erfrischend; leicht und aromatisch (Nelken).

ZIPF

4871 Zipf, Österreich
www.zipfer.at

Die große Brauerei Zipf gehört heute Heineken. Zipfer Biere sind sehr hell und lassen deutliche Hopfenaromen erkennen, denn die Brauerei arbeitet mit ganzen Hopfendolden. Das Flaggschiff ist das frische Urtyp, das seit 1967 auf dem Markt und nicht mit dem Pils zu verwechseln ist. Braumeister Günther Seeleitner stellt zuweilen Biere nur einmal her.

PILS

PILSENER 5,2 VOL.-%
Hell, mit stabiler Schaumkrone. Intensive, blumige Hopfenaromen; trockener, hopfenbetonter Nachklang.

STEFANIBOCK

BOCK 7,1 VOL.-%
Duft nach Zitronen und Heu, am Gaumen Malz, aber kaum süß. Leichter als andere Bockbiere.

ZWETTLER

Syrnauer Straße 22–25,
3910 Zwettl, Österreich
www.zwettler.at

Als Brauerei in Familienbesitz konnte Zwettler in den vergangenen 40 Jahren heranwachsen, weil der Besitzer Karl Schwarz zunächst preiswerte Lagerbiere produzierte. Später folgten hochwertige Spezialbiere.

BRAUGEHEIMNIS: Seit Ende der 70er-Jahre braut Zwettler ein ungefiltertes Zwickelbier.

ORIGINAL

PILSENER 5,1 VOL.-%
Malzbetont, voller Körper, ausbalanciert durch regional angebauten Perle und Select Hopfen.

ZWETTLER ZWICKL

ZWICKELBIER 5,5 VOL.-%
In der Nase Hefe und Zitrone. Erfrischend, weich und gut ausgewogen, mäßig bitter.

BRAUEREI

CALANDA

Kasernenstr. 36, 7007 Chur, Schweiz
www.calanda.com

Dank Heineken ist Calanda heute die größte Brauerei in der Ostschweiz. Neben allgegenwärtigen internationalen Marken produziert Calanda noch fünf traditionelle, regionale Biere, ebenso das Ittinger, das ursprünglich aus der Actienbrauerei Frauenfeld stammt, die 1994 verkauft wurde.

EICHHOF

Obergrundstraße 110, 6005 Luzern, Schweiz, www.eichhof.ch

Die 1834 gegründete Brauerei Eichhof ist seit 1927 an der Züricher Börse notiert. Trotz zahlreicher Investoren, die das Unternehmen stützen, wurde die Eichhof Getränke-AG im August 2008 von Heineken-Switzerland übernommen.

BRAUGEHEIMNIS: Das Brauwasser stammt aus dem Pilatus-Massiv in den Schweizer Alpen.

FALKEN

Brauereistraße 1,
8201 Schaffhausen, Schweiz
www.falken.ch

Die 1799 gegründete Brauerei Falken – heute eine der größeren unabhängigen Brauereien – liegt in Schaffhausen, wo mit dem Rheinfall der größte Wasserfall Europas zu sehen ist. Ihre Biere sind hopfiger als die meisten anderen Biere in der Schweiz, vom Gesamteindruck her aber sehr weich. Sie ähneln traditionellen tschechischen Lagerbieren.

LOCHER

Industriestraße 12,
9050 Appenzell, Schweiz
www.appenzellerbier.ch

Appenzell ist der kleinste Kanton in der Schweiz, dennoch haben die Biere aus dieser Regionalbrauerei einen weiten Bekanntheitsgrad erreicht.

BRAUGEHEIMNIS: Nachdem die Familie Locher in den 90er-Jahren des 20. Jh. festgestellt hatte, dass bei Vollmond gebraute Biere besser gären, wurden die Vollmond-Biere entwickelt.

BIER

CALANDA LAGER

LAGER 5 VOL.-%

In der Nase süßliche Ester; der erste Eindruck ist fruchtig frisch, es folgt aber eine milde Bitterkeit.

ORIGINAL ITTINGER KLOSTERBRÄU

AMBER ALE 5,8 VOL.-%

In der Nase malzig, Röstaromen. Getreide, Karamell und bitterer Hopfen. Kurzer, trockener Nachklang.

BÜGEL BRÄU

LAGER 4,9 VOL.-%

Hell goldfarben mit hefiger Nase. Körperreich mit Anklängen an Vanille; sehr mild gehopft.

BARBARA

LAGER 5,9 VOL.-%

Leicht süßliche, toffeeartige Nase, am Gaumen wunderbar ausgewogen. Im Nachklang fruchtig.

FIRST COOL

LAGER 4,5 VOL.-%

Kaum duftend. Am Gaumen süß und weich, was daher kommt, dass dieses Bier mit Mais gebraut wird.

FALKEN PRINZ

LAGER 5,5 VOL.-%

In der Nase Butterscotch und Kräuter; voller Körper, viel Kohlensäure, süß-würzig (Ingwer?), im Nachklang wieder Butterscotch.

VOLLMOND BIER

LAGER (BIO-BIER) 5,2 VOL.-%

Duft nach Hopfen und Zitronenschale; mittlerer Körper, angenehmes Mundgefühl; etwas hopfenbitter.

HOLZFASS-BIER

LAGER 5,2 VOL.-%

Duft nach Mais; sehr wenig Kohlensäure, deutliche Eichennoten von den Fässern, in denen das Bier reift.

BIERVISION MONSTEIN

Monstein, 7278 Davos, Schweiz
www.biervision-monstein.ch

Hoch in den Bergen in der Nähe von Davon gründeten Andreas Aegerter und Christian Ochs ihre kleine Dorfbrauerei – zusammen mit 756 Investoren, die zugleich treue Kunden sind. Sie haben alle dieselbe Vision, nämlich dass es einen Markt für ungewöhnliche Biere gibt, ebenso für ihre »bierverwandten« Produkte wie Käse mit einer Malzkruste oder Bierschnäpse.

MONSTEINER MUNGGA BIER
KÖLSCH 3,5 VOL.-%
Gebraut mit Bio-Produkten aus der Schweiz. Mungga (Murmeltier) duftet nach Veilchen, schmeckt trocken und ist elegant bitter.

MONSTEINER WÄTTERGUOGE BIER
LAGER 4,5 VOL.-%
Süffiges, unpasteurisiertes Bier aus Gerste, Weizen und Mais.

RUGENBRÄU

Wagnerenstraße 40,
3800 Matten, Schweiz
www.rugenbraeu.ch

Nicht weit von Eiger und Jungfrau liegt der Familienbetrieb Rugenbräu im Touristenort Interlaken im Berner Oberland. Eigentümer und Chef Bruno Hofweber bewirbt seine Biere und seine Feinschmeckergerichte in Zusammenarbeit mit einigen größeren Hotels in der Gegend, vor allem mit dem Victoria-Jungfrau.

ALPENPERLE
LAGER 4,8 VOL.-%
Hell goldfarben, in der Nase süßlich, leichter Körper. Im Nachklang etwas süß und recht wenig Hopfen.

ZWICKEL BIER
ZWICKELBIER 4,8 VOL.-%
Strohfarben und leicht trüb; verhaltener Duft nach Zitronenschale; trocken, gut ausgewogen; im Nachklang kräuterartige Bitterkeit.

SONNENBRÄU

Alte Landstraße 36,
9445 Rebstein, Schweiz
www.sonnenbraeu.ch

Die Brauerei ist die letzte von 34 Betrieben, die es einst im Rheintal in der Ostschweiz gab. Sonnenbräu brachte kurz hintereinander verschiedene Biere auf den Markt, darunter 1978 auch das erste Light-Bier der Schweiz.

BRAUGEHEIMNIS: Gebraut wird vor allem mit Produkten aus der Region, z. B. mit lokal angebautem Mais.

RHEINTALER CULINARIUM MAISBIER
LAGER 5 VOL.-%
Grasiger Hopfen kaschiert den Mais in der Nase. Im Mund sehr weich; späte, dezente Hopfenbitterkeit.

FIRST SWISS ALE
BROWN ALE 5,4 VOL.-%
Aromen von Karamell, Brot, geröstetem Malz und Frucht. Mittlerer Körper, im Nachklang mäßig bitter.

BRAUHAUS STERNEN

Hohenzornstraße 2,
8500 Frauenfeld, Schweiz
www.brauhaussternen.ch

Eine faszinierende Gasthausbrauerei auf dem Gelände der Actienbrauerei Frauenfeld, wo Martin Wartmann seinerzeit das Ittinger kreierte (das heute von Calanda gebraut wird). Die heutige Brauerei wurde 2003 mithilfe prominenter europäischer Brauer errichtet. Einige dieser Biere wurden »nur für Freunde« in kleinen Mengen verkauft.

WARTMANN'S NUR FÜR FREUNDE NO1
BELGISCHES DUBBEL 9,6 VOL.-%
Schokoladiger, süßer Duft. Körperreich und fruchtig (reife Pflaumen); im Nachklang sehr milde Bitterkeit.

HONEY BROWN ALE
BROWN ALE 6 VOL.-%
Süß und fruchtig. Erfrischend angesichts des Alkoholgehalts Kaum bitter, im Nachklang etwas Honig.

BRAUEREI

BEIERHAASCHT

Avenue de Luxembourg 240,
4940 Bascharge, Luxemburg
www.beierhaascht.lu

Tradition und Moderne gehen in dieser Gasthausbrauerei eine gelungene Verbindung ein: Mitten in dem hellen, luftigen Schankraum stehen glänzende Kupferkessel. Die Speisekarte bietet regionale Spezialitäten und Gerichte, die mit Bier zubereitet werden.

BRAUGEHEIMNIS: Alle Biere werden nach dem deutschen Reinheitsgebot gebraut.

CORNELYSHAFF

Maison 37,
9753 Heinerscheid, Luxemburg
www.cornelyshaff.lu

Die Kooperative Cornelyshaff liegt in einem Naturschutzgebiet und umfasst eine Kneipe, ein Restaurant, ein Hotel und die Brauerei, die besichtigt werden kann. Die Anlage, die seit 2006 von der Wiltzer Brauerei Simon betrieben wird, ist modern und arbeitet kraftsparend. Hier bekommt man die Cornelyshaff-Biere sowie Produkte aus der Region.

DIEKIRCH

Rue de la Brasserie 1,
9214 Diekirch, Luxemburg
www.mouseldiekirch.lu

Die Brasserie de Luxembourg Mousel Diekirch hat ihre Wurzeln im Jahr 1871. Um 1900 war sie die produktivste Brauerei des Landes. 2002 wurde sie von Interbrew aufgekauft, seit 2004 gehört sie InBev. In der zugehörigen Kneipe Mousel's Cantine gibt es auch ungefilterte Versionen (Zwickel) der Standardbiere.

SIMON

Rue Joseph Simon 14,
9550 Wiltz, Luxemburg
www.brasseriesimon.lu

Die Brauerei Simon liegt in den dicht bewaldeten Hügeln der Ardennen, und zwar im Ortskern von Wiltz in Sichtweite der Kirche. Sie wurde 1824 gegründet und braute früher im Auftrag des Großherzogs von Luxemburg.

BRAUGEHEIMNIS: Bei Simon wird noch mit offenen Gärbottichen und Kupferkesseln gearbeitet.

BIER

BIÈRE MEESCHTERBÉIER
LAGER 5 VOL.-%
Ein leichtes, hell orangefarbenes Bier; ein guter Durstlöscher, der vor allem im Sommer schmeckt.

BIÈRE AU FROMENT CLAIRE
HELLES WEIZENBIER 6 VOL.-%
Hell und leicht trüb. Stark und knackig, im Mund leicht scharf und erfrischend.

OURDALLER WAÏSSEN TARWEBIER
WEIZENBIER 4,6 VOL.-%
Ein ungefiltertes, trübes Weizenbier; charaktervoll und sehr würzig.

KORNELYSBÉIER
ROGGENBIER 4,2 VOL.-%
Würziger Duft; kräftiger Geschmack mit erdigen Noten, die auf den Einsatz von Roggen zurückgehen.

DIEKIRCH GRAND CRU AMBRÉE
WIENER LAGER 5,1 VOL.-%
Am Gaumen süß und fruchtig, gefolgt von viel Malz. Schöne weiche Bernsteinfarbe.

DIEKIRCH EXCLUSIVE
LAGER 5,1 VOL.-%
Helle Farbe – und auch im Mund etwas blass. Ein unkompliziertes, süffiges Bier.

SIMON DINKEL
DINKELBIER 4,5 VOL.-%
Gebraut mit 70 % Gerste und 30 % ungemälztem Dinkel. Ein helles Bier mit weichem, fruchtigem Aroma.

NEW OKULT NO 1 BLANCHE
WEIZENBIER 5,4 VOL.-%
Trüb, herb-erfrischend im Geschmack, pikanter Nachklang.

Stiegl ist die größte unabhängige Brauerei in Österreich. Ihr Goldbräu gehört zu den bestverkauften Bieren.

DE 3 HORNE

Marktstraat 40a,
Kaatsheuvel 5171GP, Niederlande
www.de3horne.nl

Von Heimbrauer Sjef Groothuis 1991 in einer Garage gegründet, konnte die Brauerei De 3 Horne 1993 das Gebäude einer ehemaligen Schuhfabrik beziehen. Dort gibt es auch einen Verkostungsraum. Die meisten Biere sind im belgischen Stil gebraut, einige für Auftraggeber, z. B. das Kandinsky Bier.

TRIPPELAER
TRIPLE 8,5 VOL.-%
Keksartige, brotige Aromen, gefolgt von viel süßem Malz und etwas Bitterorange.

DOBBELAER
DOUBLE 6,5 VOL.-%
Ein malzbetontes, süßliches Bier mit pikantem Nachklang. So gut wie die meisten belgischen Doubles.

ALFA

Thull 15–19, 6365 AC Schinnen,
Niederlande
www.alfa-beer.nl

Seit der Gründung 1870 untersteht die Brauerei der Familie Meens und ist einer der wenigen noch verbliebenen Familienbetriebe in den Niederlanden. Die Biere werden aus Quellwasser gebraut, jede Flasche trägt eine Nummer.

BRAUGEHEIMNIS: Bei Alfa hält man sich an das deutsche Reinheitsgebot.

ALFA EDEL PILS
PILSENER 5 VOL.-%
Tabak und zitrusartiger Hopfen überlagern Malzigkeit. Eines der markantesten niederländischen Pilsener.

ALFA SUPER DORTMUNDER
DORTMUNDER EXPORT 7,5 VOL.-%
Ein bitteres Exportbier, das grasigen Hopfen, Honig und Vanille mit buttrigen Aromen kombiniert.

BRAND

Brouwerijstraat 2–10,
6321 AG Wijlre, Niederlande
www.brand.nl

Obwohl Brand seit 1989 zu Heineken gehört, hat sie es doch geschafft, ihren Namen und ihre Identität zu bewahren. Sie wurde 1340 gegründet und ist damit die älteste Brauerei des Landes.

BRAUGEHEIMNIS: Brand stellt verschiedene untergärige Biere her: Pilsener, Doppelbock, bernsteinfarbenes Bockbier und einen hellen Maibock.

BRAND IMPERATOR
LAGER 6,5 VOL.-%
Aromen von Trockenfrüchten, Toffee und würzigem Hopfen dominieren in diesem bernsteinfarbenen Bier.

BRAND URP
PILSENER 5 VOL.-%
Aromatisch hopfig, dabei herrschen Noten von Zitrone, Pfeffer und Kiefer vor.

BROUWERIJ 'T IJ

Funenkade 7, 1018 AL Amsterdam,
Niederlande
www.brouwerijhetij.nl

Die beliebteste Mikrobrauerei in Amsterdam ist zugleich die älteste Brauerei in der Stadt, obwohl sie erst 1985 gegründet wurde. Das Rückgrat des Sortiments sind starke Biere im belgischen Stil, weiterhin gibt es ein Pilsener und ein Weizenbier. Die Kneipe in einer alten Windmühle und der Biergarten haben die niedrigsten Bierpreise in ganz Amsterdam.

TURBOCK
DOPPELBOCK 9 VOL.-%
Voller dunkler Früchte und süßer Melasse; würziger als deutsche Bockbiere.

COLUMBUS
STARKBIER 9 VOL.-%
Gute Ausgewogenheit zwischen keksartigem Malz, Koriander, Zitrone und harzig-minzigem Hopfen.

BRAUEREI

BIER

BUDELS

Nieuwstraat 9,
6020 AA Budel, Niederlande
www.budels.nl

Budels ist eine der wenigen etablierten Brauereien in den Niederlanden, die untergärige Biere braut. Sie wurde 1870 gegründet und wird heute in der vierten Generation von der Familie Aerts geführt.

BRAUGEHEIMNIS: Seit einigen Jahren braut Budels auch obergärige Biere wie z. B. Kölsch und ein Abtei-Double.

BUDELS LAGER

PILSENER 5 VOL.-%

Auf einen milden, kiefernartigen Duft folgt ein fruchtig süßer Geschmack. Eher ein Helles als ein Pilsener.

BUDELS CAPUCIJN

ABTEIBIER DOUBLE 6,5 VOL.-%

Süße, malzige Röstaromen werden ergänzt durch Bitternoten, Datteln und leichte Anklänge an Rauch.

GROLSCH

Brouwerslaan 1, Boekelo,
7548 XA Enschede, Niederlande
www.grolsch.nl

Die Brauerei Grolsch, die heute zu SABMiller gehört, hatte ursprünglich zwei Niederlassungen – eine in Groenlo und eine in Enschede. 2004 wurde eine hypermoderne Brauerei in Boeklo außerhalb von Enschede eröffnet, und die beiden älteren Anlagen wurden geschlossen. Im Wesentlichen produziert Grolsch Pilsener.

GROLSCH PREMIUM WEIZEN

HEFEWEIZEN 5,5 VOL.-%

Trüb goldfarben mit Aromen von Orangen, Nelken und Basilikum wie bei deutschem Hefeweizen.

GROLSCH PREMIUM PILSNER

PILSENER 5 VOL.-%

Feiner Duft nach edlem Hopfen, angenehm würzig im Nachklang; vielleicht ein bisschen zu süß.

GRONINGSE STADSBROUWERIJ

Beckerweg 23, 9731 AX Groningen,
Niederlande
www.grunn-speciaalbier.nl

Im Jahr 2000 gründeten Jaap van der Weide und Egbert Timmermann diese Brauerei, deren Biere bis jetzt unter Vertrag in Belgien und in Deutschland gebraut werden. Geplant ist der Bau einer eigenen Brauanlage mit Kneipe in der Nähe des Fußballstadions FC Groningen.

GRUNN DREIDUBBEL

TRIPLE 5 VOL.-%

Ein süßes, honigartiges Triple mit keksartigem, zuckrigem Malz, das durch herbe Fruchtigkeit ergänzt wird, die an Pfirsich denken lässt.

GRUNN HOAGELWIT

WITBIER 5 VOL.-%

Ein Weizenbier mit subtilem Hopfen, delikaten Holunderblüten, Zitrone, Butter und pfeffrigen Aromen.

DIE BEKANNTESTEN NIEDERLÄNDISCHEN BIERE

In Holland wird vor allem Pilsener getrunken, das von einer der vier großen Brauereigruppen stammt: Heineken, Bavaria, Grolsch und Anheuser-Busch InBev.

Diese Unternehmen kontrollieren 95 % des niederländischen Biermarktes: an Platz eins steht Heineken mit 50 %, gefolgt von den Konkurrenten mit jeweils etwa 15 %. Zu den Hauptprodukten von Heineken gehören das allgegenwärtige Amstel Pils, das qualitativ bessere Amstel 1870 und das Witbier Wieckse Witte. Während der Bockbiersaison im Herbst gibt es das süße Heineken Tarwebok und das erstaunlich gute Amstel Bock. Bavaria ist die größte rein niederländische Brauerei und konzentriert sich auf das untere Preissegment des Marktes. Neben dem Bavaria Pilsener produziert die Brauerei spezielle Supermarkt-Biere. InBev schloss 2002 ihre größte niederländische Brauerei in Breda, Oranjeboom, die Brauerei in Dommelsch ist deutlich kleiner. Dort werden Dommelsch Pils, das Starkbier Dommelsch Dominator und das Herbstbier Dommelsch Bokbier Primeur gebraut.

HEINEKEN PILS
(PILSENER 5 VOL.-%) *links*
HEINEKEN TARWEBOCK
(BOCK 6,5 VOL.-%)
AMSTEL PILS
(PILSENER 5 VOL.-%) *Mitte*
AMSTEL 1870 (PILSENER 5 VOL.-%)
AMSTEL BOCK (BOCK 7 VOL.-%)
BAVARIA PILSENER
(PILSENER 5 VOL.-%) *rechts*

BRAUEREI

GULPENER

Rijksweg 16, 6271 AE Gulpen,
Niederlande
www.gulpener.nl

Wie die meisten älteren Brauereien befindet sich auch Gulpener im Süden des Landes. Hier werden zahlreiche ober- und untergärige Biere hergestellt.

BRAUGEHEIMNIS: Das Mestreechs Aajt von Gulpener ist ein Verschnitt von einem säuerlich schmeckenden Bier, das mindestens ein Jahr gereift ist, und frisch gebrautem Bier.

HERTOG JAN

Kruisweg 44, 5944 EN Arcen,
Niederlande
www.hertogjan.nl

1981 wäre die Brauerei Hertog Jan fast geschlossen worden. Dass sie noch existiert, ist dem Braumeister Toon van de Reek zu verdanken. Er konnte die Brauerei übernehmen, musste sich aber verpflichten, keine obergärigen Biere zu brauen. Es entstand ein Sortiment an Bieren im belgischen Stil. 1995 ging Hertog Jan an Interbrew (heute Anheuser-Busch InBev).

JOPEN

Minckelersweg 2a,
2031 EM Haarlem, Niederlande
www.jopen.nl

Die Brauerei Jopen wurde 1994 mit der Absicht gegründet, alte holländische Bierstile wiederzubeleben. Jopen ist die einzige niederländische Brauerei, die sich auf lokale Spezialbiere konzentriert, die sonst nirgendwo auf der Welt hergestellt werden. Bald eröffnet ein Gasthaus, in dem die Jopen-Biere ausgeschenkt werden.

KLEIN DUIMPJE

Parallelweg 2, 2182 CP Hillegom,
Niederlande
www.kleinduimpje.nl

Klein Duimpje ist die Brauerei des preisgekrönten Hobbybrauers Erik Bouman, dessen Porter 1997 beim Dutch Homebrewing Championchip als das beste von 400 ausgewählt wurde. Dies veranlasste Bouman, sein Hobby zum Beruf zu machen. Das ausgezeichnete Porter gehört nach wie vor zum Sortiment seiner obergärigen Biere.

BIER

GULPENER KORENWOLF

WITBIER 5 VOL.-%

Ein Weizenbier im belgischen Stil mit Orangen-, Ingwer-, Weizen- und Korianderaromen. Gebraut aus Gerste, Weizen, Dinkel und Roggen.

GULPENER GLADIATOR

STARKBIER 10 VOL.-%

Ein wirklich starkes Bier. Aromen von Apfel, Traube und Karamell umhüllt von Süße.

HERTOG JAN GRAND PRESTIGE

STARKBIER 10 VOL.-%

Ein fruchtiges Bier voller Aromen von Karamell, Lakritz, Toffee und Apfel, gekrönt von Hopfennoten.

HERTOG JAN PRIMATOR

PILSENER 5 VOL.-%

Obwohl dieses Bier für ein Pilsener recht süß ist, hat es viele grasige Hopfenaromen, die für ein würziges Rückgrat sorgen.

JOPEN KOYT

GRUIT-BIER 8,5 VOL.-%

Ein Bier, das aus der Zeit stammt, als nicht mit Hopfen, sondern mit Kräutern gebraut wurde. Fruchtig-würzig.

JOPEN HOPPENBIER

AMBER ALE 6,5 VOL.-%

Gebraut nach einem Rezept von 1501 aus Gerste, Weizen und Hafer; Anklänge an Koriander, Ingwer und Nelken ergänzen würzigen Hopfen.

HILLEGOMS TARWE BIER

WEIZENBIER 5,5 VOL.-%

Mit Koriander und Orangenschale aromatisiert – ein leicht süßes, würzig-zitrusfruchtiges Weizenbier.

PORTER

PORTER 5,5 VOL.-%

An Espresso erinnerndes Röstmalz in Kombination mit schokoladiger Süße, unterstützt von Lakritz und Toast.

LINDEBOOM

Engelmanstraat 54, 6086 BD Neer,
Niederlande
www.lindeboom.nl

Lindeboom wurde 1870 von Willem Geenen gegründet und ist die kleinste noch überlebende Lagerbier-Brauerei. Sie gehört nach wie vor Mitgliedern der Familie Geenen und produziert in erster Linie Pilsener, aber auch Altbier. Ende des vergangenen Jahrhunderts verlagerte sich der Schwerpunkt auf obergärige Biere.

DE MOLEN

Overtocht 43, 2411 BT Bodegraven,
Niederlande
www.brouwerijdemolen.nl

Nach der Gründung der Brauerei 2004 erlangte Brauer Menno Olivier einen guten Ruf. De Molen ist eine der wenigen Mikrobrauereien, die auch für den Export produzieren: Das Engel z. B. ist auf den dänischen Markt abgestimmt.

BRAUGEHEIMNIS: Kenner halten das Imperial Porter Tsarina Esra für eines der besten europäischen Biere.

MOMMERIETE

Holthonerweg 9, 7779 DE Holthone,
Niederlande
www.mommeriete.nl

Als die Heimbrauer Gert und Karina Kelder erfuhren, dass ein Restaurant in ihrer Nähe über einen ungenutzten Raum verfügte, begannen sie 2004 nach 15 Jahren endlich professionell zu brauen. Ihre Biere sind in dem Restaurant De Ganzenhove vom Fass erhältlich, als Flaschenbiere nur in speziellen niederländischen Biergeschäften.

DE PRAEL

Oudezijds Voorburgwal 30,
1012 GD Amsterdam, Niederlande
www.deprael.nl

Bei de Prael, der kleinsten Brauerei in Amsterdam, arbeiten ehemals psychisch kranke Menschen. Ursprünglich hieß die Brauerei »De Parel« (die Perle), der Name musste aber nach einer Klage der Brauerei Budels aufgegeben werden, die das Urheberrecht ihres Biers »Parel« verletzt sah. Also vertauschte man zwei Buchstaben und machte aus dem Namen De Prael.

VENLOOSCH

Altbier 5 Vol.-%

Der fruchtig-süße Duft ist irreführend, denn das Bier schmeckt trocken und hopfig. Gelungen.

LINDEBOOM OUD BRUIN

Oud Bruin 3,5 Vol.-%

Ein fruchtiges, recht süßes dunkles Lagerbier im Stil eines Oud Bruin, wie es auch in Belgien gebraut wird.

BOREFTS BLOND

Helles 6,5 Vol.-%

Anders als bei vielen blonden Bieren dominiert hier der Hopfen. Im Mund viel Orange, Kiefer, Harz und Gras.

BOREFTS STOUT

Stout 7 Vol.-%

Enthält alle Aromen von Röstmalz, die man von einem Stout erwartet. Komplex, charaktervoll, harmonisch.

SCHEERSE TRIPEL

Triple 9,5 Vol.-%

Duft nach Keks und Hefe; im Mund Honig, würzig-hopfiger Nachklang mit Noten von Tabak und Pfeffer.

VROUWE VAN GRAMSBERGH

Strong Dark Ale 10 Vol.-%

Aromen von dunklem Toffee, Brot und Pflaumen gehen über in einen harzig-bitteren Nachklang.

HEINTJE

Weizenbier 5,4 Vol.-%

Mit sehr deutlichen Zitrusfruchtaromen, etwas Frucht und einem unerwartet hopfigen Nachklang.

MARY

Barley Wine 9,6 Vol.-%

In diesem starken Bier dominieren weder Weizen noch Hopfen; Noten von Pfeffer, Toffee und Karamell.

DE SCHANS

Schans 17–21, 1421 BA Uithoorn, Niederlande
www.schansbier.nl

BRAUEREI

Guus Roijen gründete 1998 die Brauerei De Schans. Die katholische Kirche gegenüber verhinderte, dass Roijen einen Verkostungsraum einrichtete, aber es gibt innerhalb der Brauerei einen Laden.

BRAUGEHEIMNIS: Roijen ist sehr experimentierfreudig. Er produziert auch ein Saison- und ein Schwarzbier.

BIER

VAN VOLLENHOVEN'S & CO'S EXTRA STOUT

Stout 7 Vol.-%

Röstnoten von Expresso mit dunklen Früchten und Schokolade.

SCHANSBIER 6

Abteibier / Double 5,8 Vol.-%

Üppig schokoladig, aber nicht zu süß. Dunkles Toffee, Zichorie und Kaffee machen das Bier schön komplex.

SCHELDEBROUWERIJ

Wenenstraat 7, 2321 Meer (Gem. Hoogstraten), Niederlande
www.scheldebrouwerij.nl

Die Schelderbrouwerij, eine der ältesten und größten Mikrobrauereien in den Niederlanden, hat seit ihrer Gründung 1994 schon mehrfach Veränderungen durchlaufen. Die jetzigen Eigentümer, die Brüder Frans und Jan Ooms, streben eine Ausweitung der Produktion an und haben diese dazu nach Belgien verlegt.

'T SCHOENLAPPERTJE

Fruchtbier 6,5 Vol.-%

Schwarze Johannisbeeren verleihen diesem Bier seinen rötlichen Farbton und fruchtig-süßen Geschmack; wenig ausbalancierende Säure.

STRANDGAPER

Amber Ale 6,2 Vol.-%

Aromen von Keks, Orange und Holunderblüten, durchwoben von grasigen, pfeffrigen Hopfennoten.

ST. CHRISTOFFEL

Metaalweg 10, 6045 JB Roermond, Niederlande
www.christoffelbier.nl

St. Christoffel ist seit 1986 in Betrieb und gehört damit zu den ältesten Mikrobrauereien in den Niederlanden. Gegründet wurde sie von Leo Brand von der Brauer-Dynastie Brand. Seine Lagerbiere sind die besten des Landes.

BRAUGEHEIMNIS: Das Robertus ist ein seltenes Exemplar eines Münchner Dunkels ganz im bayerischen Stil.

CHRISTOFFEL BLOND

Pilsener 6 Vol.-%

Geradezu überquellend von würzigen Hopfenaromen: Basilikum, Minze, Ingwer, Grapefruit und Nelken.

CHRISTOFFEL ROBERTUS

Dunkles 6 Vol.-%

Das nussige Aroma von Münchner Malz ist stets erkennbar, begleitet von Keks-, Toast- und Toffeenoten.

LA TRAPPE

Eindhovenseweg 3, Berkel-Enschot, Niederlande
www.latrappe.nl

Es gibt nur sieben Trappistenbrauereien auf der Welt, und die von Koningshoven (besser bekannt als La Trappe) ist die einzige außerhalb Belgiens. Da es im Kloster Nachwuchsprobleme gab, entschied man sich, die Brauerei an Bavaria zu verkaufen. Doch gebraut wird nach wie vor im Kloster selbst unter Aufsicht der Mönche.

LA TRAPPE WITTE TRAPPIST

Witbier 5,5 Vol.-%

Ohne Gewürze, was aber durch dezenten Aromahopfen ausgeglichen wird, der für köstliche Zitrusfrucht- und Pfefferaromen sorgt.

LA TRAPPE TRIPEL

Triple 8 Vol.-%

In diesem ausgewogenen Bier weicht die Fruchtigkeit Aromen von Koriander, Orange und bitterem Hopfen.

In Amsterdam kommt eine Kneipe auf 500 Einwohner – in der Summe also gibt es 1200 Kneipen.

BRAUEREI

BØGEDAL BRYGHUS

Høllundvej 9, 7100 Vejle, Dänemark
www.boegedal.com

Diese Brauerei ist das einzige kommerzielle Unternehmen weltweit, das ein starkes dänisches Bier wie aus der Zeit vor der Industrialisierung produziert. Zwar wird immer nach demselben Rezept gebraut, doch jedes Gebräu (Bryg) fällt anders aus und erhält deshalb eine Nummer.

BRAUGEHEIMNIS: Bøgedal macht sich beim Brauen die Schwerkraft zunutze.

BREW PUB

Vestergade 29, 1456 Kopenhagen, Dänemark
www.brewpub.dk

Diese erfolgreiche Mikrobrauerei mit zugehörigem Restaurant liegt im Herzen von Kopenhagen – in einem wunderschönen Gebäude aus dem 17. Jh. Dort werden elf verschiedene Biere hergestellt. Im Restaurant gibt es ein Menu, zu dem fünf verschiedene Biere serviert werden, und die Köche stimmen die Gerichte auf die Bierauswahl ab.

BRØCKHOUSE

Høgevej 6, 3400 Hillerød, Dänemark
www.broeckhouse.dk

Diese Mikrobrauerei im Norden von Kopenhagen wurde 2002 gegründet. Eigentümer Allan Poulsen geht es darum, etwas anderes als die üblichen Pilsener zu brauen.

BRAUGEHEIMNIS: Poulsen verwertet hochwertige Zutaten und arbeitet mit britischen, deutschen und belgischen Methoden. Auf diese Weise entstehen interessante, bemerkenswerte Biere.

CARLSBERG

Vesterfælledvej 100,
1799 Kopenhagen V, Dänemark
www.carlsberg.com

Dänemarks größtes Brauereiunternehmen wurde 1847 durch J. C. Jacobsen gegründet. Carlsberg leistete auf den Gebieten Brauen mit Dampfkraft, Kühltechnik und Hefezucht Pionierarbeit. Das Portfolio des Unternehmens ist riesig, und Carlsberg-Biere gibt es in mehr als 150 Ländern. Mit Ausnahme der Spezialbiere und der

BIER

BRYG NO 127
DUNKLES 6,5 VOL.-%
Duft nach Pflaumen und Zitrusfrucht. Mundfüllend und lang anhaltend mit einem rauchigen Nachklang.

BRYG NO 121
HELLES 7 VOL.-%
Hell bernsteinfarben mit viel Kohlensäure. Aromatisch süß mit Noten von Honig, Zitusfrucht und Wein.

AMARILLO
RED ALE 5,5 VOL.-%
In Duft und Geschmack Pflaumen und Zitrusfrucht. Bitterkeit durch Karamell und Malz gut ausgewogen.

COLE PORTER
PORTER 5,2 VOL.-%
Tiefschwarz mit üppiger, cremefarbener Schaumkrone. Durch sieben Malze ist der Geschmack gut ausgewogen und vielschichtig.

BRØCKHOUSE IPA
INDIAN PALE ALE 6 VOL.-%
Ein obergäriges Bier, das mit drei Hopfensorten gebraut wird, die für süße Komplexität sorgen.

BRØCKHOUSE ESRUM KLOSTER
ABTEIBIER 7,5 VOL.-%
In der Nase streng; im Geschmack süße, würzige Noten mit Anklängen an Anis, Lavendel, Rosmarin und Wacholder.

CARLSBERG ELEPHANT
STARKES PILSENER 7,2 VOL.-%
Ein Pilsener mit hohem Alkoholgehalt, viel Hopfen und viel Malz. Üppig und bitter.

CARLSBERG PILSNER
PILSENER 4,6 VOL.-%
Ein Lagerbier mit deutlichem Hopfen, Getreide, Kiefernnadeln, Sauerampfer und Äpfeln im Geschmack.

Marke Jacobsen wurde kürzlich die gesamte Produktion von Kopenhagen nach Fredericia (ca. 200 km entfernt) verlagert. Die nun leer stehenden historischen Gebäude sollen erhalten bleiben und bald u. a. das Besucherzentrum beherbergen.

CARLSBERG SEMPER ARDENS
Abteibier 7,3 Vol.-%
Ungefiltert. Am Gaumen brandige Untertöne und Anklänge an schwarze Johannisbeeren.

TUBORG PILSNER
Pilsener 4,6 Vol.-%
Das Lieblingsbier der Dänen. Ein untergäriges Lagerbier mit Röstnoten, Aromen von Blüten und Getreide.

GOURMETBRYGGERIET

Bytoften 10–12,
4000 Roskilde, Dänemark
www.gourmetbryggeriet.dk

Die »Gourmet-Brauerei« ist eine der größten Mikrobrauereien in Dänemark. Die Brauerei arbeitet mit einem Chefkoch sowie einem Restaurant vor Ort zusammen, um speziell für Bier geeignete Gerichte zu kreieren. Das Restaurant wird mit hauseigenem Bier beliefert. Kürzlich erwarb die Gourmetbryggeriet die Brauerei Ølfabrikken.

ØLFABRIKKEN PORTER
Porter 7,5 Vol.-%
Schwarz mit dicker Schaumkrone. Kräftiger Körper mit Noten von Kaffee, Schokolade und Lakritz.

GOURMETBRYGGERIET BOCK
Doppelbock 7,2 Vol.-%
Dunkel rötlich mit kräftigen Malz- und Karamellaromen, die den robusten Körper stützen.

HERSLEV BRYGHUS

Kattingevej 8, Herslev,
4000 Roskilde, Dänemark
www.herslevbryghus.dk

Diese Mikrobrauerei wurde 2004 von Tore Jørgensen gegründet und gehört zu einem großen Familienbauernhof in Herslev bei Roskilde. Die Biere werden weder gefiltert noch pasteurisiert.

Braugeheimnis: Diese einzigartigen Biere werden im Wesentlichen aus vier Getreidesorten gebraut.

HVEDE
Weizenbier 5,8 Vol.-%
Nach süddeutschem Vorbild mit Bamberger Weizen und Buchweizen gebraut. Süß mit fruchtigen Nuancen, durch Bitteraromen ausgewogen.

PALE ALE
Helles 5,9 Vol.-%
Gebraut aus englischer Gerste und englischem Hafer. Goldfarben, in Duft und Geschmack frisch-fruchtig.

JACOBSEN

Gamle Carlsberg Vej 11,
2500 Valby, Dänemark
www.jacobsenbeer.com

Die Brauerei mit dem Namen des Carlsberg-Gründers wurde 2005 eröffnet. Sie produziert Spezialbiere mit skandinavischem Touch und ist in den historischen Gebäuden der Brauerei Carlsberg in Valby untergebracht.

Braugeheimnis: Jacobsen stellt auch eine exklusive Vintage-Serie her, die in Eichenfässern reift.

JACOBSEN SAAZ BLONDE
Helles 7,1 Vol.-%
Engelwurz verleiht dem Bier einen wacholderartigen Geschmack mit Noten von Frucht und Hefe.

JACOBSEN EXTRA PILSNER
Pilsener 5,5 Vol.-%
Ein Premium Pilsener, das mit typisch nordischen Zutaten gebraut wird, z. B. mit dänischem Pilsener Malz und schwedischem Sanddornsaft.

ALLES ÜBER …

FLASCHEN

Der Legende nach verdanken wir die Tatsache, dass Bier heute in Glasflaschen abgefüllt wird, einem Geistlichen aus dem 16. Jh.: Alexander Newell war Dekan an der St. Paul's Cathedral in London und zugleich passionierter Angler. Um beim Angeln nicht auf dem Trockenen zu sitzen, nahm er in einer alten Arzneiflasche selbst gebrautes Bier mit. Einmal ließ er die volle Flasche am Ufer zurück. Als er das nächste Mal wiederkam und die Flasche öffnete, stellte er fest, dass sich das Bier gut gehalten hatte. Vermutlich fanden Glasflaschen auch schon vor Newells Zeiten Verwendung, dennoch hält sich hartnäckig die Legende vom durstigen Angler.

In den folgenden Jahrhunderten blieb Bier aus Glasflaschen ein Luxus. Erst Mitte des 18. Jh. nahm ihre Verbreitung deutlich zu. Damit das Bier auch wirklich in den Flaschen blieb, wurden diese mit Korken verschlossen, später mit Schraubverschlüssen und schließlich mit Kronkorken, wie sie bis heute üblich sind.

ELEGANT In den vergangenen Jahren hat sich eine neue Ästhetik der Bierflasche herausgebildet. Viele Brauereien nehmen sich heute Wein- bzw. Champagnerflaschen zum Vorbild. Italienische Kleinbrauereien wie Le Baladin und 32, Via dei Birrai setzen mit modischen, edlen Flaschen neue Trends.

EINGEWICKELT In Papier eingewickelte Flaschen wie die der belgischen Brauerei Du Bocq (Corsendonck Agnus) oder der italienischen Brauerei Montegioco haben etwas faszinierend Geheimnisvolles.

HISTORISCH Die St. Peter's Brewery in England verwendet Flaschen, deren Form – kurzer Hals, gerade »Schultern« – auf das späte 18. Jh. zurückgeht.

GÄNGIGE FORMEN Die meisten Biere werden entweder in schlanke Flaschen mit langem Hals (Longneck-Flaschen) oder in stämmigere Flaschen mit kurzem Hals und runden, abgesackten »Schultern« abgefüllt.

KORKEN Handwerklich arbeitende Brauereien verwenden gern Korken, vor allem für starke Biere. Es handelt sich um Biere, die mit großer Sorgfalt und handwerklichen Methoden hergestellt werden und in diesem Sinne einem Wein sehr nahe kommen. Korken für Bierflaschen gab es lange vor allem in Nordfrankreich und Belgien, aber auch der »New Wave«-Brauer Bøgedal aus Dänemark bevorzugt Korken.

STABIL
Viele belgische Brauereien verwenden unverkennbare untersetzte Flaschen. Sie sind schwer und stabil genug, dem Druck standzuhalten, der bei der Nachgärung in der Flasche entsteht – z. B. bei Duvel und bei Gulden Draak von Van Steenberge.

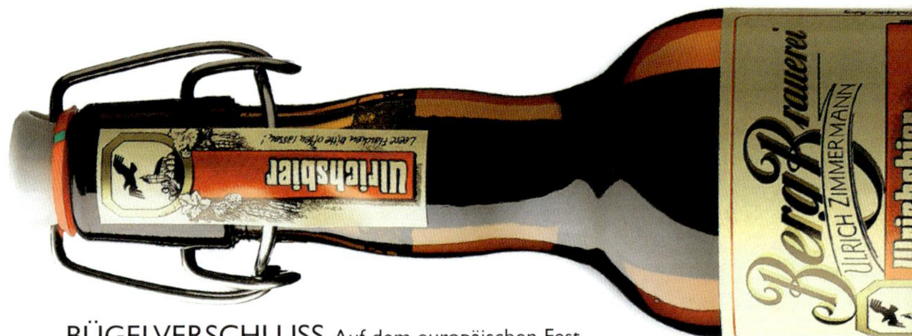

BÜGELVERSCHLUSS Auf dem europäischen Festland gibt es zahlreiche Biere in Flaschen mit Bügelverschluss. Bekannte Brauereien, die in solche Flaschen abfüllen, sind Grolsch aus den Niederlanden und die Flensburger Brauerei. Auch bei Heimbrauern sind diese Flaschen beliebt.

BRAUEREI

MIDTFYNS BRYGHUS

Marsk Billesvej 24,
5672 Broby, Dänemark
www.midtfyns-bryghus.dk

Die 2005 gegründete Mikrobrauerei liegt auf der Insel Fünen im Osten. 2007 wurde sie von dem Amerikaner Eddie Szweda aufgekauft. Seither sind die hochwertigen Biere der Brauerei sehr erfolgreich.

BRAUGEHEIMNIS: Den ersten Erfolg hatte die Brauerei mit dem Bier Braveheart, das aber nicht mehr hergestellt wird.

MIKKELLER

Slien 2, 2.tv,
1766 Kopenhagen, Dänemark
www.mikkeller.dk

Eine innovative Brauerei mit einem vielfältigen Sortiment. Ähnlich wie viele amerikanische Brauereien bricht Mikkeller Regeln und Traditionen und hat sich mit einigen Bieren auch international einen sehr guten Ruf erworben.

BRAUGEHEIMNIS: Vor Kurzem brachte Mikkeller das Black auf den Markt, das stärkste Bier in Dänemark.

NØRREBRO BRYGHUS

Ryesgade 3,
2200 Kopenhagen N, Dänemark
www.noerrebrobryghus.dk

Das Sortiment der 2003 eröffneten Gasthausbrauerei umfasst bis zu zehn Biere. Gründer und Braumeister Anders Kissmeyer hat sich das Ziel gesetzt, die besten und vielfältigsten Biere Dänemarks auszuschenken. Die Speisekarte in seinem Gasthaus ist ganz auf die Biere abgestimmt. Die Nørrebro-Flasche wurde 2004 mit einem dänischen Designerpreis ausgezeichnet.

RAASTED BRYGHUS

Hobrovej 358,
8900 Randers, Dänemark
www.raastedbryghus.dk

Die 2005 gegründete Mikrobrauerei in Raasted ist bereits mehrfach ausgezeichnet. Sie befindet sich in einem Molkereigebäude von 1888. Braumeister Martin Jensen ist der jüngste seiner Zunft in Dänemark – als er die Brauerei gründete, war er erst 24. Die Brauanlage wurde von Jensen selbst entworfen und nach seinen Vorgaben eingerichtet.

BIER

IMPERIAL STOUT

Imperial Stout 9,5 Vol.-%

Ein fast schwarzes Stout mit hübscher, cremefarbener Schaumkrone, schönem Körper und leichter Süße.

DOUBLE INDIA PALE ALE

Double Pale Ale 9,2 Vol.-%

Ein dunkel bernsteinfarbenes Bier mit komplexem Hopfenprofil. Intensiv und kräftig im Geschmack.

BEER GEEK BREAKFAST

Oatmeal Stout 7,5 Vol.-%

Ein preisgekröntes Stout mit üppiger Nase und mit Noten von Kaffee und Schokolade.

BLACK

Imperial Stout 17,5 Vol.-%

Einzigartiger Körper mit Noten von Zucker, gerösteten Kaffeebohnen und dunkler Schokolade; komplexer, lang anhaltender Nachklang.

BOMBAY PALE ALE

India Pale Ale 6,5 Vol.-%

Maris Otter Malz aus England sorgt für einen intensiven, malzigen Charakter. Aromen von Frucht, recht bitter, dabei aber auch etwas süß.

LITTLE KORKNY ALE

Barley Wine 12,25 Vol.-%

Gebraut aus Pale Ale und Crystal Malz. Ein süßliches Bier mit Anklängen an Pflaumen und Karamell.

RAASTED TRIPPEL

Triple 8 Vol.-%

Großzügig mit hellem Rohrzucker aromatisiert; in Duft und Geschmack delikate Zitrusfruchtnoten.

RAASTED CASCADE IPA

India Pale Ale 5,5 Vol.-%

Fruchtig und körperreich; Cascade und Centennial Hopfen sorgen für würzige Zitrusnoten.

REFSVINDINGE

Nyborgvej 80,
5853 Ørbæk, Dänemark
www.bryggerietrefsvindinge.dk

Die 1885 gegründete Landbrauerei gehörte zu den ersten Ale-Produzenten in Dänemark und darf sich rühmen, das dänische Weißbier *(hvidtøl)* sowie das »Schiffsbier« *(skibsøl)*, ein dunkles Leichtbier, entwickelt zu haben. Refsvindinge stellt zudem zwei »Kinderbiere« (nicht ganz alkoholfrei!) her.

ALE NO 16
Brown Ale 5,7 Vol.-%
Ein gut ausgewogenes, dunkles Bier. Die englische Hefe sorgt für einen süßen, frischen Geschmack.

MORS STOUT
Porter 5,7 Vol.-%
Ein dunkles, weiches Porter; gebraut aus Malz, das gemeinsam mit Kakaobohnen geröstet wurde.

ROYAL UNIBREW

Faxe Allé 1, 4640 Faxe, Dänemark
www.royalunibrew.com

Die Royal Unibrew ist nach der Carlsberg A/S die zweitgrößte dänische Brauereigesellschaft und der größte Exporteur Skandinaviens. Zum Unternehmen gehören zwei Brauereien in Dänemark, nämlich in Faxe und Albani, dänische Biermarken wie Ceres, Thor und Maribo sowie weitere Brauereien im Ausland. Die Marke Royal ist die populärste in Dänemark.

ROYAL EXPORT
Premium Lager 5,6 Vol.-%
Das meistverkaufte Bier dieser Art; mild, aromatisch und gut ausgewogen im Geschmack, mit weichem, weinartigem Charakter.

CERES JULEHVIDTØL
Weizenbier 1,9 Vol.-%
Ein typisches Weihnachtsbier. Dunkles Malz und Zucker prägen den süßen, vollmundigen Geschmack.

THISTED BRYGHUS

Bryggerivej 10,
7700 Thisted, Dänemark
www.thisted-bryghus.dk

Diese Brauerei liegt in Thisted am Nordufer des Limfjordes. Sie gehört den Bürgern der Stadt und produziert seit 1899 traditionelle Lagerbiere. Bekannt ist sie für ihre Bio-Biere, die ohne Zusatzstoffe gebraut werden.

Braugeheimnis: Die Malzmühle von Thisted war schon 1902 bei der Carlsberg Brauerei in Gebrauch.

LIMFJORDS PORTER
Baltisches Porter 7,9 Vol.-%
Fast schwarz, üppig und komplex. Untergärig gebraut mit geräuchertem Malz und Süßholz, daher intensiv in Duft und Geschmack.

PORSE GULD
Helles Lager 5,8 Vol.-%
Ein typisches Thisted-Bier: goldfarben und fruchtig-süß, aromatisiert mit Sumpfmyrte aus der Region.

AASS BRYGGERI

Postboks 1530,
3007 Drammen, Norwegen
www.aass.no

Die älteste Brauerei in Norwegen stammt aus dem Jahr 1834. Der Familienbetrieb ist nach dem Gründer Poul Lauritz Aass benannt und wird von seinen Nachkommen betrieben.

Braugeheimnis: Aass braut unter strikter Einhaltung des deutschen Reinheitsgebots von 1516. Das Brauwasser stammt aus dem nahen Glitre-See.

AASS BOCK
Dunkler Bock 6,5 Vol.-%
Sahnig-weich; gebraut aus Münchner Malz und Hallertauer Hopfen. Mindestens drei Monate gereift.

AASS JULEØL
Dunkler Bock 6,2 Vol.-%
Das gefragteste Weihnachtsbier in Skandinavien. Dicht und malzig, im Geschmack weich und üppig.

BRAUEREI

BERENTSENS BRYGGHUS

Jernbaneveien 28,
4370 Egersund, Norwegen
www.berentsens.com

Bei Berentsen entstehen aus frischen, natürlichen Ausgangsprodukten qualitativ hochwertige Biere, Apfelwein, Spirituosen und alkoholfreie Getränke. Harald Berentsen führt heute in vierter Generation das Unternehmen, das 1895 von seinem Urgroßvater Wilhelm Berentsen gegründet wurde.

HAANDBRYGGERIET

Thornegaten 39,
3015 Drammen, Norwegen
www.haandbryggeriet.net

Diese kleine Brauerei ist dafür bekannt, dass sie die norwegischen Brautraditionen aufrechterhält. Sie ist in einem 200 Jahre alten Holzhaus untergebracht und stellt ihr »flüssiges Brot« mit umweltfreundlichen Methoden her.

BRAUGEHEIMNIS: Neben alten Eichenfässern für Wein kommen auch Akevitt-Fässer zum Einsatz.

HANSA BORG BRYGGERIER

Kokstaddalen 3, Kokstad,
5863 Bergen, Norwegen
www.hansa.no

Die zweitgrößte Brauereigesellschaft Norwegens betreibt u. a. die Gasthausbrauerei Kalfaret Brygghus in Bergen. Hansa wurde 1891 gegründet und schloss sich 1997 mit Borg Bryggerier zusammen. Der Name der Brauerei erinnert an die Zeiten der Hanse.

LERVIG AKTIEBRYGGERI

Vierveien 1, Hillevåg,
4016 Stavanger, Norwegen
www.lervig.no

Nach der Schließung der Brauerei Tou in Stavanger taten sich aus Protest einige Brauer zusammen und gründeten 2003 die Lervig Aktierbryggeri. Heute hat diese handwerklich arbeitende Brauerei ihre Stellung am Markt gefestigt und versorgt Bierliebhaber, Kneipen und Restaurants mit ihren qualitativ hochwertigen Produkten.

BIER

BERENTSENS RAV AMBER ALE
AMBER ALE 5,5 VOL.-%
Ein hefebetontes Bier mit Cascade Hopfen, der für reine Bitteraromen und komplexen Charakter sorgt.

ROGALANDSPILS
LAGER 4,7 VOL.-%
Aus tschechischem Hopfen und schottischem Malz gebraut. Üppig, mit gut ausbalancierter Bitterkeit.

DARK FORCE
WEIZENSTOUT 9 VOL.-%
Gebraut mit Weizen, geröstetem Malz und hauseigener Weizenhefe. Viele Hopfenaromen, deutlich bitter.

NORWEGIAN WOOD
TRADITIONAL ALE 6,5 VOL.-%
Gebraut aus geräuchertem Münchner sowie Karamell- und Schokoladenmalz; aromatisiert mit Wacholderzweigen und -beeren aus der Region.

HANSA PILSNER
PILSENER 4,5 VOL.-%
Das beliebteste Bier der Brauerei: ein leichtes Pilsener mit knackig-zitrusfruchtigem Nachklang.

HANSA BAYER
DUNKLES LAGER 4,5 VOL.-%
Ein dunkles Bier im Münchner-Stil. Der Nachklang erinnert an Toffee, was an dem dunklen Malz liegt.

FIINE LERVIG PREMIUM
PILSENER 4,7 VOL.-%
Ein dunkles, elegantes Bier mit vielschichtigem Malzcharakter und komplexen, frischen Hopfenaromen.

HERLIGE LERVIG PILSNER
PILSENER 4,7 VOL.-%
Ein süffiges, erfrischendes Pilsener. Hell goldfarben, mit feinporigem Schaum und Hopfenaromen.

MACK

Storgata 4, 9291 Tromsø, Norwegen
www.mack.no

Mack stellt sowohl Bier als auch Softdrinks her. Das Unternehmen wurde 1877 von Ludwig Markus Mack gegründet und ist besonders für sein Pilsener bekannt. In der Brauerei werden Biere zu speziellen Anlässen hergestellt, weiterhin gibt es eine Partyserie und eine Saisonserie.

ARCTIC BEER

Helles Lager 4,5 Vol.-%
Ein helles Bier mit Hopfennoten in der Nase; trockener Nachklang.

MACK HAAKON

Lager 4,75 Vol.-%
Dieses Bier kam anlässlich der olympischen Winterspiele in Lillehammer 1994 auf den Markt. Bernsteinfarben und hocharomatisch.

NØGNE Ø

Gamle Rykene Kraftstasjon,
Lunde 4885 Grimstad, Norwegen
www.nogne-o.com

Nachdem Kjetil Jikiun sich in den USA alles angeeignet hatte, was ein Heimbrauer wissen muss, gründete er 2003 die Brauerei Nøgne Ø (»nackte Insel«).

Braugeheimnis: Britisches Maris Otter Malz wird mit amerikanischen C-Hopfensorten wie Cascade, Centennial, Chinook und Columbus gemischt.

SAISON

Saisonbier 6,5 Vol.-%
Aus East Kent Goldings Hopfen, Karamellmalz und belgischer Hefe entsteht ein leichtes Bier.

IMPERIAL STOUT

Imperial Stout 9 Vol.-%
Ein dunkles, üppiges Bier, recht süß, dabei aber auch Bitteraromen, die von dem gerösteten Malz stammen.

RINGNES

Thorvald Meyersgate 2,
0555 Oslo, Norwegen
www.ringnes.no

Norwegens größte Brauerei wurde 1876 von den Brüdern Amund und Ellef Ringnes gegründet. Nach einer langen Geschichte mit mehreren Fusionen ist die Brauerei Teil der Carlsberg A/S. Neben Carlsberg und Ringnes gehören ihr die Marken Tuborg, Lysholmer, Dahls und Frydenlund.

DAHLS PILS

Pilsener 4,5 Vol.-%
Ein weiches und aromatisches Lagerbier, das malzig-fruchtig schmeckt; nachklingende Bitterkeit.

RINGNES PILS

Pilsener 4,5 Vol.-%
Frisch und rein mit eher trockenem Charakter; leicht süß, etwas fruchtig, ausgewogene Hopfenbitterkeit.

CARLSBERG SWEDEN AB

Bryggerivägen 10
161 86 Stockholm, Schweden
www.carlsberg.se

Schwedens größter Brauereikonzern – und der fünftgrößte weltweit – entstand 2001 durch die Fusion der Brauereien Falcon und Pripps. Er hat Niederlassungen in Stockholm, Göteborg und Falkenberg, und zu den Hauptmarken in Schweden gehören Pripps, Falcon, Eriksberg, Carlsberg und Tuborg.

CARNEGIE STARK-PORTER

Porter 5,5 Vol.-%
Die älteste Marke – seit 1836 auf dem Markt. Im Geschmack fruchtig, mit Noten von karamellisiertem Zucker, Kaffee und Schokolade.

FALCON EXPORT

Lager 5,2 Vol.-%
Seit 1896 gebraut; üppig und malzig mit gut ausgewogener Bitterkeit.

BRAUEREI

ÅBRO BRYGGERI

598 86 Vimmerby, Schweden
www.abro.se

Åbro liegt im Süden von Småland und ist die älteste Brauerei Schwedens, die als Familienbetrieb arbeitet. Sie wurde 1856 von Per W. Luthander gegründet und 1898 von Axel Herman Johannson aufgekauft. Bis heute ist sie im Besitz von Johannsons Nachfahren.

BRAUGEHEIMNIS: Gleich neben der Brauerei liegt eine Quelle, deren Wasser zum Brauen verwendet wird.

DUGGES ALE & PORTERBRYGGERI

Möbelgatan 3, 43 133 Mölndal, Schweden, www.dugges.se

Die Brauerei wurde 2005 von Mikael Dugge Engström gegründet. Zu seinen Bieren gehören die Gothenburg-Serie, die schwedische Tradition mit amerikanischer Innovation vereint, und die Express-Yourself-Serie, eine Zusammenstellung von Spezialbieren, die Namen wie Holy Cow (ein IPA) und Fuggedaboudit! (ein Brown Ale) tragen.

GOTLANDS BRYGGERI

St Hansgatan 47,
621 56 Wisby, Schweden
www.gotlandsbryggeri.se

Gotland ist die zweitgrößte Insel der Ostsee. Diese experimentelle Mikrobrauerei liegt in der alten Hansestadt Visby und nutzt das Gebäude einer Kirche aus dem 17. Jh. Sie ist für ihre Spezial- und ihre Saisonbiere bekannt und gehört heute zu Spendrups.

BRAUGEHEIMNIS: Zum Sortiment gehört auch das Maclay's Scotch Ale.

JÄMTLANDS BRYGGERI

Pilgrimscenter, 840 58 Pilgrimstad, Schweden
www.jamtlandsbryggeri.se

Diese Mikrobrauerei wurde 1996 gegründet. Hier werden unterschiedlichste Biere hergestellt, z. B. englisches Ale, Baltisches Porter und Wiener Lager. Sie gewinnt immer wieder Preise beim Stockholm Beer Festival.

BRAUGEHEIMNIS: Die Biere haben britische, deutsche und elsässische Vorbilder.

BIER

SMÅLAND

PILSENER 5,2 VOL.-%

Mit tschechischer Hefe gebraut. Körperreich, mäßig bitter, Hopfen und Aprikose erkennbar.

ÅBRO ORIGINAL

PREMIUM LAGER 5,2 VOL.-%

Ein leichtes Lagerbier; Bitterkeit und Süße schön ausgewogen; aromatischer, hopfenbetonter Nachklang.

DUGGES AVENYN ALE

AMERICAN PALE ALE 5 VOL.-%

Duft nach Hopfen, Blüten und Zitrusfrüchten; im Mund Trauben, Kiefer und Anklänge an Karamell.

HIGH FIVE!

INDIA PALE ALE 7,5 VOL.-%

Dunkel bernsteinfarben. Intensive Hopfenaromen mit Noten von Erdbeermarmelade, Kiefer und Schokolade; trockene Bitterkeit.

WISBY KLOSTERÖL

FRESH BEER 5 VOL.-%

Gebraut aus schottischer Hefe sowie Pilsner, Münchner und Weizenmalz – orangenfruchtiger Geschmack.

WISBY WEISSE

WEIZENBIER 5,2 VOL.-%

Ein Weizenbier im bayerischen Stil, das zu 60 % aus Weizen und Karamellmalz gebraut wird. Ungefiltert und unpasteurisiert.

PRESIDENT

PORTER 4,8 VOL.-%

Dieses untergärige Bier ist mäßig bitter und hat das weiche Aroma von Saazer Hopfen.

OATMEAL PORTER

PORTER 4,7 VOL.-%

Ein ungefiltertes, obergäriges Porter von rötlich schwarzer Farbe. Wie Espresso im Glas!

NYNÄSHAMNS ÅNGBRYGGERI

Lövlundsvägen 2–4,
149 22 Nynäshamn, Schweden
www.nyab.se

Bei Ångbryggeri – übersetzt »Dampfbrauerei« – werden vor allem Ales, Stouts und Porters hergestellt. Die Brauerei wurde 1997 von vier Enthusiasten gegründet. Die Biernamen haben Bezug zu Orten an der Schärenküste bzw. in der Hafenstadt Nynäshamn.

BEDARÖ BITTER
Premium Bitter 4,5 Vol.-%
Ein gut ausgewogenes, hopfenbetontes Bier, das fruchtig schmeckt; bitterer, trockener Nachklang.

FATLAGRAD SMÖRPUNDET
Porter 5 Vol.-%
Ein körperreiches Porter mit Schokoladennoten und milder Bitterkeit.

NILS OSCAR

Fruängsgatan 2, 611 31 Nyköping, Schweden
www.nilsoscar.se

Diese Mikrobrauerei wurde 1996 gegründet und stellt ausgewogene Biere her, die man gut zum Essen trinken kann. Sie wurde schon häufiger mit Preisen ausgezeichnet, z. B. mit vier Medaillen beim World Beer Cup.

BRAUGEHEIMNIS: Nils Oscar hat eine eigene Mälzerei und baut Getreide für das Malz selbst an.

IMPERIAL STOUT
Imperial Stout 7 Vol.-%
Gut ausgewogen und durch die Lagerung reichhaltig. Aromen von Schokolade und Karamell, gefolgt von einem bittersüßen Nachklang.

INDIA ALE
India Pale Ale 5,3 Vol.-%
Amarillo Hopfen sorgt für Aromen exotischer Früchte; ausgewogen durch die Süße von Karamellmalz.

SPENDRUPS BRYGGERI

143 03 Vårby, Schweden
www.spendrups.se

Das größte rein schwedische Brauereiunternehmen wurde 1897 gegründet und besitzt Brauereien in Grängesberg, Vårby und Gotland. Braumeister Johan Spendrup führt die Brauerei in der vierten Generation.

BRAUGEHEIMNIS: Dies ist die einzige Brauerei in Schweden, die Biere nach dem deutschen Reinheitsgebot von 1516 herstellt.

SPENDRUPS OLD GOLD
Pilsener 5 Vol.-%
Ein Pilsener im deutschen Stil, gebraut mit Saazer Hopfen. Noten von Zitrusfrucht, trocken-bitterer Nachklang, lang anhaltend.

MARIESTADS EXPORT
Helles Lager 5,3 Vol.-%
Ein Bier im Dortmunder-Stil. Duft nach Röstmalz, im Geschmack würziger Hopfen.

FINLANDIA

Suokulmantie 237, Matku,
31110 Forsaa, Finnland
www.finlandiasahti.fi

Finlandia hat sich auf die Herstellung der Bierspezialität Sahti verlegt. Sahti wird aus Roggen und anderem Getreide gebraut und mit Wacholderzweigen und -beeren aromatisiert. Sahti von Finlandia kann man im St. Urho's Pub und im Restaurant Savotta in Helsinki probieren – am besten während der Sahti-Woche im Mai

SAHTI STRONG
Sahti 10 Vol.-%
Süß und am Gaumen etwas ölig; in der Nase Wacholder, der Nachklang erinnert an Kaugummi.

TAVALLINEN
Sahti 8 Vol.-%
Dunkel kastanienfarben, intensiver Duft nach Wacholder. Anklänge an schwarze Johannisbeeren.

BRAUEREI

HARTWALL

Atomitie 2a, 00371 Helsinki, Finnland
www.hartwall.fi/en

Das 1836 von Victor Hartwall gegründete Unternehmen war der erste Lieferant von Mineralwasser in Skandinavien. Das erste Bier – Karjala – wurde 1966 gebraut. Hartwall ist heute Teil von Heineken und besitzt Brauereien in Lahti und Tornio. Zu den Marken gehören Hartwall Jaffa, Hartwall Novelle, Upcider, Lapin Kulta und Karjala.

BIER

LAPIN KULTA PREMIUM
LAGER 4,5 VOL.-%
Frisch und weich; heute nach einem neuen Rezept gebraut, das nur natürliche Zutaten und mehr Malz und Hopfen vorsieht.

KARJALA IVB
STARKBIER 8 VOL.-%
Goldfarbenes Lagerbier mit üppigem Schaum; Malz und Hopfen sorgen für einen robusten Charakter.

HUVILA

Puistokatu 4, 57100, Savonlinna, Finnland, www.panimoravintolahuvila.fi

Diese handwerklich arbeitende Brauerei stellt Ales nach britischem Vorbild, *sideri* (Cider) und Sahti her. Sie liegt in dem touristischen Gebiet des Saimaa-Sees. Im Restaurant von Huvila kann man sehr gut essen, weiterhin gibt es Livemusik, Brauereiführungen und Braukurse.

BRAUGEHEIMNIS: Sämtliche Huvila-Biere sind ungefiltert.

HUVILA PORTER
PORTER 5,5 VOL.-%
Englisches geröstetes Malz sorgt für kaffeeartige Röstaromen mit Anklängen an Schokolade.

HUVILA ESB
STRONG BITTER 5,2 VOL.-%
Kräftig gehopft mit fruchtig-blumigem Duft; im Geschmack komplex, langer, bitterer Nachklang.

LAITILAN

Sirppukuja 4, 23800 Laitila, Finnland
www.laitilan.com/english

Laitilan ist eine der am schnellsten wachsenden Brauereien in Finnland. Sie wurde 1995 gegründet und stellt unter dem Namen Kukko (»Hahn«) malzbetonte Biere her.

BRAUGEHEIMNIS: Die Brauerei deckt ihren Energiebedarf mit Windkraft. Als erstem Vollbier der Welt wurde dem Kukko Pils das Warenzeichen für glutenfreie Produkte zuerkannt.

KUKKO PILS
PILSENER 4,5 VOL.-%
Ein Pilsener mit kräftig bitterem Hopfen. Wurde mehrfach als das beste Bier Finnlands ausgezeichnet.

KUKKO PORTER
BALTISCHES PORTER 6,5 VOL.-%
Ein Porter mit kräftigem, voll malzigem Körper und einer perfekten Basis.

NOKIAN PANIMO

Nuijamiestentie 17, 37120 Nokia, Finnland
www.nokianpanimo.fi

Nokian Panimo wurde 1991 eröffnet und hat sich auf ungefilterte Lagerbiere spezialisiert, z. B. auf die Marken Året Runt, Kommodori und Jouluolut. Zum Sortiment gehören aber auch gefilterte Lagerbiere wie Keisari Pils und Keisari Strong. Pro Jahr werden ca. 2,5 Mio. l produziert, allerdings nicht nur Bier, sondern auch Mineralwasser und Fruchtsaftgetränke.

ÅRET RUNT IV
LAGER 5,7 VOL.-%
Ein ungefiltertes Lagerbier. Fruchtig und leicht süß, milde Röstaromen, kräftiger Hopfengeschmack.

KEISARI STRONG IV
LAGER 5,7 VOL.-%
Ein Lagerbier im Münchner-Stil. Bernsteinfarben, hocharomatisch mit delikater Süße; maßvoll gehopft.

OLVI

Luuniemenkatu 4, 74100 Iisalmi, Finnland
www.olvi.fi

Olvi ist die drittgrößte Brauerei in Finnland. Das börsennotierte Unternehmen hat Niederlassungen in Estland (A. Le Coq), Litauen (Ragutis) und Lettland (Cesu Alus). Olvi engagiert sich regelmäßig als Sponsor beim Mittsommer- und Bierfest Oluset.

OLVI TUPLAPUKKI
Doppelbock 8,5 Vol.-%
Das meistverkaufte Starkbier in Finnland, voller Malz und Hopfen. Zu Weihnachten kommt eine würzigere Variation auf den Markt.

OLVI III
Lager 4,5 Vol.-%
Das beliebteste Bier von Olvi im Stil eines Pilseners: körperreich mit süßem, malzigem Geschmack.

PLEVNA

Itäinenkatu 8, 33210 Tampere, Finlayson Finnland
www.plevna.fi

Plevna wurde 1994 gegründet und betreibt neben der Brauerei auch einen Pub und ein Restaurant. Firmensitz ist das Gelände der ehemaligen Baumwollfabrik Finlayson in Tampere. Zum Sortiment gehören dunkle und helle Lagerbiere, Stout und Weizenbier. Alle Biere entsprechen dem deutschen Reinheitsgebot.

RAUCHBIER JAMES
Rauchbier 5,2 Vol.-%
Dunkel kupferfarben; im Geschmack an Teer erinnernde Röstnoten; körperreich, kräftig bitter im Nachklang.

IMPERIAL STOUT SIPERIA
Imperial Stout 8 Vol.-%
Ein üppiges Stout, das im Geschmack typische Teeraromen erkennen lässt, dabei Röstnoten und Frucht.

SINEBRYCHOFF

Oy Sinebrychoff Ab, Sinebrychoffinaukio 1 PL 87, 04201 Kerava, Finnland
www.koff.fi

Sinebrychoff gehört heute zur Carlsberg A/S. Der Name wird gern zu »Koff« abgekürzt, und so heißt auch die Hauptmarke. Die Brauerei wurde 1819 von dem Russen Nikolai Sinebrychoff gegründet.

Braugeheimnis: Die Mikrobrauerei Karhupanimo produziert mehrere handwerklich hergestellte Lagerbiere.

SINEBRYCHOFF PORTER
Imperial Stout 7,2 Vol.-%
Ein robustes Bier voller Kaffeearomen; langer, wärmender Nachklang.

KARHU III
Lager 4,6 Vol.-%
Vom Brauer selbst als »ungezähmt« beschrieben. Körperreich, im Geschmack kräftigere Hopfen- und Malznoten als sonst bei Lagerbieren.

TEERENPELI

Hämeenkatu 19, 33200 Tampere, Lahti, Finnland
www.teerenpeli.com

Teerenpeli betreibt Brauereien, Kneipen und Restaurants in Helsinki, Lahti und Tampere. Die erste Brauerei wurde 1995 gegründet, eine zweite folgte. 2002 eröffnete eine Whiskybrennerei im Restaurant Taivaanranta in Lahti. Teerenpeli-Biere wurden beim Bierfest in Helsinki mehrfach ausgezeichnet.

LAISKAJAAKKO
Lager 4,5 Vol.-%
Ein körperreiches, malzbetontes, dunkles Lagerbier, gebraut aus Crystal-50-Malz und Hallertauer Hopfen.

ONNENPEKKA
Lager 4,7 Vol.-%
Goldfarben, erfrischend. Gebraut aus Pilsner Malzgerste aus der Region Lahti und reinem Wasser aus der Region der Salpausselkä-Moränen.

BIERARTEN

WEIZENBIER

Es ist noch nicht allzu lange her, da waren die Absatzzahlen für bayerisches Weißbier bzw. Weizenbier dramatisch schlecht. Es galt als Getränk für alte Leute und konnte sich nicht gegen die dynamischeren, »jüngeren« Lagerbiere behaupten. Das änderte sich Anfang der 1980er-Jahre: Weizenbier kam wieder in Mode, und das nicht nur in Bayern, sondern weltweit. Ungefähr zur gleichen Zeit entdeckte man in Belgien dank Pierre Celis aus Hoegaarden das traditionelle Witbier neu.

In der Folge griffen Brauer aus Großbritannien, den USA und anderen Ländern den Trend auf. Viele produzieren heute Weißbier nach bayerischer Tradition, andere orientieren sich eher an dem würzig-pikanten Witbier aus Belgien.

MALZ In Deutschland muss Weizenbier zu mindestens 50 % aus Weizenmalz hergestellt sein. Dadurch erhält das Bier einen herben, erfrischenden Geschmack. Durch die behutsame Zugabe von Hopfen wird es zitrusfruchtig und spritzig.

HEFE Weizenbier wird mit obergärigen Hefen gebraut. Manche Sorten, z. B. Schneider Weisse, weisen Noten von Banane, Nelken und Vanille auf. Es gibt sie in einer trüben (Hefeweizen) und in einer klaren (Kristall) Version. Stärkere Weizenbiere werden als Weizenbock verkauft.

GEWÜRZE Belgische Witbiere sind sehr würzig, in einigen Fällen sogar fast schon pfeffrig, da ihnen z. B. Koriandersamen, Paradieskörner oder Schalen von Bitterorangen zugesetzt werden. Einige Witbiere, darunter auch das St. Bernardus, besitzen eine faszinierende, seidige Weichheit.

AMBER

Ul. Gregorkiewicza 1
Bielkówko, 83-050 Kolbudy, Polen
www.browar-amber.pl

Das mittelgroße Unternehmen der Familie Przybylo ist eine der modernsten Brauereien in ganz Polen. Sie liegt in der Nähe von Danzig und damit in einer Region, die auf eine lange Brautradition zurückblickt. Sie unterstützt die Slow-Food-Bewegung und organisiert jedes Jahr im September das Bierfestival Kozlaki Bielkowskie.

KOŹLAK
Bock 6,5 Vol.-%
Ein rubinrotes Bier, das intensiv nach Malz und Hefe schmeckt; wärmender Nachklang.

ZYWE
Pilsener 6,2 Vol.-%
Ein helles Bier, das nach Zitrone schmeckt; gebraut mit Hopfen und Gerste aus der Region Lubin.

BROWARMIA

Ul. Królewska 1, 00-065 Warschau, Polen
www.browarmia.pl

Das Brauhaus Browarmia wurde 2005 eröffnet. Die Atmosphäre ist gesellig und lebhaft, und bei Konzerten wird es auch laut. Man bekommt dort zu seinem Bier moderne polnische Gerichte serviert. Zurzeit werden im Untergeschoss sechs verschiedene Biere gebraut, und das Sortiment soll um weitere sechs Produkte aufgestockt werden.

PSZENCICZNE
Pale Ale 4,8 Vol.-%
Dieses Bier wird bereits im Sudkessel kräftig gehopft.

MALINOWY WYTRAWNY PSZENICZNIAK
Weizenbier 5 Vol.-%
Dieses Weizenbier wird ganz nach bayerischer Tradition gebraut, allerdings mit frischen Himbeeren.

BROK

Spoldzielcza 8, 75-950 Köslin, Polen
www.royalunibrew.com

Diese Brauerei ist seit ihrer Gründung 1874 für polnische Biertrinker eine feste Größe. 2002 wurde sie als eine der ersten in Polen privatisiert und dann 2005 von der dänischen Brauereigruppe Royal Unibrew aufgekauft. Die Biere aus der Kösliner Brauerei sind in Polen überall erhältlich.

BROK SAMBOR
Pilsener 6,2 Vol.-%
Goldfarben mit dünnem weißem Schaum. Aromen von Mais und Kandis, sehr wenige Hopfennoten.

BROK STRONG
Lager 7,2 Vol.-%
Ein komplexes, süßes Bier mit frischen Obertönen von Orangen. Nach einem über 120 Jahre alten Rezept gebraut.

OKOCIM

ul. Browarna 14, 32-800 Brzesko, Polen,
www.okocim.com.pl

Die Brauerei Okocim wurde 1845 gegründet und bewirtschaftet eines der schönsten Gebäude in Brzesko. Sie ist zugleich eine der letzten Brauereien aus jener Zeit. Heute gehört sie zur Carlsberg A/S, die hier in den vergangenen Jahren bedeutende Investitionen getätigt hat.

BRAUGEHEIMNIS: Zu den Neuerungen gehören konisch geformte Gärbehälter.

OKOCIM PORTER
Porter 9 Vol.-%
Ein Porter ganz aus der baltischen Tradition, das wohltuend, fast wie Arznei schmeckt; Anklänge an Zimt.

ZAGLOBA
Lager 4,8 Vol.-%
Ein helles Bier, im Geschmack hefig und keksartig pikant. Anklänge an würzigen Hopfen.

BRAUEREI

BIER

BRAUEREI

KOMPANIA PIWOWARSKA

ul. Szwajcarska 11, 61-285 Posen, Polen, www.kp.pl/eng

Diese Brauerei hat viele Preise gewonnen und ist bekannt für ihre hochwertigen Biere. Seit sie zu SABMiller gehört, expandiert sie rasch. Kürzlich hat sie die Brauerei Browar Belgia in Kielce aufgekauft und verfolgt eine aggressive Marktstrategie, um ihre Biere weltweit abzusetzen. Alle Biere der Brauerei werden untergärig gebraut.

RELAKSPOL

ul. Borkowska 30.32,
30-438 Krakau, Polen
www.relakspol.com.pl

Es ist ungewöhnlich, dass eine kleine Brauerei in Polen ihr Bier sowohl in Fässern als auch in Flaschen verkauft, doch Relakspol tut genau dies. Die Brauerei wurde 1992 in Krakau gegründet. Es gibt dort so etwas wie eine Bierkultur, die zunehmend an Bedeutung gewinnt – immer mehr Kneipen verkaufen lokal hergestellte Biere.

WARKA

Gosniewska 655-660 Warka, Polen
www.warka.com.pl

Warka ist die Geburtsstadt von Kazimierz Pulaski (1746–1779), eines polnischen Adeligen, der Kommandant im amerikanischen Unabhängigkeitskrieg war. In Warka wird schon seit dem Mittelalter gebraut, und 1748 erhielten die Brauer der Stadt das Privileg, den Königshof in Warschau zu beliefern. Heute gehört die Brauerei zu Heineken.

ŻYWIEC

ul. Browarna 88,
34-300 Żywiec, Polen
www.zywiec.com.pl

Erzherzog Albrecht von Österreich war es, der die Brauerei 1856 gründete. Nach dem 2. Weltkrieg wurde sie verstaatlicht und Mitte der 90er-Jahre von Heineken aufgekauft. Zur Brauerei gehört ein Museum, das die Besucher durch den Brauprozess führt.

BRAUGEHEIMNIS: Das Porter wird nach einem Rezept von 1881 gebraut.

BIER

TYSKIE GRONIE

LAGER 5,6 VOL.-%

Ein helles, trübes Bier mit frischem, reinem Geschmack. Das beliebteste Bier in Polen ist weltweit zu finden.

DEBOWE MOCNE

DUNKLES LAGER 7 VOL.-%

Ein starker Doppelbock; der üppige Geschmack geht auf die Reifung in Eichenfässern zurück.

PILS

PILSENER 5,7 VOL.-%

Ein goldfarbenes, süffiges Bier, nach dem man unbedingt Ausschau halten sollte. Es duftet weich und angenehm; am Gaumen lang anhaltende, trockene Aromen.

WARKA

LAGER 5,7 VOL.-%

Intensiv dunkel goldfarben mit großer Schaumkrone. Ein starkes, süffiges Bier.

WARKA STRONG

LAGER 7 VOL.-%

Ein kupferfarbenes Bier mit leichten Malzaromen und Anklängen an Hopfen. Komplexe, trockene Bitterkeit, aber im Nachklang süß.

ŻYWIEC

LAGER 5,6 VOL.-%

Ein helles, frisches und süffiges Bier mit Aromen von Blüten und Hopfen; wird heute weltweit exportiert.

PORTER

BALTISCHES PORTER 9,5 VOL.-%

Ein dunkles, starkes Bier, gebraut aus Münchner und anderen Malzen. Aromahopfen sorgt für üppige Aromen.

HEINEKEN SLOVENSKO

Novozámocka 2,
947 12 Hurbanovo, Slowakei
www.heineken.sk

Früher hatte Heineken drei Brauereien in der Slowakei, davon ist heute nur noch die in Hurbanovo geblieben. Mit Anteilen von 45 % ist Heineken in der Slowakei Marktführer (der Rivale SABMiller hat nur 38 %). Heineken pflegt gute Kontakte zu Landwirten von Ort, ebenfalls zur größten Mälzerei der Region.

ZLATY BAZANT / GOLDEN PHEASANT

Lager 4,2 Vol.-%

Goldfarben und klar mit Anklängen an Stroh ist dies ein süffiges, unkompliziertes Bier. Solche Biere waren eine Art »flüssiges Brot« für die Fabrikarbeiter. Es gibt auch eine alkoholfreie Version.

TOPVAR

Krušovská 2092,
955 14 Topolčany, Slowakei
www.topvar.sk

Die Brauerei arbeitet an zwei Orten in der Slowakei: Topolčany und Vel'ký Šariš. Im Jahr 2000 brachte sie mit Brigita ein Bier auf den Markt, benannt nach der slowakischen Finanzministerin Brigita Schmögnerovà. Nach deren Rücktritt 2002 blieb das Bier noch einige Zeit auf dem Markt. Das Unternehmen gehört heute zu SABMiller.

TOPVAR SVETLÉ

Lager 5,2 Vol.-%

Ein Aufleuchten verschiedener Gelbtöne; dünner weißer Schaum. Dieses Bier duftet verführerisch und schmeckt intensiv zitrusfruchtig.

BORSODI SÖRGYÁR

Borsodi Sörgyár, Rákóczi út 81.,
3574 Bőcs, Ungarn
www.inbev.com

Eine der größten Brauereien in Ungarn. Nach dem Zerfall des Ostblocks wurde Borsodi Sörgyár 1991 privatisiert und 1993 von InBev aufgekauft. Da die Brauerei lange in Staatseigentum war, wurde über viele Jahre nur wenig investiert. Dieser Mangel konnte erst in den letzten Jahren ausgeglichen werden.

BORSODI BIVALY

Lager 6,5 Vol.-%

Ein schweres, goldgelbes Bier, das getreidig schmeckt; deutliche Süße am Gaumen.

BORSODI SÖR

Lager 4,6 Vol.-%

Ein goldfarbenes, leichtes Bier mit dünnem Schaum; süß und süffig – ein richtiges Arbeiterbier.

BLONDER SÖRGYÁR

Fö u. 9, 8314 Vonyarcvashegy, Ungarn,
www.blonder.hu

Eine der wenigen Mikrobrauereien, die in den letzten Jahren in Ungarn gegründet wurden. Sie liegt in der Nähe des Plattensees, des größten Sees in Mitteleuropa. Auf dem Brauereigelände wird nicht nur Bier gebraut, sondern es gibt dort auch Übernachtungsmöglichkeiten sowie ein Restaurant. Die Gerichte sind typisch ungarisch – gesund und gute Begleiter zu den Bieren.

VILÁGOS

Lager 5,6 Vol.-%

Dieses gelbfarbene Bier ist kräftig und getreidig und weist eine deutliche Süße auf. Es ist vielleicht etwas derb, passt aber gut zur ungarischen Küche.

BRAUEREI

DREHER

Jászberényi út 7–11, 1106 Budapest, Ungarn
www.dreher.hu

Über viele Jahre wurde die Brauerei von dem österreichischen Brauer Anton Dreher geleitet. Mitte des 19. Jh. hatte er die Bedeutung von Kühlung und Lagerung für untergärige Biere erkannt und entwickelte eine neue Biersorte, das sogenannte Lagerbier im Wiener Stil (Wiener Lager). Heute gehört die Brauerei zu SABMiller.

HEINEKEN HUNGÁRIA

Vándor Sándor st. 1, 9400 Sopron, Ungarn
www.heinekenhungaria.hu

Sopron liegt im Herzen von Ungarns Weinanbaugebiet, dennoch wird dort seit mehr als 100 Jahren Bier gebraut. Die Brauerei wurde 1895 von Gyula Lenck gegründet, und heute ist Heineken Hungária eine der größten Brauereien im Land. Zu dem Unternehmen gehört eine weitere Brauerei in Martfü.

ILZER

Gép Str. 1, 2200 Monor, Ungarn
www.ilzer.hu

Die Brauerei liegt etwa 35 km südlich von Budapest. Sie wurde Anfang der 1990er-Jahre gegründet, und ihr Sortiment umfasst ein dunkles Hefeweizen im bayerischen Stil, ein Diätbier mit wenig Zucker und ein koscheres Bier namens Shalom.

BRAUGEHEIMNIS: Ilzer war die erste Brauerei in Ungarn, die Weizenbier herstellte.

PÉCSI SÖRFÖZDE

Alkotmány utca 94, 7624 Pécs, Ungarn
www.pecsisor.hu

Die 1848 von Hirschfeld Lipót gegründete Brauerei ist heute die viertgrößte in Ungarn und die größte, die nicht in Händen multinationaler Konzerne ist (allerdings besitzt die österreichische Brauerei Ottakringer Mehrheitsanteile). Pécs ist für seine mediterrane Atmosphäre bekannt und wird 2010 Kulturhauptstadt Europas.

BIER

DREHER CLASSIC
Pilsener 5,5 Vol.-%
Ein goldgelbes, bitteres Bier mit knackig-frischem Duft. Aromen von Hopfen sowie Anklänge an Malz.

DREHER BAK
Bock 7,3 Vol.-%
Ein dunkles Bier mit vollem Körper; Noten von Karamell und Malz, Anklänge an bittersüße Schokolade.

SOPRONI ÁSZOK
Lager 4,5 Vol.-%
Dieses Bier schmeckt leicht und ist am Gaumen knackig-frisch. Kein komplexes Bier, aber erfrischend.

STEFFL
Pilsener 5,3 Vol.-%
Ein klares, reines und sprudelndes goldfarbenes Pilsener. Angenehm gehopft, dabei süße Aromen.

ILZER HEFEWEISSBIER
Weizenbier 5 Vol.-%
Gelbfarben und trüb mit dünnem Schaum. Anklänge von Banane und Gewürzen, Zitrusfrucht-Nachklang.

ILZER ROGGEN ROZS SÖR
Roggenbier 4,8 Vol.-%
Ein trübes Roggenbier mit einer gewissen Ursprünglichkeit. Durch den Roggen üppig würzige Noten.

SZALON SÖR
Pilsener 4,6 Vol.-%
Das Bier wird seit mehr als 100 Jahren gebraut. Goldgelb mit stabiler Schaumkrone, Aromen von Gerste.

SZALON BÚZASÖR
Weizenbier 5,2 Vol.-%
Ungefiltert, daher trüb. Fruchtnoten vermischen sich mit Hefeduft.

BERE ROMANIA

Cale Manastur 2–6,
400372 Cluj-Napoca, Rumänien
www.sabmiller.com

Die Brauerei existiert seit 1878 und ist heute eine Tochtergesellschaft der SABMiller. Die Hauptmarke Ursus wird als »King of Romanian Beers« vermarktet. In Cluj (Klausenburg) findet jedes Jahr im September ein Bierfestival statt.

BRAUGEHEIMNIS: Für diese Biere wird bayerische Hefe verwendet.

URSUS PREMIUM PILS
PILSENER 5,2 VOL.-%
Viel Kohlensäure, malzige Aromen, Anklänge an frischen Hopfen und Brot; zitronenartiger Nachklang.

TIMISOREANA
LAGER 5 VOL.-%
Ein süffiges Bier, das die Sinne nicht wirklich herausfordert. Gebraut nach einem Rezept von 1718.

HEINEKEN ROMANIA

Str. Harghita 100,
530154 Miercurea Ciuc, Rumänien
www.heinekenromania.ro

Die ehemalige Brau-Union Romania, der größte Brauereikonzern des Landes, wurde 2003 von Heineken übernommen. Viele Rumänen kaufen Bier in Plastikflaschen, weshalb Heineken in Technologien für entsprechende Abfüllanlagen investiert. Das lohnt sich: Der Pro-Kopf-Verbrauch liegt bei 89 l im Jahr.

BUCEGI
LAGER 4,6 VOL.-%
Ein blondes Lagerbier mit Anklängen an Zitrusfrucht; am Gaumen unspektakulär.

CIUC PREMIUM
LAGER 4,8 VOL.-%
Ein goldfarbenes Lagerbier mit bescheidener Schaumkrone. Trocken; im Nachklang süß.

APATINSKA PIVARA

Trg oslobodenja 5,
25260 Apatin, Serbien
www.inbev.com

Die größte Brauerei in Serbien und in den Balkanstaaten gehört heute zu Anheuser-Busch InBev und kontrolliert 46 % des heimischen Marktes. Die Donaustadt Apatin liegt in der fruchtbaren Vojvodina. Urkunden belegen, dass hier schon 1756 Bier gebraut wurde.

JELEN PIVO
LAGER 5 VOL.-%
Hellgelb mit dünnem Schaum. Anklänge an Gras und Getreide, dabei Hopfen- und Malzaromen.

APATINSKO PIVO
LAGER 5 VOL.-%
Ein frisch schmeckendes Bier mit blumigen Noten und Aromen von Zitrusfrucht.

BIP-BEOGRAD

Bulevar vojvode Putnika br. 5,
11000 Belgrad, Serbien
www.bip.co.yu

Seit BIP 2007 privatisiert wurde, gibt es Pläne zur Finanzierung durch ein Konsortium, das aus dem schwedischen Konzern United Nordic Beverages und der litauischen Firma Alita besteht. Zurzeit besitzt BIP vier Brauereien: zwei in Belgrad, eine im serbischen Cacak und eine weitere in Leskovac im Süden von Serbien.

BG
LAGER 5 VOL.-%
Dieses sprudelnde, goldfarbene Bier schmeckt angenehm bitter und lässt weiche Noten von Mais und Brot erkennen. Ein Bier, wie es z. B. beim Belgrader Bierfestival, das jedes Jahr im August stattfindet, ausgeschenkt wird.

Das Ožujsko Pivo, ein Lagerbier von Zagrebačka Pivovara, gehört zu den beliebtesten Bieren in Kroatien.

BRAUEREI

KARLOVAČKA

Dubovac 22, 47000 Karlovač,
Kroatien
www.karlovacka.com/eng

Karlovačka ist mit etwa 22 % Marktanteilen die zweitgrößte Brauerei in Kroatien. Sie wurde 1854 gegründet und liegt in Karlstadt, wo die vier Flüsse Korana, Kupa, Mrenica und Dobra zusammenfließen. Im Jahr 2003 kaufte Heineken die Brauerei auf. Jedes Jahr Ende August wird in Karlovač ein Bierfest gefeiert.

KARLOVAČKO

Lager 5,4 Vol.-%

Ein goldgelbes Bier mit Aromen von geröstetem Malz und Hefe, dabei erfrischende Bitterkeit. Touristen in Kroatien trinken bevorzugt dieses Bier.

ZAGREBACKA

Ilica 224, 10000 Zagreb, Kroatien
www.inbev.com

Die größte Brauerei Kroatiens wurde 1893 gegründet und gehört heute Anheuser-Busch InBev. Nachdem der Bierkonsum jahrelang rückläufig war, ist jetzt ein Wachstum zu verzeichnen, vor allem bei Lagerbieren.

Braugeheimnis: Lange gedarrte Gerste verleiht dem dunklen Lagerbier die Farbe, aber auch den speziellen Duft und Geschmack.

OŽUJSKO PIVO

Lager 5,2 Vol.-%

Ein Lagerbier mit schwerer weißer Schaumkrone. In der Nase Mais und Malz, der Nachklang ist fruchtig.

TOMISLAV PIVO

Dunkles Lager 7 Vol.-%

Das stärkste kroatische Bier. Dunkel rubinrot mit Aromen von Röstmalz und Kaffee; trockener Nachklang.

UNION

Pivovarniška ulica 2,
1000 Ljubljana, Slowenien
www.pivo-union.si

Diese Brauerei wurde 1864 von der Familie Kozler gegründet und ist heute eine der modernsten Brauereien in Slowenien. In einem interessanten Museum erfahren Besucher alles Wissenswerte über den Brauprozess. Die Brauerei ist der einzige Produzent von Backhefe in Slowenien.

UNION LAGER

Lager 5 Vol.-%

Sehr beliebt: ein süßes, goldfarbenes Bier mit Obertönen von Mais.

ČRNI BARON (SCHWARZER BARON)

Stout 5,2 Vol.-%

Wunderbar zum Dessert: Duft und Geschmack nach Karamell, wärmender Abgang, der allerdings länger sein könnte.

RIDNA MARKA

71 Mikgorod str.,
12200 Radomyshl, Ukraine
www.etalon-beer.com.ua/ger

Als die tschechischen Brüder Albrechtam 1886 ihre Brauerei in Radomyshl gründeten, fanden sie heraus, dass sich weiches Wasser ideal zum Bierbrauen eignete. Heute arbeitet die Brauerei mit bayerischer Technologie.

Braugeheimnis: Die Brauanlage ist auf die Produktion von naturbelassenen Weizenbieren ausgerichtet.

BIER

ETALON WEISSBIER

Weizenbier 5 Vol.-%

Würzig mit üppig-cremigen Malznoten, lang anhaltender, zufriedenstellender Geschmack, auch der Nachklang hält lange an. Anklänge von Banane und Vanille.

BRAUEREI

OBOLON

3, Bogaryrskaya str., 04655 Kiew, Ukraine
www.obolon.com

Die sowjetische Regierung wollte eine Brauerei von Weltrang haben, und so wurde 1980 mit tschechischen Brauern als Beratern Obolon erbaut. 1992 wurde sie als erste Brauerei in der Ukraine privatisiert. Das Land ist heute der größte Markt für Bier in den GUS-Staaten. Obolon, der größte Exporteur, hält 26 % Marktanteile.

BALTIKA

6 Proezd, Parnas 4, St. Petersburg, Russland
www.eng.baltika.ru

In den letzten zehn Jahren hat es zahlreiche Veränderungen gegeben. Baltika erlebte einen rasanten Aufschwung und ist heute die größte Brauerei des Landes. Sie produziert die Marken Baltika und Arsenalnoye. Sieben von zehn gekauften Bieren im Land stammen von Baltika, und die Brauerei exportiert in 46 Länder.

BOCHKAREV

Telmana Str. 24,
193230 St. Petersburg, Russland
www.bochkarev.ru

Das Unternehmen begann 1988 als Produzent von Softdrinks und braut erst seit 1999 Bier. Seit 2002 gehört die Brauerei zu Heineken und ist heute die sechstgrößte in Europa mit nur einer Niederlassung. St. Petersburg gilt als die Bierhochburg Russlands. Bochkarev hat in der Stadt einen Marktanteil von 17 %, in Moskau von 7 %.

OCHAKOVO

Riabinivaya 44, Moskau, Russland
www.ochakovo.ru

Ochakovo ist die letzte unabhängige Brauerei in Russland. Das ursprüngliche Sudhaus ist heute ein Museum, das die Besucher durch den Brauprozess führt. Viele Ausstellungsstücke stammen aus dem 19. Jh.

BRAUGEHEIMNIS: 2005 brachte Ochakovo ein unpasteurisiertes und ungefiltertes »lebendes« – und damit gesundes – Bier auf den Markt.

BIER

OBOLON PREMIUM
LAGER 5,2 VOL.-%
Goldfarben, malzig-süßer Geschmack. Dem Malzschrot wird Reis zugesetzt, was das Bier weich macht.

WEIZEN
WEIZENBIER 5 VOL.-%
Ein ungefiltertes Weizenbier mit angenehm fruchtig-würzigem Geschmack.

BALTIKA NO 3 CLASSIC
LAGER 5,1 VOL.-%
Malzige Nase, gefolgt von einem bitteren Nachklang. In Russland überall erhältlich.

BALTIKA NO 6 PORTER
PORTER 7 VOL.-%
Dunkel geröstetes Malz, im Geschmack Aromen von Schokolade und Melasse, überlagert von einem gut gehopften Nachklang.

BOCHKOVOE
LAGER 4,3 VOL.-%
Ein hellgelbes Bier mit leichtem Körper, in der Nase malzig, im Geschmack Mais.

KREPKOE OSOBOE
LAGER 8 VOL.-%
Ein starkes Bier mit vollem Malzgeschmack und wärmendem Nachklang; könnte ausgewogener sein.

OCHAKOVO CLASSIC
LAGER 5 VOL.-%
Ein maisgelbes Bier mit intensiven Malzobertönen; hopfenbetonter Nachklang.

OCHAKOVO RUBY
WIENER LAGER 3,9 VOL.-%
Ein rubinrotes Bier mit Aromen von Winterfrüchten und blumigen Noten; am Gaumen Spuren von Karamell.

SUN INBEV

Vorontsovsky Park 6,
117630 Moskau, Russland
www.suninterbrew.ru

Dieser Konzern entstand 1999 und ist ein Zusammenschluss von zwei wichtigen Unternehmen auf dem russisch-ukrainischen Biermarkt – nämlich von Interbrew und SUN. SUN InBev besitzt zehn Brauereien in Russland und ist der zweitgrößte Brauereikonzern des Landes. In Klin wird mit Erfolg das brasilianische Bier Brahma hergestellt

TOLSTIAK DOBROYE
LAGER 5 VOL.-%
Ein helles, üppig-süßes Bier mit angenehmer Hopfenbitterkeit.

KLINSKOYE SVETLOE
LAGER 4,5 VOL.-%
Ein strohfarbenes Bier mit mildem Geschmack, der durch die Zugabe von Mais bzw. Reis beim Brauen entsteht. Mildes Hopfenaroma.

ŠVYTURYS

Kūlių Vartų g. 7, Klaipėda, Litauen
www.svyturys.lt/en

Hier wurde schon 1784 Bier gebraut, und damit ist Švyturys die älteste Brauerei in Litauen. Sie ist bekannt für Qualität und hat mehrere internationale Auszeichnungen erhalten. Besuchergruppen können die Brauerei besichtigen (Buchungen über www.klaipedainfo.lt).

BRAUGEHEIMNIS: Jedes neu gebraute Bier wird von allen Angestellten beurteilt.

ŠVYTURYS EKSTRA
DORTMUNDER EXPORT 5,2 VOL.-%
Klar und goldfarben mit stabiler, weißer Schaumkrone. Intensive Hopfenaromen, leicht bitter.

ŠVYTURIO
LAGER 5 VOL.-%
Durchscheinend goldfarben; gut ausgewogen zwischen üppigem Malz und bitterem Hopfen.

GUBERNIJA

Dvaro str. 179,
76176 Siauliai, Litauen
www.gubernija.lt/en

Litauen blickt auf eine lange und stolze Brautradition zurück. Urkunden belegen, dass in Siauliai schon im 14. Jh. Bier gebraut wurde. Die erste Erwähnung der Brauerei an ihrem heutigen Standort stammt von 1786. Immer wieder wurde sie baulich verändert, vor allem im Jahr 2000, als eine neue Brauanlage installiert wurde.

GUBERNIJOS EKSTRA
LAGER 5,5 VOL.-%
Hell goldfarben. Kräftig, üppig und wärmend mit Obertönen von Karamell und Mais. Der Nachklang ist trocken mit Aromen von Zitrusfrucht und Hopfen, die lange am Gaumen bleiben.

KALNAPILIS

Taikos al. 1,
35147 Panevėžys, Litauen
www.kalnapilis.lt/en

Es war ein Deutscher, Albert Foight, der die Brauerei vor über 100 Jahren gründete und ihr den Namen »Bergschlösschen« gab; die Umbenennung in Kalnapilis erfolgte erst später. Die Brauerei gehört heute der dänischen Brauereigruppe Royal Unibrew. Kalnapilis führte als erste litauische Brauerei Flaschen mit Drehverschlüssen ein und füllte Bier in Dosen ab.

ORIGINAL
LAGER 5 VOL.-%
Ein helles, goldgelbes Bier mit schöner Schaumkrone; Aromen von Mais und Anklängen an Saazer Hopfen.

RED
LAGER 4,8 VOL.-%
Rötliche Farbtöne, malzig-süße Obertöne, der Nachklang schwindet leider rasch dahin.

ALDARIS

Tvaika iela 44,
1005 Rīga, Lettland
www.aldaris.lv/eng

BRAUEREI

Die 1865 gegründete Brauerei wurde 1992 Teil der Baltic Beverages Holding (ein Joint Venture der Carlsberg A/S und Scottish & Newcastle). Sie ist heute die wichtigste und technisch am besten ausgestattete Brauerei in Lettland und stellt nach traditionellen Rezepten zwölf verschiedene Lagerbiere (helle und dunkle) her.

BIER

GAIŠAIS
Lager 4,5 Vol.-%
Ein helles Bier mit frischen, hopfigen Aromen und weichem, bitterem Nachklang. Nicht sehr anspruchsvoll.

ORIĢINĀLAIS
Pilsener 5 Vol.-%
Bernsteinfarben; im Duft leichte Karamellaromen, angenehm bitterer Hopfengeschmack.

CĒSU ALUS

Aldaru laukums 1,
4101 Cēsis, Lettland
www.cesualus.lv

Die älteste Brauerei in Lettland wurde 1879 gegründet. 1999 wurde sie von der estnischen Brauerei A. Le Coq aufgekauft und ist heute eine der größten Brauereien im Land. Das Sudhaus ist technisch auf dem neuesten Stand. Die Stadt Cēsis ist für ihr Bierfestival, ihre Ritterturniere und Theateraufführungen im Freien bekannt.

CĒSU BALSAM PORTER
Porter 6 Vol.-%
Süßer Geschmack nach Schokolade mit Anklängen an Vanille.

CĒSU PREMIUM
Lager 5,2 Vol.-%
Hell goldfarben, Anklänge an süßliches Gras und Hopfen in der Nase.

A. LE COQ

Tähtvere 56/62,
50050 Tartu, Estland
www.alecoq.ee/en

Die aus dem Jahr 1826 stammende Brauerei wurde 1913 von A. Le Coq aufgekauft, einem in London ansässigen Unternehmen. Ziel war es, eine Brauerei im Zarenreich zu besitzen, wo man Imperial Stout herstellen konnte. In den 60er-Jahren kam die Produktion zum Erliegen, wurde in den 90er-Jahren aber wieder aufgenommen. Heute befindet sich dort auch ein Museum.

LE COQ PORTER
Porter 6,5 Vol.-%
Ein starkes, dunkles Bier – ein würdiger Nachfolger für das berühmte Imperial Extra Double Stout.

DOUBLE BOCK
Bock 8 Vol.-%
Ein starkes, wärmendes Bockbier mit einem angesichts des Alkoholgehalts erstaunlich weichen Nachklang.

SAKU

EE-75 501 Saku, Harju maakond,
Estland
www.saku.ee/english.php

Urkunden zufolge wurde die Brauerei 1820 von Karl Friedrich Graf Rehbinder auf seinem Gutshof in Saku gegründet. Heute ist sie die größte in Estland und stellt das Originaal her, das populärste Bier des Landes.

BRAUGEHEIMNIS: Saku produziert Biere namens DLight; einige werden mit Granatäpfeln und Zitronen gebraut.

ORIGINAAL
Lager 4,6 Vol.-%
Ein hell strohfarbenes, mildaromatisches Bier. Im Duft sehr schöne Anklänge an Mais.

HELE
Lager 5,2 Vol.-%
Im Geschmack kräftig hopfig, in der Nase Anklänge an Gras und Hopfen. Ein blasses Bier mit dazu passendem leichtem Körper.

Das herb-frische Pilsener passt zum Klima in Spanien und ist daher dort auch die beliebteste Biersorte. Allerdings ist der Wein – wie auch sonst überall in Südeuropa – nach wie vor das bevorzugte Getränk.

BRAUEREI

ALHAMBRA

Avenida de Murcia 1,
18012 Granada, Spanien
www.cervezasalhambra.com

Die Alhambra-Gruppe wurde 1925 gegründet und ist nach der berühmten maurischen Stadtburg in Granada benannt. Das Brauwasser stammt aus den Bergen der Sierra Nevada.

BRAUGEHEIMNIS: Die Brauerei arbeitet mit traditionellen Methoden: So kann ein Gärprozess bis zu 39 Tage dauern.

HEINEKEN ESPAÑA

Carretera Córdoba,
23005 Jaén, Spanien
www.heineken.es

Das Unternehmen stammt aus dem Jahr 1999, als Heineken die fünf Brauereien der Gruppe Cruzcampo aufkaufte – zusätzlich zu den beiden El Aguila Brauereien, die ohnehin schon zu Heineken gehörten. Wettbewerbshüter sorgten dafür, dass Heineken anschließend zwei Brauereien (in Madrid und Valencia) an die Grupo Damm verkaufte.

DAMM

Roselló 515,
08025 Barcelona, Spanien
www.damm.es

Die Brauerei wurde 1876 von dem Deutschen August Kuentzmann Damm gegründet, der elsässische Braumethoden in Barcelona einführte. Sie arbeitete bis 1992 an der ursprünglichen Stelle und zog dann um nach El Prag de Llobregat, wo mit modernerer Technik die Produktion gesteigert werden konnte.

SOCIEDADE CENTRAL DE CERVEJAS E BEBIDAS

Estrada da Alfarrobeira,
2625-244 Vialonga, Portugal
www.centralcervejas.pt

Die Brauerei wurde stark von deutschen und dänischen Braumethoden beeinflusst. Das große Sortiment umfasst zahlreiche hochwertige Biere – vom knackig-herben Pilsener bis hin zum fruchtigen Sagres Bohemia.

BIER

ALHAMBRA PREMIUM

LAGER 4,6 VOL.-%

Matt goldfarben; in der Nase zitronig frisch, mit Anklängen an Malz. Ein gut ausgewogenes, süffiges Bier.

MEZQUITA

WEIZENBIER 7,2 VOL.-%

Ein charaktervolles rötliches Weizenbier mit Karamellnoten; in der Nase Anklänge von Pfeffer.

CRUZCAMPO

LAGER 5 VOL.-%

Hell goldfarben; im Geschmack leicht und gut ausgewogen zwischen Malz und Hopfen; blumig-aromatischer Duft. Eines der beliebtesten spanischen Biere.

BOCK DAMM

STOUT 5,4 VOL.-%

Ein Bockbier im Münchner-Stil mit üppigen Röstnöten; im Nachklang wärmend und süß.

ESTRELLA DAMM

PILSENER 5,4 VOL.-%

Ein erfrischendes Bier mit cremiger Schaumkrone und einem ziemlich trockenen und bitteren Nachklang.

SAGRES PRETA

LAGER 4,3 VOL.-%

Ein mahagonifarbenes Lagerbier im Münchner-Stil mit cremefarbenem Schaum und nussigem Aroma. Es schmeckt leicht nach Schokolade, weist Anklänge an Toffee und Karamell auf und ist durch üppig hopfenbittere Aromen gut ausgewogen.

CEREURO – CERVEJEIRA EUROPEIA

Estrada da Portela n°8,
2795-643 Carnaxide, Portugal
www.sumolis.pt

Die Brauerei gehört dem großen Softdrink-Hersteller Grupo Sumol. Sie wurde nach der Revolution 1974 gegründet, als die Brauindustrie allgemein verstaatlicht wurde. In den 90er-Jahren ging sie in Privateigentum über.

TAGUS

LAGER 5,4 VOL.-%

Ein hell goldfarbenes Bier, üppig und mit malzigen und karamellartigen Obertönen. In der Nase viele Ester, die den Alkohol kaschieren; wärmender Nachklang.

SIMONDS FARSONS CISK

The Brewery, Mdina Road,
Mriehel BKR 3000, Malta
www.farsons.com

Wo immer britische Soldaten stationiert waren, gab es schon bald auch Bier. Diese im aufwendigen Art-déco-Stil errichtete Brauerei wurde 1946 gegründet. Inzwischen ist sie renoviert worden.

BRAUGEHEIMNIS: Farsons braut auch das mächtige XS (9 Vol.-%) für den Export.

FARSONS LACTO

MILK STOUT 3,8 VOL.-%

Dieses schwarze Bier ist ein klassisches Milk Stout, dem nach der Gärung Laktose zugesetzt wurde.

HOPLEAF EXTRA

ALE 5 VOL.-%

Gebraut aus englischem Malz und Hopfen; ein komplexes Bier mit erfrischend bitterem Nachklang.

KEO

1 Franklin Roosevelt Avenue,
P.O. Box 50209,
3602 Limassol, Zypern
www.keogroup.com

Limassol ist der Haupthafen der Insel Zypern und zugleich die am schnellsten wachsende Stadt. Dort hat die Brauerei Keo ihren Standort, und zu einer Reise nach Limassol gehört ein Brauereibesuch unbedingt dazu. An Werktagen gibt es Führungen – die selbstverständlich im Verkostungsraum enden.

KEO

LAGER 4,5 VOL.-%

Ein helles Lagerbier mit dicker Schaumkrone und süßlich-malzigem Geschmack. Süffig.

FIVE BEER

LAGER 5 VOL.-%

Dunkel bernsteinfarben, im Geschmack viel Malz und wenig Bitterkeit. Im Nachklang süß.

MYTHOS

570 22 Sindos Thessaloniki,
Griechenland
www.mythosbrauerei.gr

Mythos ist eine der größten Brauereien in Griechenland und im Besitz von Scottish & Newcastle. Das meistverkaufte Bier heißt wie die Brauerei Mythos und kann jährliche Verkaufssteigerungen von 10 % verzeichnen. Mythos braut ebenfalls das Lagerbier Golden und die deutschen Biere Henninger und Kaiser.

MYTHOS

LAGER 5 VOL.-%

Ein gut trinkbares, hellblondes Bier mit dickem weißem Schaum. Im Nachklang Karamell.

MYTHOS RED

WIENER LAGER 5,5 VOL.-%

Kräftig rötliche Farbe; ein Bier mit wenig Bitteraromen, das von süßen Geschmacksnoten geprägt ist.

Die Sociedade Central de Cervejas e Bebidas in Portugal stellt die Marke Sagres her – in erster Linie Lagerbiere nach deutschem Vorbild.

CERVEJA
SAGRES
BOHEMIA

BRAUEREI

AMSTERDAM BREWING

21 Bathurst Street, Toronto,
Ontario, M5V 2 N6, Kanada
www.amsterdambeer.com

Reinheit, Leidenschaft und Zechgelage – das ist die Losung im ersten Brewpub in Toronto. John Street gründete ihn 1986 im Vergnügungsviertel der Stadt, und er war sofort ein Erfolg. Seither ist Amsterdam Brewing schon zweimal umgezogen, zuletzt 2005. Zum Brewpub gehört ein großer Laden, und zweimal täglich werden Führungen angeboten. Die Brauerei liegt gegenüber von Fort York, einer der Sehenswürdigkeiten der Stadt. Als 2003 die Kawartha Lakes Brewing Company schloss, kaufte Amsterdam Brewing die Marken auf und braut bis heute »KLB«-Biere – darunter ein Weizenbier mit Himbeeren und das KLB Nut Brown Ale.

BIG ROCK

5555–76th Avenue SE, Calgary,
Alberta T2C 4L8, Kanada
www.bigrockbeer.com

Die warmen Tage und kalten Nächte in Alberta lassen die hochwertige zweizeilige Braugerste gedeihen. Für Big-Rock-Biere wird nur die Sorte Harrington verwendet. Es gibt Brauereiführungen für Besucher.

BRAUGEHEIMNIS: Die Brauerei vermeidet jede Form von Zusätzen bei der Bierherstellung.

CHURCH KEY BREWING

1678 County Road 38, Campbellford,
Ontario, K0L 1L0, Kanada
www.churchkeybrewing.com

Die Brauerei wurde im Jahr 2000 gegründet und ist in einer ehemaligen Methodistenkirche untergebracht. Ihr »geistiger Vater« ist John Graham, der großen Wert auf umweltfreundliche Produktionsweisen legt: Wasser wird mit Sonnenenergie erhitzt, die Abwärme wird weiterverwertet, und Maschinen werden mit Bio-Diesel betrieben.

BIER

KLB NUT BROWN ALE

BROWN ALE 5 VOL.-%

Unverkennbareres Aroma von East Kent Goldings Hopfen. Süß mit Anklängen an Honig und Schokolade.

AMSTERDAM WHEAT BEER

WEIZENBIER 4 VOL.-%

Ein helles Bier mit malziger Süße und Noten von frischem Brot. Kalt mit einer Zitronenscheibe servieren.

AMSTERDAM NATURAL BLONDE

LAGER 5 VOL.-%

Anklänge an Zitrusfrüchte. Gebraut aus kanadischem Malz sowie deutschem und tschechischem Hopfen.

AMSTERDAM SPRING BOCK

LAGER 6 VOL.-%

Mahagonifarben; wärmender Körper. Drei verschiedene Malze sorgen für fruchtigen Geschmack.

GRASSHÖPPER

WEIZENBIER 5 VOL.-%

Ein spritzig-frisches, nur leicht gehopftes Bier. Wird gern mit einer Zitronenscheibe serviert.

MCNALLY'S EXTRA ALE

STRONG IRISH ALE 7 VOL.-%

Ein starkes, körperreiches Bier; blumige Aromen und üppig-fruchtiges Malz.

HOLY SMOKE SCOTCH ALE

SCOTCH ALE 6,25 VOL.-%

Ein dunkles, malzbetontes Bier, das durch Whiskymalz rauchige, torfige Noten erhält.

NORTHUMBERLAND ALE

ALE 5 VOL.-%

Auch als »Church Key« bekannt: ein frisches, leichtes Bier mit trockenem, zitrusfruchtigem Nachklang.

CREEMORE SPRINGS

139 Mill Street, Creemore,
Ontario, L0M 1G0, Kanada
www.creemoresprings.com

Creemore Springs gehört seit 2005 zu Molson, was aber die Unabhängigkeit der mehr als 100 Jahre alten Brauerei kaum eingeschränkt hat. Creemore liegt zwischen den Flüssen mit den interessanten Namen Mad und Noisy. Jedes Jahr im August wird dort das Copper Kettle Festival gefeiert. In der Brauerei werden Führungen angeboten.

PREMIUM LAGER

Lager 5 Vol.-%

Feine Frucht- und Malzaromen mit weichen, nussigen Obertönen und einem hopfenbetonten Nachklang.

URBOCK

Bock 6 Vol.-%

Dunkelbraun, mit süßlich-nussiger Textur; wenn das Bier sich erwärmt hat, werden Fruchtaromen deutlich.

FAT CAT BREWERY

940 Old Victoria Road, Nanaimo,
British Colombia V9R 6Z8, Kanada
www.fatcatbrewery.com

Klasse und Qualität sind die Kennzeichen dieser 2000 gegründeten Mikrobrauerei. Die Fat Cat Brewery steht für ein neues Denken: Bier ist in und macht Spaß, und es sollte von handwerklich geschickten Brauern hergestellt werden, die ein ausgeprägtes Umweltbewusstsein besitzen. Die Biere sind eigenwillig und gut gemacht.

POMPOUS POMPADOUR

Porter 4 Vol.-%

Ein rötlich schwarzes Porter; opulent mit viel Schokolade und sahnigen Obertönen.

FAT CAT INDIA PALE ALE

India Pale Ale 6 Vol.-%

Bernsteinfarben; ein sehr gut ausgewogenes Bier mit viel Hopfen.

GRANVILLE ISLAND BREWING

1441 Cartwright Street, Vancouver,
BC V6H 3R7, Kanada
www.gib.ca

Als die Eigentümer die Brauerei 1984 eröffneten, glaubten sie, dass ein naturbelassenes Bier im Pilsener-Stil gut ankommen würde. Schon die Verkaufszahlen des ersten Biers, Island Lager, zeigten, dass sie goldrichtig lagen.

Braugeheimnis: Alle Biere von Granville Island sind unpasteurisiert.

ENGLISH BAY PALE ALE

Pale Ale 5 Vol.-%

Ein kupferfarbenes Bier in der Tradition eines englischen Ale. Mild und weich mit karamellartigem Malz.

CYPRESS HONEY LAGER

Lager 4,7 Vol.-%

Honig aus dem Fraser Valley sorgt für frische Aromen und Süße im Nachklang. Leicht gehopft.

DIE BEKANNTESTEN KANADISCHEN BIERE

Die größten Brauereien in Kanada haben heute entweder ausländische Eigentümer oder müssen mit Großkonzernen zusammenarbeiten.

Eine der bedeutendsten Fusionen in jüngerer Zeit war die von Molson und dem Konkurrenten Coors aus den USA. Die Labatt Breweries gehören heute Anheuser-Busch InBev, und Sleeman Breweries – heute der drittgrößte Bierproduzent in Kanada – ist im Besitz des japanischen Unternehmens Sapporo.

An einheimischen Marken dominieren Labatt Blue und Molson Canadian. Sie werden »typisch kanadisch« mit Bildern von weiten Landschaften, Bergen und Eishockey beworben. Beide haben eine lange Geschichte: John Molson gründete seine Brauerei 1786 in Montreal, John Kinder Labatt 1847 in London (Ontario).

In Kanada gibt es viele exzellente Craft Brewers und viele Brewpubs, die mit umweltschonenden Methoden arbeiten. Ein gutes Beispiel ist der Brewpub Le Cheval Blanc in Montreal – der erste in der Stadt. Er hat etwas von einer Stammkneipe, wird aber seit 1986 nicht nur von Einheimischen, sondern auch von Bierfreunden aus aller Welt besucht.

LABATT BLUE (Pilsener 5 Vol.-%) *links*
MOLSON CANADIAN (Lager 5 Vol.-%) *Mitte*
SLEEMAN CREAM ALE (Ale 5 Vol.-%) *rechts*

BRAUEREI

MCAUSLAN

5080 St-Ambroise, Montréal,
Québec, H4C 2G1, Kanada
www.mcauslan.com

McAuslan Brewing gibt es seit 1989, als der Heimbrauer Peter McAuslan beschloss, sein Hobby zum Beruf zu machen. McAuslan wurde schnell eine der besten Mikrobrauereien in der Region und war eine der ersten in Kanada, die ihr Bier in Flaschen abfüllte. Das Sortiment umfasst viele Saisonbiere.

MAGNOTTA BREWERY

271 Chrislea Road, Vaughan,
Ontario, L4L 8N6, Kanada
www.magnotta.com

Der Schwerpunkt dieser Brauerei liegt auf der Herstellung von Lagerbieren mit handwerklichen Methoden. Besucher können den gesamten Brauprozess vor Ort verfolgen.

BRAUGEHEIMNIS: Sämtliche Biere werden ohne Zusätze wie Reis, Mais oder Konservierungsmittel hergestellt, sie werden auch nicht pasteurisiert.

MOOSEHEAD

89 Main Street West, Saint John,
New Brunswick, E2M 3H2, Kanada
www.moosehead.ca

Die älteste unabhängige Brauerei in Kanada kann ihre Wurzeln bis ins Jahr 1867 zurückverfolgen. Bis heute gehört sie der Gründerfamilie Oland. Das Unternehmen hält Geschäftsanteile von McAuslan und ist Eigentümer der Niagara Falls Brewing Company.

NIAGARA FALLS

6863 Lundys Lane, Niagara Falls,
Ontario, L2G 1V7, Kanada

Was tut man, nachdem man sich die Niagarafälle angesehen hat? Ein Bier trinken, z. B. Die Brauerei wurde 1989 gegründet und erwarb sich rasch den Ruf der Experimentierfreudigkeit. Sie gehört zu 100 % der Brauerei Moosehead.

BRAUGEHEIMNIS: Niagara Falls ist die erste Brauerei in Nordamerika, die ein echtes Eisbock herstellt.

BIER

ST-AMBROISE APRICOT ALE
FRUCHTBIER (WEIZENBIER) 5 VOL.-%
Gebraut aus Weizen und Aprikosenextrakt; ein originelles Bier mit reiner, fruchtiger Nase.

ST-AMBROISE OATMEAL STOUT
STOUT 5 VOL.-%
Gebraut aus dunklen Malzen und gerösteter Gerste; kräftige Noten von Espresso und Schokolade.

TRUE NORTH INDIA PALE ALE
INDIA PALE ALE 6,5 VOL.-%
Grasig-würzige und fruchtige Hopfennoten gepaart mit nachdrücklicher Bitterkeit. Sehr fruchtig.

TRUE NORTH WUNDER WEISSE
WEIZENBIER 5 VOL.-%
Ein gelbes Bier mit leichter natürlicher Trübung. Feine Aromen von Hefe und delikater reifer Banane.

MOOSEHEAD LAGER
LAGER 5 VOL.-%
Ein helles, strohfarbenes Sessionbier mit reinem Geschmack; man trinkt es am besten kalt.

CLANCY AMBER ALE
ALE 5 VOL.-%
Ein obergäriges, rötliches Bier mit deutlichen Malzaromen und Karamellobertönen.

NIAGARA HONEY BROWN
AMERIK. BROWN ALE 5 VOL.-%
Natürliche Süße mit Anklängen an Honig und Karamell. Gut trinkbar; kurzer, trockener Nachklang.

NIAGARA EISBOCK
EISBOCK 8 VOL.-%
Ein robustes, wärmendes Bier – ein Klassiker! Jeder Jahrgang hat seine besonderen Eigenschaften.

PUMP HOUSE

5 Orange Lane, Moncton, New Brunswick, E1G 1S9, Kanada
www.pumphousebrewery.ca

Die Pumphouse Brewery umfasst heute verschiedene Brau- und Gastronomiebetriebe. Gegründet wurde sie 1999 von dem Feuerwehrmann Shaun Fraser und seiner Frau Lilia als Brewpub in der Innenstadt von Moncton. Die beiden wurden schon mehrmals mit Preisen für ihre Biere und ihre Unternehmensführung ausgezeichnet, und der Brewpub wurde schnell so beliebt, dass man expandieren musste. Im Juli 2002 wurden eine Brau- und Abfüllanlage außerhalb der Innenstadt eingerichtet. Dort gibt es auch das Restaurant Barn Yard BBQ.

BRAUGEHEIMNIS: Jedes Jahr im Herbst wird in der Brauerei ein »Oktoberfest« gefeiert. Zu diesem Anlass wird immer ein spezielles Lagerbier gebraut.

SLEEMAN

551 Clair Road West, Guelph, Ontario, N1L 1E9, Kanada
www.sleeman.com

Die Familie Sleeman begann 1834 in Kanada Bier zu brauen. In diesem Jahr kam der ehrgeizige junge Brauer John Sleeman aus England nach Ontario. 1851 gründete er in Guelph die Sleeman Brewery und braute aus dem für seine Härte bekannten Quellwasser vor Ort Bier in Chargen von 100 Fässern. Sleeman gehört heute zu Sapporo.

STEAMWORKS

375 Water Street, Gastown, Vancouver, V6B 5C6, Kanada
www.steamworks.com

Ein beliebter Pub samt Brauerei im historischen Stadtteil Gastown in Vancouver, von wo aus man einen herrlichen Blick über den Hafen hat.

BRAUGEHEIMNIS: Steamworks stellt zahlreiche Saisonbiere aus ganz unterschiedlichen Zutaten her – z. B. aus Kirschen, Kürbissen, Zimt, Muskat, Ingwer und Nelken.

PUMP HOUSE BLUEBERRY ALE

FRUCHTBIER 5 VOL.-%

Ein blondes Bier mit Blaubeerduft. Es schmeckt süß nach Blaubeeren und Malz; Anklänge an Pfeffer.

FIRE CHIEF'S RED ALE

RED ALE 5,5 VOL.-%

Ein rötlich braunes Bier, das nach Toffee, Nüssen und Schokolade schmeckt; bitterer Nachklang.

PUMP HOUSE SCOTCH ALE

ALE 4,8 VOL.-%

Ein dunkel bernsteinfarbenes Bier mit rauchiger Nase. Im Geschmack Karamell, gefolgt von Schokolade; im leicht bitteren Nachklang Noten von Röstmalz.

HONEY BROWN LAGER

LAGER 5 VOL.-%

Ein erfrischendes, weiches, körperreiches Lagerbier mit Anklängen an Honig; leicht süßer Nachklang.

SLEEMAN CREAM ALE

ALE 5 VOL.-%

Gebraut mit dem Ziel, die Frische eines deutschen Lagerbiers mit dem typischen Geschmack eines englischen Ales zu verbinden.

HEROICA OATMEAL STOUT

STOUT 8 VOL.-%

Haferflocken und dunkel geröstete Gerste sorgen für eine Nase mit warmen Röstnoten; eindeutig trocken.

SIGNATURE PALE ALE

ALE 5 VOL.-%

Karamellmalz gibt diesem Bier seine intensive Farbe; Toffeenoten in der Nase.

UNIBROUE

80, Des Carrières, Chambly,
Québec, J3L 2H6, Kanada
www.unibroue.com

Im Frühjahr 1992 brachte André Dion das erste flaschenvergorene Bier heraus. Es wird nur teilweise gefiltert und weist natürliche Hefewolken auf, die den Charakter des Biers während der Reifung verändern. Die Brauerei wurde 1994 von Sleeman aufgekauft und gehört heute – wie Sleeman selbst – zu Sapporo.

MAUDITE
Red Ale 8 Vol.-%
Rötlich-bernsteinfarben mit instabilem Schaum und Duft nach Gewürzen; blumige Hopfennoten.

BLANCHE DE CHAMBLY
Weizenbier 5 Vol.-%
Hell goldfarben, sprudelnd und schäumend; subtiles Gewürzbouquet, Noten von Zitrusfrucht.

VANCOUVER ISLAND

2330 Government St. Victoria BC,
Kanada V8T 5G5, Kanada
www.vanislandbrewery.com

Ausschlaggebend für die Gründung dieses Unternehmens 1984 war die Tatsache, dass es auf Vancouver Island keine regional hergestellten Biere gab. Laut der Philosophie der Brauerei sollten beim Brauen Handwerkskunst und Wissenschaft perfekt zusammenwirken.

BRAUGEHEIMNIS: Es wird mit feinster kanadischer Gerste gebraut.

HERMANNATOR
Eisbock 9,5 Vol.-%
Gebraut und dann gefroren – eine Symphonie komplexer Kastanientöne und würziger Aromen.

HERMANN'S DARK LAGER
Lager 5,5 Vol.-%
In der Nase Toast und Malz, ähnliche Noten am Gaumen; beinahe nussartiger Charakter.

WELLINGTON

950 Woodlawn Road West, Guelph,
Ontario, N1K 1B8, Kanada
www.wellingtonbrewery.ca

Die Brauerei ist nach Arthur Wellesley benannt, dem 1. Herzog von Wellington, dem es 1815 gelang, Napoleon bei Waterloo zu schlagen. Das Gebäude fällt wegen des konisch geformten Daches auf und erinnert dadurch an die traditionellen Darrhäuser im englischen Kent, in denen der Hopfen getrocknet wurde.

ARKELL BEST BITTER
Best Bitter 4 Vol.-%
Ein bernsteinfarbenes Bier mit leichtem Körper. Am Gaumen malziger als in der Nase; Karamellnoten.

WELLINGTON IMPERIAL STOUT
Stout 8 Vol.-%
Ein üppiges, ungewöhnlich komplexes Bier, das im Geschmack an Kaffee denken lässt.

YUKON BREWING

102A Copper Rd, Whitehorse,
Yukon, Y1A 2Z6, Kanada
www.yukonbeer.com

Reines Wasser ergibt reine Biere. Die Yukon-Biere werden mit dem reinsten Wasser in ganz Nordamerika gebraut. Die Stadt Whitehorse liegt am Ufer des Yukon, umgeben von den Bergen mit ihren klaren Seen. Yukon Brewing stellt acht Biere her, darunter eins, das mit Kaffeebohnen aromatisiert wird.

LEAD DOG ALE
Ale 7 Vol.-%
Komplexer Malzgeschmack. Das Bier erinnert mit seinem cremefarbenen Schaum an ein Porter.

DISCOVERY ALE
Pale Ale 5 Vol.-%
Gebraut mit Honig vom schmalblättrigen Weidenröschen. Im Nachklang auf der Zunge trocken.

NOCH MEHR BIERE AUS

KANADA

In Kanada gibt es einige Brewpubs und Craft Breweries, die einen zwar treuen, aber lokal sehr begrenzten Kundenstamm haben. Einige wenige dieser Brauereien füllen ihre Biere in Flaschen ab, die meisten verkaufen nur Fassbier vor Ort.

BRAUEREI

BRICK BREWING

181 King Street South, Waterloo, Ontario, N2J 1P7, Kanada
www.brickbrewery.com

Jim Brickman bereiste nicht weniger als 29 Länder und besuchte 68 Brauereien, bevor er 1984 mit Brick Brewing sein eigenes Unternehmen gründete. Es war seit 37 Jahren die erste Brauerei, die in Ostkanada eröffnete. In Waterloo wird jedes Jahr im Oktober ein Bierfest gefeiert.

LE CHEVAL BLANC

809 Rue Ontaria Est, Montréal, Québec, H2L 1P1, Kanada
www.lechevalblanc.ca

Der erste Brewpub in Montréal, der viel von einer Stammkneipe hat. Er zieht seit 1986 Einheimische und Bierfreunde aus aller Welt an. In der kleinen Küche werden köstliche ungarische Hot Dogs zubereitet. Lange galt Le Cheval Blanc, wo es auch Ausstellungen und Konzerte gibt, als die »coolste« Kneipe der Stadt.

DIEU DU CIEL

29 West Laurier Avenue, Montréal, Québec, H2T 2N2, Kanada
www.dieuduciel.com

Im Jahr 1988 eröffnete Jean-François Gravel den kleinen Brewpub Dieu du Ciel. Beim Brauen testet Gravel immer wieder die Grenzen des Machbaren aus und liebt es, neuartige Biere zu kreieren. Er glaubt, dass Bier ein wundervolles Abenteuer ist, das Handwerkskunst und Wissenschaft zusammenbringt.

FERME BRASSERIE SCHOUNE

2075 Ste-Catherine, St-Polycarpe, Québec, J0P 1X0, Kanada
www.schoune.com

Die Biere lassen deutlich die belgische Herkunft der Familie Schoun erkennen: Gebraut wird mit vielen Gewürzen und Brauhefe aus Belgien.

BRAUGEHEIMNIS: Da die Biere nicht gefiltert werden, bleibt etwas Hefe in der Flasche und sorgt für vielschichtige, fruchtige Aromen.

BIER

WATERLOO DARK

LAGER 5 VOL.-%
Röstmalze sorgen für dunkle Farbe und für Espressonoten in der Nase. Im Geschmack erstaunlich leicht.

BRICK BOCK

BOCK 7 VOL.-%
Ein Saisonbier, dessen Zutaten jährlich variieren; dunkel und malzig mit Obertönen von Lakritz.

AMBER

RED ALE 5 VOL.-%
Ein klassisches Red Ale mit reinen, erfrischenden Bitternoten. Gut ausgewogen und süffig.

INDIA RED

INDIA PALE ALE 6 VOL.-%
Ein rötliches IPA im amerikanischen Stil. Durch die Zugabe von Centennial Hopfen ist es sehr bitter.

CHAMAN

IMPERIAL PALE ALE 8 VOL.-%
Bernsteinfarben, im Geschmack herrscht Hopfen vor; sehr komplex und bitter, aber immer ausgewogen.

ROUTES DES ÉPICES

ROGGENBIER 5 VOL.-%
Ein Roggenbier, dem Pfeffer zugegeben wurde, daher schmeckt es herrlich pfeffrig.

LA REB'ALE

STRONG ALE 7,5 VOL.-%
Ein kupferfarbenes Bier mit viel Malz, im Mund viel Karamell.

LA BLANCHE DU QUÉBEC

WEIZENBIER 4,1 VOL.-%
Würziger Charakter, der am Gaumen aufgrund von viel Zitrusfrucht sehr erfrischend ist; schmeckt besonders gut zu Ziegenkäse.

BRAUEREI

GRANITE

1662 Barrington Street, Halifax, NS B3J 2A2, Kanada
www.granitebrewery.ca

Die Granite Brewery arbeitet ausschließlich mit natürlichen Zutaten. Dazu gehören zweizeilige Gerste aus dem Westen Kanadas, Caramel Malz, das für Farbe und Geschmack sorgt, und schließlich Röstmalz aus England.

BRAUGEHEIMNIS: Zu den Zutaten gehört auch Mehl aus kanadischem Weizen, das für eine schöne Schaumkrone sorgt.

RUSSELL

202-13018 80 Avenue, Surrey, British Columbia, V3W 3B2, Kanada
www.russellbeer.com

Als die Russell Brewery 1995 gegründet wurde, hatten die Eigentümer nur eins im Sinn: beste, naturbelassene und unpasteurisierte Biere zu brauen. Bisher gibt es diese Biere nur vom Fass und auch nur in der Gegend von Vancouver, doch vermutlich werden sie schon bald auch in Flaschen und Dosen erhältlich sein.

SPINNAKERS

308 Catherine Street, Victoria, British Colombia, V9A 3S8, Kanada
www.spinnakers.com

Für jeden Bierliebhaber ein Muss. Es gibt bei Spinnakers auch Übernachtungsmöglichkeiten, sodass man von dort aus weitere Craft Breweries erkunden kann. Das Sortiment umfasst Biersorten aus aller Welt. Auf dem Gelände wird auch Malzessig hergestellt, der ganz traditionell in Eichenfässern reift.

STORM BREWING

St John's, Newfoundland, A1B 3N7, Kanada
www.stormbrewing.ca

Der Name der Brauerei verweist auf das raue, stürmische Seeklima in Neufundland. Storm Brewing beteiligte sich vor Kurzem an einem Umweltprojekt, was zur Kultivierung von Austern- und Shiitakepilzen auf Malztreber führte. Alle Biere sind unpasteurisiert und ohne Zusatzstoffe.

BIER

PECULIAR

ALE 5,6 VOL.-%
Ein dunkles, rötliches Ale, am Gaumen leicht süß, dabei aber trocken.

GIN LANE ALE

BARLEY WINE 9 VOL.-%
Trocken gehopft; fast weinartiger Charakter; die Bitteraromen stammen von Kent Goldings und Fuggles Hopfen.

RUSSELL PALE ALE

PALE ALE 5,5 VOL.-%
Bernsteinfarben, gebraut mit Malz aus Schottland und amerikanischem Hopfen. Zitrusfruchtige Obertöne.

RUSSELL CREAM ALE

ENGLISCHES ALE 5 VOL.-%
Ein weiches Bier, gebraut aus englischem Malz, kanadischer Gerste und amerikanischem Hopfen.

SPINNAKERS IMPERIAL STOUT

IMPERIAL STOUT 7,75 VOL.-%
Ein starkes Stout, gebraut aus tennengemälztem englischem Getreide; üppig und aromatisch.

SPINNAKERS HONEY PALE ALE

BLOND ALE 4,7 VOL.-%
Gebraut aus hellem englischem Malz und Honig aus der Region – ein süßes Bier mit leichtem Körper.

NEWFOUNDLAND RED ALE

RED ALE 5,5 VOL.-%
Ein weiches, dunkelrötliches Bier. Zuckrige Süße wird von Butterscotch-Noten überlagert.

COFFEE PORTER

PORTER 5 VOL.-%
Ein Saisonbier, das aus importiertem Röstmalz sowie gerösteten Arabica-Kaffeebohnen gebraut ist.

Die Marke Carib wurde 1950 auf Trinidad eingeführt und war sehr bald auch international erfolgreich.

BRAUEREI

BUCANERO S.A.

Circunvalación Sur Km 3.5,
Holguín, Kuba
www.cervezacristal.com

Eine erstaunlich moderne und gut ausgestattete Brauerei, die ihre Produktion mehr und mehr auf den Export und auf die Touristen im Land ausrichtet. Das Cristal-Logo ist in Kuba überall zu sehen, vor allem an den Cristal-Bicitaxis, die ihre Kunden immer gern bis zur nächsten Bar fahren.

CARIB

Eastern Main Road,
Champs Fleurs, Trinidad
www.caribbeer.com

Seit 1957 ist Carib die einzige Brauerei auf Trinidad und unterhält Geschäftsbeziehungen zu Anheuser-Busch InBev, Carlsberg und Diageo. Das Unternehmen besitzt Brauereien in Kanada und auf den Inseln von St. Kitts und Nevis. Die Einheimischen bevorzugen süßliche Lagerbiere und kräftige Stouts.

DESNOES AND GEDDES

214 Spanish Town, Kingston, Jamaika
www.jamaicadrinks.com

Desnoes and Geddes gehört heute dem Getränkeriesen Diageo. Das Unternehmen wurde 1918 von Eugene Desnoes und Thomas Geddes gegründet und stellte zunächst nur Softdrinks her. 1927 wurde mit Red Stripe das erste Bier gebraut.

BRAUGEHEIMNIS: Red Stripe wurde zunächst als English Ale gebraut. Popularität hat es als Lagerbier erlangt.

PHOENIX BEVERAGES GROUP

Phoenix House, Pont-Fer, Phoenix,
Mauritius
www.phoenixbeveragesgroup.com

Die Phoenix Beverages Group entstand 2003 durch den Zusammenschluss von Phoenix Beverages und Phoenix Camp Minerals. Die Mauritius Breweries brachten 1963 das Phoenix Beer auf den Markt. Die Brauerei stellt unter Lizenz auch Guinness und Warsteiner her.

BIER

CRISTAL

LAGER 4,9 VOL.-%

Leicht gehopft und voller Zuckerrohr-Süße. Cristal schmeckt am besten an heißen Tagen.

CARIB LAGER

LAGER 5,2 VOL.-%

Ein helles, körperreiches Bier mit viel Schaum. Aromatisch gut ausgewogen zwischen süß und bitter.

CARIB STAG

LAGER 5,9 VOL.-%

Ein strohfarbenes Lagerbier mit viel Schaum im europäischen Stil. Sehr süß.

DRAGON STOUT

SWEET STOUT 7,5 VOL.-%

Wird beim Abfüllen mit Zucker versetzt – malziger Geschmack mit deutlichen Noten von Melasse.

RED STRIPE

LAGER 4,7 VOL.-%

Ein gelbfarbenes Bier mit getreidigem Duft und reinem Geschmack. Schmeckt am besten sehr kalt.

PHOENIX BEER

LAGER 5 VOL.-%

Ein Bier für einen heißen Tag am Strand. In der Nase viel Malz, im Geschmack deutlich süß.

BLUE MARLIN

LAGER 6 VOL.-%

In der Nase Aromen von Popcorn und Kaugummi; gebraut aus feinster Gerste und bestem Hopfen.

MOCTEZUMA

Monterrey/Veracruz-Llave, Mexiko
www.femsa.com

Moctezuma ist die innovativste Brauerei in Mexiko. Sie hat Niederlassungen in Brasilien und exportiert bedeutende Mengen in die USA. Zu Moctezuma gehören Marken wie Tecate, Dos Equis, Sol, Indio, Bohemia und Carta Blanc, die z. T. in den angesagten Bars auf der ganzen Welt ausgeschenkt werden. Die Moctezuma-Biere sind weich und haben einen spritzigen Nachklang.

DOS EQUIS
Wiener Lager 4,8 Vol.-%
Dunkelrot und reichhaltig mit Aromen von Schokolade und Orange; wärmend und süß, langer Nachklang.

SOL
Lager 4,5 Vol.-%
Ein frisches Lagerbier mit leichtem Körper und Aromen von Maissirup.

GRUPO MODELO

Lago Alberto 156, Col. Anáhuac, Mexiko D.F. C.P. 11320, Mexiko
www.gmodelo.com

Grupo Modelo wurde 1925 gegründet und ist heute mit mehr als 60 % Marktanteilen die Nummer eins in Mexiko. Das Unternehmen hat sieben Niederlassungen im Land und braut zwölf verschiedene Marken, darunter Corona Extra (das meistverkaufte mexikanische Bier), Modelo Especial, Victoria, Pacifico und Negra Modelo.

CORONA EXTRA
Lager 4,6 Vol.-%
Hell strohfarben, sehr erfrischend an heißen Tagen. Schmeckt am besten mit Zitrone serviert.

LEON NEGRA
Wiener Lager 6 Vol.-%
Karamellfarben, mit Malz und Anklängen an Toast und Karamell. Gekühlt ist es angenehm süß.

CERVESUR

Arequipa, Peru
www.cusquena.com

Die Brauerei liegt in den Anden in Perus Süden und hat deutsche Wurzeln. Es gibt sie seit 1898, heute gehört sie zu SABMiller und fusionierte mit dem peruanischen Unternehmen Backus & Johnson. Die Marke Cusqueña ist das meistverkaufte Lagerbier in Peru.

Braugeheimnis: Das Brauwasser kommt aus einer hochgelegenen Andenquelle.

CUSQUEÑA
Lager 5 Vol.-%
Ein knackig-erfrischendes Bier mit lang anhaltendem Zitronenaroma.

ANTARES

12 de Octubre 7749, Mar del Plata, P. de Bs As, Argentinien
www.cervezaantares.com.ar

Antares in Mar del Plata hebt sich deutlich von der Konkurrenz ab, da es eine willkommene Abwechslung zu den Bieren internationaler Brauereikonzerne bietet. Zum Sortiment gehören ein Kölsch, ein Scotch Ale, ein Honigbier, ein Cream Stout, ein Barley Wine und ein Imperial Stout.

ANTARES KÖLSCH
Kölsch 5 Vol.-%
Ein gut gehopftes und süffiges Bier. Durch die fruchtigen Obertöne ist es ein idealer Begleiter zum Essen.

ANTARES STOUT IMPERIAL
Imperial Stout 8,5 Vol.-%
Intensive Aromen von Lakritz und Toast, gefolgt von Kaffee und karamellisierter Orange.

NOCH MEHR BIERE AUS SÜDAMERIKA

In Argentinien und Brasilien gibt es einige kleine Brauereien, wo sowohl europäische als auch südamerikanische Einflüsse erkennbar sind.

BULLER BREWING COMPANY

Presidente R. M. Ortiz 1827, Buenos Aires, Argentinien
www.bullerpub.com

Es gibt vielleicht bessere Kneipen in Buenos Aires, aber diese hat den entscheidenden Pluspunkt: Hier werden sechs verschiedene Biere gebraut.

BRAUGEHEIMNIS: Gebraut wird u.a. mit argentinischem Honig, deutschen Malzen und amerikanischem Hopfen.

HONEY BEER
AROMATISIERTES BIER 8,5 VOL.-%
Malz und argentinischer Honig verleihen diesem Bier einen sehr ausdrucksvollen Charakter.

OKTOBERFEST
DEUTSCHES ALE 5,5 VOL.-%
Wiener und Münchner Malz sorgen für ein kräftiges Geschmacksprofil; leicht hopfenbitter, Malz dominiert.

EISENBAHN

Cervejaria Sudbrack Ltda., Rua Bahia, 5181 - Salto Weißbach, 89032-001 Blumenau SC Brasilien
www.eisenbahn.com.br

Die Brauerei wurde 2002 von Jarbas und Juliano Mendes gegründet. Sie arbeitet ganz ohne Zusätze. Das Sortiment ist breit gefächert und umfasst u.a. deutsches Weizenbier und Biere im belgischen Stil. Eisenbahn-Biere werden auch in Frankreich und in den USA verkauft.

BRAUEREI

EISENBAHN KÖLSCH
KÖLSCH 4,8 VOL.-%
Dieses malzbetonte, goldfarbene Bier wird aus vier Malzen gebraut; leicht fruchtig, kaum bitter.

EISENBAHN NATURAL
PILSENER 4,8 VOL.-%
Das erste Bio-Bier in Brasilien. Goldfarben und leicht, kaum bitter. In der Nase malziger Keks.

BIER

BARBA ROJA

Ruta 25 N° 2567, Escobar, 1625 Buenos Aires, Argentinien
www.cerveceriabarbaroja.com.ar

Das Brauhaus gehört zu einem Vergnügungspark und steht ganz unter dem Thema »Piraten«. Das Sortiment ist von deutschen Vorbildern geprägt, zeigt aber auch regionale Eigenheiten.

BRAUGEHEIMNIS: Die Region ist bekannt für ihre Blumen und ihre Früchte – und beide finden bei der Herstellung einiger Saisonbiere Verwendung.

BARBA ROJA NEGRA
DUNKLES LAGER 4,5 VOL.-%
Ein dunkles Lagerbier im Münchner-Stil mit weißer Schaumkrone. Im Geschmack frisch und weich.

BARBA ROJA WINNER
DOPPELBOCK 4,8 VOL.-%
Ein Doppelbock mit Anklängen an Lakritz und Schokolade. Süß, wärmender Nachklang.

QUILMES

Tte. Gral. Juan D. Peron 667, 1038 Buenos Aires, Argentinien
www.quilmes.com.ar

Quilmes ist die führende Biermarke in Argentinien, gehört allerdings heute zu Anheuser-Busch InBev. Wie viele argentinische Brauereien wurde auch Quilmes – sowohl die Brauerei als auch die Mälzerei – von einem Deutschen gegründet, und zwar von Otto Bemberg (1880).

QUILMES CRISTAL
LAGER 4,9 VOL.-%
Ein helles, »dünnes« Bier, das kaum duftet. Überraschend süffig und erfrischend süß.

QUILMES STOUT
STOUT 4,8 VOL.-%
Gebraut mit drei verschiedenen Malzen – die Kaffeearomen werden durch die Süße überdeckt.

SUL BRASILEIRA

BR 392, Km 05, Santa Maria – RS, 97000, Brasilien

In Brasilien heißt es, das Xingu-Bier von Sul Brasileira sei der Nachfolger von einem Bier, das früher von den ersten Brauern im Amazonasgebiet hergestellt wurde. Der Name Xingu (gesprochen: Schingu) bezieht sich auf einen der zahlreichen Nebenflüsse des Amazonas, den Río Xingú, wo bis heute Indianerstämme leben.

XINGU BLACK BEER
SCHWARZBIER 4,7 VOL.-%
Sehr dunkel, im Geschmack leicht süß. Die Schaumkrone hält sich im Glas nur kurz.

TERESÓPOLIS

BR-040 - Km 116, Serra do Capim, Teresópolis, RJ, Brasilien
www.lokalbier.com.br

Die Brauerei liegt auf einer Höhe von über 900 m inmitten von Bergen und Regenwald. Der Name der Marke Lokal lässt deutlich die Verbundenheit mit dem Land und der umgebenden Natur erkennen – ein »Bier aus unserem Land« eben.

BRAUEREI

LOKAL
PILSENER 4,7 VOL.-%
Hellgelb, im Geschmack viel Mais. Mild gehopft und erfrischend, kurzer Nachklang.

TERESÓPOLIS BLACK PRINCESS
DUNKLES LAGER 4,8 VOL.-%
Es fehlen malzige Obertöne, die man bei einem Bier mit dieser Farbe erwartet. Gekühlt sehr erfrischend.

BIER

Das Super Dry von Asahi wird durch große Werbekampagnen gestützt, daher ist das Bier seit Langem ein Renner.

BAIRD BEER

19-4 Senbonminato-cho, Numazu,
Shizuoka 410-0845, Japan
www.bairdbeer.com

Die Brauerei wurde 2001 von dem aus Ohio stammenden Bryan Baird und seiner Frau Sayuri gegründet und gilt als die beste Brauerei in Japan. Das Sortiment besteht aus sechs Bieren, später kam noch ein Weizenbier dazu. Unlängst haben die Bairds eine Kneipe in Tokio eröffnet.

RISING SUN PALE ALE
Pale Ale 5 Vol.-%
Ein hervorragendes Pale Ale, gebraut mit britischem Maris Otter Malz und amerikanischem Hopfen.

ANGRY BOY BROWN ALE
Brown Ale 6,2 Vol.-%
Ein komplexes und starkes Brown Ale mit vielschichtigem Geschmacksprofil; üppiger Nachklang.

BAYERN MEISTER BIER

1254-1 Kamiide Jikawarabata
Fujinomiya-shi, Shizuoka-ken, Japan
www.bmbier.com

Ursprünglich wollte Braumeister Stefan Rager nur in verschiedenen Mikrobrauereien in Japan arbeiten, die nach 1995 gegründet worden waren. Doch dann gründete er gemeinsam mit seiner japanischen Frau diese Boutique-Brauerei, wo er deutsche Biere braut. Zu den treuesten Kunden zählt die Deutsche Botschaft in Tokio.

PRINZ PILS
Pilsener 5,5 Vol.-%
Hell gelbfarben, im Mund weich, wenig Kohlensäure. Subtile, hervorragend ausgewogene Aromen.

AMADEUS DOPPELBOCK
Doppelbock 8 Vol.-%
Dunkel rötlich braun mit Aromen von Kaffee, Toffee und Karamell. Anklänge an Obstkuchen mit Rum.

ECHIGO

3970 Fukui, Nishiura-ku, Niigata City,
Niigata 953-0076, Japan
www.echigo-beer.jp

Die Brauer des ehrwürdigen Tsurukame-Sake aus Niigata eröffneten im Februar 1995 die erste Mikrobrauerei in Japan. Aus dem kleinen Brauhaus ist heute eine große Brauerei geworden, die selbst Bier in Dosen abfüllt. Die Dosenbiere von Echigo genießen ein hohes Ansehen, die wenigen Flaschenbiere sind vergleichsweise teuer.

ECHIGO PILSENER
Pilsener 5 Vol.-%
Das hochgelobte Bier schmeckt üppig nach Malz, ist mäßig bitter und hat einen kurzen Nachklang.

ECHIGO STOUT
Stout 7 Vol.-% (vorher 5 Vol.-%)
Mehr Alkohol und mehr Sorgfalt bei der Herstellung sorgen für üppige Röstaromen.

DIE BEKANNTESTEN JAPANISCHEN BIERE

International bekannt sind vor allem die Marken Asahi, Kirin, Orion und Sapporo.

Asahi sicherte sich seine Marktposition mit der Einführung des Super Dry in den 1980er-Jahren. Asahi-Biere sind für ihre verhaltenen Hopfenaromen und den knackig-frischen Geschmack bekannt. Sie werden an verschiedenen Standorten im In- und Ausland gebraut. Das Stout von Asahi fällt etwas aus dem Rahmen.

Vor der Einführung des Super Dry von Asahi beherrschte das Lagerbier von Kirin zwei Drittel des japanischen Biermarktes. Die Brauerei Orion hat ihren Standort auf Okinawa und produziert mehr als 50 % des dort konsumierten Biers. Was die Umsatzzahlen anbetrifft, liegt Sapporo heute auf Rang vier der japanischen Brauereien, aber die weichen, süffigen Biere haben eine große Anhängerschaft. Die Brauerei wurde 1870 auf Hokkaido gegründet, und ihre Biere sind heute auch international stark gefragt. Aufgrund der Qualität ist besonders das Edel Pils der Brauerei hervorzuheben.

Asahi (Stout 8 Vol.-%) *links*
Kirin (Lager 5,5 Vol.-%) *Mitte*
Sapporo (Pilsner 5 Vol.-%) *rechts*

BRAUEREI

FUJIZAKURA HEIGHTS

6663-1 Funatsu Aza-tsurugi-maruo,
Fuji-Kawaguchi-ko-machi,
Minami-Tsuru-gun
Yamanashi-ken 401-03, Japan
www.fuji-net.co.jp/beer/

Die Brauerei liegt an der Nordseite des Fujiyama und hat sich auf traditionelle deutsche Biere spezialisiert. In dem dazugehörigen Restaurant wird vor allem das Pils getrunken, das Weizen und das Rauch sind aber eigentlich noch besser. Das Rauch wurde schon mit Preisen ausgezeichnet.

HAKUSEKIKAN

5263-9 Hirukawa
Nakatsugawa-shi 509-8300, Japan
www.hakusekikan-beer.jp

Eine der bedeutendsten Brauereien in Japan, die bei der Herstellung verschiedener Sorten an die Grenzen geht. Chefbrauer Satoshi Niwa versteht sein Handwerk ganz hervorragend. Er experimentiert z. B. mit wilden Hefen sowie Fassreifung und dehnt den Gärprozess lange aus. Auf diese Weise entstehen einzigartige Biere.

HARVEST MOON

Ikspiari 4F, 1-4 Maihama,
Urayasu, Chiba 279-8529, Japan
www.ikspirari.co.jp/harvestmoon/

Die Brauerei liegt in einem belebten Shopping-Center ganz in der Nähe von Disneyland Tokio. Sie verdankt ihren Erfolg dem Talent von Braumeister Mayumi Sonoda. Die Aromen seiner Biere sind komplex und ausgewogen.

BRAUGEHEIMNIS: Yuzu Ale wird gern für die Zubereitung traditioneller japanischer Gerichte verwendet.

HIDEJI

747-56 Mukabaki,
Nobeoka 882-0090, Japan

Die Mikrobrauerei geriet in den Blickpunkt des öffentlichen Interesses, als Hideo Higashikokubaru Gouverneur von Miyazaki wurde und seine Anti-Korruptions-Kampagne begann. Sein Konterfei ziert als Cartoon das Etikett des Hideji Stout. Interessanterweise hat sich auch die Qualität der Hideji-Biere verbessert, seit es mit der Präfektur Miyazaki bergauf geht.

BIER

DOPPEL BOCK
DOPPELBOCK 8 VOL.-%
Wird nur im Frühjahr gebraut; ein üppiges Lagerbier mit langem, malzbetontem Nachklang.

RAUCH
RAUCHBIER 5,5 VOL.-%
Eines der seltenen Rauchbiere in Japan, die regelmäßig gebraut werden; die Raucharomen halten auch im Nachklang noch an.

SUPER VINTAGE
STRONG ALE 14,3 VOL.-%
Ein erstaunlich fruchtiges, komplexes Bier mit überraschend trockenem Nachklang. Im Beer Club Popeye in Tokio immer zu haben.

SMOKED PALE ALE
PALE ALE 5 VOL.-%
Ein Sessionbier mit Anklängen an Röstmalz; die Raucharomen erscheinen erst im Nachklang.

YUZU ALE
ALE 4,5 VOL.-%
Aromatisch zitrusfruchtig mit subtiler Bitterkeit. Liebliche Aromen kontrastieren zu dem malzigen Rückgrat.

SCHWARZ
SCHWARZBIER 4,5 VOL.-%
Ein dunkles, rötliches Bier, das nach Schokolade schmeckt; kaum Bitter, wenig Kohlensäure, weich im Mund.

HIDEJI STOUT
STOUT 4,1 VOL.-%
Trocken und angemessen herb; wenn es sich erwärmt, entfaltet das Bier Röstnoten und eine weiche Textur.

SMOKING MOLE ALE
AMBER ALE 4,2 VOL.-%
Hell bernsteinfarben mit herben Malzaromen, Pflaumennoten und verhaltenen Hopfenaromen.

HITACHINO NEST

311-0133 1257 Kounsosu,
Naka-shi, Ibaraki, Japan
www.kodawari.cc

Neben Hitachino Nest produziert der Sake-Hersteller Kiuchi Shuzo auch Shochu und sogar Wein. Bier wird dort seit 1996 gebraut, und inzwischen geht die Hälfte der Gesamtproduktion in den Export, vor allem in die USA. Die besten Biere sind nach belgischem Vorbild gebraut.

WHITE ALE
Witbier 5,5 Vol.-%
Im Stil eines belgischen Witbiers; mit Orangengeschmack, der durch Zugabe von Fruchtsaft entsteht.

EXTRA HIGH
Belgisches Dark Ale 8,3 Vol.-%
»XH« ist üppig und malzig und hat den typisch belgischen Hefegeschmack.

ISEKADOYA

6-428 Jingu, Ise, Mie 516-0017, Japan
www.biyagura.jp

Angeblich bis ins 16. Jh. reicht die Geschichte der Brauerei zurück, die ursprünglich Miso (eine fermentierte Sojapaste) und Sojasauce herstellte. Im 19. Jh. braute Isekadoya für kurze Zeit Bier, um ausländische Schiffe zu versorgen, nahm dann die Brautätigkeit aber erst 1997 wieder auf. Die Etiketten sehen heute aus wie damals im 19. Jh.

ISEKADOYA PALE ALE
Pale Ale 5 Vol.-%
Ursprünglich wurde dieses Bier in einem eher englischen Stil gebraut, die neueren Versionen sind aber stärker gehopft und ähneln damit Pale Ales aus den USA. Insgesamt ist der Charakter eher verhalten.

IWATEKURA

5-42 Tamuramachi, Ichinoseki,
Iwate 021-0885, Japan
www.sekinoichi.co.jp

Die Brauerei liegt etwas abgelegen im Norden Japans und hat sich in den letzten Jahren mit etlichen Neukreationen hervorgetan. Dazu gehört ein aromatisiertes Ale, das unglaublich intensiv nach Karamell schmeckt.

Braugeheimnis: Für das Oyster Stout werden Austern auf Bänken geerntet, die für ihre Qualität bekannt sind.

CARAMEL ALE
Aromatisiertes Bier 5 Vol.-%
Dieses Bier schmeckt unverkennbar nach Karamell und wird vor allem für weibliche Bierfreunde gebraut.

OYSTER STOUT
Stout 7 Vol.-%
Eine recht trockene Interpretation dieses typisch englischen Stouts; nur minimal gehopft, nur Anklänge an Austern.

KINSHACHI

1-7-34 Sakae, Naka-ku, Nagoya,
Aichi 460-0008, Japan

Der Sake-Hersteller Morita Shuzo braute vor etwa 100 Jahren erstmals Kinshachi-Bier, um damit die Walfangschiffe aus den USA zu versorgen. Akio Morita ist eines der bekanntesten Mitglieder der Familie und Mitbegründer des Elektrogiganten Sony. 1996 wurde die kleine Brauerei Kinshachi gegründet – dort, wo einst Softdrinks in Flaschen gefüllt wurden.

RED MISO LAGER
Aromatisiertes Bier 6 Vol.-%
Durch etwas Miso (fermentierte Sojapaste) erhält das Bier seinen leicht fleischähnlichen Geschmack.

BLACK MISO LAGER
Dunkles Lager 6 Vol.-%
Diese neuere Version wird mit Hatcho Miso hergestellt, was dem Bier ein fast nussiges Aroma verleiht.

BRAUEREI

MINOH AJI

3-19-11 Makiochi, Minoh,
Osaka 562-0004, Japan
www.minoh-beer.jp

Die Brauerei wurde von dem Getränkehändler Masaji Oshita gegründet und wird heute von seinen Töchtern Kaori und Mayuko geführt. Die Biere orientieren sich im Stil an handwerklich gebrauten Bieren aus den USA.

BRAUGEHEIMNIS: Zwei der indivduellen Biere sind mit Hanf versetzt, eines mit Cabernet Sauvignon Traubensaft.

NASU KOGEN

3986 Oaza Takakukoh, Nasu-cho,
Nasu-gun, Tochigi 325-0001, Japan

Die Brauerei liegt sehr pittoresk weitab von der Schnellstraße, die von Tokio nach Norden führt, und ist bekannt für die Qualität ihrer Biere. Der Schwerpunkt liegt auf Bieren nach englischem Vorbild. Nasu Kogen liegt in der Nähe der Sommerresidenz der Herrscherfamilie, und eins der meistverkauften Biere trägt den Namen von Prinzessin Ai.

SANKT GALLEN

124 Kaneda, Atsugi City,
Kanagawa 243-0807, Japan
www.sanktgallenbrewery.com

In den frühen 90er-Jahren, vor der Zulassung von Mikrobrauereien, schummelte sich die Brauerei mit ihren Bieren, die weniger als 1 Vol.-% Alkohol enthielten, durch. Inzwischen hat sich Sankt Gallen auf schwere, süße Biere spezialisiert, die vor allem von Frauen getrunken werden. Doch die Pale Ales sind nach wie vor populär.

SHIGA KOGEN

1163 Hirao, Yamanouchi-machi, Shimo
Takai-gun Nagano 381-0401, Japan
www.tamamura-honten.co.jp

Im September 2004 brach der Sake-Hersteller Tamamura Honten mit einer 200 Jahre alten Tradition und begann, Bier zu brauen. Innerhalb von drei Jahren mauserte sich Shiga Kogen zu einem der besten handwerklich hergestellten Biere. Eine klare Produktidentität sowie hervorragend gestaltete Etiketten trugen zum Erfolg bei.

BIER

MINOH AJI STOUT

STOUT 5,5 VOL.-%

Im irischen Stil gebraut; Röstaromen, sahnige Textur und verhaltene Bitterkeit.

DOUBLE IPA

STRONG INDIA PALE ALE 9 VOL.-%

Ein schweres Bier, das bisher nur saisonal hergestellt wird, aufgrund starker Nachfrage aber vielleicht bald ganzjährig erhältlich sein wird.

NINE-TAILED FOX

BARLEY WINE 11 VOL.-%

Im Geschmack erstaunlich verhalten angesichts des hohen Alkoholgehalts. 2007 brachte die Brauerei ein 10-Jahres-Set heraus, in dem 0,3-l-Flaschen der Jahrgänge 1998 bis 2007 enthalten waren – und das schnell ausverkauft war. Die Jahrgänge sind heute in 500-ml-Flaschen aus Keramik erhältlich.

IMPERIAL CHOCOLATE STOUT

IMPERIAL STOUT 8,5 VOL.-%

Das beliebteste der süßen Biere; kommt in begrenzter Menge zum Valentinstag auf den Markt und ist schnell ausverkauft. Viele üppige Schokoladen- und Karamellaromen, ausbalanciert durch leichte Säure und etwas Hopfen.

HOUSE DPA / DRAFT PALE ALE

PALE ALE 8 VOL.-%

Im amerikanischen Stil; orange-goldfarben; komplex-blumiges Hopfenaroma, süß nachklingend.

MIYAMA BLONDE

ÄHNLICH WIE EIN SAISONBIER 7 VOL.-%

Gebraut mit der für Sake verwendeten Reissorte Miyama Nishiki sowie Hopfen und Gerste. Üppig, kurzer Nachklang.

NOCH MEHR BIERE AUS JAPAN

Suntory ist für seinen Whisky bekannt, aber es lohnt sich unbedingt, auch die Suntory-Biere einmal zu verkosten.

BRAUEREI

HELIOS

405 Kyoda, Nago,
Okinawa 905-0024, Japan
www.helios-syuzo.co.jp

Helios ist eigentlich eine Brennerei, die Zuckerrohr zu Rum verarbeitet. Seit 1996 werden bei Helios auch handwerklich hergestellte Biere produziert. Das Flaggschiff ist ein kräftiges Weizenbier, das gut zum subtropischen Klima auf Okinawa passt. Das Goya Dry dagegen ist ein markantes, regionaltypisches Bier.

OTARU

263-19, 3 Chome, Zenibako, Otaru,
047-0261, Hokkaido, Japan
www.otarubeer.com

Otaru hat japanische Eigentümer, einen deutschen Brauer und einen amerikanischen Manager. Dieses Team sorgt für die Produktion qualitativ hochwertiger Biere, die nur innerhalb eines Radius von 100 km ausgeliefert werden. Die Produktionsstandards entsprechen denen der meisten deutschen Brauereien.

BIER

GOYA DRY

Aromatisiertes Bier 5 Vol.-%

Für die Bitteraromen sorgen neben Hopfen auch Bittermelonen, das »Nationalgemüse« auf Okinawa. Ein erstaunlich erfrischendes Bier, das bestens zur heimischen Küche mit viel Schweinefleisch passt.

OTARU PILS

Pilsener 4,9 Vol.-%

Eine hervorragende Interpretation dieser weltweit beliebten Biersorte. Die Version von Otaru ist perfekt ausgewogen.

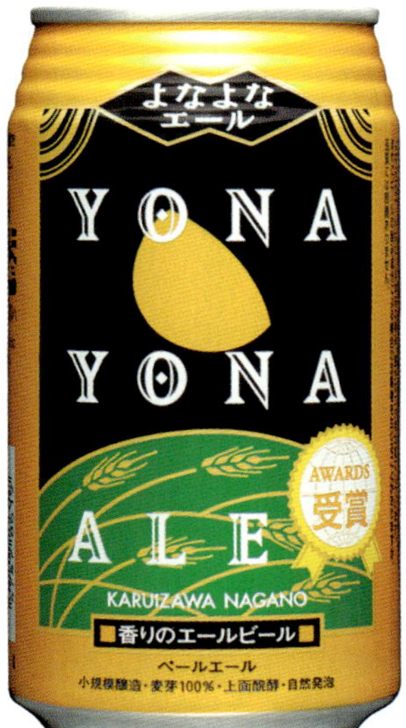

BRAUEREI

SHONAN

Kumazawa Shuzo, 7-10-7 Kagawa,
Chigasaki, Kanagawa 253-0082, Japan
www.kumazawa.jp

Kumazawa Shuzo stellt seit 1972 Sake her, Bier erst seit 1996. Die Biere tragen den Namen der Küstenregion Shonan, in der die Brauerei liegt. Ihre Qualität ist hervorragend, und sie wurden auf internationalen Wettbewerben schon mehrfach ausgezeichnet.

YOHO

1119-1 Otai, Saku, Nagano 385-0009, Japan
www.yonasato.com

Das Yona Yona Ale ist vermutlich das populärste handwerklich hergestellte Bier in Japan. Es ist überall in Japan erhältlich, in Dosen oder vom Fass. Chefbrauer Toshi Ishii hat zuvor bei Stone Brewing in San Diego in den USA gearbeitet. Ihm ist der Erfolg von Tokyo Black zu verdanken, einem hocharomatischen, ausgewogenen Porter.

OZENOYUKIDOKE

7-3 Nishi Honmachi, Tatebayashi,
Gunma 374-0065, Japan
www.ryujin.jp

In den ersten Jahren hatte die Brauerei Probleme, die Qualität ihrer Produkte zu sichern. Sie wurde 1997 gegründet, und seit 2004 hat sich die Qualität der Biere deutlich verbessert. Das Mutterunternehmen ist der alteingesessene Sake-Hersteller Ryujin Shuzo.

SUNTORY

Daiba 2-3-3, Minato-ku,
Tokyo 135-8631, Japan
www.suntory.com

Suntory ist eine alteingesessene Whiskybrennerei, allerdings ein Newcomer auf dem Biermarkt. Die Brauerei gibt es seit den 60er-Jahren, als Hersteller für hochwertige Lagerbiere ist Suntory aber erst in den letzten Jahren bekannt geworden.

BIER

LIEBE

Schwarzbier 5 Vol.-%

Überraschend trocken und gut trinkbar für ein derart aromatisches Bier. Sehr tief und komplex.

WEIZEN BOCK

Weizenbier 7 Vol.-%

Wunderbarer Körper, sehr gut ausgewogen für ein so starkes Bier, vielleicht etwas farblos.

YONA YONA ALE

Pale Ale 5,5 Vol.-%

Ein lebhaftes, zitrusfruchtiges American Pale Ale; Cascade Hopfen sorgt für einen leicht scharfen Nachklang.

TOKYO BLACK

Porter 5 Vol.-%

Ein schmackhaftes Porter mit Röstnoten und ganz individuellen Zügen. Brauer Ishii hat vor Kurzem eine Charge davon in England gebraut.

BROWN WEIZEN

Weizenbier 5 Vol.-%

Dunkel und trüb mit subtiler Laktosenote. In der Mitte am Gaumen plötzlich üppig; langer Nachklang.

INDIA PALE ALE

India Pale Ale 6 Vol.-%

Im Stil von IPAs von der Westküste der USA gebraut: kräftig bitter mit kurzem, hopfenbetontem Nachklang.

THE PREMIUM MALT'S

Lager 5,5 Vol.-%

Dieses Bier hat dreimal in Folge Goldmedaillen bei dem Wettbewerb Monde Selection gewonnen. Das malzbetonte Lagerbier gehört zu den besten in Japan.

Ein Mann geht an einer Leuchtreklame vorbei – beim International Beer Festival in Shandong (China).

GUANGZHOU ZHUJIANG

No.118 Modiesha Avenue, East Xingang Road, Guangzhou P.R., China CODE 510308
www.zhujiangbeer.com

Die Brauerei hat ihren Sitz in Guangzhou im Süden Chinas – mit 12 Mio. Einwohnern die drittgrößte Stadt auf dem chinesischen Festland. Im Jahr 2002 hielt InBev 24 % der Geschäftsanteile. Zhujiang-Biere werden weltweit exportiert.

ZHU JIANG BEER
LAGER 5,3 VOL.-%
Ein hellgelbes, strohfarbenes Bier, im Geschmack subtile Malzaromen, ausbalanciert durch delikaten Hopfen; frischer, sauberer Nachklang. Gebraut mit tschechischem Hopfen, deutscher Hefe, chinesischem Reis und kanadischer Gerste.

SUN LIK

22 Wang Lee Street, New Territories, Hongkong, China
www.sunlikbeer.com

Sun Lik ist der kanton-chinesische Ausdruck für San Miguel, eine der bekanntesten Biermarken überhaupt. Die San Miguel Brewery Hong Kong ist eine Tochtergesellschaft der San Miguel Corporation, und die Brauerei hat die Lizenz zum Verkauf der San-Miguel-Biere in Hongkong, Macao und in der Provinz Hainan auf dem Festland.

SUN LIK
LAGER 5 VOL.-%
Sun Lik wird mit Reis gebraut, was für einen frischen, irgendwie sogar zuckrigen Nachklang sorgt. Das Bier ist hellgelb und duftet nach Mais.

TSINGTAO

Hong Kong Road, Central, Qinqdao, China 266071
www.tsingtaobeer.com

Die Brauerei Tsingtao wurde 1903 von deutschen Siedlern in Quingdao gegründet. Heute gehört sie z. T. dem Giganten Anheuser-Busch InBev, der massiv in neue Brauereien auf dem chinesischen Festland investiert. Der Konzern betreibt insgesamt mehr als 40 Brauereien und Mälzereien in ganz China.

TSINGTAO
LAGER 4,8 VOL.-%
Im Geschmack frisch und leicht malzig, nussig-süß. Hellgelb; in der Nase getreidige, leicht süße Aromen. Durch die viele Kohlensäure ist das Bier recht spritzig.

YANJING

9 Shuanghe Road, Shunyi District, Beijing, China
www.yanjing.com.cn

Yanjing ist die letzte große unabhängige Brauerei in China. Sie hat sich in den letzten 25 Jahren zum größten Brauereikonzern Chinas entwickelt und betreibt 20 weitere Brauereien auf dem chinesischen Festland. Der Ausstoß wird 2010 vermutlich 50 Mio. hl betragen.

YANJING BEER
LAGER 5 VOL.-%
Duft nach hellem, süßem Sirup; Schichten von Keks und Mais; leuchtet im Glas wie die Sonne. Das sehr reine Brauwasser stammt aus tiefen Erdschichten unterhalb des Yanshan (Yan-Berges).

BRAUEREI

BIER

BRAUEREI

HITE

640, Yeongdeungpo-Dong,
Yeongdeungpo, Seoul, Südkorea
www.hite.com

Die heutige Hite-Brauerei wurde 1933 unter dem Namen Chosun gegründet und ist heute das führende Brauereiunternehmen in Südkorea. Sie produziert 60 % des national abgesetzten Biers. Carlsberg ist einer der wichtigen Investoren bei Hite. Die Produktion beträgt 7 Mio. hl pro Jahr. Hite produziert auch einen Reiswein.

ORIENTAL

Hanwon Building, 1449-12,
Seocho Dong, Seocho-Ku,
Seoul, 137-866, Südkorea
www.ob.co.kr

Die Brauerei wurde 1952 von der Doosan Group gegründet und produziert heute einige der beliebtesten Biere in Korea, z. B. die Lagerbiere OB, Cass und Cafri. Unter Vertrag wird hier auch Budweiser gebraut. Heute gehört die Brauerei Anheuser-Busch InBev. Sie ist mit einem Marktanteil von 40 % die Nummer zwei in Korea.

KHAN BRÄU

Brauhaus Center, Ulaanbaatar-44, P. O. Box-18, Sukbaattar District, 3rd horoo, Seoul Street, Ulaanbaatar, Mongolei
www.khanbrau.net

Diese Mikrobrauerei wurde 1996 als ein deutsch-mongolisches Joint Venture gegründet. In der zur Brauerei gehörenden Kneipe Khan Lonkh kann man in westlichem Ambiente Pilsener vom Fass genießen.

BRAUGEHEIMNIS: Das Brauwasser stammt aus dem kristallklaren Fluss Tull.

BOON RAND

999 Samsen Road, Dusit, Bangkok
10300 Thailand
www.boonrawd.co.th

Boon Rand wurde 1933 von Phraya Bhirom Bhakdi gegründet, der zuvor Deutschland und Dänemark bereist hatte, um alles Notwendige übers Brauen zu lernen. Das Unternehmen gehört bis heute der Familie Bhirom Bhakdi und betreibt insgesamt drei Brauereien in Thailand.

BIER

HITE
LAGER 4,5 VOL.-%
Ein goldfarbenes, leichtes und süffiges Bier, das etwas nach Kaugummi schmeckt.

PRIME MAX
LAGER 4,5 VOL.-%
Ein hell orangefarbenes Bier, das nach Mais duftet; Anklänge an Keks und Zitrusfrucht.

OB BLUE
LAGER 4,4 VOL.-%
Erstmals 1948 gebraut. Seit dem Aufkauf durch InBev wird beim Brauen Reis zugegeben.

CASS
LAGER 4,5 VOL.-%
Dieses hell goldfarbene Bier war früher das meistverkaufte Bier in Korea; heute steht es an dritter Stelle.

BAADOG
WIENER LAGER 4,8 VOL.-%
Rötlich braun mit süßlichen Obertönen und Anklängen an Karamell und angebranntem Zucker.

KHAN BRÄU
PILSENER 4,8 VOL.-%
Ein knackig-frisches Bier, gebraut mit Malz und Hopfen aus Deutschland. Letzterer sorgt für Würze.

SINGHA
LAGER 6 VOL.-%
Ein körperreiches, hopfenbetontes Bier, gebraut aus Gerstenmalz. Passt zu scharf gewürzten Gerichten.

SINGHA LIGHT
LAGER 3,5 VOL.-%
Weniger lebhaft und komplex als das Singha. Hellgelb und im Geschmack etwas blass.

THAIBEV

15 Moo 14, Vibhavadee Rangsit Road,
Lad Yao, Chatuchak District,
Bangkok 10900, Thailand
www.thaibev.com/en

ThaiBev ist der schärfste Konkurrent von Boon Rand und gehört in Thailand zu den ganz Großen. Die Chang-Biere von ThaiBev sind die meistverkauften Biere im Land und gehen in den weltweiten Export. Bei ThaiBev wird auch der berühmte Mekong Whisky aus Reis hergestellt.

CHANG

Lager 5 Vol.-%

Die Export-Version ist leicht und goldfarben und auf den internationalen Geschmack abgestimmt. Die einheimische Version ist stärker (6,4 Vol.-%), etwas dunkler und wird aus Reis, Malz und Hopfen gebraut.

LAO

Km 12 Thadeua Road, Vientiane,
LAO PDR, P.O. Box 1016, Laos
www.beer-lao.com

Die Brauerei Lao nahm ihren Betrieb 1973 auf und hieß ursprünglich Brasseries et Glaci è res du Laos (BGL). 1975 ging sie in Staatseigentum über. 2002 erwarben Carlsberg und das thailändische Unternehmen TCC jeweils 25 % der Geschäftsanteile, der Rest ist weiterhin in den Händen der Regierung in Laos.

BEERLAO

Lager 5 Vol.-%

Gilt als das beste asiatische Bier; angenehm süß, dabei leicht bitter, Anklänge an Honig.

BEERLAO DARK

Lager 6,5 Vol.-%

Ein rötlich braunes Bier voller süßer Toffee- und Toastaromen. Kurzer, wärmender Nachklang.

HUE

243 Nguyen Sinh Cung
Hue City, Vietnam

Die Brauerei hat ihren Sitz in Hue, in der ehemaligen Hauptstadt von Vietnam, am Ufer des legendären Parfümflusses. Carlsberg ist seit 1993 in Vietnam präsent (seit das Unternehmen 60 % der South East Asia Brewery im Norden des Landes erwarb) und hält 50 % Anteile der Hue-Brauerei.

HUE

Lager 5 Vol.-%

Ein maisgelbes Bier mit dünnem, weißem Schaum und irgendwie auch dünnem Körper. Ein süffiges Bier ohne Überraschungen, in der Nase Anklänge an Toast. Nicht sehr komplex, dafür aber erfrischend.

ASIA PACIFIC BREWERIES

459 Jalan Ahmad Ibrahim,
Singapur 639934
www.tigerbeer.com

Die »AP«-Biere sind fast überall in Asien erhältlich und werden in sieben Ländern gebraut. Das bekannteste Bier ist das Tiger. Es stammt aus den 30er-Jahren und wurde mit dem Slogan »Time for a Tiger« vermarktet, der auch Titel eines Romans des britischen Schriftstellers Anthony Burgess wurde.

TIGER

Lager 5 Vol.-%

Ein erfrischendes, goldfarbenes Lagerbier. Normalerweise wird es sehr kalt serviert.

ABC EXTRA STOUT

Stout 8 Vol.-%

Ein starkes, aber gut trinkbares Bier. Robuste Nase, im Geschmack Kaffee und Schokolade.

BRAUEREI

MULTI BINTANG

Surabaya, Central Java, Indonesien
www.multibintang.co.id

Die größte Brauerei in Indonesien produziert und vertreibt zahlreiche Biere, z. B. Bir Bintang, Heineken, Guinness Stout und das Green Sands mit wenig Alkohol. Sie wurde 1929 gegründet, und schon in den 30ern erwarb Heineken Geschäftsanteile. 1957 wurde die Brauerei verstaatlicht, doch 1967 kam Heineken wieder ins Spiel und besitzt heute die Mehrheitsanteile.

MOUNT SHIVALIK

Mohangram, P.O. Bhankarpur,
Distt Mohali, Punjab, Indien
www.mountshivalik.com

Die Brauerei wurde offiziell 1972 gegründet und war die erste in Indien, die mit ihrem Thunderbolt Super Strong ein Starkbier (mit 9 Vol.-%) auf den Markt brachte. Mount Shivalik produziert ebenfalls die amerikanische Marke Stroh.

UNITED BREWERIES

Level 12 – 16, UB Tower,
UB City 24, Vittal Mallya Road,
Bangalore, 560001 Indien
www.theubgroup.com

Ein Pegasus ziert das Logo der Brauerei. Kingfisher ist auf dem schnell wachsenden indischen Markt die führende Marke. Die Brauerei, die ehemals die Truppen des britischen Königreiches versorgte, hat sich inzwischen zu einem weltweit renommierten Unternehmen entwickelt.

LION

254 Colombo Road, Biyagama,
Sri Lanka
www.lionbeer.com

Das bekannteste Bier der Brauerei ist das flaschenvergorene Lion Stout. Es wird mit britischem, tschechischem und dänischem Malz gebraut sowie mit Styrian Goldings Hopfen und englischer Hefe. Diese Rohstoffe müssen möglichst schonend zur Brauerei gebracht werden, die auf 1000 m Höhe inmitten von Teepflanzungen liegt.

BIER

BINTANG BIR PILSENER
Pilsener 4,8 Vol.-%
Frische, malzige Aromen, gefolgt von einem trockenen, hopfenbitteren Nachklang.

BINTANG GOLD
Lager 4,8 Vol.-%
Etwas dunkler als das Pilsener, kam zum goldenen Geburtstag der Republik auf den Markt.

THUNDERBOLT 5.0
Lager 5 Vol.-%
Eher dünne Textur mit Anklängen an Hopfen. Zum Nachklang hin trocken mit einem Hauch Süße.

PUNJAB 6000 EXTRA STRONG
Starkbier 8,75 Vol.-%
Hoher Alkoholgehalt, der Nachklang ist etwas scharf, aber wärmend. Malzbetonter Geschmack.

KINGFISHER
Lager 5 Vol.-%
Blass gelbfarben, nach Gras duftend; Hopfenaromen erkennbar, der Nachklang ist süßlich.

LONDON PILSNER 5.0
Lager 5 Vol.-%
Ein blassgelbes Bier mit Hopfenaromen und süßlichem Nachklang, das nach Gras duftet.

LION STOUT
Stout 8 Vol.-%
Ein Weltklasse-Bier mit Aromen von Backpflaumen und Mokka. Der Körper löst eine teerartige, ölige Empfindung aus, im Nachklang Bitterschokolade. Durch den hohen Alkoholgehalt ist der Nachklang lang und wärmend.

CASTLE / SAB

The South African Breweries Limited
65 Park Lane, Sandown, Sandton
Südafrika
www.sablimited.co.za

Die South African Breweries (SAB) wurden 1895 gegründet und begannen mit der Produktion des Castle Lager in Johannesburg. Die Brauerei wurde schnell zur Nummer eins im südlichen Afrika. 2002 kaufte SAB das US-amerikanische Unternehmen Miller Brewing auf und wurde als SABMiller einer der größten Getränkekonzerne der Welt.

CASTLE LAGER
Lager 5 Vol.-%
Ein preisgekröntes Bier, gebraut aus der Gestensorte African Gold Barley und Southern Star Hopfen.

CASTLE MILK STOUT
Milk Stout 6 Vol.-%
Ein dunkles, stark gehopftes Stout; komplexer Geschmack mit dunkel geröstetem Malz; Noten von Kaffee und Karamell.

MITCHELL'S

Arend Street, Knysna Industria, Knysna
Südafrika, 6571
www.mitchellsknysnabrewery.com

Diese Mikrobrauerei wurde 1983 von Lex Mitchell gegründet und stellt mit handwerklichen Methoden einige ungefilterte Biere her – vor allem im britischen Stil, aber mit deutschem Einschlag. Einige Mitchell-Biere werden in Flaschen abgefüllt und sind in der Kap-Region gut erhältlich, sie werden aber nicht exportiert.

OLD 90 / NINETY SHILLING ALE
Amber Ale im schottischen Stil 5 Vol.-%
Gebraut mit den Malzsorten Pale, Crystal und Black; Aromen von Zimt und Karamell.

RAVEN STOUT
Milk Stout 5 Vol.-%
Pale und Black Malz mit Laktose und Karamell. Körperreich und weich, deutlich hopfenbetont.

PAULANER

Clock Tower Precinct, Victoria & Alfred Waterfront, Kapstadt, Südafrika
www.paulaner.co.za

Paulaner in Südafrika ist ein Ableger der großen Paulaner Brauerei in München. Braumeister Wolfgang Ködel braut Biere im bayerischen Stil, die dann frisch vom Fass im Brauhaus bzw. im zur Brauerei gehörenden Biergarten verkauft werden. Dazu kann man sich deutsche Gerichte servieren lassen.

PAULANER LAGER
Lager 4,9 Vol.-%
Ein goldfarbenes, ungefiltertes und unpasteurisiertes Bier; weich und gut ausgewogen.

MÜNCHNER DUNKEL
Dunkel 5 Vol.-%
Ein Münchner Dunkles im alten Stil: dunkel goldfarben, körperreich, malzbetont und weich.

SHONGWENI / ROBSON'S

Robson's, Shongweni Brewery Estate
B1 Shongweni Valley, Shongweni (bei Durban), KwaZulu-Natal, Südafrika
www.shongwenibrewery.com

Shongweni stellt in erster Linie flaschenvergorene Biere her; gemaischt wird nach dem Infusionsverfahren, die Gärung findet in offenen Behältern statt. Alle Biere sind ungefiltert und unpasteurisiert. Das Familienunternehmen kann sich auf dem Massenmarkt behaupten.

ROBSON'S DURBAN PALE ALE
India Pale Ale 5,7 Vol.-%
Gebraut aus Pale Malz sowie Cascade und Challenger Hopfen. Fruchtig-frisch, gut ausgewogen.

ROBSON'S EAST COAST ALE
Golden Ale 4 Vol.-%
Ein weiches Bier, das aus einer Malzsorte sowie Brewers Gold und Challenger Hopfen gebraut wird.

BRAUEREI

BARONS

Level One, 1 Moncur Street, Woollahra
New South Wales 2025, Australien
www.baronsbrewing.com

Barons ist ein Newcomer und eine der am schnellsten wachsenden Brauereien auf dem Sektor der Craft Breweries. Heute hat die Brauerei neue Exportmärkte in Russland und den USA im Blick.

BRAUGEHEIMNIS: Barons braut mit Zutaten »aus dem Busch« wie Flechtensamen und Zitronenmyrte.

BIER

LEMON MYRTLE WITBIER
Witbier 5 Vol.-%
Mäßig viel Kohlensäure, am Gaumen viel Limette und Anklänge an Gewürz; frischer, sauberer Nachklang.

BLACK WATTLE ORIGINAL ALE
Amber Ale 5,8 Vol.-%
Cremiges Mundgefühl, malzbetont, Anklänge an geröstete Nüsse, Schokolade und Milchkaffee.

J. BOAG & SON

39 William Street, Launceston,
Tasmania 7250, Australien
www.boags.com.au

J. Boag & Son war einst eine schlecht gehende Regionalbrauerei, steht aber seit der Einführung des James Boag's Premium Lager 1994 ganz anders dar. Die Brauerei produziert v. a. Lagerbiere, es kamen aber immer wieder sehr gute Ales in limitierter Auflage auf den Markt. Ende 2007 wurde die Brauerei von Lion Nathan aufgekauft.

WIZARD SMITH'S ALE
Bitter Ale 5 Vol.-%
Ein Bier mit solidem Malzrückgrat, Noten von Toffee und würzigem Hopfen, abgerundet durch deutliche Bitterkeit.

BOOTLEG

Ecke Johnson und Puzey Roads,
Wilyabrup, Western Australia 6280
Australien
www.bootlegbrewery.com.au

»Eine Bieroase inmitten einer Weinwüste« – so beschreibt die Brauerei selbst ihre Lage inmitten des Weinanbaugebiets von Margaret River. Seit der Eröffnung von Bootleg 1994 haben noch vier weitere Mikrobrauereien in der Region eröffnet. Zur Brauerei gehören ein Verkostungsraum, ein Restaurant und ein Biergarten.

RAGING BULL
Strong Dark Ale 7,1 Vol.-%
Mahagonifarben; komplexe Noten von Kaffee, dunklem Sirup und Bitterschokolade; späte Bitterkeit.

TOM'S AMBER ALE
Englisches Brown Ale 4 Vol.-%
Dunkel rötlich braun; zunächst bittere Röstnoten mit Anklängen an dunklen Sirup; trockener Nachklang.

BRIDGE ROAD BREWERS

Transwells Old Coach House, Ford St
Beechworth 3747, Australien
www.bridgeroadbrewers.com.au

Die Boutique-Brauerei Bridge Road Brewers wurde 2005 im Nordosten von Victoria gegründet. Brauer Ben Kraus war ursprünglich Winzer. Die Brauerei produziert kleine Chargen hochwertiger Biere.

BRAUGEHEIMNIS: Ben Kraus ist einer der wenigen in Australien, die Saisonbiere und Bières de Garde herstellen.

BEECHWORTH AUSTRALIAN ALE
Pale Ale 4,4 Vol.-%
Ein gut trinkbares trübes Bier; Fruchtnoten werden durch mäßige Hopfenbitterkeit ausgewogen.

CHEVALIER SAISON
Saisonbier 6 Vol.-%
Ein lebhaft sprudelndes Bier; am Gaumen komplex mit Anklängen an Sorbet, Wein, Fenchel und Hefe; prickelnd-trockener Nachklang.

BRIGHT

121 Great Alpine Road, Bright, Victoria 3741, Australien
www.brightbrewery.com.au

Bright ist eine noch ziemlich junge Brauerei in der Stadt gleichen Namens in Victoria. Die Bar ist nur am Wochenende geöffnet und pflegt ein alpines Ambiente – in der Nähe gibt es auch Ski-Gebiete. Bright-Biere zeichnen sich durch viel Geschmack und Ausgewogenheit aus. Die Saisonbiere sind nur am Eingang der Brauerei erhältlich.

HELLFIRE AMBER ALE
Englisches Pale Ale 5 Vol.-%
Bernstein-goldfarben mit Noten von Toffee, Gewürz und etwas Röstmalz; gut ausgewogen mit zufriedenstellender Bitterkeit.

CASCADE

131 Cascade Road, South Hobart, Tasmania 7004, Australien
www.cascadebrewery.com.au

Cascade ist die älteste Brauerei in Australien. Sie hat eine eigene Mälzerei und ist in einem imposanten Sandsteinbau am Fuß des oft schneebedeckten Mount Wellington untergebracht. Das Besucherzentrum von Cascade ist stark frequentiert.

CASCADE STOUT
Medium Stout 5,8 Vol.-%
Gut erkennbare Kaffeenoten, am Gaumen Milchschokolade; der Nachklang ist mäßig bitter.

CASCADE BLONDE
Summer Ale 4,8 Vol.-%
Frisch und sauber, im Geschmack Anklänge an zitrusfruchtigen Hopfen.

COOPERS

461 South Road, Regency Park, Adelaide, South Australia 5010, Australien
www.coopersbrewery.com.au

Fast alle australischen Brauereien haben im 20. Jh. ihre Produktion auf Lagerbiere konzentriert. Coopers dagegen produziert nach wie vor trübe, flaschenvergorene Ales und Stouts. Seit der Eröffnung einer neuen Niederlassung 2001 ist Coopers der drittgrößte Bierproduzent in Australien.

COOPERS SPARKLING ALE
Pale Ale 5,8 Vol.-%
Trüb; im Geschmack fruchtig mit Anklängen an Pfirsiche; abgerundeter, trocken-hefiger Nachklang.

COOPERS EXTRA STOUT
Dry Stout 6,4 Vol.-%
Noten von Espresso und Bitterschokolade, dabei Anklänge an Bananen; robuster, bitterer Nachklang.

DIE BEKANNTESTEN AUSTRALISCHEN BIERE

Das meistverkaufte Bier in Australien ist das Victoria Bitter (Foster's-Gruppe) – etwa eins von fünf getrunkenen Bieren ist ein Victoria Bitter.

Der Aufstieg von »VB« in den letzten Jahren ist kaum zu erklären, er ging allerdings einher mit veränderten Besitzverhältnissen in der Brauerei und mit der abnehmenden Beliebtheit einheimischer Marken. Die Lagerbiere von Foster's gehören weltweit zu den meistverkauften Marken, machen auf dem einheimischen Markt allerdings etwa nur 1 % aus. Carlton Draught (auch ein Foster's-Bier) ist auf dem heimischen Markt in Victoria stark vertreten, ähnlich wie Toohey's in New South Wales und Castlemaine XXXX in Queensland. Letzteres wurde kürzlich von XXXX Gold verdrängt, einer Version mit weniger Alkohol. Solche »mid-strength«-Biere sind vor allem in Queensland und Western Australia beliebt. Immer mehr Australier trinken handwerklich hergestellte Biere sowie einheimische Premium und importierte Lagerbiere. Die am schnellsten wachsende Marke der letzten Jahre ist Carlton Pure Blonde – ein Bier mit relativ wenig Kohlensäure, das schon viele Nachahmer gefunden hat.

VB (Lager 4,9 Vol.-%) *links*
Carlton Draught (Lager 4,6 Vol.-%) *Mitte*
Tooheys (Lager 5 Vol.-%)
XXXX Gold (Lager 3,5 Vol.-%) *rechts*
Carlton Pure Blonde (Lager 4,6% ABV)

BRAUEREI

FERAL

152 Haddrill Road, Baskerville
Western Australia 6056, Swan Valley
Australien

In dem Weinanbaugebiet Swan Valley gibt es eine Handvoll Mikrobrauereien, und Feral ist eine von ihnen. Auf dem Logo der Brauerei ist ein Wildschwein abgebildet, wie sie gern im Busch gejagt werden. Interessanterweise ist das Flaggschiff-Bier ein Witbier im belgischen Stil.

HOLGATE

79 High Street, Woodend,
Victoria 3442, Australien
www.holgatebrewhouse.com

In Australien gibt es kaum Brewpubs, die handgepumptes »Real Ale« servieren, schon deshalb lohnt sich ein Besuch bei Holgate. Paul und Natasha Holgate pachteten 2002 das staatliche Keatings-Hotel und nutzten vier Jahre später dort Räume für ihren Brewpub. Sie stellen Ales nach englischem Vorbild her.

KNAPPSTEIN

2 Pioneer Avenue, Clare,
South Australia, 5453, Australien
www.lion-nathan.com.au

In Australien siedeln sich immer mehr Mikrobrauereien in Weinanbaugebieten an. Knappstein bewirtschaftet ein großartiges Gebäude, wo bis 1916 die Enterprise Brewery untergebracht war, später dann das Weingut Knappstein. Das einzige Bier von Knappstein ist ein körperreiches Lagerbier – Gegenstück zu einem Riesling aus dem Clare Valley.

LITTLE CREATURES

40 Mews Road, Fremantle,
Western Australia, 6160, Australien
www.littlecreatures.com.au

Little Creatures ist in einem riesigen, an eine Flugzeughalle erinnernden Gebäude untergebracht. Fremantle liegt an der Mündung des Swan River in der Nähe von Perth. Zur Mikrobrauerei Little Creatures gehören auch eine Bar und ein Restaurant. Das Flaggschiff-Bier ist ein Pale Ale, das denen von Sierra Nevada aus

BIER

FERAL WHITE
Belgisches Witbier 4,5 Vol.-%
Hell zitronenfarben, trüb; sowohl zitrusfruchtiger als auch nelkenwürziger Charakter erkennbar; frischer, herber Nachklang.

HOLGATE ESB
Englisches Bitter 5 Vol.-%
Keksartige Malznoten gehen einher mit Aromen von frischem Hopfen, durch Bitterkeit abgerundet.

HOLGATE WINTER ALE
Saisonbier 6 Vol.-%
Aromen von Espresso und dunklem Sirup; am Gaumen Kaffee und Sahne, dunkle Schokolade und Schwarze Johannisbeeren.

KNAPPSTEIN RESERVE LAGER
Bayerisches Lager 5,6 Vol.-%
Ein fruchtig duftendes Bier; Noten von Melone und Passionsfrucht verschmelzen mit üppigen Malznoten; übermäßig bitter.

LITTLE CREATURES PALE ALE
Amerik. Pale Ale 5,2 Vol.-%
Aromen von Grapefruit; angenehmes Mundgefühl durch Malz und Zitrusfrucht; kräftig bitter.

LITTLE CREATURES BRIGHT ALE
Pale Ale 4,5 Vol.-%
Säckeweise floraler Hopfen; saftigsüßes Malz, ausbalanciert durch fruchtige Hopfenaromen.

Kalifornien ähnelt und unglaublich erfolgreich ist. Das Unternehmen plant derzeit eine massive Erweiterung der Produktion, Mottobars in Sydney und Melbourne sowie eine weitere Brauerei in Victoria.

BRAUGEHEIMNIS: Bei Little Creatures werden die Biere mit großen Mengen an frischem Hopfen aromatisiert.

LORD NELSON

19 Kent Street, The Rocks, Sydney,
New South Wales 2000, Australien
www.lordnelsonbrewery.com

Der Brewpub Lord Nelson in Sydney ist über 20 Jahre alt und zieht nach wie vor Bierliebhaber in seine historischen Mauern – angeblich handelt es sich um den ältesten zugelassenen Pub der Stadt. Inzwischen braut Lord Nelson schmackhafte, komplexe Ales, die dem Ambiente angemessen sind.

MALT SHOVEL

99 Pyrmont Bridge Road,
Camperdown, Sydney,
New South Wales 2050, Australien
www.maltshovel.com.au

Die Craft Brewery Malt Shovel gehört zu Lion Nathan, und der aus den USA stammende Braumeister Dr. Charles »Chuck« Hahn hat ein beeindruckend vielfältiges Sortiment entwickelt. Das erste Bier von Malt Shovel 1988 war ein Amber Ale, das sofort gut angenommen wurde. Die James-Squire-Biere tragen den Namen eines Strafgefangenen und Wegelagerers, der auch der erste Hopfenanbauer und Brauer in der Kolonie war. Malt Shovel bringt immer wieder bahnbrechende, neue Biere auf den Markt.

BRAUGEHEIMNIS: Zu den hochinteressanten, in begrenzter Menge gebrauten Bieren gehört ein Porter, das in Rumfässern reift, ebenso ein Weizenbier mit Himbeeren.

ROGERS' BEER
Amber Ale 3,8 Vol.-%
Keksartige Malznoten; am Gaumen Karamell und zitruswürziger Hopfen; kurzer Nachklang.

LITTLE CREATURES PILSNER
Pilsener 4,6 Vol.-%
Ein typisch europäisches Pilsener, das mit Saazer Hopfen gebraut wird – knackig-frisch und rein.

OLD ADMIRAL
Strong Ale 6,1 Vol.-%
Am Gaumen dichtes Malz mit pflaumenartigen Noten; lebhafte Bitterkeit, wärmender Nachklang.

THREE SHEETS
Pale Ale 4,9 Vol.-%
Malzig-fruchtiger Duft; malzbetont, mit Anklängen an Zitrusfrucht und Aprikose; gut abgerundete Bitterkeit.

MALT SHOVEL INDIA PALE ALE
India Pale Ale 5,6 Vol.-%
Angenehm im Mund durch karamellartiges Malz, ausbalanciert durch robusten Hopfengeschmack.

MALT SHOVEL PILSENER
Tschechisches Pilsener 5 Vol.-%
Verhalten würziger Duft; am Gaumen üppig malzig mit Noten von Honig, übermäßig bitter.

JAMES SQUIRE PORTER
Porter 5 Vol.-%
Anklänge an Kaffee, dunkle Schokolade und dunkle Früchte; ein opulentes Bier mit weichem Nachklang.

JAMES SQUIRE GOLDEN ALE
Golden Ale 4,5 Vol.-%
Ein süffiges Bier mit zitrusfruchtigen (Passionsfrucht) Hopfenaromen; mäßig bitterer Nachklang.

BRAUEREI

MATILDA BAY

130 Stirling Highway, North Fremantle, Western Australia 6159, Australien
www.matildabay.com.au

Matilda Bay ist die erste moderne Craft Brewery in Fremantle (1984 gegründet). 1990 wurde sie von Foster's aufgekauft. Zu den Original-Matilda-Bay-Bieren gehören das Redback (Hefeweizen) und das Dogbolter (dunkles Lagerbier), zu denen sich inzwischen viele andere, ganz unterschiedliche Biere gesellt haben. Die meisten Biere wurden unter Chefbrauer Brad Rogers entwickelt, der aber nach 15 Jahren das Unternehmen Foster's verlassen hat.

BRAUGEHEIMNIS: Matilda Bay produziert auch die experimentelle Serie »out there«, zu der das Saisonbier Barking Duck und das Crema gehören – ein Pale Ale, dem Kaffee zugesetzt wird.

MOO BREW

655 Main Road, Berriedale, Hobart, Tasmania 7011, Australien
www.moobrew.com.au

Moo Brew ist ein Ableger vom Weingut Moorilla Estate und für eine Mikrobrauerei erstaunlich gut ausgestattet. Durch die Glasfront des Sudhauses hat man einen herrlichen Blick auf den Fluss Derwent und den Mount Wellington. Moo Brew hat bei den australischen Craft Brewers in den Bereichen Verpackung, Bierqualität und Preisgestaltung Akzente gesetzt.

MOUNTAIN GOAT

Ecke North und Clarke Streets, Richmond, Melbourne, Victoria 3121, Australien
www.goatbeer.com.au

Die beiden »Goat Guys« Cam Hines und Dave Bonighton haben bereits ein Jahrzehnt als Craft Brewers hinter sich und über die Jahre auch anderen auf die Beine geholfen. Jeden Freitag ist »Open Night«: Dann treffen sich in der Brauerei Bierfreunde und Szenetypen aus Melbourne; Führungen sind möglich.

BIER

ALPHA PALE ALE

AMERIK. PALE ALE 5,2 VOL.-%
Üppiger Malzcharakter mit Noten von Karamell und Toffee; harzartiges Hopfenaroma; bitterer Nachklang.

DOGBOLTER

DUNKLES LAGER 5,2 VOL.-%
Röstnoten mit dunkler Schokolade; am Gaumen komplex; weicher, kaffeeähnlicher Nachklang.

BOHEMIAN PILSNER

TSCHECHISCHES PILSENER 5 VOL.-%
Solide Malzbasis, ausbalanciert durch üppige Hopfenbitterkeit.

REDBACK

WEIZENBIER 4,7 VOL.-%
Hell strohfarben; Anklänge an Banane, Vanille und Nelken; delikat und komplex; knackig-erfrischender Nachklang.

MOO BREW PILSNER

TSCHECHISCHES PILSENER 5 VOL.-%
Goldfarben mit fein perlender Kohlensäure; honigartiger Charakter, ausbalanciert durch Bitterkeit.

MOO BREW PALE ALE

AMERIK. PALE ALE 4,9 VOL.-%
Zitrusfruchtige Aromen; am Gaumen Grapefruit-Aromen; kräftig-prickelnde Bitterkeit im Nachklang.

HIGHTAIL ALE

ENGLISCHES PALE ALE 5 VOL.-%
Bernsteinfarben und trüb; malziges Mundgefühl, intensiver Hopfengeschmack mit folgender Bitterkeit.

SUREFOOT STOUT

MEDIUM STOUT 5 VOL.-%
Verführerische Mokka-Aromen; röstiger Charakter mit Anklängen an dunklen Sirup, verhalten bitter.

MURRAY'S

The Pub With No Beer, Taylors Arm Road, Taylors Arm, New South Wales 2447, Australien
www.pubwithnobeer.com.au

Der scherzhaft verwendete Name Pub With No Beer stammt von einem berühmten Song des Country-Sängers Slim Dusty.

BRAUGEHEIMNIS: Murray's ist bei der Herstellung traditioneller Biere bis an die Grenzen des Machbaren gegangen.

NIRVANA PALE ALE
Pale Ale 4,5 Vol.-%
Am Gaumen komplex mit schwungvollen, würzig-zitrusfruchtigen Noten; recht bitterer Nachklang.

SASSY BLONDE
Belgisches Ale 4,5 Vol.-%
Eindeutig belgisch im Charakter, mit robusten Hefenoten und Anklängen an Fenchel; hefiger Nachklang.

REDOAK

201 Clarence Street, Sydney, New South Wales 2000, Australien
www.redoak.com.au

Im Redoak Boutique Beer Café kann man das enorm umfangreiche Biersortiment probieren, das David Hollyoak, einer der am häufigsten ausgezeichneten Brauer Australiens, seit 2004 entwickelt hat. Zu seinen Bieren gehören z. B. ein Fruchtbier, ein Baltisches Porter, ein handgepumptes englisches Bitter und ein in Holz gereifter Barley Wine.

FRAMBOISE FROMENT
Fruchtbier 5,2 Vol.-%
Dunkelrot und trüb; am Gaumen herbe Himbeerfruchtnoten; extrem trockener Nachklang.

REDOAK RAUCH
Rauchbier 5,5 Vol.-%
Anklänge an Schinken, Jod, Treibholz und Rauch, ausbalanciert durch süßliche Malzaromen.

WIG & PEN

Canberra House Arcade, Alinga Street, Canberra, Australian Capital Territory, Australien 2601
www.wigandpen.com.au

Ins Wig & Pen kommen Liebhaber von handgepumpten »Real Ales«, doch in diesem Brewpub in der Innenstadt von Canberra gibt es eigentlich für jeden Geschmack das richtige Bier. Zu den Saisonbieren gehören ein Imperial Stout, eine Berliner Weiße sowie andere originelle, charaktervolle Biere von Brauer Richard Watkins.

BULLDOG BEST BITTER
Bitter 3,8–4,1 Vol.-%
Fruchtig-weiche Nase; Noten von keksartigem Malz, lebhafte Hopfenaromen und stramme Bitterkeit.

VELVET CREAMY STOUT
Dry Stout 5,4–5,7 Vol.-%
Seidiger Körper mit Noten von Schokolade und Karamell; recht weicher, zufriedenstellender Nachklang.

DUX DE LUX

Ecke Hereford und Montreal Streets, Christchurch, Neuseeland
www.thedux.co.nz

Eine der renommiertesten Craft Breweries der Südinsel. Dux de Lux betreibt Brewpubs in Christchurch und Queenstown. Hier werden unter Braumeister, Winzer und Chef Richard Fife unterschiedlichste Biere hergestellt.

BRAUGEHEIMNIS: Besucher dürfen saisonale Spezialitäten verkosten, die nur in begrenzter Menge hergestellt werden.

NOR'WESTER
Englisches Pale Ale 6,5 Vol.-%
Getreidige Süße, Noten von Nüssen und Rauch; Fruchtester. Langer, hopfenbetonter Nachklang.

BLACK SHAG STOUT
Irisches Dry Stout 5,5 Vol.-%
Ein schweres, schwarzes Bier mit haltbarem, cremefarbenem Schaum und seidigem Körper. Schön trocken.

BRAUEREI

EMERSON'S

14 Wickliffe Street, Dunedin,
Neuseeland
www.emersons.co.nz

Die mit den meisten Preisen ausgezeichnete Mikrobrauerei Neuseelands bietet ein großes Sortiment an Bieren, davon eine Reihe Saisonbiere wie das Taieri George (ein gewürztes, dunkles Ale), ein US-amerikanisches Pale Ale, das amerikanischen Hopfen erkennen lässt. Das herrliche Saisonbier Bookbinder Bitter gibt es nur vom Fass.

GALBRAITH'S

2 Mt Eden Road, Mt Eden,
Auckland, Neuseeland
www.alehouse.co.nz

Galbraith's ist der erste Brewpub in Neuseeland, wo es handgepumptes Real Ale im englischen Stil gibt. Man bekommt dort auch ein hervorragendes Abteibier sowie hocharomatische Lagerbiere serviert, weiterhin einige importierte Biere und Biere von anderen neuseeländischen Craft Brewers.

MAC'S

660 Main Road, Stoke,
Nelson, Neuseeland
www.macs.co.nz

Der ehemalige Rugbyspieler Terry McCashin eröffnete diese Brauerei 1981 in einer ehemaligen Cider-Fabrik. 18 Jahre später verkaufte er sie an Lion Breweries. Seither ist das Sortiment stark erweitert worden. Die Produktion wurde zwischen den Standorten in Nelson und in Wellington (Shed 22) aufgeteilt.

MOA

Jacksons Rd, RD3 Blenheim, Neuseeland
www.moabeer.co.nz

Die Brauerei liegt mitten im Weinanbaugebiet von Marlborough. Sie wurde von dem Winzer Josh Scott mit dem Ziel gegründet, hochwertige Biere mit Techniken herzustellen, wie sie eigentlich bei der Weinbereitung eingesetzt werden.

BRAUGEHEIMNIS: Die Lagerbiere von Moa gären nach der Méthode Traditionnelle in 750-ml-Flaschen.

BIER

EMERSON'S OLD 95
BARLEY WINE 7 VOL.-%
Ein robustes, flaschenvergorenes Ale mit toffeeartigem Malz und harzähnlichem Hopfen.

EMERSON'S ORGANIC PILSNER
(BIO-)PILSENER 4,9 VOL.-%
Voller zitrusfruchtiger Aromen und Passionsfrucht. Die heimische Hopfensorte Riwaka kommt gut durch.

BELLRINGERS BITTER
ENGLISCHES BEST BITTER 4,5 VOL.-%
Ein kupferfarbenes Bier mit Keks und Toffee am Gaumen, viel erdigem Hopfen und trockenem Nachklang.

BOB HUDSON'S BITTER
ENGLISCHES BITTER 4 VOL.-%
Ein hocharomatisches Session-Bitter, das stark dem Landlord von Timothy Tayler ähnelt.

SASSY RED
NEW WORLD BEST BITTER 4,5 VOL.-%
Ein süßliches Bier. Intensive Aromen von frischem Hopfen; Anklänge an Toffee, Nüsse, Schokolade und Toast.

BLACK MAC
DRY STOUT 4,8 VOL.-%
Ein körperreiches, hocharomatisches Stout; Noten von Röstmalz, Schokolade, Karamell und Lakritz.

MOA ORIGINAL
FLASCHENVERGORENES PILSENER 5,5 VOL.-%
Ein trockenes, knackig-frisches Pilsener mit köstlichen Toastaromen.

MOA BLANC
FLASCHENVERGORENES WEIZENBIER 5,5 VOL.-%
Knackig-trocken mit Anklängen an Banane und Vanille.

MONTEITH'S

Ecke Turamaha und Herbert Streets, Greymouth, Neuseeland
www.monteiths.co.nz

Monteith's ist heute eine von vier Brauereien, die zur DB-Gruppe gehören (an der ebenfalls Heineken beteiligt ist). Die Wurzeln der Brauerei reichen bis ins Jahr 1868 zurück. Sie hat mehrere Produktionsstätten, aber die Brauerei in Greymouth, die mit Kohlenfeuer und offenen Gärbehältern arbeitet, ist unbedingt einen Besuch wert.

MONTEITH'S PILSNER BEER
Pilsener 5 Vol.-%
Ein recht mildes Bier mit stabilem Körper; grasige Hopfennoten, lang anhaltender, süßlicher Nachklang.

MONTEITH'S BLACK BEER
Black Lager 5,2 Vol.-%
Weich und etwas süß, mit Aromen von Kaffee, Schokolade und Nuss – und oft mit Anklängen an Banane.

THE MUSSEL INN

Onekaka RD 2, Takaka, Golden Bay, Neuseeland
www.musselinn.co.nz

Dieser Brewpub der besonderen Art liegt in einer der einsamsten Gegenden von Neuseeland. Das berühmte Captain Cooker Manuka Beer wird häufig liebevoll nur »The Pig« genannt – mit Bezug auf die Wildschweine, die Captain Cook angeblich nach Neuseeland gebracht hat. Das Bier wird unter Lizenz auch von der belgischen Proefbrouwerij hergestellt.

MONKEY PUZZLE
Belgisches Abteibier 10 Vol.-%
Ein kupferfarbenes, schweres Bier – würzig, wärmend und dabei gut ausgewogen und süffig.

CAPTAIN COOKER
Amber Lager 4 Vol.-%
Dieses Bier wird mit Blättern von heimischen Sträuchern aromatisiert und ist ziemlich süß.

SHAKESPEARE

61 Albert Street (Ecke Wyndham Street), Auckland, Neuseeland
www.shakespearehotel.co.nz

Diese Brauerei mit Hotel gehört dem ehemaligen Rugbyspieler Ron Urlich und ist einer der ersten Brewpubs der neuen Generation. Brauer Barry Newman arbeitet seit vielen Jahren in der beengten Brauerei hinter dem Pub. Im Pub selbst kann man zwischen neun regulären Bieren und verschiedenen saisonalen Spezialitäten wählen.

KING LEAR OLD ALE
Englisches Old Ale 8 Vol.-%
Ein rötliches Bier mit Noten von Orange, Toffee und Schokolade. Langer, hopfenbetonter Nachklang.

PUCK'S PIXIL(L)ATION
Belgisches Grand Cru 11,1 Vol.-%
Ein goldfarbenes Bier mit typisch belgischen Nelkenaromen, süßem Malz und aromatischem Hopfen.

DIE BEKANNTESTEN NEUSEELÄNDISCHEN BIERE

Die bekanntesten neuseeländischen Biere werden mit Zucker und Lagerbierhefen gebraut, die Gärtemperatur ist relativ hoch.

Folglich sind die Biere süß, haben wenig Körper und im Vergleich zu europäischen Lagerbieren viele Ester. Marktführer sind Speight's, Tui und Export Gold, die von den beiden Großen in Neuseeland hergestellt werden: von Lion und DB.

Es gibt im Wesentlichen drei neuseeländische Bierarten. Ein bronze- bzw. bernsteinfarbenes Bier wird als *Draught* bezeichnet (auch wenn es in Flaschen oder Dosen abgefüllt ist!). Hellere Biere gelten als *Lager* (und dem Namen wird oft ein »Gold« hinzugefügt). Dunklere Biere heißen einfach *Dark*, und die *Draughts* und *Darks* werden oft fälschlicherweise als Ale bezeichnet.

In den letzten Jahren geht die Entwicklung weg von typisch neuseeländischen Bieren und hin zu helleren, knackig-frischen Premium Lagers. Das bekannteste internationale Bier – Steinlager, sowohl als Classic als auch als Pure erhältlich – muss sich heute gegen unter Lizenz in Neuseeland gebraute Biere behaupten, z. B. gegen Heineken, Stella Artois und Carlsberg, aber auch gegen zahllose importierte Biere.

SPEIGHT'S GOLD MEDAL ALE (LAGER 4 VOL.-%)
TUI (LAGER 4 VOL.-%) *links*
EXPORT GOLD (LAGER 4 VOL.-%) *Mitte*
STEINLAGER (LAGER 5 VOL.-%) *rechts*

BRAUEREI

STEAM BREWING

186 James Fletcher Drive,
Otahuhu, Auckland, Neuseeland
www.cockandbull.co.nz

Die Brauerei wurde 1995 eröffnet, um den Pub Cock & Bull in Pakuranga mit Bier zu beliefern. Neun Jahre und fünf Pubs später konnte das Unternehmen das Gebäude der Auckland Breweries samt hochmoderner Abfüllanlage erwerben. Neben den Cock-&-Bull-Bieren produziert die Brauerei unter Lizenz zahlreiche andere Biere.

THREE BOYS BREWERY

Unit 10, Garlands Rd, Woolston,
Christchurch, Neuseeland
www.threeboysbrewery.co.nz

Mikrobiologe Ralph Bungard arbeitet mit vielen unterschiedlichen Hefen und stellt damit neuseeländische Interpretationen klassischer Biere her.

BRAUGEHEIMNIS: Zu den in begrenzter Menge hergestellten Saisonbieren gehören ein exzellentes Oyster Stout (im Winter) und ein herrliches Golden Ale (im Sommer).

TUATARA BREWING

183 Akatarawa Rd,
Waikanae, Neuseeland

Die Brauerei ist nach der bedrohten Brückenechse benannt und liegt etwa eine Autostunde nördlich von Wellington. Tuatara-Biere sind auf der Nordinsel stark verbreitet. Aufgrund des großen Erfolgs konnte die Brauerei 2007 ein nach deutschem Vorbild gebautes Sudhaus eröffnen. Handgepumpte Tuatara-Biere gibt es im Pub The Malthouse in Wellington.

THE TWISTED HOP

6 Poplar Street Ecke Ash Street,
Christchurch, Neuseeland
www.thetwistedhop.co.nz

Auch wenn die Biere im englischen Stil gebraut werden, ist The Twisted Hop keineswegs ein typisch englischer Pub. Er liegt in einer ruhigen Straße und nutzt ein ehemaliges Lagergebäude – hell, luftig und modern mit Tischen und Stühlen vor dem Haus. Die Biere gibt es auch im Pub The Prince Albert in Nelson.

BIER

EPIC PALE ALE
AMERIK. PALE ALE 5,4 VOL.-%
Eine robuste Interpretation dieses Stils; eine Flut von harzartigen Hopfenaromen und süßlichem Malz.

MONK'S HABIT
AMERIK. AMBER ALE 7 VOL.-%
Ausschließlich für die Cock & Bull Pubs gebraut. Süßliches Malz und harzartige Hopfenaromen.

THREE BOYS WHEAT
WITBIER 5 VOL.-%
Voller pikanter Zitronen- und Koriandernoten, Anklänge an Ingwer. Ein spritziges Bier.

THREE BOYS PORTER
PORTER 5,2 VOL.-%
Am seidigen Gaumen üppige Mokkanoten vorherrschend; im Nachklang geröstetes Getreide und Hopfen.

TUATARA PILSNER
NEW WORLD PILSENER 5 VOL.-%
Späte, aber üppige Hopfenzugabe (regionaler Moteka-Hopfen) sorgt für einen frischen Charakter.

TUATARA INDIA PALE ALE
INDIA PALE ALE 5,5 VOL.-%
Trotz nussig-malziger Süße dominieren am Gaumen erdige Hopfenaromen – ein wohlschmeckendes Ale.

CHALLENGER
ENGLISCHES BEST BITTER 5 VOL.-%
Ein kupferfarbenes Bier mit Hopfenduft; am Gaumen Toffee; langer, hopfenbetonter Nachklang.

GOLDING BITTER
ENGLISCHES BITTER 3,7 VOL.-%
Dieses goldfarbene Sessionbier ist leicht und aromatisch und hat einen frischen Hopfencharakter.

Little Creatures braut seit 2000 Bier, und das flaschenvergorene Pale Ale im amerikanischen Stil ist in Australien überaus beliebt.

GLOSSAR

Abteibier In belgischen Klöstern gebrautes Bier, das unter Lizenz auch von anderen Brauereien hergestellt werden kann.

Ale Mit obergäriger Hefe gebrautes Bier; in Großbritannien quasi Synonym für »beer«.

Ale-Hefe Für traditionelle, obergärige Ales verwendete Hefe. Sie wird von der Oberfläche des fertigen Jungbiers abgeschöpft. Die Gärung findet bei Raumtemperatur statt.

Alt, Altbier Eine obergärige Biersorte, die vor allem am Niederrhein getrunken wird. Entspricht in etwa dem British Bitter oder Pale Ale.

Aromahopfen Eine Bezeichnung für die Hopfensorten, die für fruchtige, blumige Aromen im Bier sorgen, z. B. Cascade oder Goldings. Aromahopfen wird dem Sud gewöhnlich später als Bitterhopfen zugegeben, um seine Aromen zu erhalten.

Barley Wine Starkes, obergäriges Ale, bei dem der Alkoholgehalt, aber oft auch der Geschmack an Wein erinnern. Ursprünglich englisch, inzwischen aber auch in den USA hergestellt.

Berliner Weiße Leicht moussierendes, schwach säuerliches Bier, das nur in Berlin hergestellt werden darf. Gebraut mit obergäriger Hefe und Milchsäurebakterien.

Bière de Garde Traditionelles Bier aus Nordfrankreich. Ursprünglich im Winter oder im Frühjahr gebraut und dann bis zum Sommer gelagert. Heute werden Bières de Garde das ganze Jahr über gebraut.

Bitter, Best Bitter Englische Bierart, Bezeichnung für ein gut gehopftes Ale. Best Bitter bezeichnet gewöhnlich die stärkeren Varianten.

Bitterhopfen Hopfensorten wie Chinook und Magnum, die viele Bitterstoffe enthalten. Sie werden beim Brauen eingesetzt, um süßliche Malzaromen auszubalancieren und das Bier angenehm bitter zu machen.

Blond, Blonde Vor allem in Frankreich und Belgien übliche Bezeichnung für goldfarbene Biere.

Bock, Bockbier Unter- oder obergärige Starkbiere, deren Stammwürzegehalt bei über 16 % liegt. Stärkere Bockbiere heißen Doppelbock (Stammwürzegehalt über 18 %). S. auch Eisbock.

Brettanomyces Natürlich vorkommende Hefepilze, die z. B. für die Herstellung von Lambics, aber auch für einige Porters und Stouts genutzt werden. Sie verleihen den Bieren eine unverkennbare Note.

Brewpub Kneipe oder/und Restaurant mit zugehöriger kleiner Brauerei.

Broyhan Helles Weizenbier, das Cord Broyhan vor etwa 500 Jahren in der Stadt Hannover einführte.

Burton-Union-System Spezielles Gärsystem mit mehreren Eichenfässern und einer oberhalb verlaufenden Rinne, das Anfang des 19. Jh. in Burton-upon-Trent in England eingeführt wurde.

C-Hopfen C-Hopfen besitzt geringe Mengen an Aromastoffen – vor allem Aromen von Harz und Grapefruit – und sehr viele Bitterstoffe. Die meisten C-Hopfensorten beginnen mit C: Cascade, Chinook, Cluster und Centennial z. B., aber auch Amarillo und Simcoe gehören dazu.

Craft Breweries Kleine Brauereien, die nach Ende der 70er-Jahre des 20. Jh. gegründet wurden und mit traditionellen, handwerklichen Methoden arbeiten.

Curaçao Eine Bitterorangensorte, die in der ehemaligen niederländischen Kolonie Curaçao in der Karibik angebaut wird. In Belgien werden einige Weizenbiere mit Schalen von Bitterorangen versetzt, z. B. das Hoegaarden.

Dekoktion Bei diesem Maischverfahren wird ein Teil der Maische entnommen, in der Maischpfanne auf eine bestimmte Temperatur erhitzt und anschließend wieder der Hauptmaische zugegeben. Auf diese Weise entstehen Biere mit komplexen Karamellaromen.

Doppelbock s. Bock, Bockbier

Dortmunder Export Ein helles, untergäriges Bier, das seit Mitte des 19. Jh. in Dortmund gebraut wird.

Double, Dubbel Belgisches Abteibier mit zweiter Gärung, stärker als z. B. ein Pilsener, aber weniger stark als ein Triple bzw. Trippel.

Dunkles, dunkles Bier Für die Farbe eines dunklen Biers sind Spezialmalze verantwortlich, die bei Temperaturen von über 100 °C geröstet werden. Helle Malze dagegen werden bei etwa 80 °C geröstet.

Edelhopfen Begriff für die vier traditionellen Aromasorten Hallertauer, Saazer, Tettnanger und Spalter Hopfen.

Eisbock Bei der Herstellung wird das Bier gefroren, anschließend entfernt man die Wasserkristalle. Auf diese Weise steigt der Alkoholgehalt des Biers.

Ester Flüchtige Geschmackskomponenten, die während des Gärprozesses entstehen. Sie sind dafür verantwortlich, dass Biere nach Früchten (Bananen, Erdbeeren) bzw. Gewürzen (Nelken) schmecken. Bei einigen Bierarten sind die Ester gut erkennbar.

Extrembiere Ein aus den USA stammender Begriff *(extreme beers)*, der ganz unterschiedliche Biere bezeichnet, die auf die eine oder andere Art ungewöhnlich sind, z. B. durch ungewöhnliche Zutaten, Reifung in Bourbon-Fässern oder hohen Alkoholgehalt.

Fassreifung Junges Bier wird in Fässer abgefüllt, wo es zur Reifung zwischen einer Woche und einem Jahr (oder noch länger) bleibt. Die Fassreifung findet in speziellen Räumen oder in Kellern statt.

Festbier Ein für besondere Anlässe hergestelltes spezielles Bier. Meistens wird der Begriff für Märzen oder Oktoberfestbier verwendet – beides Varianten des Wiener Lager.

Flaschengärung Das Jungbier wird mit gärfähigen Zuckern und lebenden Hefekulturen in Flaschen abgefüllt, wo es eine zweite Gärung durchmacht. Auf diese Weise entwickeln sich die Geschmacksaromen.

Gärung Bei der alkoholischen Gärung wird durch die Hefe Glucose zu Ethanol und Kohlendioxid abgebaut.

Gose Ein in der Gegend von Dessau, Halle, Leipzig und Goslar verbreitetes obergäriges Bier. In den Niederlanden, Belgien und in Frankreich ist die Gose als Lambic bekannt.

Gueuze, Geuze Belgische Bierspezialität. Ein Verschnitt aus Lambics verschiedener Jahrgänge.

Hefeweizen Weißbier bzw. Weizenbier, das in Deutschland mindestens zur Hälfte aus Weizenmalz hergestellt sein muss. Hefeweizen sind gewöhnlich obergärig gebraut und gären in der Flasche nach. Sie schmecken leicht süßlich und fruchtig erfrischend. Die ungefilterten Versionen sind trüb und haben noch Heferückstände in der Flasche.

Hopfen Durch die Zugabe von Hopfendolden – getrocknet, als Pellets oder in Form von Harz – erhält das Bier Geschmack, Duft und die nötige Bitterkeit, um die süßlichen Malzaromen auszubalancieren. S. auch Aromahopfen, Bitterhopfen und Edelhopfen.

Hopfenseiher Nach dem Kochen der Würze läuft die Ausschlagwürze durch den Hopfenseiher, und der Hopfentreber bleibt zurück. Hier kann auch noch einmal frischer Hopfen zugegeben werden, der das Bier schön aromatisch macht.

Hopfenstopfen Bezeichnung für ein Verfahren, bei dem dem fertigen Jungbier Hopfen in Gazebeutel zugegeben wird.

Hopfenzugabe, späte Der Hopfen wird dem Sud erst in den letzten Minuten des Kochvorgangs zugegeben. Dies verleiht dem Bier kräftige Hopfenaromen.

Imperial Stout Schon im 16. Jh. in Großbritannien für den Export ins zaristische Russland gebraut. Durch den hohen Malzzucker- und Alkoholgehalt kann das Bier gut ein bis zwei Jahre lagern.

IPA, India Pale Ale Schon im 19. Jh. in England und Schottland für die indische Kronkolonie gebraut. Durch den hohen Alkohol- und Hopfengehalt gut transportfähig. Heute werden IPAs auch in anderen Ländern hergestellt.

Kellerbier Auch Zwickelbier. Ungefiltertes, naturtrübes Bier, das den Prozess der kalten Reifung noch nicht durchlaufen hat. Wenig Kohlensäure.

Kohlensäure Lässt das Bier sprudeln oder moussieren. Entsteht bei der Gärung, kann dem fertigen Bier aber auch nachträglich zugegeben werden.

Kölsch Ein helles, obergäriges Bier, das im Stadtgebiet von Köln hergestellt wird.

Kräusenbier Ein fertig vergorenes Bier, dem noch gärendes Jungbier zur Nachreife zugesetzt wird.

Kriek Kirschlambic, belgische Bierspezialität. Frische Kirschen werden in

Lambic mazeriert und zwischen drei und 18 Monaten im Fass belassen. Leicht bitter und säuerlich-fruchtig.

Lager, Lagerbier Eine untergärige Biersorte, die durch Lagerung schmackhafter wird. Die Spannbreite reicht von Schwarzbieren bis hin zu goldfarbenen Pilsener.

Lambic Belgische Bierspezialität (Payottenland), die durch Spontangärung entsteht, d.h., es wird keine Hefe zugegeben. Die Gärung geschieht allein durch Hefepilze in der Umgebungsluft.

Maischbottich Hier wird das geschrotete Malz mit heißem Wasser vermischt.

Maischen Zum Maischen wird das geschrotete Malz mit Wasser vermischt und erhitzt. Beim Maischen wird die Getreidestärke zu vergärbaren Malzzuckern umgewandelt.

Malz Gerste oder anderes Getreide, das in Wasser eingeweicht und dann kontrolliert zur Keimung gebracht wurde. Auf diese Weise bilden sich Enzyme für den Eiweiß- und Stärkeabbau. Der Keimvorgang wird durch Darren beendet. Zur Weiterverarbeitung wird das Malz geschrotet.

Mälzerei In der Mälzerei wird das Getreide zu Malz verarbeitet.

Märzen In Bayern war es früher untersagt, in den Sommermonaten Bier zu brauen. Um im Sommer nicht auf Bier verzichten zu müssen, braute man im März (bzw. im Winter) starke Biere mit hohem Stammwürzegehalt, die gut lagern konnten.

Méthode Traditionnelle, Méthode Champennoise Eine Form der Flaschengärung, die sich an der Champagnerherstellung orientiert. Es findet eine zweite Gärung in der Flasche statt, indem Hefe und vergärbare Zucker hinzugegeben werden. Nach der Méthode Traditionnelle hergestellte Biere kommen meist in 0,75-l-Flaschen auf den Markt und können mehrere Jahre lagern.

Mikrobrauerei Sammelbegriff für kleine Brauereien, die Ende der 70er-Jahre des 20. Jh. oder später gegründet wurden. Laut der Definition der Brewers Association in den USA produzieren Mikrobrauereien weniger als 1 788 600 l (15 000 Barrel) pro Jahr.

Milchsäuervergärung Durch Milchsäurebakterien (Lactobacillen) entsteht während des Gärprozesses beim Abbau von Zucker Milchsäure. Das Bier erhält dadurch einen leicht säuerlichen Geschmack. Ein typisches Beispiel ist die Berliner Weiße.

Mild Ein leicht gehopftes und damit mildes Ale englischen Stils, das meistens nur mäßig viel Alkohol enthält.

Milk Stout Ein süßliches Stout, das unvergärbare Milchzucker enthält, die für den Geschmack verantwortlich sind.

Münchner Dunkel Traditionelle untergärige Biersorte aus München. Sie ist mild gehopft und deutlich malzig-süß. Hauptzutat ist das Münchner Malz.

Nonic-Becher Ein englischer Klassiker: geradwandig und mit einer kleinen Ausbuchtung im oberen Drittel. Nonic-Becher gibt es mit einem Fassungsvermögen von ½ Pint (gut ¼ l) oder 1 Pint.

Oatmeal Stout Ein mit Hafermehl gebrautes Stout. Der Haferanteil kann bis zu 5 % betragen.

Obergärige Hefe Obergärige Hefen *(Saccharomyces cerevisiae)* schwimmen nach der Gärung auf dem Jungbier. Die benötigte Gärtemperatur liegt zwischen 15 und 20 °C.

Oud Bruin Ein typisch flämisches kupferfarbenes bis dunkles Bier. Wie Lambic wird es aus verschiedenen Jahrgängen gemischt.

Pale Ale Aus Großbritannien stammende obergärige Bierart. Die helle Farbe entsteht durch die Verwendung heller Malze. Die Bezeichnung bezieht sich meist auf Flaschenbiere.

Pasteurisierung Durch Erhitzen werden alle lebenden Mikroorganismen abgetötet, was das Bier länger haltbar macht. Allerdings beeinträchtigt die Pasteurisierung Geschmack und Farbe.

Pisener, Pils Ein weitverbreitetes helles Lagerbier, das ursprünglich aus der tschechischen Stadt Pilsen stammt.

Porter Ein dunkles, manchmal fast schwarzes Bier. Im englischen Sprachraum meist obergärig (etwa 5 Vol.-%), in Deutschland ein untergäriges Starkbier (7 bis 9 Vol.-%).

Priming Zuckerzugabe vor der Abfüllung in Flaschen; auf diese Weise bildet sich mehr Kohlensäure.

Rauchbier Eine fränkische Lagerbier-Spezialität, hergestellt aus Malz, das über Buchenholzfeuer geräuchert wird.

Reinheitsgebot Das bayerische Reinheitsgebot von 1516 fand 1906 landesweit Anwendung. Es legt fest, dass Bier nur aus Wasser, Hefe, Malz und Hopfen gebraut werden darf. Das Deutsche Biersteuergesetz, das auch das Reinheitsgebot regelt, wurde 1993 gelockert, doch zu Werbezwecken verweisen Brauereien gern auf die Einhaltung des Reinheitsgebots.

Saison Eine ursprünglich aus Belgien stammende Bierart: ein trockenes, eher kräftiges Ale für den Sommer, das heute das ganze Jahr über gebraut werden kann. Es durchläuft eine zweite Gärung in der Flasche.

Saisonbier Saisonbiere sind Biere, die nur eine bestimmte Zeit im Jahr erhältlich sind, z.B. anlässlich eines Festes (Oktoberfestbier) oder zum Gedenken an ein historisches Ereignis.

Schaumkrone Schaum, der sich bildet, wenn das Bier ins Glas gegossen wird.

Schrot Grob gemahlenes Getreide, das mit warmem Wasser zusammen die Basis für die Würze bildet.

Schwarzbier Ein dunkles, manchmal fast schwarzes Vollbier, das meist untergärig gebraut wird.

Sour Ale, Sauerbier Eine ursprünglich aus Flandern stammende Bierart. Sour Ales reifen zwischen 18 Monaten und zwei Jahren in Eichenfässern. In dieser Zeit nehmen sie ihren leicht scharfen, säuerlichen Charakter an, der sie zu guten Durstlöschern macht.

Spontangärung Bei spontangärigen Bieren wird keine Hefe zugegeben, sondern die Gärung erfolgt nur mit in der Umgebungsluft natürlich vorhandenen Hefepilzen. Spontangärige Biere sind z.B. Lambic, Kriek, Gueuze und die Leipziger Gose.

Stammwürze Anteil der aus Malz und Hopfen im Wasser gelösten Stoffe vor der Gärung, vor allem Malzzucker, Eiweiß, Vitamine und Aromastoffe. Der Stammwürzegehalt eines Biers entscheidet über die Art der Besteuerung. Er wird in Grad Plato (°P) angegeben.

Stout Ein dunkles, hopfenbitteres, meist obergäriges Bier, das aus dunkel geröstetem Malz gebraut wird.

Sudkessel Behälter, in dem die Würze zusammen mit dem Hopfen gekocht wird. Je nach Bierart dauert der Vorgang etwa 90 Minuten.

Tapete Schaummuster am ausgetrunkenen Glas; auch als Brüsseler Spitze bezeichnet.

Triple, Trippel Belgisches Abteibier; mit viel Malz gebraut und dreifach vergoren. Auch allgemeine Bezeichnung für ein sehr starkes Ale.

Untergärige Hefe Untergärige Hefen *(Saccharomyces carlsbergensis)* sinken nach der Gärung auf den Boden des Gärbehältes. Sie dienen z.B. zur Herstellung von Lagerbieren und benötigen zur Gärung Temperaturen zwischen 4 und 9 °C.

Vertragsbrauer Unternehmer, der nach eigenem Rezept in fremden Brauereien unter Vertrag brauen lässt.

Vol.-% Der Alkoholgehalt bezogen auf das Volumen. Beschreibt die Stärke eines Biers.

Weißbier, Weizenbier *siehe* Hefeweizen

Wiener Lager, Lagerbier nach Wiener Art Ein bronzefarbenes, rötliches Lagerbier mit süßlichen Malzaromen. Erstmals von dem österreichischen Brauer Anton Dreher gebraut.

Wit, Witbier Gewürztes Weizenbier nach belgischer Brauart.

Yorkshire Squares Kammerartige Gärbehälter, die traditionell aus walisischem Schiefer gebaut und übereinander angeordnet werden. Schäumt das Bier bei der Gärung in der unteren Kammer über, steigt es in die obere auf. Die Rückstände setzen sich ab, und die Flüssigkeit fließt zurück. Auf diese Weise wird heute noch bei Samuel Smith und bei Black Sheep (beide in Yorkshire) gearbeitet.

Zusatzstoffe Streng genommen alle Stoffe, die bei der Bierherstellung neben Getreide, Hopfen, Hefe und Wasser Verwendung finden. Dazu zählen auch ungemälzte Getreide – neben Gerste und Hafer auch Reis und Mais –, die den Alkoholgehalt erhöhen und den Geschmack milder machen.

IHRE VERKOSTUNGSNOTIZEN

Auf den folgenden Seiten können Sie Ihre Verkostungsnotizen hinsichtlich Aussehen, Duft, Geschmack und Nachklang verschiedener Biere festhalten. Mehr über Verkostungen erfahren Sie auf den Seiten 36–37.

BIER	ART	BRAUEREI	STADT/LAND	STÄRKE

FARBE	DUFT	GESCHMACK	NACHKLANG	URTEIL	
				IMMER WIEDER EVTL. WIEDER NIE WIEDER	
				IMMER WIEDER EVTL. WIEDER NIE WIEDER	
				IMMER WIEDER EVTL. WIEDER NIE WIEDER	
				IMMER WIEDER EVTL. WIEDER NIE WIEDER	
				IMMER WIEDER EVTL. WIEDER NIE WIEDER	
				IMMER WIEDER EVTL. WIEDER NIE WIEDER	
				IMMER WIEDER EVTL. WIEDER NIE WIEDER	
				IMMER WIEDER EVTL. WIEDER NIE WIEDER	
				IMMER WIEDER EVTL. WIEDER NIE WIEDER	
				IMMER WIEDER EVTL. WIEDER NIE WIEDER	
				IMMER WIEDER EVTL. WIEDER NIE WIEDER	
				IMMER WIEDER EVTL. WIEDER NIE WIEDER	
				IMMER WIEDER EVTL. WIEDER NIE WIEDER	
				IMMER WIEDER EVTL. WIEDER NIE WIEDER	
				IMMER WIEDER EVTL. WIEDER NIE WIEDER	

BIER	ART	BRAUEREI	STADT/LAND	STÄRKE

FARBE	DUFT	GESCHMACK	NACHKLANG	URTEIL
				IMMER WIEDER EVTL. WIEDER NIE WIEDER
				IMMER WIEDER EVTL. WIEDER NIE WIEDER
				IMMER WIEDER EVTL. WIEDER NIE WIEDER
				IMMER WIEDER EVTL. WIEDER NIE WIEDER
				IMMER WIEDER EVTL. WIEDER NIE WIEDER
				IMMER WIEDER EVTL. WIEDER NIE WIEDER
				IMMER WIEDER EVTL. WIEDER NIE WIEDER
				IMMER WIEDER EVTL. WIEDER NIE WIEDER
				IMMER WIEDER EVTL. WIEDER NIE WIEDER
				IMMER WIEDER EVTL. WIEDER NIE WIEDER
				IMMER WIEDER EVTL. WIEDER NIE WIEDER
				IMMER WIEDER EVTL. WIEDER NIE WIEDER
				IMMER WIEDER EVTL. WIEDER NIE WIEDER
				IMMER WIEDER EVTL. WIEDER NIE WIEDER
				IMMER WIEDER EVTL. WIEDER NIE WIEDER

BIER	ART	BRAUEREI	STADT/LAND	STÄRKE

FARBE	DUFT	GESCHMACK	NACHKLANG	URTEIL
				IMMER WIEDER EVTL. WIEDER NIE WIEDER
				IMMER WIEDER EVTL. WIEDER NIE WIEDER
				IMMER WIEDER EVTL. WIEDER NIE WIEDER
				IMMER WIEDER EVTL. WIEDER NIE WIEDER
				IMMER WIEDER EVTL. WIEDER NIE WIEDER
				IMMER WIEDER EVTL. WIEDER NIE WIEDER
				IMMER WIEDER EVTL. WIEDER NIE WIEDER
				IMMER WIEDER EVTL. WIEDER NIE WIEDER
				IMMER WIEDER EVTL. WIEDER NIE WIEDER
				IMMER WIEDER EVTL. WIEDER NIE WIEDER
				IMMER WIEDER EVTL. WIEDER NIE WIEDER
				IMMER WIEDER EVTL. WIEDER NIE WIEDER
				IMMER WIEDER EVTL. WIEDER NIE WIEDER
				IMMER WIEDER EVTL. WIEDER NIE WIEDER
				IMMER WIEDER EVTL. WIEDER NIE WIEDER

REGISTER

C

D

E

F